KB272657

시장은 원래 차갑지 않았다

필리아에서 아가페까지 시장의 인문학

시장은 원래 차갑지 않았다

필리아에서 아가페까지 시장의 인문학

루이지노 브루니 지음 | 이가람, 강영선, 손현주, 이은주, 이준범, 천세학, 최석균 옮김

L'ETHOS DEL
MERCATO

LUIGINO
BRUNI

북돋움 COOP

일러두기

1. 옮긴이의 보충 설명은 본문의 해당 구절에 색으로 표시하고 상자 글로 넣었다.

2. 번역의 저본은 《The Genesis and Ethos of the Market》(2012, Palgrave Macmillan)이고, 이탈리아어본 《L'ethos del mercato》(2010, Bruno Mondadori)를 참고했다.

3. 번역문의 성경은 2005년에 발행된 '한국천주교주교회의 공용 번역본'을 인용했다.

'모두를 위한 경제 EoC'의 한국 벗들이, 나의 저서 《L'ethos del mercato》를 《시장은 원래 차갑지 않았다》라는 한국어 번역본으로 출판해주신 데 대해 깊은 기쁨과 감사를 드린다. 이번 한국어판은 2010년에 출간된 이탈리아어판과 2012년의 영어판에 이은 세 번째 출간이다. 이 서문을 통해 지난 수년간 나의 여러 저작들을 번역·출간해온 모두를 위한 경제 EoC 연구 팀과 강영선 EoC 연구소장, 이가람 박사와 출판사인 북돋움coop에 감사드린다. 덕분에 한국은 이탈리아에 이어, 아르헨티나·프랑스·영국과 더불어 나의 저작이 가장 활발히 소개되고 있는 나라 가운데 하나가 되었다. 나는 2016년 첫 방문 이래로, '고요한 아침의 나라'인 한국이 나의 문화적·영적 감수성과 깊이 맞닿아 있음을 늘 느껴왔다.

《L'ethos del mercato》의 초판이 출간된 이후 어느덧 16년의 시간이 흘렀다. 이 시간은 사상의 전파라는 세계사적 맥락에서 보면 짧다고도 할 수 있으나, 제3천년기 초입에 우리가 경험하는 시간의 급격한 가속을 고려하면 결코 짧지 않은 세월이기도 하다. 그동안 참으로 많은 일이 일어났다. 글로벌 금융위기, 코로나19 팬데믹, 새로운 전쟁들의 발발, 소셜 네트워크의 확산, 그리고 이제 인공지능(AI)의 등장에 이르기까지, 우리는 매우 역동적인 역사적 국면을 지나왔다. 이는 모든 시대가 그러했듯 앞으로도 계속될 것이다.

나의 개인적 학술 연구와 문화적 성찰의 여정에서도, 이 16년 동안 많은 변화가 일어났다. 이 책 이후 나는 현대 자본주의의 종교적 차원을 체계적으로 탐구하기 시작했고, 그 연장선에서 성서학 연구에도 본격적으로 몰두하게 되었다. 이러한 연구 흐름은 비록 《시장은 원래 차갑지 않았다》에서는 아직 맹아적 단계에 머물러 있었으나, 그 안에 내포되어 있던 사유를 심화하고 발전시킨 것이라 할 수 있다. 따라서 이 저작은 나의 학문적 여정에서 하나의 분수령을 이루는 책이라 할 수 있다. 즉 경제사상사와 게임 이론이 중심을 이루었던 첫 번째 단계와, 경제와 역사에 더하여 철학, 성서학, 신학이 결합된 두 번째 단계를 가르는 전환점이 된 것이다.[1]

---

1   2010년 이후 발표된 나의 주요 저작들에 대한 간략한 개관으로서, 다음과 같은 저서 및 논문들(이탈리아어 및 영어로 출간됨)을 언급하고자 한다. 《시민경제(Economia civile)》(S. Zamagni와 공저, 볼로냐, 2004, 한국, 북돋움에서 《21세기 시민경제학의 탄생》으로 출간), 《노동에 근거하여(Fondati sul lavoro)》(밀라노, 2014), 《족장의 기업들(Le imprese del patriarca)》(로마, 2015), 《숲과 나무(La foresta e l'albero)》(밀라노, 2016; 도서출판 상상, 2020 한국어 출간), 《정의로운 인간의 역경(La sventura di un uomo giusto)》(로마, 2017; 바오로딸 2026년 한국어 출간 예정), 《불행한 자본주의(Capitalismo infelice)》(밀라노, 2018), 《자본주의와 성스러움(Il capitalismo e il sacro)》(밀라노, 2019), 《행복의 경제학에 대한 현대적 안내(A Modern Guide to the Economics of Happiness)》(A. Smerili, D. Di Rosa와 공저, 영국, 2020), 〈능력의 역설(The Paradox of Merit)〉(P. Santori와 공저, 《Journal of Business Ethics》, 2020), 《자본주의와 그리스도교(Capitalism and Christianity)》(영국, 2024), 〈베니스의 상인

이제 한국 독자에게 선보이는 이 책의 근본적 문제 의식은 공동의 삶, 즉 콤무니타스communitas가 지닌 양가성에 있다. 나아가 이러한 양가성을 해소하거나, 혹은 전면적 무질서나 지속적 갈등으로 치닫지 않도록 관리하기 위해 인류 역사 속에서 제시되어온 다양한 시도들을 탐구했다. 여러 해법들(성스러운 위계, 법, 리바이어던 등)이 제안되었지만 나는 그 가운데서 특히 자본주의 시장과 그것이 지닌 '면역immunity'의 해법에 주목했다. 이는 무엇보다도 그 해결 방식이 가장 급진적이기 때문이다.

사실 자본주의적 휴머니즘은 인간 사이의 직접적 접촉이 배제된 공동 생활, 곧 신체 없는 사회, 그리고 모든 인간관계가 디지털 기술이나 계약이라는 수단으로 매개되어 인격적인 우정이나 사랑의 관계재가 부재하는 사회라는 (나에게는 불협화음처럼 들리는) 꿈을 꾸어왔고, 점차 이를 현실화해왔다. 직접적이고 '따뜻한' 관계가 지닌 잠재적 '상처'를 목도한 시장의 휴머니즘은, 그러한 상처의 제거를 약속하며, 서로 마주치거나 접촉하지 않은 채 함께 살아갈 수 있다는 가능성을 상정했다.

그것은 접촉이 없다면 상처 또한 발생하지 않을 것이라는 믿음에 근거한 것이다. 그것은 동일한 공간에서 함께하는 교수와 학생이 없는 학교, 간호사·의사·환자가 없는 병원, 사람 없이, 어쩌면 사무실

(The Merchant of Venice)〉(《Journal of Business Ethics》, 2025). 전체 출판 목록은 luiginobruni.it에 수록되어 있다.

과 공장조차 없이 운영되는 기업, 신자 없는 교회, 나아가 (일부 포스트 휴머니즘이 상상하듯) 인간이 사라진 지구를 꿈꾸는 것이다. 2010년 당시 이러한 것들은 단지 가설[2]에 불과했으나, 오늘날 알고리즘과 인공지능(AI)의 발전 속에서 그 꿈들은 점차 현실이 되어가고 있다. 따라서 인간은 고립이나 기계와의 관계가 아니라 공동체 안에서 비로소 꽃핀다고 여전히 믿는 이들, 곧 공동체의 취약성, 상처 가능성, 그리고 양가성을 함께 받아들이는 이들에게는 기업과 시장의 영역에서도 '살과 피를 지닌' 온전한 인간적 만남이 지니는 상처와 축복을 성찰하고, 또 그것을 촉구하는 일이 오늘날 더욱 긴급한 과제가 되었다.

더 나아가 《시장은 원래 차갑지 않았다》는 시민경제 이론의 형성에 기여한 저작이기도 하다. 이 책에서는 안토니오 제노베시, 자친토 드라고네티와 같은 시민경제의 고전 학자들을 소개하고 논의하

---

2 《시장은 원래 차갑지 않았다》는 그보다 앞서 2007년에 집필한 《콤무니타스 이코노미(La ferita dell'altro)》를 발전시킨 결과물이었다. 그 책의 서론은 다음과 같이 시작된다. "이런 도시를 한번 상상해보자. 이 도시의 아파트는 세대별로 완벽하게 독립되어 있다. 외부의 소음과 타인의 시선이 모두 차단되어 이웃 간에 서로 방해할 수도 없다. (…) 의사소통은 모두 이메일을 통해 이루어지고, 좀 더 신중한 결정을 하려면 화상통화를 한다. (…) 생활용품은 모두 온라인으로 주문만 하면 바로 집으로 배달되기 때문에 밖으로 나가 아까운 시간을 허비할 필요가 없다. 또한 사람들은 혼자서 컴퓨터나 TV 앞에서 점점 더 많은 시간을 보내지만 매우 정교해진 쌍방향 미디어의 발달로 인해 하루 종일 다른 누군가와 함께 있다는 느낌을 받는다. 대학 강의도 인터넷을 통해 듣고, 고도로 훈련된 교수들이 세계 어디서든 학생들을 개별적으로 직접 지도할 수 있기 때문에 얼굴을 맞대고 만날 필요가 전혀 없다. 이러한 도시가 '이상적인' 이유는 모든 갈등의 전제조건이 사전에 전부 제거되었기 때문이다. 공동의 땅, 공통의 기반, 콤무니타스(communitas), 곧 공동체적 삶의 필요성 자체가 미리 제거된 것이다." (pp. 29-30)

며, 상호성, 신뢰, 공공행복, 그리고 관계재와 시민사회에 관한 핵심 개념들을 검토한다. 이는 이탈리아 및 유럽의 역사적 맥락에 뿌리를 둔 사유의 계보로서, 서로 다른 문화적·역사적·철학적·영적 배경을 지닌 한국 및 아시아 독자에게는 다소 낯설게 느껴질 수도 있다.

이는 충분히 이해 가능한 일이면서 어찌 보면 필연적인 결과이기도 하다. 그러나 여기서 논의되는 것은 언제나 인간, 곧 호모 사피엔스이며, 인간은 멀리서 드러나는 차이보다 훨씬 더 깊은 공통성을 지니고 있다. 한국 사회와 학계가 이 책의 본질을 이해하고 가치를 발견해주기 바라는 기대는 바로 이 지구 위 인간 공동체가 공유하는 보편적 인간성에 근거한다. 또한 지난 수년간 '모두를 위한 경제 EoC' 한국 연구 팀이 지대한 헌신과 정밀성, 지속성, 그리고 인내를 바탕으로 소개해온 일련의 저작들이 그 가교 역할을 해줄 것이라 믿는다.

인류는 서로 다른 국가의 시민들이 재화와 서비스를 교환하고 시장을 형성해온 과정을 통해 살아왔으며, 지금도 그러한 교류 속에서 성장하고 있다. 마르코 폴로의 사례에서 보듯이, 우리는 수 세기에 걸쳐 동서양 간의 교역을 통해 서로를 알아왔다. 서로 다른 언어를 사용하는 사회 사이에서 재화는 일종의 공통된 '무언의 언어'가 되어 인간의 언어 이상으로 서로를 매개하고 소통해왔으며, 그 자체로 이야기를 전해왔다. 그러나 우리는 재화뿐 아니라 사상, 문화적 범주, 책, 그리고 영성이라는 '선물'을 통해서도 서로를 이해해왔으며 이러한 교류는 앞으로도 계속될 것이다.

끝으로 나는 이 서문을 한국의 '모두를 위한 경제 EoC' 공동체에 헌정하고자 한다. 보다 인간적인, 모두를 위한 경제, 곧 가난한 이들과 소외된 이들을 위한 경제에 대하여 그들이 보여준 믿음과 충실함, 그리고 신뢰에 깊은 경의를 표한다. 시장의 에토스는 또한 친교comunione의 에토스이기도 하다.

이러한 EoC 기업들 가운데 특히 올해 창립 70주년을 맞이한 성심당에 각별한 감사를 전하고자 한다. 성심당은 내가 직접 방문하여 그 경영자들(임영진, 김미진, 임선, 임대혁 등)과 교류한 곳이기도 하다. 첫 밀가루 두 포대와 앞으로 만들 빵의 결실을 가난한 이들과 나누겠다는 70년 전의 최초의 약속은 참으로 풍성한 결과를 얻었다. 그 약속은 지켜졌고 빵은 몇 배로 불어나 수많은 이들의 허기를 채워왔으며 앞으로도 그러할 것이다. 기꺼이 내놓았던 그 첫 밀가루는 수천 명의 노동자들에게는 양식과 임금이 되었고, 수십만 명의 시민들에게는 빵과 과자가 되었다. 그리고 그것은 새로운 경제, 곧 한국과 전 세계를 위한 '모두를 위한 경제, 친교와 나눔의 경제'를 일구는 누룩이 되었다.

2026년 4월 이탈리아 로피아노에서,

루이지노 브루니

차례

한국어판 서문 5

역자 해제 14

머리말 28

제1장　**개인 없는 공동체에서 공동체 없는 개인으로**　39

　　1. 공동체의 양면성　41

　　2. 위계제　50

　　3. 신들의 이름　55

　　4. 개인 없는 공동체　58

제2장　**비극적 공동체의 여명**　67

　　1. 최초의 상호성　69

　　2. 상처 입은 형제애　74

　　3. 아리스토텔레스에게 행복이란?　80

　　4. 행복에 대한 생각　85

　　5. 행복과 타인　89

제3장　**공동체의 양면성을 어떻게 해결할까?**　97

　　1. 의무와 부담의 의미　99

　　2. 법과 공동체　105

　　3. 필리아, 평등한 사람들 사이의 우정　121

　　4. 아가페라는 불완전한 해답　126

제4장　**근대의 여명**　137

　　1. 중세 시대와 상업 문명　140

2. 프란치스코회의 형제애와 도시의 사회상 143

3. 열린 거래에서 선택과 배제의 시장으로 149

4. 성벽 안쪽의 신뢰와 성벽 바깥의 배제 156

제5장　**개인들의 공동체를 향하여** 161

1. 배제와 포용, 시장의 두 얼굴 163

2. 사회적 인간, 위계적 공동체 167

3. 종교개혁과 새로운 시민생활 171

4. 홉스가 바라본 사회적 삶 183

제6장　**홉스와 스미스 사이** 191

1. 사슴 사냥 게임 193

2. 홉스, 로크, 그로티우스의 사회 계약론 200

3. 발명되자마자 '죽임당한' 개인들의 공동체 208

제7장　**시장의 관계성을 사회에 주입하면?** 215

1. 얼굴 없는 시장 217

2. 근대 정치경제의 기원에 관한 더 많은 이야기 220

3. 애덤 스미스의 자비심 없는 공동선 226

4. 시장 논리의 진화 237

제8장　**시민경제의 나폴리 전통** 249

1. 시민 덕성의 경제 251

2. 공적 신뢰 257

3. 서로 도움과 주고받음으로서의 상업 259

4. 필리아로서의 시장 264

5. '우리' 관점에서의 합리성 268

6. 게임 이론으로서의 문화 271

제9장　　**덕과 상**　277
　　1. 자친토 드라고네티　279
　　2. 처벌만이 아닌 포상을　283
　　3. 보상과 포상: 덕을 어떻게 보상할 것인가　291
　　4. 덕에 걸맞은 보상으로서의 시장과 상업　298
　　5. 근대 정치경제의 저변에 흐르던 시민경제　302
　　6. 드라고네티가 오늘의 우리에게 주는 가르침　306

제10장　　**시민경제의 정신**　309
　　1. 지금까지의 요점　311
　　2. 서로 돕는 시장　313
　　3. 경제 이론에서 사회성 분석　318
　　4. 상호부조와 상호 이익　329
　　5. 교환의 재분배 효과　338
　　6. 돌봄시장에서의 적용　342
　　7. 한 걸음 더 나아가기　353

제11장　　**진보, 덕, 상, 필리아 그리고 그 너머**　357
　　1. 나폴리와 글래스고　359
　　2. 덕 있는 시민과 시민적 제도　371
　　3. 필리아 그 이상의 것　374
　　4. 아가페 게임　380
　　5. 인류 발전의 근본 법칙　389

결론　　393

참고문헌　401
찾아보기　409
역자 후기　414

시장은 어떻게 인간을 관계 맺게 하는가

이 책의 저자 루이지노 브루니Luigino Bruni 교수는 로마의 룸사LUMSA 대학교 정치경제학과 교수이자 일간지 〈아베니레Avvenire〉의 칼럼리스트이다. 또한 스테파노 자마니Stefano Zamagni 교수와 함께 시민경제학교Scuola di Economia Civile의 설립을 주도하였다. 그의 저서는 12개 언어로 번역되었으며, 경제학자이자 경제사상사 연구자로서 윤리학, 성서학, 문학으로 영역을 넓혀가고 있다. 루이지노 브루니와 스테파노 자마니가 2004년에 출간한 《시민경제civlil Economy》는 〈시민과 세계〉(2007년 하반기 12호)에 간략하게 소개되었고 2015년 북돋움출판사에서 '21세기 시민경제학의 탄생'이라는 제목으로 출판되면서 우리나라에 발을 딛게 되었다.

루이지노 브루니와 한국

루이지노 교수가 우리에게 한발 더 다가선 것은 2016년이다. 그
해 5월, 국회의원 연구단체 '일치를위한정치포럼'의 초청으로 방한
했고, 이를 계기로 같은 해 11월, 한겨레신문사에서 주최하는 제7회
아시아미래포럼의 기조연사로 초대받아 두 번째 방한했는데 이때
국회, 서울시청, 충남대, 전북대 등에서 강연을 했다.

이때 루이지노 교수와 그의 저서에 관심을 갖게 된 연구자들이
모여 공부 삼아 공동 번역을 시작한 것이 2017년 8월이었다. 시작
할 때는 인원이 더 많았으나 끝까지 함께한 번역자는 9명이었다. 우
리는 함께 모여 텍스트를 읽으며 열띤 토론을 벌였다. 학문적 배경
이 서로 다른 우리의 공부는 매우 풍요롭고 분위기는 뜨거웠다. 특
히 콤무니타스communitas, 임무니타스immunitas, 무누스munus, 도노dono
와 같은 단어를 접할 때면 시간 가는 줄 모르고 토론이 불붙곤 했다.
도노에 선물과 독이라는 의미가 같이 함께 내포되어 있고, 무누스에
는 선물과 의무라는 양면적 의미가 함께 깃들어 있으며, 공동체com-
munitas는 선물과 의무를 함께하는 관계라는 부분에서 그랬다. 압권
은 임무니타스였다. 그 때까지 우리 중 아무도 이 단어를 접해본 사
람이 없었기 때문이다.

민음사에서 출간된 잔프란코 포지의 《근대국가의 발전》에서는
임무니타스를 '불입권不入權'으로 번역하고 있다. 8세기 후반부터 카
롤링거 왕조가 지배 체제를 재구성하면서 지방행정관comites과 왕

사 missi dominici라는 두 개의 공직을 설립한다. 이 외에 인격적 유대가 훨씬 더 끈끈하고 전사와 하급 동료들의 관계가 뒷받침하는 종사제 Gefolgschaft가 있다. 이 봉건적 관계의 본질은 충성 서약과, 은대제 恩貸制, 불입권이다. 불입권은 어떤 영주의 가속이나 소유물이 재정권, 군사권, 사법권의 영역에서 면제되는 특권이다. 다시 말해 공을 세운 영주에게 영지 안에서의 전권을 인정하는 권한을 부여하는 것이다.

임무니타스는 몇 세기 후 도시가 형성되고 상업이 번성하자 도시 주민들이 요구하게 되고, 현대로 오면서 외교관의 면책 특권으로, 의학 용어로는 '면역'으로 사용되며, 마침내 근대 시장경제에서 개인들 사이의 익명적인 관계를 설명하는 데까지 사용 영역이 확장된다. 이런 식으로 뿌리를 더듬던 우리의 공부는 2020년 11월 《콤무니타스 이코노미》의 출간으로 결실을 맺었으며, 이어진 두 번째 공동 번역이 바로 이 책 《시장은 원래 차갑지 않았다》이다.

이 책은 자본주의 시장경제를 하나의 문명 체계 civilization로 보면서 인류학적이고 신학적·철학적이며 경제학적으로 접근한다. 저자는 시장을 기술과 금융, 가격과 계약의 체계로 환원하지 않고, 하나의 에토스 ethos, 곧 인간이 어떻게 살아가고 관계 맺으며 어떻게 타자를 대하는가를 규정하는 도덕적·상징적 질서로 파악한다.

시장과 개인이 탄생하기까지

먼저 이 책의 내용을 간략하게 살펴보자. 저자는 시장과 개인의 탄생을 '공동체의 붕괴'라는 인류학적 사건을 배경으로 읽어낸다. 고대의 공동체는 사람들의 자유를 억압하는 위계적 질서였고, 선물이면서 의무인 무누스의 구조에 의해 유지되었다. 그러나 그 선물 혹은 증여는 자유로운 행위가 아니라 보답을 강제하는 사회적 구속이었다. 공동체는 사람들을 보호하면서도 동시에 억압하는 이중적 성격을 띠고 있었던 것이다. 많은 공동체 담론은 전근대 공동체를 따뜻한 연대의 공간으로 이상화하지만 저자는 공동체의 본질을 '선물과 독이 동시에 작동하는 이중 구조'로 분석한다. 인간에게 소속과 보호를 제공하지만 동시에 자율성과 권리를 원천적으로 부정하기 때문이다.

이 구조는 중세 후기에 종교적 권위가 약화되고, 더 이상 신분이 아니라 계약의 주체로 등장하는 개인이 출현하면서 중요한 전환점을 맞는다. 개인은 자연적 존재가 아니다. 개인은 이스라엘의 언약, 그리스의 폴리스, 그리스도교의 형제애라는 긴 문명사 속에서 점진적으로 등장한 역사적 산물이다. 하지만 개인의 탄생은 곧 공동체의 붕괴를 의미했으며, 이는 고립된 개인들의 사회, 즉 '공동체 없는 개인'이라는 새로운 비극을 낳는다. 이때 공동체의 대안으로 나타나는 것이 시장과 국가이다.

그렇다면 이 비극적 공동체와 개인성 그리고 상호성의 기원은 어디인가? 저자는 서양 사상에서 히브리-성서적 전통과 그리스-철학적 전통이 인간 관계와 공동체를 어떻게 다르게 형상화했는지 비교한다.

성서의 초기 장면은 인간관계를 축복이자 상처로 묘사한다. 아담과 하와에게서 나타나는 에제르 케네도(ezer kenegdo, 상호 동반)의 개념을 통해 우리는 인간의 완전한 행복을 위해서는 타인과의 상호성이 필수적이고, 인간의 노동도 땅과의 상호적(shamar, 지키고 돌보는 관계) 관계로 받아들였음을 알 수 있다. 그러나 죄와 타락 이후 이 상호성은 붕괴한다. 카인과 아벨의 이야기는 형제적 관계의 파열을 보여준다. "내가 아우를 지키는 사람입니까?"라는 질문으로 인간이 타자에 대한 책임을 거부하는 순간, 이는 곧 폭력으로 귀결된다.

그리스 철학은 행복eudaimonia을 인간 삶의 최고 목적으로 정의한다. 아리스토텔레스는 행복이 덕arete의 구현과 타인과 함께하는 시민적 삶 속에서만 실현된다고 보았다. "행복한 사람은 친구가 필요하다."라는 그의 말처럼, 행복은 필연적으로 필리아philia, 즉 상호성에 의존한다. 그러나 이 상호성은 행복과 동시에 인간을 취약하게 만든다.

서구에서 개인주의적 법 질서가 형성된 계기는 로마법의 발전과 그리스도교 공동체ecclesia를 통해 기능해졌다. 하지만 법이 본격적으로 지위의 평등을 보장하게 된 것은 토머스 홉스의 사회계약론 이후였다. 홉스는 자연상태의 불평등한 인간관계를, 계약을 통한 인위적 평등으로 재구성하고 법이 사람들 사이의 관계를 조정의 대상으로 삼을 수 있도록 했다.

아리스토텔레스적 필리아는 공동체를 구성하는 고전적 해법이다. 필리아는 평등한 소수(남성, 성인, 자유인) 사이의 선택적이고 검증된 우정이며, 타자성이 주는 상처의 위험을 최소화한다. 그러나 바로 그 때문에 필리아는 배타적 공동체를 형성하며, 다름과 다양성을 수용하는 능력이 약하다.

그리스도교의 등장과 함께 새로운 형태의 공동체가 나타난다. 아가페agape는 보편적이고 무조건적이며 선택적이지 않은 사랑으로, 혈연, 지위, 민족을 넘어 전 인류를 형제애로 묶는다. 그러나 아가페는 본성상 상호성을 요구하며, 타자의 자유와 취약성에 자신을 노출하게 되므로 이 공동체는 필연적으로 상처 입은 공동체이다. 구성원들은 서로를 선택하지 않았지만 서로 없이 살 수도 없으며, 타자는 언제든 나를 해칠 수 있는 존재로 등장한다.

고대 공동체는 면책immunitas을 극대화해 공동체성을 지워버렸고, 필리아는 상호성은 살렸지만 배타성이라는 문제를 안고 있으며, 아가페는 보편적 공동체를 열었지만 비극적인 상처에 우리를 노출했다. 결국 어떠한 형태의 공동체도 '의무와 선물', '상처와 연대'라는 양면성을 완전히 제거할 수 없으며, 공동체의 비극은 바로 이 이중성에서 비롯된다.

11~12세기 이후 상업의 활성화, 도시의 성장, 화폐 경제의 확산

이 가속화하면서 성스러운 위계 공동체는 점진적으로 해체되기 시작한다. 시장은 더 이상 단순한 생존의 수단이 아니라 자율적 교환의 공간으로 등장하고, 이때부터 경제는 정치, 종교로부터 부분적독립을 획득하며 근대의 여명이 밝아온다.

이 전환기의 윤리적 매개자는 프란치스코 운동이다. 프란치스코회는 중세 말기에 가난, 수평적 형제애, 무상성, 돌봄을 도시 한복판으로 끌어들였다. 프란치스코적 가난과 형제애는 기존 도시 공동체의 성스러운 위계적 질서와 경제적 이해관계를 넘어서는 급진적 아가페의 실험이었다. 프란치스코회 운동은 도시 빈민, 상인, 장인층을 윤리적으로 재편하고, 상인을 새롭게 정당화함으로써 도시 경제의 도덕적 기초를 새롭게 형성했다.

프란치스코회는 근대 시장경제 정신의 형성에도 기여했다. 프란치스코회 학자들은 재화·가치·화폐에 관한 초기 경제학적 사유를 발전시켰고, 자발적 청빈 운동과 상업 활동의 독특한 조화를 이루었다. 이들은 ‘진정한 부는 소유가 아니라 관계와 순환’이라는 통찰을 강조했고, 이는 몬티 디 피에타 Monti di Pietà 나 서민은행 banche popolari 등 근대 금융 제도의 전조가 되었다.

형제애는 점차 고전적 의미의 필리아, 즉 수평적 우정, 상호성, 상호 이익의 원리로 전환된다. 시장은 더 이상 단순한 탐욕의 장이 아니라 타인의 필요를 인식하고 상호 이익을 추구하며 신뢰를 매개로 작동하는 시민적 관계의 공간이 된다. 여기서 시장은 아가페도 아니고 순수한 계산적 교환도 아닌, 도덕적 우정으로서의 교환 질서라는 독특한 성격을 갖는다. 이것이 훗날 시민경제economia civile 전통으로 발전하게 되는 사상적 토대이다.

저자는 짧은 기간 지속되었던 중세의 시민 인본주의가 만든 초기 시장을 이야기하며 오늘날의 자본주의와는 다른 형태의 자본주의가 가능할 수도 있지 않았을까 상상한다. 비록 그리스도교를 배경으로 하는 배타성은 있었지만 당시의 시장은 먼 타지와의 교역을 가능하게 만든 보편성과 포용성의 잠재력도 동시에 품고 있었다. 그 시장은 공동체의 경계를 넘어 서로 다른 종교·문화·민족을 연결하는 새로운 관계의 공간이 되었고, 이는 기존의 위계적 공동체를 넘어 자유롭고 평등한 개인들로 이루어진 사회가 탄생할 기반이 될 가능성이 내포되어 있었기 때문이다.

그러나 마르틴 루터의 종교개혁은 이 가능성을 근본적으로 뒤흔들었다. 종교개혁은 교회의 중재 기능을 철저히 부정하고, 개인을 신 앞에 직접 세운 사건이었다. 이는 단순한 신학적 변화가 아니라 시민 사회와 경제 윤리의 기초를 바꾸는 결정적 전환점이었다. 루터는 각 개인이 자신의 소명 안에서 신 앞에 책임을 지는 존재라고 보았고, 이로써 노동, 직업, 경제 활동 자체가 종교적 의미를 띠게 되었다. 이 변화는 곧 근대적 개인, 시민, 기업가 정신의 탄생 조건이 되었으며, 시장은 더 이상 도덕 외부의 공간이 아니라 윤리적 책임이 요구되는 시민적 영역으로 재구성되었다.

홉스는 루터적 전환을 세속적 정치 이론으로 이끌어냈다. 그는 인간을 사회적이라고 보았던 아리스토텔레스-토마스주의 전통을 거부하고, 자연 상태의 인간을 상호 파괴적이며 비사회적인 존재로 규정했다. 자연 상태는 '고독하고, 가난하고, 잔인하고, 짧은' 삶이며, 인간은 자신을 보호하기 위해서 사회계약을 통해 국가를 만든다. 그 결과 시민사회는 자연적 공동체가 아니라 인위적이며 계약적 질서로 자리매김하고, 개인들은 서로 관계를 맺지 않은 채 절대적 주권자, 국가(리바이어던)에 복종함으로써만 공존한다. 이는 공동체를 버리고 개인으로 다시 사회를 구성하는 급진적 근대의 출발이다. 이때 개인은 자유로운 존재이지만, 두려움 때문에 결합된 존재이다. 이제는 공동선이나 시민적 유대가 아니라 공포와 자기보존이 사회의 접착제가 된다.

애덤 스미스는 홉스와 마찬가지로, 직접적 인간관계가 상처·종속·불평등을 낳는 위험한 영역이라고 보았다. 인간을 기본적으로 자기 이익self-interest을 추구하는 존재로 설정하고, 사회 질서는 도덕적 덕이나 시민적 우애가 아니라 시장의 교환 메커니즘에서 나온다고 본다. 사회는 개인들이 서로 사랑하지 않아도 이익을 교환함으로써 작동한다. 그는 시장이 '관계의 작은 조각'을 사회에 주입하는 백신이라고 이해한다. 즉 우정, 자비, 필리아 같은 강한 관계를 시장에서 제거함으로써 사회적 상처를 예방하려는 전략이다. 여기서 공동선은 자발적 호의의 결과가 아니라 사적 이익 추구의 '의도하지 않은 결과_{effectus non intentus}'로 발생한다. 문제는 시장 영역이 점점 사적 영역까지 침범하면서, 이제는 가족, 돌봄, 우정, 신뢰마저 시장 논리로 재편되고 있다는 점이다.

계산을 넘어선 경제

8장에서 우리는 18세기, 애덤 스미스와 동시대에 형성되었지만 주류 경제학에 편입되지 못한 채 잊혔던 시민경제_{economia civile} 전통을 만나게 된다. 시민경제는 애덤 스미스의 고전적 시장관과 구별되는 필리아_{philia}, 상호성, 공적 신뢰, '우리 합리성'에 기초한 시장 이해를 시도하고 있다. 나폴리 학파의 중심 인물인 안토니오 제노베시는 시장을 이기적 교환의 장이 아니라, 상호부조와 시민적 덕성이 실현되는 공간으로 이해했다. 제노베시에 따르면 인간은 단순히 '사회적 동물'이 아니라, 서로를 도울 권리와 의무를 지닌 존재이다. 따라서 시장은 본질적으로 상호성, 우정, 형제애에 기초한 사회적 제도이며, 경제는 공동의 행복을 실현하는 수단이다.

시민경제 이론의 핵심 개념은 '공적 신뢰'이다. 사적 평판이 개인적 자산이라면 공적 신뢰는 공동선에 대한 시민적 덕성과 제도적 안정성에서 발생하는 사회적 자본이다. 제노베시는 나폴리 왕국의 경제적 후진성의 원인을 공적 신뢰의 결핍에서 찾았으며, 이는 현대 사회에서도 유효한 진단으로 제시된다. 계약, 법, 시민 상호간의 신뢰가 붕괴되면 시장은 작동할 수 없다. 따라서 시민경제에서 시장은 신뢰를 전제로 작동할 뿐 아니라 신뢰를 '생산하는 공간'이기도 하다. 나폴리 학파는 상업은 제로섬 게임이나 약탈적 관계가 아니라 서로의 필요에 기초한 상호부조의 관계로 이해하고, 시장을 필리아(우정)의 질서로 해석한다. 사회는 단순한 공존이 아니라 이성에 기초한 우정과 신뢰가 쌓일 때 성립한다. 시장은 도덕적 중립 공간이 아니라 덕과 신뢰가 전제되지 않으면 존속할 수 없는 윤리적 공간이다. 덕성과 신뢰가 무너지면 인간은 사회에서 배제되고 시장 역시 붕괴된다. 애덤 스미스의 상호 이익 논리가 '각자의 이익'에 기반한 개인 합리성이라면, 제노베시는 '우리에게 좋은 것이 무엇인가'라는 집단적 판단을 중시한다.

9장에서는 안토니오 제노베시의 제자인 자친토 드라고네티의 저작 《덕과 상에 관하여》를 중심으로, 처벌 중심의 근대 법질서에 맞서 '덕에 대한 보상'이라는 새로운 정치경제학적 패러다임을 조명한다.

드라고네티는 체사레 베카리아의 《범죄와 형벌》이 처벌의 합리화를 통해 범죄 억제를 추구한 것에 비해, '덕에 대한 포상'이 시민사회의 질을 근본적으로 끌어올리는 장치라고 주장한다. 그는 "범죄를 처벌하는 법은 넘쳐나지만 덕을 포상하는 법은 하나도 없다."고 비판하며, 형법과 더불어 '덕의 법'이 병행되어야 한다는 개혁적 법질서 구상을 제시한다. 드라고네티에게 덕이란 단순히 법을 준수하는 의무가 아니라, 사적 이익을 넘어 공공선을 의도적으로 추구하며 희생을 감수하는 행위이다. 따라서 덕은 의무와 구별되며, 이와 같은 자발적 공익 행위는 사회적으로 공적 인정을 받아야 하고, 그 인정의 제도적 형식이 곧 '상premio'이다.

　드라고네티와 시민경제 전통은 상업과 시장을 덕을 보상하는 장치로 이해한다. 나폴리 시민경제는 시장을 '상호부조mutuo aiuto의 제도'로 보았고, 이 틀에서 상거래는 공적 행복에 기여하는 덕의 실천이 된다. 따라서 상인 역시 공적 포상의 대상이 되며, 상업은 검소, 신중, 절제, 질서라는 시민적 덕을 내면화하는 장이 된다. 이 점에서 드라고네티의 사상은 현대 공동체주의자들이 주장하는 '시장과 덕의 대립'과는 근본적으로 다르다. 그는 시장과 덕이 양립 가능할 뿐아니라 서로를 강화할 수 있다고 본다.

　제노베시와 드라고네티의 시민경제 전통은 19세기 이후 영국 고전경제학과 한계혁명 경제학의 대두 속에서 주류 정치경제학에서 밀려나 잊혔다. 덕과 포상의 정치경제학 역시 처벌과 인센티브 중심의 체계 속에서 설 자리를 잃었다. 그러나 오늘날 성과급, 인센티브, ESG, 사회적 가치 평가, 평판 자본reputational capital의 중요성이 커지면서 드라고네티의 문제의식은 다시 리얼리티를 획득한다. 좋은 사회는 처벌과 인센티브만으로는 유지되지 않으며, 공공선을 향한 자발적 덕과 그에 대한 공적 포상이 반드시 필요하다. 시장 역시 덕을 해체하는 제도가 아니라 제도 설계에 따라 덕을 강화하는 장치가 될수 있다. 이 관점은 오늘날 윤리 없는 금융, 도덕 없는 인센티브, 성과주의의 폭주를 재성찰하게 만드는 중요한 이론적 자산이다.

여기에서 가장 깊은 층위는 아가페(무상성)에 대한 해석이다. 아가페는 게임이론의 언어로 보면 매우 비합리적인 전략처럼 보인다. 보상을 기대하지 않고 주는 행위는 단발 게임에서는 패배 전략이다. 그러나 용서, 무상성, 자기 희생은 배신의 악순환을 끊는 게임의 리셋 버튼이 된다. 아가페는 일시적이고 상처받기 쉬우나, 역사적으로 공동체·제도·시장까지 변화시키는 강력한 힘을 발휘했다. 프란치스코회, 협동조합 운동, 윤리적 금융, 인권·환경 운동 등이 그러한 흔적이다. 아가페가 비록 지속되기 어렵고 일시적일지라도, 한번 등장한 아가페적 경험은 공동체와 시장을 영구히 변화시키는 '인간성의 초석'을 남긴다. 따라서 시민적·경제적 진보의 가장 깊은 원천은 계산을 넘어선 무상성의 차원, 즉 아가페적 행동에 있다는 것이 저자가 강조하는 핵심 메시지이다.

이 책의 특징 중 하나는 인류학적 상호성을 현대 게임이론과 직접 연결한다는 점이다. 죄수의 딜레마로 대표되는 게임이론은 인간을 합리적 이기주의자로 가정한다. 죄수의 딜레마에서는 서로 협력하면 둘 다 이익이지만 상내의 배신 가능성을 고려하면 각자는 배신하는 것이 합리적 선택이 된다. 그 결과 모두가 손해를 보는 균형이 형성된다. 불신의 균형bad equilibrium이다. 그러나 저자는 반복 게임iterated game, 신뢰의 축적, 상호성 규범의 진화를 통해 협력이 제도화될 수 있음을 강조한다. 인간은 일회성 게임에서는 이기적이지만, 반복되는 관계 속에서는 평판, 신뢰, 보복, 용서라는 요소가 전략을 변화시킨다. 시민경제는 바로 이 지점에서 등장하여 시장을 단발적 죄수의 딜레마 구조에서 끄집어내어, 반복적 협력 게임의 구조로 전환시키려는 제도적 실험이다. 협동조합, 사회적 기업, 신뢰 기반 금융, 관계적 계약은 모두 게임의 규칙 자체를 바꾸는 장치이다.

우리는 이 책에서 스미스적 시장 원리뿐 아니라 필리아에 기초한 시민경제, 그리고 아가페적 시장이라는 세 가지 작동 원리가 공존할 수 있음을 본다. 시장은 하나의 원리가 지배할 때가 아니라 다양한 원리가 다원적 균형을 이루며 공동선에 기여할 때 비로소 문명의 도구가 된다. 이는 다당제 민주주의가 다양한 목소리를 보존함으로써 더 성숙해지는 것과 유사하다.

이 책과의 만남이 독자들의 마음을 열고 인간과 사회에 대한 신뢰를 한층 쌓아올리는 계기가 되기를 축원한다.

역자를 대표하여, 강영선

정치경제학 또는 경제학은 일상의 경제적 삶을 살아가는
인간에 관해 연구하는 학문이다.

- 앨프리드 마셜 Alfred Marshall

이것은 시장과 시장의 에토스에 대해 이야기하는 책이다. 그런 점에서 이것은 자본주의에 대해 분석하는 책이기도 하다. 지난 두 세기에 걸쳐, 자본주의라고 부를 만한 오늘날의 시장경제는 늘릴

> 에토스(ethos)는 특정한 집단이나 문화를 가장 잘 드러내는 정신, 그 안에 내재된 특성 또는 윤리적 특성, 도덕적 기품, 본질 등을 의미하는 말로 다양하고 폭넓은 의미를 지닌다. 이 책에서는 문맥에 맞추어 정신, 본질, 가치 체계, 원리 등으로 번역했지만 필요한 경우 에토스라는 말을 그대로 사용하기도 했다.

만한 경제적, 기술적, 시민적 성과를 낳았으나 이 위기의 시기에는 모든 것이 한물간 구닥다리처럼 보인다. 시장경제는 불평등하고 위계적인 봉건사회를 보다 자유롭고 평등한 개인들로 구성된 사회로 완전히 바꿔놓는 데 중요한 역할을 해왔다. 시장경제가 기술과 금융 중심으로 방향을 잃으면서 시장의 혁신과 문명화 능력은 고갈되었

다. 시장경제가 시장의 본질을 저버렸기 때문이다. 시장의 본질은
교환에 참여하는 주체들의 상호 이익과, 간접적으로는 사회의 공익
을 목적으로 하는 훌륭한 협동 기업을 일궈나가는 것이다.

그런 점에서 오늘날 존재하는 자본주의는 시민적 우애에 바탕을
둔 협력이라는 근본적인 기초를 잃어버렸다. 시민적 우애가 있어야
개인적으로도 사회적으로도 잘 살 수 있다. 테러리즘부터 환경 위
기, 금융 위기, 에너지 위기에 이르기까지, 2000년대 초에 일어난
위기들은 지금의 시장경제와 시장사회가 더 이상은 사회 변화와 문
명화를 선도할 힘이 없음을 뚜렷이 말해준다. 시장경제와 시장사회
가 그러한 힘을 잃은 것은 개인적 자유의 영역에서 이룬 성취가 환
경과 사회적 관계를 대가로 치러 얻은 것이기 때문이다. 우리 앞에
는 지금의 사회경제 체계가 최근까지 이루어놓은 문명화라는 성취
를 유지하면서도 이 시장경제를 넘어서야 한다는 큰 과제가 놓여 있
다. 즉 우리는 오늘날 시장과 도시를 지배하는 외로운 인간 소외의
상태로부터 우리를 벗어나게 해줄 사람들 사이의 관계를 발견해야
하는 것이다. 다만 그 관계는 종종 자유를 억제하거나 고대 공동체
에 대한 향수를 불러일으키는 공동체주의 방식에 빠지지 않아야 한
다. 자유를 억제하거나 이전 공동체에 대한 향수를 불러일으키는 방
식이라면 둘 중 어느 쪽도 좋은 치료 방안이 아니다.

시장경제는 발전 과정에서 인간관계의 본질을 변화시켰다. 시장
은 그야말로 그 자체로 문화이자 에토스가 되었다. 이때 에토스는

일상생활의 모든 차원을 둘러싸고 있으면서 어떻게 살아야 할지를 알려주는 관습 또는 생활 방식이라는(Mancini, 1990) 점에서 우리가 오늘날 말하는 윤리 이상을 의미한다. 시장은 인간성을 자신의 의미대로 낳고 기른다. 특히 앞으로 살펴보겠지만 시장은 사람 사이에 서로 '상처'를 입히지 않는 관계를 약속한다.(Bruni, 2012) 만약 우리가 우리의 탈근대 사회의 경제적 관계뿐 아니라 그 본질을 이해하려고 한다면 인류학적이고 관계적인 수준에서 '시장의 에토스'가 갖는 기원과 본질을 분석하고 평가해야 한다.

나는 이 책에서 시장의 본질을 고찰하고, 시장이 현대인에게 끌림을 주는 이유를 오늘날 경제와는 아주 멀게 느껴질 수 있는 하나의 단어, 곧 '공동체'라는 말과 연결 짓는 데서 찾아야 함을 밝히려고 한다. 자기와 동등하면서도 자유로운 타자의 존재는 관계의 불안정성을 만들어낸다. 우리는 문화사가 사실상 이러한 관계의 불안정성으로부터 인간을 해방시키려는 시도의 역사이기도 했음을 보게 될 것이다. 공동체를 형성하고 싶어 하는 멈출 수 없는 욕망과, 동시에 모든 공동체가 필연적으로 만들어내는 깊고도 얽힌 유대에서 벗어나고자 하는 욕구 사이에는 역설적인 긴장이 존재한다. 우리는 이제부터 이 역설적 긴장을 해소하려는 노력에 관한 긴 이야기를 살펴볼 것이다.

소셜 네트워크상에서 이루어지는 관계성은 시장사회에서 새롭게 형성되고 있는 관계들의 원형으로 읽을 수 있다. 이러한 관계들은 육체라는, 생명력 있지만 동시에 상처와 아픔을 주고받아야 하는 고통스러운 타자성의 차원을 완전히 제거한 상태이다. 그러한 관계에서는 타자가 자신의 이중적 현실성과 소명 전체로 인식되지 않고, 일방적인 관계 속에서 소비될 뿐이다. 이 관계는 자기애적 성향에 치우친 자아를 중심으로 형성되고 그로 인해 진정한 만남은 불가능해진다.

나는 공동체, 중재, 선물, 그리고 위계와 같은, **시장의 정신**을 특징짓는 몇 가지 핵심어도 종종 사용할 것이다. 이런 단어들은 경제학 논문에서는 자주 쓰이지 않는다. 과거에도 그랬지만 이들 중 어느 것도 오늘날의 경제학 용어사전에는 없는 단어이기 때문이다. 후반부에서는 필리아, 덕 virtue, 상호부조 같은 훨씬 더 특이한 개념에 대해서도 이야기하려고 한다. 이것이 다가 아니다. 결론에서는 우리들이 항상 갈망하지만 사회과학에서는 매우 보기 드문 단어인 아가페, 즉 무상성의 관계에 대해서 이야기하려고 한다.

위대한 19세기 영국의 경제학자이자 철학자인 존 스튜어트 밀 John Stuart Mill은 시간이 지남에 따라 시장이 사람들의 협동 능력을 발전시키고 강화할 것이기 때문에 그들의 시민적 덕목도 발전하고 강화할 것이라고 믿었다. 그는《정치경제학 원리Principles of Political Economy》에서 이렇게 말했다.

> 근대 사회의 진보에 어김없이 등장하는 한 가지 변화는 일반 대중의 업무역량이 개선되는 것이다. … 문명화된 국가에서는 미개인이나 부분적으로만 문명화된 이들은 해낼 수 없는 모든 종류의 작업들이 매일 이루어진다. (…) 간단히 말해서 협력할 수 있는 역량은 문명화된 존재의 특성이다.(Mill, 1920[1848], p. 698)

밀이 이렇게 말한 후 150년도 더 지난 오늘날, 시장에서 일어나는 협력과 그것이 만들어낸 문화를 바라본다면 그는 여전히 같은 생각을 할까? 회사, 쇼핑센터, 그리고 항공여행부터 풋볼 리그에 이르기까지 현재 우리들의 일상적인 사회생활과 경제생활을 관찰한다면 그는 생각할 것도 없이 자신의 직관과 예견을 바꿀 것이다. 만약 밀이나 그의 동료 경제학자, 그 시대의 자유주의 철학자, 그리고 그 뒤를 이은 사람들이 우리 시대의 디지털, 금융, 그리고 기술적 세계를 보면 뭐라고 말했을지 궁금하다. 사실 그는 시장과 기술 사이에 근본적인 연계성이 늘어나고 있다는 점을 바로 이해할 것이며, 조금만 더 생각하면 네트워크상에서 이러한 관계가 갖는 논리가 다국적 기업이나 도심의 슈퍼마켓에서 전개되는 논리와 별로 다르지 않다는 점을 알게 될 것이다. 즉 시장은 전근대 세계와 달리 사람과 사람의 만남이나 협력의 기회를 크게 늘려주었지만 동시에 점점 더 많은 관계와 공동의 삶을 '서로에게 무관심하고 영향을 주고받지 않는(immune) 관계로' 만들면서 그 본질을 바꾸었다.

이러한 변화를 윤리적으로 어떻게 판단할지는 복잡하고 양면적일 수 있다. 아마도 양면성은 시장의 에토스가 가지는 가장 큰 특징일 것이다. 사실 인간의 모든 지혜와 격언은 이런 양면성을 가지고 있고 이런 점 때문에 위대한 것일지도 모른다. 위대한 언어학자 에밀 벤베니스테(Emile Benveniste, 1971, p. 272)는 선물이라는 단어조차도 '호기심을 끄는 의미론적 양면성'을 띤다는 점을 상기시킨다. 많은 인도-유럽계 언어에서 동사 '주다'가 담고 있는 개념은 또한 '받다'라는 동사로도 표현할 수 있다. 사실상 시장도 적절히 작동한다면 순수한 선물과 대비되는 것이 아니라 시민적 덕목에 대한 보수로 볼 만한 사회적 기제일 수 있다. 이상적인 시장에서 정해지는 가격은 우리가 무상성의 경제에서 말하는 선물과 대비되는 것이 아니라, 시민적 덕목에 대한 보상의 의미를 가질 수 있다. 이는 나폴리의 안토니오 제노베시Antonio Genovesi와 자친토 드라고네티Giacinto Dragonetti의 시민경제 이론에서 특히 잘 드러난다.

오늘날에는 낯설게 여겨질 수 있지만 18세기와 밀의 시대에는 시장을 다르게 봤다. 즉 시장은 사회적으로 유익하지만 내적 동기나 보상이 부족하여 사람들이 기피하는 활동들에 보상을 제공하는 시스템으로 봤던 것이다. 사실 시장이 없는 가상적 세계라면 사람들은 자신이 매우 좋아하거나 내재적 보상을 얻을 수 있는 자신의 소명이라고 생각하는 활동에 종사할 것이다. 시인, 학자, 운동선수 등 내재적 보상이 많은 활동은 사회적 수요보다 넘쳐나고, 쓰레기 수거인, 짐꾼, 광부 등 스스로 보상을 받지 못할 수도 있는 활동은 부족해질 것이다. 시장은 만약 그 활동에 내재하는 즐거움만을 위해서라면 사회가 충분하다고 생각하는 양만큼 이루어지지 않을 활동을, 사람들이 사회에서 필요한 만큼의 수준까지 추구할 수 있도록 '외적인' 보상을 제시한다.

사람들은 시장의 가격 기제를 통해, 스스로 좋아서 하는 활동뿐 아니라 다른 사람들이 유용하다고 여기는 활동도 교환을 통해서 보상받을 수 있음을 확실히 알게 된다. 이러한 관점에서 보자면 시장은 사람들에게 자신이 좋아하는 일이 다른 사람도 우선적으로 관심을 갖는 일인지 아닌지 신호를 주는 기제이기도 하다. 그러므로 시장에서는 집단적 계획이나 자유를 억제하는 위계 없이도 사람들이 공익을 위해 유용한 활동을 거리낌 없이 당당하게 추구할 수 있다. 시장 교환이 상호성과 사회적 유대의 한 형태로서도, 그리고 개인이나 사회적 차원의 자기애에 대한 치유책으로도 이해될 수 있는 것은 이러한 이유 때문이다.

바로 이러한 이유에서도, 나는 시장과 시민적 덕성, 인간의 자유로운 협력, 공동선 共同善 사이에는 필연적인 대립이 존재하지 않으며 오히려 상호 보완성만이 있다고 생각한다. 오늘날 시장에 대해 윤리적 비판을 제기하고자 하는 누구든지, 시장이 지닌 시민적이고 사회적인 기능을 외면할 수는 없다. 만약 이러한 기능이 '증여의 교환'이라는 형태의 경제를 추구하는 과정에서 사라진다면, 시장이 탄생하고 발전할 수 있게 한 수 세기의 문명을 함께 무너뜨리는 결과를 초래할 수 있다. 그러므로 시장의 에토스와 예를 들어 이 책에 담긴 '자본주의의 정신'에 대한 어떤 진지한 시민적 비판이라도 최소한 시장의 도덕적 기능을 인정해야만 하며, 시장 상호작용의 이러한 차원과 모순되지 않는 방식으로 비판적 평가를 내려야만 한다. 일부 공동체주의 철학에서는 그렇게 하고 있다. 시장의 에토스를 다양한 방식으로 그려내기 위해 우리가 출발점으로 삼으려는 시민경제학의 전통에서는 이 모든 것이 늘 상당히 분명히 드러난다.

1장부터 5장까지에서는 시장사회가 어떻게, 그리고 왜 중세의 신성한 공동체가 몰락한 자리에서 근대와 함께 탄생하게 되었는지를 살펴볼 것이다. 또한 그것이 고대 사회의 위대한 중재자들에 대한 거부로부터 비롯되었음을 함께 살펴볼 것이다. 그리스와 이스라엘의 대부분 지역에서 시작되었던 종교 공동체의 죽음으로부터 태어난 것은 마침내 자유롭고 평등하게 된 개인들로 구성된 새로운 공동체가 아니었다. 사실상 인류는 자유롭고 평등한 개인들로 구성된 공동체를 만들 수 있다는 비극의 가능성을 알아채자마자, 이 비극적이지만 결정적인 형제애의 모험에 직면하지 않고 도리어 거기서 벗어날 방도를 추구했다. 2부인 6장부터 10장에서는 애덤 스미스Adam Smith에서부터 이어지는 정치경제학의 주류 전통이 상정하는 시장의 중재가 갖는 특징들을 나폴리 시민경제학의 전통과 비교하여 탐구한다. 그리고 결론인 11장에서는 시민경제학을 넘어서려는 대담하고 새로운 가능성을 열어볼 것이다.

그렇게 보자면 이 책은 약 10년에 걸쳐 수행해온 '경제학, 복지 및 인간관계' 연구 프로젝트의 일환이다. 이 프로젝트의 중요 단계를 짚어주는 책들로는 피에르루이지 포르타Pierluigi Porta와 함께 쓴 《경제학과 행복Economics and Happiness》(2005), 《시민 행복Civil Happiness》(2006), 《상호성Reciprocity》(2008), 로버트 서그덴Robert Sugden과 함께 쓴 여러 논문(2000, 2008, 2011), 알레산드라 스메릴리Alessandra Smerilli와 함께 쓴 여러 논문(2010, 2011)이 있다. 그리고 스테파노 자마니Stefano Zamagni와 함께 쓴 《시민경제학Civil Economy》(2007)은 《21세기 시민경제학의 탄생》(2015)으로, 《타인의 상처La ferita dell'altro》(2007)는 《콤무니타스 이코노미》(2020)로 한국에서 번역 출간되었다.

이 책에서는 그간 일관성 있게 말하려고 했으나 항상 성공한 것 같지는 않지만, 오랜 시간에 걸쳐 내 스스로는 하나의 이야기라고 생각하고 다루어온 주제에 관한 이야기들을 하나로 모아보려 했다. 이러한 비일관성이 어떤 식으로든 새로운 연구의 출발점이 될 수도 있겠다.

그러려면 모든 글이 단어의 의미를 '지적으로 단련한다'고 할 수

있을 만큼의 질을 유지해야 한다. 이 글도 그러한 훈련이자 실험이
다. 이러한 도약은 이 지적 단련을 수행하는 나뿐 아니라 이 행동에
참여하고 있는 사람 모두, 이 경우에는 독자들에게도 항상 위험 부
담이 있다. 결과가 항상 불확실하기 때문이다. 이러한 위험 부담 때
문에 이러한 시도가 더욱 흥미진진해진다.

제1장

개인 없는 공동체에서 공동체 없는 개인으로

L'ETHOS DEL MERCATO

삶에 대한 '부정'은 마치 마법처럼 더 부드러운 '긍정'의 풍부함을 빛나게
한다. 심지어 자신이 자신을 해칠 때조차, 파괴와 자멸의 주인인 그를 살
아가도록 하는 것은 상처 그 자체이다.

- 프리드리히 빌헬름 니체Friedrich Wilhelm Nietzsche,
  《도덕의 계보학On the genealogy of morality》

1. 공동체의 양면성

시장의 본질을 연구하려면 필연적으로 **공동체**에서 시작할 수밖에 없다. 공동체만큼 근본적인 양면성을 내포한 개념도 드물다. 공동체는 온전히 인간다운 삶과 행복이 실현되는 유일한 공간이지만 동시에 개인과 그의 자유, 절대적 권리에 대한 지속적인 위협이 되는 공간이기도 하다.

사회학에서뿐만 아니라 경제사와 인류학, 철학에서도 공동체는 일반적으로 고대와 전근대는 물론 초근대extra-modern 세계의 주역으로 묘사되어왔다. 그러나 나는 이 공동체라는 개념 자체가 고대 세계에서도 매우 낯설었다고 본다. 최소한 앞으로 살펴볼 공동 의무cum-munus, 예를 들어 상호적 선물이라는 의미로 볼 때는 그렇다.

역설적이게도 우리는 근대적 현상으로 널리 알려진 개인주의가 탄생한 이후에야 공동체를 새롭게 바라보고 공동체의 비극적인 측면을 제대로 이해할 수 있게 되었다.

공동체에 관한 문헌에서 그다지 흔하지 않은 이 논제를 다루기 위해, 논쟁의 여지가 없는 다음과 같은 사실에서부터 시작해보자. 부족 공동체든 태고[1] 공동체든, 이들 고대 공동체는 근본적으로 **위계적이고 자유가 제한되었으며**, 우리가 사회라고 부를 수 있는 자유롭고 평등한 개인들의 집합체도, 형제적 공동체도 아니었다.[2] 서구 역사에서 근대 정치경제학의 부상爭上, 달리 보면 시장경제에서 근대성의 출현은 위계적이고 자유롭지 못한 공동체의 점진적인 쇠퇴와 **공동체 없는 개인**의 부상이 나란히 나타나는 시기를 의미한다.

이 장에서 우리는 고대 콤무니타스의 몰락과 시장사회 출현 사이

---

1   칼 폴라니(1977)에 따르면 부족(tribal) 공동체는 태고(archaic) 공동체보다 더 오래되었거나 또는 더 '원시적(primitive)'이었다. 부족 공동체에서는 지위만으로 구성원의 주관적 위치를 알 수 있다. 하지만 태고 공동체의 경우, 지위는 점차 계약에 밀려 그 영향력을 상실한다. 엄밀히 말해서 부족사회만이, 내가 여기서 사용하는 의미의 '성스러운' 것으로 간주될 수 있다. 비록 수메르나 이집트와 같이 폴라니가 '태고 공동체'라고 부르는 많은 공동체 또한 여전히 성스럽지만 말이다.

2   여기서, 그리고 이 책의 나머지 부분, 특히 앞쪽 내용에서 나는 고대의 '공동체'나 근대의 소위 '원주민' 사회가 진정한 사랑과 제한 없는 상호성의 장(場)일 수 있음을 부인하지 않을 것이다. 또한 나는 그들이 표현하는 사회성의 종류가 단지 부당하고 위계적이기만 하다고 주장하고 싶지도 않다. 사실 역사적으로 보면 인권을 인식하지 못하는 상황에서도 종종 진정한 인류애의 징표가 일관적으로 나타난다. 인간은 종종 그의 문화와 공농제가 부과한 경계를 초월할 수 있다. 동시에 고대 또는 전통 문화는 개인 한 명 한 명에 중심을 둔 문화라고 할 수 없다. 그것은 오히려 전체로서의 공동체가 중심이 되는 총체론적 문화에서 발생한다. 민족지학 연구나 인류학 연구에 따르면 신석기 이전의 채집인이나 사냥꾼들의 소규모 공동체가 인도-유럽 지역의 선사시대 공동체보다 더 평등하고 덜 위계적인 경향이 있었다.(Sahlins, 1972 참조)

의 연관성을 알아볼 것이다. 그리
고 이 획기적인 전환을 이끈 이유
에 대한 열쇠를 공동체 자체의 양
면성에서 찾을 것이다.

　　흥미로운 어원적 설명을 바탕
으로, 오늘날 상당수의 연구에서

는 공동체를 뜻하는 말 콤무니타스의 양면성의 기원을 무누스munus
라는 단어에서 찾는다. 라틴어 콤무니타스communitas는 '함께'라는 뜻
의 쿰cum과 무누스munus의 합성어이다.[3] 이렇게 볼 때 콤무니타스
는 선물과 의무를 동시에 나타내는 라틴어 무누스munus와 독일어로
독poison으로 번역되는 고대 영어 gift선물가 지닌 양면성을 반영하고
있다. 이러한 해석은 선물의 양면성을 광범위하게 연구했던 프랑스
의 사회학자이자 인류학자인 마르셀 모스Marcel Mauss[4]가 1920년대
초에 쓴 획기적인 연구인《증여론Essai sur le don》에 토대를 두고 있다.
선물에 대한 그의 이론은 20세기 내내 큰 영향력을 미쳤다. 태고 사
회에 대한 연구에서 모스는 받는 자에게 보답을 강요하는 것은 선물
에 내재되어 있다고 생각되는 물건의 정신spirit, 하우hau임을 보여주

3　르네 지라르(René Girard)가 마찬가지로 양면적인 용어인 '희생제물'(1977)에 관해 설명했듯이, 한
　　단어의 개념적 양면성을 인식한다고 해서 그 단어의 의미를 바로 해석할 수는 없다. 개념적 양면성
　　을 제기하는 것은 새로운 탐구를 이끌어낼 때 문화적 관점에서 중요해진다.

4　사실 우리는 적어도, 모스의 삼촌이자 멘토였던 에밀 뒤르켐(Émile Durkheim)과 성스러운 것과 세
　　속적인 것에 대한 개념을 담은 그의 종교 이론까지 훨씬 더 거슬러 올라갈 수 있다.

었다. 그래서 선물을 받은 사람은 선물을 통해 그에게 전해진 하우 때문에 선물을 준 사람에게 구속된다. 그는 그 선물을 준 사람에게 —그 사람이 보기에 적합하다고 여길 만한 방식으로—제대로 답례할 때까지는 하우의 '독이 든' 주문에서 풀려날 수 없다.

이러한 이유로 주기-받기-보답하기로 이루어지는 증여의 삼원적 과정은, 선물 증여의 사회적 과정과 공동체 내부와 공동체 사이에 순환되는 선물 교환의 기본 단계를 나타낸다.

선물은 인간들, 특히 근대 이후의 개인들이 견디기 힘든 비대칭적 상황을 발생시켜 사회 관계의 내적 균형을 깨뜨린다. 인간 사회는 대칭을 선호하므로 보답되지 않는 선물은 불균형과 무질서를 낳는다.[5] 이러한 용어에서 우리는 등가물, 또는 행위자들이 등가물로 인식하는 가치의 대칭적 교환에 기초한 근대 시장의 놀라운 힘을 읽을 수 있다.[6]

무누스(보답을 의무화하고 요구하는 선물)의 복잡한 문법에 대해서는 프랑스 철학자 자크 데리다 Jacques Derrida 와 J. L. 마리온 J. L. Marion, 알랭 카이예 Alain Caille 를 비롯한 M.A.U.S.S. 운동의 프랑스 사회학자

---

[5] 여기서 말하는 '대칭'은 개별 구성원들 사이가 아니라 서로 다른 공동체 사이에 균형이 존재하는 상태를 뜻한다.

[6] 그리스 문화와 그리스도교에서 사랑을 말하는 세 가지 고전적인 형태, 즉 에로스, 필리아, 아가페 중에서 처음 두 가지는 사회적 삶을 위험에 빠뜨리지 않고 대칭적인 관계 구조를 유지하는 경향이 있다. 반면 아가페, 즉 무상성(gratuitousness)으로 움직이는 사랑은 관계의 균형과 대칭을 손상시켜 전체 공동체와 지위 관계를 위태롭게 한다. 아가페의 이러한 불안정을 가져오는 힘 때문에 대부분의 공동체는 무상성으로 움직이는 행위를 억제하려고 한다.

들을 포함한 많은 저명한 학자들이 탐구해왔다. 특히 지난 10년 동안 이탈리아 철학자 로베르토 에스포지토 Roberto Esposito는 무누스가 공동체의 내적 양면성의 주

요 원천임을 설득력 있게 강조해왔다. 앞으로 우리는 무누스와 콤무니타스라는 용어에서 양면성의 의미를 좀 더 명확하게 설명하려고 한다. 다만 이 설명은 한 번에 한 단계씩 진행할 것이다.

원시 공동체에서 '증여'는 언제나 사회적 사건이며, 우리는 이를 '성스러운' 집단 안에서 일어나는 일이라고 부를 수도 있다. 여기서 '성스러움'이란 마르셀 모스가 정의한 '총체적 사회적 사실'인 '증여'가 펼쳐지는 상징적 맥락이다. 다시 말해 성스러움은 증여가 시간 속에서 전개되도록 돕고 가능하게 하는 매개자이며, 증여의 기본 문법인 '주기-받기-보답하기'를 가능하게 한다. 전통적인 선물 순환의 또 다른 근본적인 특성은 무상성보다는 '상호성'에 바탕을 두고 있다는 것이다. 이 점은 증여를 다루는 20세기 인류학에 가장 중요한 연구를 남긴 칼 폴라니 Karl Polanyi가 주로 강조해왔다.

선물의 상호성은 기본적인 관계 구조, 즉 사회적 기능과 관계성 면에서 의례적 선물 교환보다 나중에 등장한 경제적 교환이나 물물 교환과 본질적으로 다르지 않다. 문화사를 통해 보았을 때 '선물'과 '시장 교환'의 차이는 기본적으로 본질의 차이라기보다는 **정도의 차이**

로 해석될 수 있다. 즉 등가를 측정하는 방식이나 선물을 받고 보답하기까지 납득할 만한 기한의 지연, 정해져 있는 제재의 유형에서 차이가 있다.[7] 그래서 폴라니는 이 점에 대해 다음과 같이 말했다.

> 말리노프스키Malinowski는 '무상 증여'의 범주가 완전히 예외적이거나, 상당히 이례적임을 밝혔다. 자선은 필연적이지도 않고 권장되지도 않으며, 선물의 개념은 항상 보답과 연관되어 있다. 결과적으로, 명백한 '무상의' 선물조차도 흔히 그 선물을 받는 사람이 제공해주었던 서비스에 대한 보답으로 이해된다.(Polanyi, 1977, p. 54)

따라서 《국부론》에서 원시 인간을 본성적으로 '물물교환'을 선호하는 존재로 상상한 애덤 스미스와 달리(제1권, 제2장, §1), 오늘날 인류학 연구에 따르면 인류가 처음 경험한 교환 방식은 시장도, 물물 교환도 아니었다. 그것은 바로 선물의 상호성, 즉 증여의 상호 주고받기였다. 시장 교환이나 경제적 교환은 '증여-무네라munera'의 교환이 오랜 시기를 지나면시 발전하여 나타난 것이다. 이러한 맥락에서 이방인은 전적으로 이질적이거나 단절된 존재로 여겨지지 않는다. 그들은 적이자 동시에 손님이며 경쟁자이자 잠재적 거래 파트너이다. 사실 모든 고대 공동체는 성스러운 문화 때문에 본질적으로 유사하

---

7   태평양 제도에 대한 말리노프스키의 연구를 반영한 폴라니는 경제적 교환과 상호성 간의 차이를 나보다 더 강조하고 있다.(Bruni, 2008 참조)

다. 그리고 이러한 환경은 공유된 상징 언어를 통해 서로 연결되고, 만나고, 거래하고, 싸울 수 있게 하는 일종의 공통 기반을 제공한다.

고대 공동체에서 정치권력과 종교 권력은 깊이 얽혀 있고 종교와 정치 영역 사이가 뚜렷하게 분리되지 않는다. 로마와 고대 그리스를 포함한 지중해 전역의 많은 고대 공동체를 보면 확실히 그렇다. 루돌프 오토Rudolf Otto와 이후에는 미르체아 엘리아데Mircea Eliade가 주목한 바와 같이, 유일한 경계는 성스러운 것과 세속적인 것 사이에 있다. "종교적인 인간에게, **공간은 동질적이지 않다.** (…) 성스럽기 때문에 강하고 의미 있는 공간이 있으며, 성스럽지 않은 다른 공간들도 있다."(Eliade, 1961, p. 20) 성스러운 공동체에는 정치적 영역과 종교적 영역 사이의 구별이 없다. 그러면서도 동전의 다른 면처럼 공동체의 삶을 지배하는 주된 도구인 성스러운 것과 세속적인 것 사이의 절대적인 경계가 존재한다.

따라서 무누스와 콤무니타스에 내재된 양면성은 라틴어 사체르sacer나 멜라네시아인의 마나mana에서처럼 '거룩함'과 '저주받음'을 동시에 의미하는 성스러움의 양면적인 특성이 반영된 것으로 볼 수 있다.(Ries, 1982, p.26) 그래서 알도 스키아보네Aldo Schiavone는 고대 로마에 대해 다음과 같이 말했다.

실제로 지중해 지역뿐 아니라 그 밖의 지역에서도 널리 나타나는 왕족과 성스러움의 관계는, 기록이 문서로 잘 보존된 로마의 경우, 공화정 시대까지 유일하게 그 존재가 유지된 렉스 사크로룸이 유럽 역사 전반에 걸쳐서 오래 지속되었다. 그리스도교 역시 이를 심오하고 창의적으로 재해석하여 근대에 이르기까지 이어왔다.(Schiavone, 2012, p. 660)

성스러움과 세속적인 것을 포함하여 고대 공동체의 모든 측면은 신성함으로 둘러싸여 있다. 모든 것은 상징이다. 태고 사회에서는 그 차이가 존재하지 않거나 매우 미미했을 종교 의식이나 마술적 의식은 성스러운 세계로 통하는 통로를 열고 이 질서를 전달하는 언어가 되어, 공동체의 구성원을 신과 **묶고** 서로를 **묶어** 연결을 군건하게 한다. 참고로 종교religion의 라틴어 어원인 렐리고religo는 묶다bind라는 뜻이다. 인간에게 보이지 않지만, 이 질서는 보이는 것보다 더 현실적이다. "성스러운 공간만이 실재이며 정말로 존재하는 공간이다."(Eliade, 1961, p. 20)

성스러움의 개념은 **중재**mediation의 개념과 깊이 연결되어 있다.[8] 모든 성스러운 질서, 즉 엘리아데가 말한 '성스러운 것의 현현顯現'인 모든 현신現身은 공동체와 신 사이에 작동하는 중재 시스템을 필요로 한다. 그러므로 전통적 카스트 제도에서 나타나듯, 인간과 신, 또

---

8   중재의 사회적 역할에 대해서는 모리노(Morineau, 2010) 참조

는 인간들 사이의 중재되지 않은 접촉은 불가능하다. 또한 쥘리엥 리스(Julien Ries, 1982, p.63)는 모든 현신에서 중재가 중심이라는 점을 강조한다. 르네 지라르(René Girard, 1977)는 자신의 저서에서 희생제물sacrifice은 보통 희생제물을 바치는 인간과 '신' 사이의 '중재' 행위로 정의되었다고 주장한다. 사실 희생제물은 궁극적으로 수단, 즉 사제나 무당과 같은 중재자가 성스러운 공간 안에서 공동체와 신을 관계 맺음할 때 필요한 **도구적**instrumental 장치로 해석할 수 있다. 이러한 관점에서 우리는 에밀 뒤르켐Émile Durkheim을 따라 성스러운 것이 근본적인 사회적 기능을 수행한다고 주장할 수 있다.

성스러운 공동체는 필연적으로 위계적이다. 공동체 내에서의 지위는 인간마다 신과의 거리가 다르다고 가정하고 매겨진 위계를 역사적으로 반영한 질서에 따라 '높음'과 '낮음,' '순수'와 '불순'으로 분류되고 순위가 매겨진다. 즉 전형적으로 이 위계의 맨 위에는 성직자가 있고 장인, 농민, 노예가 맨 아래에 위치한다.[9]

---

9   훗날 위대한 유일신 교리로, 그리고 힌두교와 불교로 진화한 인도-유럽어족 종교들이 소위 '세 가지 기능의 신학'이라는 본질적인 특성을 공유하는 경향이 있다는 것은 중요하다.(Ries, 1982) 신성은 세 계층의 신들에 걸쳐 나타난다. 예를 들어 인도 베다 종교와 히타이트, 이란의 짜라투스트라에서 그렇다. 데바(Deva)는 '신'을 뜻하는 인도-유럽어이며 태양을 나타내기도 한다. 세 가지 신의 계급은 각각 사회생활과 관련이 있다. 각각에게 사회적 기능이 부여되며, 이는 결국 엄격한 위계적 서열 안에서 하나의 계급과 동일시된다. 이와 비슷하게 이탈리아에서는 이구비네 판(Iguvine Tablets, 고대 이구비움 지역에서 발견된 7개의 청동판-옮긴이 주)에 주우(Juu), 마르트(Mart), 보피오노(Vofiono)라는 이름이 새겨졌는데, 이 이름은 나중에 주피터(Jupiter), 마르스(Mars), 키리누스(Quirinus)로 번역되었다. 이 판에서 농민 키리누스는 서열의 최하단에 있고, 성직자 주피터는 최상단에, 그리고 전사 마르스는 중간에 있었다. 이러한 삼원 질서(triadic order)는 여러 인도-유럽어족 문화와 종교에 존재한다.

인류 공동체의 질서는 이렇게 전적으로 성스러운 체계에 따라 정해지며, 이 체계의 모든 요소는 공동체 보존이라는 최고의 목적에서만 의미를 얻는다. 구성원 개개인은 자율성이 없다. 그들은 성스러운 공동체에 종속되고 심지어 공동체의 더 높은 선을 위해 희생될 수도 있다. 구성원이 그렇게 생각했고, 가장 중요하게는 그들의 지도자도 그렇게 인식했다. 척박하고 절대적으로 자원이 부족한 자연환경에서 공동체의 생존과 성장은 필연적으로 최고의 선이 된다. 공동체는 다양한 형태의 사회적 유대와 제재를 통해 개인에게 보상이 돌아가는 기제를 억제하여 내부 결속력을 강화한다. 가부장pater familias, 로마 교황, 이스라엘의 모세Moses, 이집트의 파라오, 중세 왕과 같은 인물은 여러 가지 면에서 차이가 있지만 우리의 관점에서 볼 때 그들은 성스러운 위계적 권위와 중재로 공동체 전체의 질서를 보장한다는 점에서 매우 유사하다.

다음 절에서는 고대 공동체에서 위계제의 의미를 더 자세히 살펴볼 것이다.

2. 위계제

위계제는 권위의 행사를 위한 도구라고 정의할 수 있다. 실제로 옥스퍼드 영어사전은 위계제를 '지위나 권위에 따라 정렬된 순위 체계'로 정의하고 있다.

마르셀 모스의 제자였던 프랑스 인류학자 루이 뒤몽 Louis Dumont은 전통적인 인도 사회에 초점을 맞춘 위계적 사회와 근대 평등주의 사회의 비교에 연구의 많은 부분을 할애했다. 그는 위계제를 '하위 계층이 상위 계층의 명령을 일상적으로 들으며 살아가야 하는 **명령의 사다리**'라고 설명한다. (Dumont, 1980, p. 65) 이 용어와 그 개념은 종교에서 유래했다. 인도의 힌두교 카스트와 공의회 이전의 가톨릭 교회 the pre-conciliar Catholic church는 위계 체계의 본질적 특성을 보여주는 전형적인 예이다. [10]

공의회 이전의 가톨릭 교회론과 그 영향을 받은 유럽 문화 전반은 위-디오니시우스의 위계 이론에 많은 영향을 받았다. 위-디오니시우스는 5세기에, 신플라톤

> 위-디오니시우스(Pseudo-Dionysius)는 5~6세기에 활동한 것으로 추정되는 익명의 신학자이자 철학자이다. 그가 자신의 저술에서, 사도 바오로를 통해 회심한 디오니시우스 아레오파기테스의 이름을 차용했기 때문에 후대에 위(僞)-디오니시우스라고 불렸다.

---

10 사실 중세 유럽의 위계적 문화의 역사는 복잡하고 여전히 탐구되지 않은 부분도 있다. 일반적으로 '봉건제'라고 알려진 위계적 관계 체계가 여러 문화가 섞이면서 발생했다는 사실은 알려져 있다. 그리스도교 문화도 물론 그 가운데 있었다. 그리스도교 문화는 창시자가 확고한 수평적 구조와 형제애적 정신(에토스)을 전달했음에도, 당시 지배적인 신플라톤주의와 그노시스파의 영향을 받아 위계 사회의 개념을 완전히 수용하게 되었다. 그에 더해, 독일인들이 이동하면서 아리아 문화나 인도-유럽어족 문화에서 나타나는 인도의 카스트 위계제 개념이 유럽에 퍼졌다. 다시 말하지만 위계의 문화는 첫 번째 천년기의 초기 수 세기 동안 그리스에서의 그리스도교 문화보다 중세 유럽에서 훨씬 더 널리 퍼졌다. (수평성을 강조하는 그리스도교의 정신이 중세를 지배했음에도 그랬을까 싶지만) 당시 위계제가 오히려 더 널리 퍼졌다. 이 주제는 후반부에서 다시 다룰 것이다.

주의와 플로티누스Plotinus, 신플라톤주의 저작의 영향을 받아,[11] 교회의 위계는 천상의 위계를 거울처럼 반영하는 것이라는 주제의 신학 논문을 썼다.[12] 이러한 관점에서, 인간은 교회의 위계에 참여할 때 은총을 받을 수 있고, 교계 제도의 은총은 천상의 위계를 반영하기 때문에 나타나는 것이다.[13]

이렇게 고도로 위계화된 세계의 구조는 다양한 질서 사이의 지속적인 중재를 필요로 한다. 결과적으로 하위 계층은 더 높은 질서에 속하는 중재자의 개입을 통해서만 더 높은 계층과 접촉할 수 있다. 예를 들어 평신도처럼 가장 낮은 계층은 사제와 같은 가장 높은 계층의 중재를 통해서만 하느님께 접근할 수 있다. 뒤몽에 따르면 위계적 사회는[14] 집단의 존재가 구성원들의 존재보다 우선하는 전체

---

11 서구의 위계제 이론 수용에서 신플라톤주의와 밀교의 역할에 대해서는 훨씬 많은 이야기를 할 수 있다.

12 위-디오니시우스는 천상위계론(De coelesti hierarchia)에서 위계제를 '위계적 질서와 지혜 안에서 자신의 빛이 가진 성스러운 신비를 거룩하게 발휘하고, 그 원리에 부합하게 살게 만드는, 최초의 신적인 아름다움을 닮은 완벽하게 성스러운 질서'로 정의한다.(III, 2) 천사의 세계에서 이러한 중재는 세 개의 위계로 나뉜 천상의 위계질서를 통해 관리된다. 각 위계는 다시 세 하위-위계질서로 나뉜다. 신과 가장 가까이 있는 첫 번째 위계의 천사는 세라핌, 케루빔, 좌품/보좌이며, 중간의 두 번째 위계는 주품/주관, 능품/능력, 역품/권세이다. 인간에게 가장 가까운 세 번째 위계는 권품, 대천사, 천사로 이루어진다. 이 천상의 위계제의 각 질서는 신들의 계통(Thearchy)이 지시하는 하강 및 상승의 이중 양식에 따라 신성한 힘을 전달하는 특별한 기능을 수행한다. 위-디오니시우스는 이를 삼위일체라고 부른다.

13 위-디오니시우스는 주교를 인간 위계의 최상위에 둔다. 주교는 천사들에 의해 깨달음을 얻고 성사 신비를 거행하는 동안 장로와 부제의 중재를 통해 이 깨달음을 신자들(fedeli)에게 진달한다. 이러한 관점에서 보면 교계 제도와 전례(liturgy, 典禮) 사이에 강력한 연결 고리가 있으며, 이는 "영적 보화"를 가장 높은 계급에서 가장 낮은 계급으로 전달하는 수단이 된다.

14 뒤몽(1980)은 카스트 사회를 위계적 사회의 원형으로 본다.

주의 사회인 반면, 개인이 자유롭게 선택하거나 창조하는 한에서만 집단이 가치를 갖는 평등주의 사회는 개인주의적이다. 개인은 카스트의 연결망을 벗어나서 수도하는 탁발승이 될 때에야 비로소 개인으로 존재하게 된다. 카스트 구조를 벗어나면 개인은 개인들의 공동체가 아니라 고독, 즉 **비공동체**a non-community를 발견하게 된다.

뒤몽은 위계 사회를 특징 짓는 세 가지 요소를 제시했다. 이 세 요소들은 이론적으로는 구별 가능하지만 실제 사회에서는 깊이 얽혀 있다.

1. 사회는 카스트, 집단, 또는 계층으로 서열화된다.
2. 서로 다른 서열 사이의 경계를 강화하기 위해 세부적인 규칙이 마련된다.
3. 노동분업이 엄격하게 이루어지며, 그 결과 서열 간 상호 의존도가 높다.[15]

분리와 상호 의존 사이의 이러한 긴장은 인도 문화와 고대 또는 전통문화의 모든 측면에 스며들어 있다. 뒤몽이 관찰한 또 다른 중요한 측면은 위의 세 가지 요소가 모두 인도 전통문화를 이루고 있

---

15 예를 들어 세 가지 요소가 모두 존재하는 로마 사회에서는 다른 두 요소보다 기능적 노동분업을 더 강조했다. 우리는 모든 전통 사회에서 사회의 메타포로서 몸(신체)을 발견한다. 로마의 메네니오 아그리파(Menenio Agrippa)의 사죄문이나, 바오로 전통 서신에 담긴 그리스도의 몸으로서 교회의 이미지, 이스라엘에 여전히 존재하는 집단적 인격으로서의 민족에 대한 다양한 표현 등이 그렇다. 세 번째 요소인 노동분업과 상호 의존성은 시장 이데올로기에서와 같이 앞의 두 요소 없이도 존재할 수 있다. 시장 이데올로기에서 경제는 고도로 상호 의존적이지만 동시에 개인주의적인 현실로 간주된다.

는 순수와 불순 사이의 근본적인 구분에 기인한다는 것이다. 순도가 높을수록 위계질서에서 더 높은 위치를 차지한다. 불순함의 개념에서 유사성을 보여주는 카스트 문화와 유대와 그리스 등 다른 전통적인 고대 문화의 맥락에 존재하는 순수와 불순의 이분법적 의미를 어떻게 해석해야 할까?

순수와 불순의 이분법은 궁극적으로 타자他者와의 접촉에서 생기는 두려움과 위험을 다루기 위한 하나의 도구이다. 16세기 포르투갈인이 사용한 '카스트caste'라는 단어는 '혼합되지 않는다'는 뜻이다. 또 다른 근본적 구분인 성스러움과 세속도 순수와 불순의 구분과 크게 다르지 않으며, 성스러운 것을 관리하는 종교의 역할과 결합되어 필연적으로 종교의 엄격한 위계 구조를 갖게 된다.

인도의 카스트 제도에는 5가지 기본 카스트부터 직업, 기능에 따라 구분되는 수많은 하위 카스트까지 다양한 변형이 있지만 한 가지 변하지 않는 것이 있다. 다른 모든 계급과 구분되는 가장 높은 계급인 브라만과, 가장 낮은 계급인 불가촉천민이다. 다른 계층은 그 사이에 위치한다.

뒤몽이 말했듯이 순수함의 반대인 오염은 위계, 노동의 분리와 분업의 토대를 구축한다. 왜냐하면 '열등한 사람'이 불순하다고 여겨지지만 사회에 필수적인 일을 수행하여 윗사람의 오염을 제거하는 경우에만 윗사람의 '우월성'이 유지될 수 있기 때문이다. 순수한 사람은 사실 불순한 사람 앞에서 무방비 상태이고 취약하다.[16] 따라서 오염의 위험은 카스트 제도의 존재 자체와 그것이 만들어내는 사회 질서에 위협이 된다.

따라서 위계제는 강력한 논리적, 역사적 연결을 통해 임무니타스immunitas, 즉 의무나 부담이 없는 면책의 개념과 묶여 있다. 이는 에스포지토(2009)도 강조했듯, '무누스의 부재'이자 (콤무니타스의) 오염에 노출된 사람들에 비해 누군가가 갖는 특권이라는 임무니타스의 이중적 어원에도 반영되어 있다.

3. 신들의 이름

우리는 한 걸음 더 나아갈 것이다. 고대 상호성의 구조에는 또 다른 근본적인 특징이 있다. 선물과 보답의 교환은 개인이 아니라 씨족, 부족, 마을, 가부장적 가족 등 공동체 차원에서 이루어진다. 교환에서 만나는 상대는 개인으로서가 아니라 '공동체를 대표하는 인격'으로서 다른 공동체의 대표자이다.

우리는 다음 두 가지 점을 고려함으로써 공동체의 양면성이 갖는 의미를 구체화할 수 있다.

---

16   심지어 유대교에서도, 그리고 보다 일반적으로 인도-유럽어족에서 유래한 종교에서도, 순수와 불순의 대비는 숭배와 사회 위계질서의 핵심에 있다. 더 자세한 내용은 리스(Ries, 1982)를 참조하라.

a) 콤무니타스를 '공동체들의 공동체'로 이해함으로써, 우리는 가족, 씨족, 부족 등 다양한 지역 공동체들이 공동체 내부 관계와 합의를 수립하고 공고히 하기 위해 참여하는 선물 교환의 상호적 과정의 특성을 온전히 이해할 수 있다. 그러나 단일 공동체 내에서 무누스는 그 공동체에 대한 구성원들의 '의무'로 이해된다. 이것은 문헌의 논의에서 충분히 강조되지는 않았지만 간과할 수 없는 함축적인 의미를 갖는다. (b를 보라.)

b) 선물과 의무라는 무누스의 양면성은 공동체 내부의intra- 차원과 공동체 간의inter- 차원으로 구분해서 읽어야 한다. 공동체 간 선물의 순환은 무누스의 이중적 특성을 보여주지만 일반적으로 주인과 노예의 위계적 역학에서 볼 수 있듯이 공동체 내부 관계에서는 선물의 의무적 요소만이 존재한다. 아내, 자녀, 노예, 하인 등 공동체의 구성원들은 공동체에 대한 의무를 제외하고는 그들 소유라고 부를 수 있는 것이 아무것도 없기 때문에 공동체에 '수용된다.' "공동체는 개별 주체의 존재 방식이 아니며, 개별 주체가 무엇을 '하는 방식'은 더욱 아니다. 공동체는 주체를 확장하거나 증식하는 것이 아니라 오히려 개별 주체가 자기 안에 갇히지 않게 외부로 끄집어낸다. (…) '아무 관계도 맺지 않는 자'의 '장미'이다."(Esposito, 2009[1998], p. 7)

폴라니가 묘사하는 상호성은 단일 공동체 내부 구성원 간의 관계가 아니라 섬너 메인(Sumner Maine, 1861)도 고대 사회 이론에서 적절히 지적했듯, 공동체 간의 관계이다. 예를 들어 고대 로마의 경우를 생각해보자. 로마 공동체에서 가장들 사이는 평등에 기초한 상호적 관계이지만, 각 단일 가족 안에서의 통치 원리는 확실히 상호성이 아니라 위계였다.(Schiavone, 2012) 아버지는 성년이 된 자녀의 생사여탈권까지도 쥐고 있었다. 고대 그리스에도 비슷한 상황이 존재했다. 폴리스의 민주주의에서는 시민들이 상호성, 즉 형제애를 경험했지만 가족은 지위, 성별, 위계에 따라 움직였다. 그러나 이때 시민은 장인이나 농민이 아닌 남성, 성인, 자유인만을 의미했다. 우리는 고대 세계 그리고 근대에 이르기까지의 다른 문화권에서도 유사한 예를 계속 발견할 수 있다.

고대 공동체와 비-고대 공동체 사이에는 근본적인 차이가 분명히 있다. 다시 말해 개인의 탄생 **이전**과 **이후** 공동체 간의 차이, 또는 뱅자맹 콩스탕 Benjamin Constant의 말을 빌리자면 '고대인의 자유'와 '근대인의 자유' 사이에 근본적인 차이가 있다는 것이다. 예를 들어 에스포지토의 콤무니타스에 대한 설득력 있는 분석은 전적으로 근대 공동체의 양면성에 초점을 맞추고 있다. 개인들의 공동체에서 "**공동체를 경험하는 주체**는 공동체의 고통도 알고 있다. 공동체는 **가장 큰 가능성**이 되기도 하지만 가장 큰 위협이 되기도 한다. 공동체는 개인들의 **가능성을 극한까지** 끌어올려주기도 하지만 가장 큰 위협이 되기도 한다."(같은 책, p. xviii, 강조는 원저자)

개인의 탄생 이전의 공동체는 개별 주체의 '가능성을 최대치까지' 끌어올리지 않는다. 그 이유는 공동체에서 개별적 주체가 아무것도 선택하지 않고 어떤 가능성도 경험하거나 창조하지 않기 때문이기도 하지만 고대 공동체에서는 기본적으로 개인이 없거나 적어도 그 문화에서 개인이 '보이지' 않기 때문이다.

4. 개인 없는 공동체

성스러운 공동체는 새로운 속성들을 점진적으로 발전시켜나가면서 중세 내내 이어졌다. 중세 유럽의 개인주의 발흥에 관한 애런 구레비치Aaron Gurevich의 고전 작품은 다음과 같이 상징적으로 시작한다.

(12세기 후반) 수녀원장 헤라트 폰 란츠베르크Herrad von Landsberg의 '기쁨의 정원Hortus deliciarum'을 묘사하는 그림 중 하나에는, 자신의 초상화 외에도 호엔부르크에 있는 수녀원의 수녀들이 그려져 있다. 초상화에는 60명이 넘는 사람이 그려져 있는데 그들의 모습은 놀라울 정도로 유사하다. 자세와 복식이 같을 뿐 아니라 얼굴과 표정까지도 똑같다. 서로를 구분할 수 있는 미세한 차이들이 있긴 하지만 그것들은 전혀 중요하지 않으며 화가가 각 인물의 개성을 강조하려고 한 흔적은 전혀 없다. 수녀원장도 서서

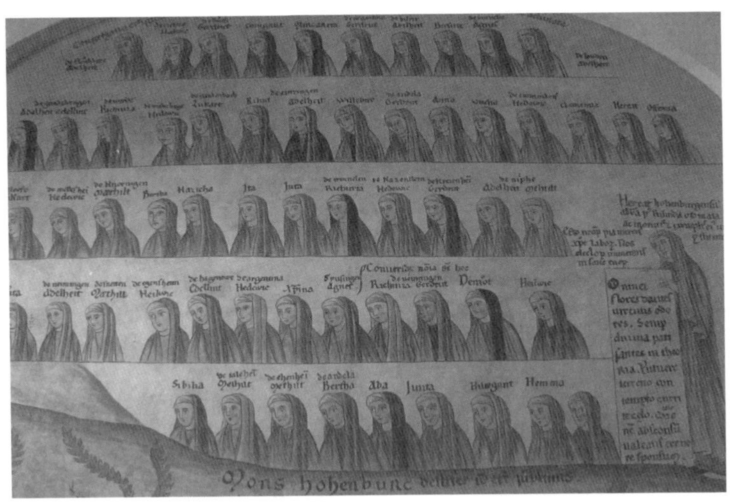

헤라트 폰 란츠베르크의 '기쁨의 정원' 중 일부(옮긴이)

큰 두루마리를 들고 있다는 점에서만 다른 인물들과 구별된다. (…) 그들은 모두 나이나 개성이 없는 '그리스도의 신부'이다.(Gurevich, 1995, p. 1)

이와 비슷한 회화 장면을 1376년경에 지어진 파도바 대성당 세례당에 있는 주스토 데 메나부오이Giusto de' Menabuoi의 프레스코화와 같은, 르네상스 이전의 다양한 그림들에서도 찾아볼 수 있다. 여기서는 (우주의 지배자로서의 그리스도를 표현한 그림인) 그리스도 판토크라토르pantocrator의 모습이 장면을 지배하고, 축복받은 자의 개별적인 특성에는 거의 중점을 두지 않는다.

사실 카라바조Caravaggio의 그림에서 보듯 개인, 귀족뿐 아니라 일

파도바 대성당 세례당에 있는 주스토 데 메나부오이의 프레스코화 전경(옮긴이)

파도바 대성당 세례당의 프레스코화 중 그리스도 판토크라토르의 모습 확대(옮긴이)

반 시민이나 마을 사람들의 초상화가 등장하던 시기가 근대의 여명기에 개인의 출현을 나타내는 징후였다. **개인들의 공동체**에 대한 보다 분명한 정의는 토머스 홉스Thomas Hobbes와 이마누엘 칸트Immanuel Kant에 이르러 이루어졌다.

칸트는 타인과 함께 어울려 살고 싶어 하는 욕구와, 동시에 그 관계로 인한 고통이나 구속을 두려워하는 상반된 마음을 가지고 있다는 의미의 '비사교적 사교성sociable unsociability'이라는 개념을 통해 인간을 이해했다. 모든 관계가 반드시 그러한 고통이나 구속으로 이어지는 것은 아니지만 말이다. 앞으로 살펴보겠지만 성스러운 공동체로부터 개인이 출현하는 과정은 그리스와 이스라엘에서 시작되어 그리스도교, 중세 상인과 시민의 윤리라는 중요한 단계를 거친다. 이는 결국 콤무니타스의 내적 긴장에 직면하면서 그 해결책인 시장의 윤리로 변형되었다. 그 결과 개인은 더 이상 어떤 공동체적 관계도 맺지 않고 신분이라는 강한 속박에서 완전히 풀려난 주체가 된다.

전근대 문화에서 콤무니타스는 신분에 의해 지배되며, 여기에는 소수의 지배와 광범위한 다수의 복종이라는 조건이 따른다. 개인은 공동체 내에서의 위치나 역할에 종속된다. 개인은 공동체에 어떠한 권리도 없고 오직 공동선에 복종하고 봉사할 의무만 있다. **공동체만이 더 이상 나누어지지 않는 유일한 개체**이기 때문에 개인을 위한 공간이 있을 수 없다. 그러한 비개별 주체들인 공동체와 그 대표자들 사이에 공유하는 관계는 자유롭게 선택할 수도 없고 동등하지도 않다. 이들에게는 신성한 위계를 통해 적절한 역할과 인격(페르소나[personal], 프로소폰[prosopon])이 강요된다. 근대 정신의 세 가지 위대한 기본 원칙인 자유, 평등, 형제애는 구체제ancient regime에서 크게 결여된 요소였다. 이러한 이유로 이 원칙들은 이후에 계속해서 훌륭한 프로젝트로 제안되기는 했지만 한편으로는 이제 막 생겨난 개인이라는 개념이 온전히 자리 잡기를 바라는 인본주의의 열망에서 나온 급진적인 유토피아이기도 했다.

'가부장적 가족'의 개념에 초점을 맞춘 섬너 메인의 원시사회 이론은 여전히 설득력이 있다. 다음은 《고대법 Ancient Law》에 나오는 한 구절이다.

> 원시 시대의 사회는 현재와 같은 개인들의 집합체가 아니었다. 사실, 그 것을 구성한 사람들의 관점에서, 원시 사회는 가족들의 집합체였다. 고대 사회의 단위는 가족이고 근대 사회의 단위는 '개인'이라는 말로 두 사회의 차이를 잘 드러낼 수 있다.(1875[1861], p. 121)

가족은 동심원 체계에서와 같이 씨족, 부족, 사회가 생겨난 '기본 단위'였다. 이 이론은 본질적으로 아리스토텔레스 Aristoteles의 정치학과 이후 토마스 아퀴나스 Thomas Aquinas의 정치 이론과도 일치하며, 완전히 독창적인 것은 아니다. 잠바티스타 비코 Giambattista Vico와 샤를 루이 드 세콩다 몽테스키외 Charles Louis de Secondat Montesquieu의 작품에서도 유사점을 찾을 수 있다. 메인은 '가부장제 이론'으로 알려진 이 이론을 더 유명한 '진보의 법칙'과 결합한다.

> 진보 사회의 움직임은 한 가지 면에서 통일되어왔다. 그 과정은 가족 의존성이 점차 해소되면서 그 자리에 개인의 의무가 커진다는 특징이 있다. 개인은 민법이 인정하는 새로운 단위가 되어 이전에 가족에게 속했던 자리를 대체한다. (…) 가족에서 비롯된 상호성의 형태를 서서히 권리와 의무로 대체하는 인간 사이의 결속이 무엇인지 이해하기는 어렵지 않다. 그것

은 계약이다. 역사적으로 말하자면 사람들 사이의 관계는 가족관계로 요약되는 사회적 상태에서 출발하여 모든 관계가 개인들 사이의 자유로운 합의에서 비롯되는 사회적 질서의 국면으로 빠르게 이동한 것으로 보인다.(같은 책, p. 163)

그런 다음 그는 "진보적인 사회로의 이동은 **신분에서 계약으로의** 이동이었다."라는 유명한 주장으로 결론을 내린다.(같은 책, p. 165)

메인의 '진보의 법칙'은 법, 사회, 경제 및 정치의 지배적인 움직임을 예측할 수 있다는 점에서 예언적 성격을 가지고 있다. 위에서 언급했던 시장경제의 협력적 미래에 대한 존 스튜어트 밀의 저작에서도 볼 수 있는 바와 같이 메인의 이론도 당시의 문화와 다원주의, 빅토리아 시대의 낙관주의 경향을 반영하고 있지만 그는 가족과 위계 공동체의 쇠퇴, 그것을 대신하여 나타난 개인의 자유로운 선택에 따른 계약 문화의 출현과 같이 고대법이 공표된 이후 한 세기 반 동안 이루어진 가장 급진적인 근대성의 경향을 포착했다.

페르디난트 율리우스 퇴니에스(Ferdinand Julius Tönnies, 1887), 막스 베버(Max Weber, 1922), 그리고 더 최근에는 칼 폴라니(1977)가 메인의 근본적인 생각을 재검토하고 더욱 발전시켰다. 다만 특히 퇴니에스의 경우는 전근대 공동체를, 권력(지위)의 통제를 받고 개인의 선택의 여지가 없는 관계로 구성된 장소가 아니라 익명의 계약사회가 파괴하려는 따뜻한 인간관계로 이루어진 장소, 즉 '잃어버린 낙원'으로 간주하고 있다. 어쨌든 공동체의 쇠퇴를 분석하는 20세기 연구는, 메인을 명시적으로 언급하지 않더라도, 신분-계약의 이원론과 진보의 법칙을 근본적인 패러다임으로 삼았다. 공동체의 쇠퇴를, 더 나은 세상의 여명을 준비하는 일몰로 본 저자들이 있었던 반면 영국인 토머스 칼라일(Thomas Carlyle, 1898)의 말처럼 '금전 관계'가 '경제학이라는 암울한 학문dismal science'이 추구하는 새로운 사회적 유대로 자리 잡을 것이기 때문에 인간관계가 쇠퇴하는 서막을 열 것이라고 예견한 저자들도 있다.

개인주의를 옹호하는 사람들에게 개인들을 위한 자리가 없는 신성한 공동체는 만족스러운 귀결점이 될 수 없다는 것은 확실하다. 범주이자 경험으로서의 개인은 그리스-유대-그리스도교 세계에서 문화적 성숙 단계의 절정에 이른 근대성의 산물이다. 의심할 여지 없이 소크라테스Socrates, 유대교 전통의 예언자들, 예수Jesus Christ는 고대 신성한 공동체의 심연에서 부상한 최초의 개인들이다. 의무뿐만 아니라 선물을 동시에 뜻하는 쿰-무누스cum-munus로서 공동체의 개념도 근대성과 함께 도래했다. 이 내용에 대해서는 앞으로 더 자세히 살펴볼 것이다. 이것이 다소 이상하다고 주장하는 사람도 있지만 이론적이고 경험적인 명백한 증거를 근거로, 개인의 자유와 평등이 없는 곳에는 단지 성스러운 공동체밖에 존재할 수 없음을 증명해 보일 것이다. 비극적이기는 하지만 성스러운 공동체는 사람들 사이의 만남이 아니라 개인이 선택하지 않은 신분과 비-개인 간의 위계적 구성일 뿐이다.

우리는 그리스-유대-그리스도교 인본주의의 상속자인 근대인과 서구인이 '나'와 함께 '너'를 발견함으로써 쿰-무누스와 그 비극을 인식할 수 있음을 보여줄 것이다. 왜냐하면 '나'에 대한 경험이 없이는 타자성과 '너'에 대한 경험도 있을 수 없기 때문이다. 근대인은 평등하고 자유로운 '너'를 발견하자마자 그 다른 사람이 자신에게 상처를 입힐 수 있다는 두려움을 느끼며, 이 새로운 관계의 패러다임에서 홉스, 최근에는 엘리아스 카네티Elias Canetti가 강조한 죽음의 가능성을 예감한다. 이것이 이론적 핵심이다. 그래서 형제애의 시대를 시작하는 것이 아니라, 더 이상 성스러움을 드러내지는 않지만 성스러운 공동체의 중재자들과 본질적으로 동일한 기능을 수행하는 국가의 리바이어던Leviathan과 시장의 '보이지 않는 손'이라는 새로운 중재자를 다시 도입한다.

쿰-무누스cum-munus의 양면성이 드러나려면 인류학적, 사회학적 관점에서 말하는 개인이 콤무니타스에 나타나야 한다. 이 과정은 이스라엘과 고대 그리스에서 시작되었고, 그 때문에 우리의 논의도 바로 그 지점에서 시작한다. 이스라엘과 고대 그리스에서 성스러운 공동체로부터 강력한 힘으로 주체가 '출현'했고, 오늘날 다른 문화에 존재하는 유사한 역동성을 해석하기 위한 범주도 이곳에서 찾을 수 있다. 이스라엘에서 공동의 삶의 취약성은 성스러운 공동체를 떠나 언약으로 신과 동맹을 맺은 백성이 되면서 시작되었으며 그리스에서도 코이노니아의 취약성이 필리아에 기반한 폴리스의 출현으로 이어졌다.

우리는 자유의 경험이 가져온 콤무니타스의 취약성에 대하여 이스라엘과 그리스 문화가 발견한 두 가지 해결책은 야훼Yahweh와의 언약을 통한 동맹과 폴리스의 필리아임을 알게 될 것이다.

제2장

비극적 공동체의 여명

L'ETHOS DEL MERCATO

카인이 아우 아벨에게 "들에 나가자." 하고 말하였다.

그들이 들에 있을 때, 카인이 자기 아우 아벨에게 덤벼들어 그를 죽였다.

주님께서 카인에게 물으셨다. "네 아우 아벨은 어디 있느냐?"

그가 대답하였다.

"모릅니다. 제가 아우를 지키는 사람입니까?"

- 〈창세기〉 4장 8~9절

1. 최초의 상호성

성스러운 고대 공동체에서 개인 문화의 출현을 모색하는 과정을, 서양 문화의 가장 위대한 현존 문서인 성경을 살펴보면서 서양 역사의 아주 멀리로 거슬러 올라가 시작해보자.

성경의 인본주의에서, 공동의 삶은 육체에 새겨진 고통의 흔적을 지니고 있다. 성경의 인본주의적이고 인류학적인 메시지는 대부분 〈창세기〉에 포함된 위대한 상징과 신화를 통해 타인을 '축복'으로 묘사한다. 타인이 없으면 삶은 결코 진정으로 인간적이거나 행복할 수 없다. 동시에 타인은 야곱 Jacob 이 천사와 싸운 이야기(〈창세기〉 32장 23~30절)에서처럼 나에게 '상처를 입히는' 사람이기도 하다. 진정한 인간의 만남에서 상처와 축복은 분리될 수 없다.

〈창세기〉의 초반부 에덴동산의 아담Adam과 하와Hawwāh의 아름다운 신화는 인간 사이의 관계에 내재된 양면적인 긴장감을 구체적으로 보여준다. 타인, 아담의 경우 여자는 아담을 혼자가 아니게 하고 따라서 행복하게 만드는 유일한 존재이다. 오직 여자, 동등한 타인이자 동료인 히브리어로 에제르 케네도ezer kenegdo(〈창세기〉 2장 20절)만이 아담이 완전한 행복을 누릴 수 있게 해준다. 자연과의 관계나 하느님과의 관계만으로는 온전한 행복을 얻을 수 없다. 아담은 에덴동산에서 하느님과 동행했지만 그의 행복은 충만하지 않았다. 〈창세기〉에서는 우주와의 관계도 하느님과 남자-여자 사이의 동맹 안에서 읽을 수 있으며, 여기서는 '지키는 것'이 중심 역할을 한다. 〈창세기〉 저자가 '지키다(유지, keeping)'의 의미를 전달하기 위해 사용하는 동사는 샤마르shamar(〈창세기〉 2장 15절)이다. 하느님은 인간adam에게 땅adamah을 경작하고 돌볼 의무, 또는 소명을 부여한 채 그를 에덴동산으로 보낸다. 이때 인간과 땅의 의미적 결합은 히브리어 이외의 다른 언어로는 사실상 전달이 거의 불가능한 풍요로움을 내포하고 있다.[1]

예를 들어 인간의 노동은 땅을 잘 보살피고 지키는 관계를 맺으라는 부름과도 같다. 심지어 거기에는 땅과의 상호적 관계가 요청된다. 땅은 사람에게 결실을 선물로 주고, 사람은 그 땅을 지키고 돌본

---

1   땅과 사람 간의 심오한 관계는 라틴어 'humus'와 'homo'에서도 엿볼 수 있다.

다. 인간의 노동 역시 상호적인 경험으로 간주되고, 아담과 하느님 사이, 그리고 남성과 여성 사이의 근본적인 상호성을 표현한다. 오늘날 우리의 시각으로 〈창세기〉를 본다면 그 안에 담긴 인간과 여성에 대한 관점에 놀라게 된다. 아담의 갈비뼈로 하와의 탄생을 설명했던(〈창세기〉 2장 21~22절) 첫 번째 해석뿐 아니라, 남성과 여성이 동시에 창조되었다고 보는(〈창세기〉 1장 27절) 두 번째 해석도 마찬가지이다. 중요한 것은 남성과 여성 사이의 근본적인 상호성이다. 텍스트가 쓰인 당시의 문화적 풍토를 감안할 때 이것은 전례 없고 놀라운 것이었다.

하느님께서 말씀하셨다. "우리와 비슷하게 우리 모습으로 사람을 만들자. 그래서 그가 바다의 물고기와 하늘의 새와 집짐승과 온갖 들짐승과 땅을 기어다니는 온갖 것을 다스리게 하자." 하느님께서는 이렇게 당신의 모습으로 사람을 창조하셨다. 하느님의 모습으로 사람을 창조하시되 남자와 여자로 그들을 창조하셨다.(〈창세기〉 1장 26~27절)

〈창세기〉에 담긴 인간에 대한 개념은 성경의 구조와 **셈족의 평행법**(1장 27절 참조)**2**을 통해 잘 드

셈족의 평행법은 히브리어 성경과 같은 고대 셈어 문학에 보이는 표현법을 말한다.

---

2   27절의 첫부분에는 '형상(image)'라는 단어가 나타나지만, 세 번째 부분부터 이 단어는 사라지고 '남자-여자'로 대체된다. 이 평행법은 하느님의 형상이 인간의 관계성 안에서 온전히 드러난다는 것을

러난다. 인간이 하느님을 닮았다는 것은 남성과 여성 사이의 관계에서, 타인과 상호성의 관계를 공유할 수 있는 인간의 능력에서 볼 수 있다. 더욱이 남성을 일컫는 이쉬ish와 여성을 뜻하는 이샤isha라는 용어(〈창세기〉 2장 24~25절)는 한 사람의 심오한 본질을 나타내는 이름이 필연적으로 다른 사람의 이름을 떠올리게 하는 관계를 나타낸다. 이 의미론적 메시지는 영어의 남성man과 여성woman 구별 방식에 여전히 남아 있다.

그러나 동일한 성경 기록에서 그러한 상호성은 깨어진 관계, 즉 죄의 맥락 속에 자리 잡고 있다. 아담이 자신의 완전함과 행복을 찾을 수 있는 유일한 곳인 남성과 여성 간의 상호성은 죄를 범함으로써 사랑의 계획을 어기게 된 곳이기도 하다. 그리고 이러한 상호성의 관계 중 하나가 깨지자마자 다른 모든 관계가 무너지기 시작한다. 그러므로 아담과 하느님 사이의 균열은 즉시 인간관계의 파열("당신께서 저와 함께 살라고 주신 여자가 그 나무 열매를 저에게 주기에 제가 먹었습니다." 〈창세기〉 3장 12절), 동물과의 관계("뱀이 저를 꾀어서 제가 따 먹었습니다." 〈창세기〉 3장 13절), 자연과의 관계 그리고 노동과의 관계 단절로 이어진다. 두 사람은 에덴에서 쫓겨나고, 여성에게 출산은 더 이상 동물처럼 단순하지 않을 것이며, 노동은 고통스러울 것이다. [3]

말해준다. 참고로 잔프란코 라바시(Gianfranco Ravasi, 1999)의 저작에서는, 내가 여기서 논의하고 있는 몇 가지 쟁점을 예술적 관점에서도 제시한다.

3   하느님이 여자에게 이렇게 말씀하셨다. "나는 네가 임신하여 커다란 고통을 겪게 하리라. 너는 괴로

남성과 여성의 관계는 그 자체로 서로 매력을 느낌과 동시에 서로를 지배하려는 비극적 긴장이 교차되는 관계이다. 여기에서 성경의 저자는 자신이 주변에서 본 역사적 조건, 즉 남성이 여성을 지배하는 상황을 상호성과 평등에 기초했던 원래의 공동체적 상태ezer kenegdo에서 '타락'한 결과로 설명한다. 이 성경의 이야기는 중요하다. 인간관계의 자연스러운 상태나 소명은 남성이 여성을 지배하는 것이 아니다. 그것은 인간이 타인을 지배하는 것이 아니고 동물을 지배하는 것도 아니다. 성경에서 남성과 여성의 관계는 항상 모든 인간관계의 전형임을 기억하라. 또한 노동도 원래는 고통스럽지 않았다.[4] 타락, 질병, 죄 때문에 **좋은** 상호성의 관계였던 원래의 설계가 변화된 것이다.[5]

움 속에서 자식들을 낳으리라. 너는 네 남편을 갈망하고 그는 너의 주인이 되리라." 그리고 아담에게는 이렇게 말씀하셨다. "네가 아내의 말을 듣고, 내가 너에게 따 먹지 말라고 명령한 나무에서 열매를 따 먹었으니, 땅은 너 때문에 저주를 받으리라. 너는 사는 동안 줄곧 고통 속에서 땅을 부쳐 먹으리라. 땅은 네 앞에 가시덤불과 엉겅퀴를 돋게 하고 너는 들의 풀을 먹으리라. 너는 흙에서 나왔으니 흙으로 돌아갈 때까지 얼굴에 땀을 흘려야 양식을 먹을 수 있으리라. 너는 먼지이니 먼지로 돌아가리라." (《창세기》 3장 16~19절) 고든 웬햄(Gordon Wenham, 1998) 참조.

4   노동의 고통스러운 특질은 노동의 내적 본성과 직접적인 관련이 없다. 아담이 에덴동산에서 일했을 때, 노동은 행복, 상호성 그리고 축복의 경험이었다. 하느님과의 관계, 타인과의 관계가 무너지면서, 노동은 갑자기 축복이 아니라 저주로 변한다.

5   그리스와 로마에서도 노예 제도에 대한 비슷한 생각이 존재했다. 노예 제도는 자연스러운 것이 아니라 민법에 의해 존재하고 받아들여졌다.

2. 상처 입은 형제애

에덴동산 밖에서 카인은 아벨을 살해한다. "네 아우 아벨은 어디 있느냐?"라는 하느님의 물음에 카인은 "모릅니다. 제가 아우를 지키는 사람입니까?"(《창세기》 4장 9절)라고 대답했다. 이 문장에 나오는 '지키기' 또는 '돌보기'라는 동사 샤마르shamar는 불과 몇 구절 앞에서 인간과 땅의 상호적 관계를 묘사하는 데 사용된 말이다. 하느님이 아담에게 땅을 준 것은 그것을 돌보고 지키라는 뜻이었다. "주 하느님께서는 사람을 데려다 에덴동산에 두시어, 그곳을 일구고 돌보게 하셨다."(《창세기》 2장 15절)[6] 여기서 성경의 메시지는 분명하다. 타인과의 관계가 무너지면 자연과의 관계도 상실된다. 형제를 돌볼 수 없으면 땅도 지킬 수 없다. 땅을 경작하거나 축복으로 경험할 수 없다. 카인이 형제의 '지킴이'가 되는 것을 멈추자마자 그는 살인자가 된다. 지키지 않으면 살인이 일어나고, 상호 무관심의 중간 상태는 존재할 수 없다. 상호성의 관계를 벗어나면 무관심한 계약이 이루어지는 것이 아니라 갈등이 발생한다. 성경에 나오는 계약에 대한 초기 이야기 중 하나[7]를 생각해보라. 야곱은 렌틸 콩죽 한 그릇을 대가

6　코란은 카인과 아벨의 신화를 약간 다르게 흥미롭게 서술하고 있다. 이 쌍둥이는 살해 전에 이야기를 나누는데 아벨이 카인에게 말한다. "만약 형이 손을 뻗어 나를 죽이려고 하더라도, 나는 형을 죽이려 손을 뻗지 않을 것입니다."(The Sacred Koran, al- Ma'idah: Sura 5, 28)

7　성경에 나오는 첫 번째 상업적 계약은 사라의 묘지 매입을 위한 아브라함과 히타이트족 사이의 계약이다.(《창세기》 26장) 이 이야기는 고대 근동 세계의 특징적인 협상 기술의 사례를 보여준다는

로 지불하고 에사우의 장자권을 샀다.[8]

이러한 관점에서 카인의 이야기는 상징적이다. 형제를 죽인 그는 훗날 첫 번째 도시인 에녹Enoch의 시조가 된다. 그러나 카인의 이야기는 전례가 없는 것은 아니다. 로마와 특히 중동의 다른 고대 도시들에도 비슷한 건립 신화가 있다.

우리는 야곱과 에사우의 관계에서 덜 폭력적이기는 하지만 여전히 비극적인 카인과 아벨 사이 갈등의 메아리를 다시 듣게 된다. 그리고 카인의 혈통이 라멕Lamek의 끔찍한 호전성으로 이어짐을 잊어서는 안 된다.[9]

그러면 우리는 〈창세기〉에 서술된 카인과 아벨, 야곱과 에사우, 요셉Joseph과 그의 형제들 사이의 갈등에서 어떤 메시지를 얻을 수 있을까?[10] 물론 다양한 각도에서 많은 해석이 가능하다. 우리의 관점, 즉 양면적인 콤무니타스의 관점에서, 형제들은 아버지의 축복이

점에서도 흥미롭다. 그 흔적은 오늘날 근동 시장에서도 여전히 발견된다.

8　〈창세기〉의 인본주의에는 계약과 속임수 사이에 의미심장한 유사성이 있다. 둘 다 한 형제의 지위를 다른 형제에게 넘기는 '도구'이다.

9　야곱은 배고픈 에사우의 약점을 이용하여 에사우로부터 그의 장자권을 구입한다.(25장) 더 나아가 〈창세기〉 후반(27장)에는 야곱이 에사우의 옷으로 변장한 후 늙고 거의 장님에 가까운 아버지 이사악에게서 축복을 받는 두 번째 속임수가 묘사된다. 형제 간의 갈등은 야곱의 아들들 사이에서도 나타난다. 야곱의 아들들은 형제 요셉을 이집트로 가는 낙타 상단에 팔았다.(37장) 이러한 갈등이 〈창세기〉에 나오는 "요셉의 일대기" 전체를 관통한다.

10　이것은 권력 다툼이 있다는 점에서 이전 장에 나오는 남녀의 대립과는 다르다. 형제 간의 대립은 자매들로도 확대된다. 예를 들어 〈창세기〉에 나오는 야곱의 두 아내였던 레아(Leah)와 라헬(Rachel)의 대립을 생각해보자.

나 장자권을 자신이 쟁탈하려고 서로 싸운다. 그들은 아버지와 싸우거나 아버지를 살해하지는 않지만[11] 동등한 경쟁자인 형제들에게는 도전한다.

이러한 이야기들은 콤무니타스 내부에서 개성이 출현하는 가장 초기 징후들 중 하나이기 때문에 중요하다. 그것들은 단지 '아버지'나 왕을 묘사하는 것이 아니고, 전례, 명령 등의 수직적이고 계층적인 관계만을 말하지도 않는다. 우리는 장자권의 지위를 얻기 위해 서로 싸우는 형제들을 본다. 이들은 형제임에도 불구하고 근대적 의미에서는 서로 동등하지 않다. 여기서 형제애는 고대 세계의 모든 형제 관계와 마찬가지로 평등하지 않다. (Baggio, 2007)

에덴 밖에서 시작되는 이야기는 선물로 시작하는 것이 아니라, 지위를 얻기 위해서라면 형제도 거리낌 없이 죽이는, 깨진 형제 관계로 시작한다. 따라서 형제애의 역사는 거부, 반대, 살인, 갈등으로 시작된다. 원래 남녀 상호성에서 출발했던 인간관계의 쇠퇴는 노아Noah의 홍수 이야기에서 절정을 이루며, 이는 다음 장에서 보게 될 공동체의 양면성에 대한 해결책 중 하나이기도 한 토라Torah, 즉 율법 시대를 열었다.

이와 관련하여 레오 스트라우스Leo Strauss의 다음 구절은 흥미롭다.

---

11 아버지를 살해하는 것은 그리스 세계의 전형이다. 지그문트 프로이트(Sigmund Freud)의 《토템과 터부(Totem and Taboo)》(1913)에서, 역사적 근거는 없지만 아들은 종종 아버지를 죽여 그의 여자와 자리를 차지한다.

에덴동산에서 추방된 후, 하느님은 사람을 벌하지 않으셨다. … 그렇다고 인간 재판관을 세우지도 않았다. 하느님은 인간이 법으로부터 자유를 누리며 살아가도록 하셨다. 아담과 이브를 순진 무구한 아이들 같은 상태로 남아 있게 하려던 시도가 그랬듯, 이 실험도 실패로 끝났다. 타락하거나 깨어 있거나, 사람은 구속을 필요로 하며, 법 아래 살아야 한다.(Strauss, 1967, p. 14)

여기서 잠깐 멈춰보자. 비록 〈창세기〉가 모든 유대 인류학[12]의 토대이지만, 실제로는 〈창세기〉의 현실을 반영하고 있는 성경이 제시하는 인본주의적 관점에 따르면 공동의 삶은 양면적인 현실이며, 주고받는 선물이 있는 공동체인 콤무니타스와 일치하지 않는다. 고대 세계의 다른 모든 공동체 관계의 원형인 남자와 여자, 형제 사이의 동등한 상호 관계, 다시 말해 공동체는 실현되지 않는다. 오히려 완성되지 않고 거부된 가능성으로만 남아 있다. 이는 죽음으로 점철되며, 에덴으로부터의 추방과 원래는 조화로웠던 계획의 파괴로 나타난다. 유대 문화와 그리스 문화를 비교하면 그리스에서의 좋은 삶을

---

12   물론 성경의 인류학은 〈창세기〉에 수록된 인류학적 접근보다 훨씬 더 복잡하다. 더욱이 〈창세기〉에서 드러나는 인류학적 시각 역시 우리의 단순화된 설명보다 훨씬 더 복잡하다. 성경의 공동체 개념을 더 잘 이해하는 데 도움을 줄 만한 다른 상징적인 인물로는 모세와 예언자들이 있으며, 이들 모두는 특정 소명, 즉 부르심을 받고 따르는 위대한 인물로 특징지어진다. 이사야나 예레미야 같은 대예언자들을 떠올려보라. 예언자는 내면의 목소리를 따르는데, 그 목소리는 보통 일반적으로 그를 도시와 콤무니타스 공동체 밖으로 이끌어 박해를 받고 종종 죽임을 당하게 한다.

논의했던 고전 철학자들의 논의로 거슬러 올라가는 첫 질문을 즉시 떠올리게 된다. 앞으로 살펴보겠지만 왜 그리스인들은 도시, 즉 시민생활을 좋은 삶과 행복eudaimonia의 장소로 보았던 반면 유대인들은 도시를 살인[13]과, 소돔과 고모라[14]와 연결되어 있다고 보고, 좋은 삶은 시골에서 가능하다고 봤을까?

이 질문에 답을 하려면 물론 연대기적 자료가 중요하다. 〈창세기〉의 이야기는 그리스의 폴리스와 그 철학보다 더 오래된 전통으로 거슬러 올라간다. 다만 유대인과 그리스인의 전통에 차이가 나는 이유는 아마도 더 있을 것이다. 우선 그리스 철학은 인간을 정치적 동물이자 시민으로 묘사하며 인간과 시민을 구분하지 않는다. 폴리스는 필리아에 기초를 두고 있는 우정의 장소이며 수평적 관계와 상호성의 장소이다.

또한 두 번째 차이점이 있다. 유대 문화에서는 형제 간의 갈등이 정치적 장면의 중심을 차지하지만 그리스 세계에서는 부친 살해가 정치적 갈등의 전형이다. 우라누스와 크로노스, 크로노스와 제우스, 제우스와 그의 아들 티탄, 오이디푸스 왕 등에서 엿볼 수 있듯이 말이다. 이를 어떻게 설명할 수 있을까?

인류학자 줄리오 키오디Giulio Chiodi는 흥미로운 제안을 했다.

---

13   유대인들에게만 해당되는 것은 아니다. 예를 들어 로마 건국 신화를 생각해보라.
14   하느님은 그 시민들 가운데 의인을 한 명도 찾아내지 못하였고 그 도시들을 멸하였다.(〈창세기〉 18장)

인도유럽어에서 '형제'라는 용어는 주로 같은 아버지의 아들을 나타내는 표현(frater, broader, bruder)의 일부로 사용된다. 반면에 '형제'에 해당하는 그리스어 아델포스adelphos에는 산모의 자궁을 의미하는 '델피스delphys'라는 단어가 포함되어 있다. 따라서 그리스어에서 형제는 같은 아버지의 자식이 아니라 같은 어머니의 자식으로서, 먼 모계사회의 기원을 떠올리게 한다. 그리스 신화에서 형제 간의 갈등이 완화되는 것은 그들이 같은 어머니의 자녀라는 사실로 설명될 수 있다. 어머니는 화해의 힘이고, 같은 어머니에게서 태어난 아들들은 폭력적으로 어머니의 자리를 차지하려고 할 이유가 없다. 반면에 아버지가 행사하는 권위는 행동으로 투사되는 경향이 있어서 갈등에 노출된다. 같은 아버지의 아들들은 바로 이러한 이유로 서로 경쟁하는 경향이 있다.(Chiodi, 2006, p. 7)

두 문화에서 공동의 삶은 계속해서 죽음과 연관되어 있다. 유대 문화에서는 형제의 죽음과, 그리스 문화에서는 아버지의 죽음과 연결된다. 그러나 두 문화에서 우리는 또한 새로운 주체, 일반적으로 아들의 출현을 관찰할 수 있다. 그들은 콤무니타스의 신성한 질서에 의해 부여받은 지위를 거부하고 그 질서를 깨뜨려 새로운 질서를 확립한다.

이런 점에서 에사우가 장자권을 야곱에게 판 것은 특히 흥미로운 이야기이다.(《창세기》 25장) 그것은 내가 아는 선에서는 문화사에서 '계약'이 '지위'와 충돌되지 않을 뿐만 아니라, 섬너 메인이 말한 것처럼 심지어 계약이 지위를 얻기 위한 도구가 되는 최초의 사례이다. 미래의 권위와 관련하여 형제들 각각의 지위를 확립하는 장자권은 렌틸 콩죽과 맞바꾸는 계약을 통해 양도되었다. 물론 이 계약은 여전히 성스러운 공동체 안에서 이루어졌지만[15] 이 에피소드는 새로운 무언가의 시작을 보여준다. 즉 계약을 통해 성스러운 공동체의 지위로 이루어진 기존 질서를 깨뜨릴 수 있다는 것이다. 앞으로 보게 되겠지만 보통은 계약을 개인 사회에 등장하는 위대한 주인공으로 여긴다. 하지만 성서와 그리스 신화 모두에서, 몇몇 개인이 폭력과 속임수를 통해 갑자기 그 장면의 중심을 차지하는 부분이 나온다. 이때 새로운 무언가가 생겨난다. 즉 개인 역사의 여명이다.

3. 아리스토텔레스에게 행복이란?

공동체의 삶에 내포된 비극성은 그리스 철학과 특히 아리스토텔레스의 윤리학에서 중요한 문제이다. 《니코마코스 윤리학Nicomachean Ethics》은 서구 세계를 관통하는 역설을 직관적으로 보여준다. '좋은 삶,' 행복한 삶은 문명적이지만 동시에 취약하다. 아리스토텔레스는 《니코마코스 윤리학》의 제9장(1169b)에서 "행복한 사

---

15   보증의 한 형태로, 에사우는 외부 재판관에게 의존하는 대신 야곱에게 맹세를 요구한다.

람은 친구가 필요하다."고 상기시키며, 따라서 우리는 혼자서는 행복할 수 없다고 말한다.

이러한 문화적, 인류학적 관점에서 보자면 행복은 고독이 아니라 시민사회나 타인과의 관계 안에서 얻을 수 있다는 것이다. 이 점에서 아리스토텔레스의 윤리학은 그리스 철학의 다른 입장과 비교했을 때 진정으로 새로운 단계를 나타낸다. 따라서 찰스 테일러Charles Taylor는 이 점에 대해 다음과 같이 말한다.

아리스토텔레스는 '좋은 삶'에, 후대 윤리적 전통에서 일상생활보다 더 중요하게 여기는 두 가지 활동, 즉 이론적 사색과 시민으로서의 정치 참여를 결합하는 데 성공했다. 이것들은 만장일치로 받아들여지지는 않았다. 플라톤 Platon은 두 번째 활동, 적어도 정상적인 형태의 공직 경쟁에 많은 의혹을 품었다. 그리고 스토아 철학자들은 이론적 사색과 시민으로서의 정치 참여 둘 다 중요하지 않다고 생각했다.(1989, p. 212)

아리스토텔레스의 행복은 사회적 관계, 즉 우정과 상호성을 필요로 한다. 그리고 우정과 상호성은 항상 어떤 면에서 자유와 관련되어 있고 한 사람에 의해서만 완전히 또는 일방적으로 통제될 수 없기 때문에 우리의 행복은 타인들의 반응에 크게 좌우된다. 즉 타인들이 우리의 사랑, 우정, 상호성을 어느 정도 공유하고 어떻게 공유하는지에 따라 달라진다. 다른 말로 하자면 만약 행복이 우정을 필요로 한다면 그 우정은 항상 다양한 형태로 상호성을 수반하기 때문에 행복한 삶은 필연적으로 양면적인 성격을 갖는다. 타인은 나에게 기쁨이자 고통이며 진정한 행복을 주는 유일한 존재이지만 또한 나의 불행이 그 사람에게 달려 있기도 하다.

반면에 그러한 취약성과 예상되는 고통을 피하기 위해 플라톤과 신플라톤주의자들이 제시했던 대안처럼 타인들로부터 벗어나 고독과 사색 속으로 도피한다면 삶은 충만하게 피어날 수 없다.

이런 이유로, 앞으로 보게 되겠지만, 아리스토텔레스의 전통에서 행복한 삶은 아리스토텔레스 자신의 생각보다 훨씬 더 많이 비극과 연관되어 있다. 그래서 현대 철학자 마사 누스바움Martha Nussbaum은 대인 관계에 대해 다음과 같이 말했다. "좋은 삶의 이러한 요소들은 스스로 충족하기 매우 어려울 것이다. 오히려 아주 심각하고 위험스러울 정도로 취약해질 것이다."(1996[1986], p. 344)

그리스 문화 내에서 에우다이모니아라는 위대한 단어를 중심으로 한 이 중요한 긴장을 더 자세히 살펴보자. 그리스는 서구 최초로 좋은 삶과 행복에 대한 체계

> 에우다이모니아(eudaimonia)는 아리스토텔레스가 말한 행복으로, 인간의 고유한 기능이 덕에 따라 탁월하게 발휘되는 영혼의 활동을 의미한다.

적인 철학적 성찰이 일어난 곳이며, 이 성찰에서 우리는 콤무니타스라는 주제도 추적할 수 있다.

행복이라는 주제가 이미 중요하게 존재했던 그리스 신화 시대 이

후, 철학의 탄생과 함께 에우다이모니아는 모든 그리스 사상에서 중심적인 역할을 하게 되었다.[16]

에우다이모니아라는 그리스어 단어가 수천 년에 걸쳐 진화해온 과정을 고려해야만, 오늘날 우리는 쉽지는 않더라도 이 단어를 행복으로 번역할 수 있다. 에우다이모니아는 '다른 것을 위해 추구하는 수단이 아니라 그 자체를 위해 추구하는 목적'이다.(《니코마코스 윤리학》, I, 7, 1097a) 그러므로 행복은 "세상에서 가장 좋은 동시에 가장 아름답고, 가장 즐거운 것이다."(같은 책, I, 8, 1099a)[17] 그것은 '행동을 통해 얻을 수 있는 최고의 재화'이다.(같은 책, I, 4, 1095a)

---

16   소크라테스와 그 이후 플라톤과 아리스토텔레스는 물론, 스토아 학파나 에피쿠로스 학파 등 많은 고대 철학 학파들은 에우다이모니아에 대한 다양한 이론을 제시했다. 이러한 이론들은 차이점이 있지만 몇 가지 근본적인 공통점이 있다. a) 에우다이모니아의 추구는 행위의 궁극적인 목적이며, 아무것도 부족하지 않아서 스스로 충족할 수 있고 자율적인 최고선이다. b) 행복과 덕(德)의 실천 사이에는 불가분의 연관성이 존재한다. c) 덕은 비도구적 방식으로, 즉 오늘날 우리의 말로 하자면 내재적 동기를 가지고 추구할 때만 그 열매인 행복을 맺는다. 그러나 학파마다 활동적인 삶과 사색적인 삶의 관계에 대해서 다른 견해를 가지고 있었고, 따라서 좋은 삶과 관련한 사회성과 시민적 덕의 역할에 대해서도 서로 견해가 달랐다.

17   알베르토 페레티(Alberto Peretti)는 《시민경제사전》의 '에우다이모니아' 항목에서 다음과 같이 썼다. "에우다이모니아는 아우타르케스(autarkes), 즉 자족적이다. 아우타르케이아(autarkeia, 자족)라는 용어를 오해해서는 안 된다. 아리스토텔레스는 사람이 혼자, 자기 자신의 힘으로, 스스로를 고립시킴으로써 행복할 수 있다고 주장하려는 의도가 전혀 없다. 아리스토텔레스는 인간이 정치적 본성을 가지고 있으며 행복은 한 개인이 다른 개인과 만나는 데서 비롯된 사회적, 관계적 사실이라고 주장한다. 오히려 아우타르케이아는 에우다이모니아적 상태의 공식적인 요소로서, 에우다이모니아란 자율의 상태, 자기 완결적인 상태를 가리킨다. 다시 말해서 에우다이모니아적 상태는 인간 존재를 충만한 상태에 있게 해준다. 따라서 에우다이모니아는 완전하고 스스로 충족할 수 있기 때문에(teleion kai autarkes) 에우다이모니아는 완벽하고도 스스로 충족이 된다는 점에서(《니코마코스 윤리학》, 1097b 20) 그 자체로 삶을 즐겁고 충만하며 완전하게 만들기에 충분하다.(2009, pp. 2-3)

부와 명예를 포함한 다른 모든 재화는 행복이나 행복의 결실을 얻기 위한 수단일 뿐이다. 그렇다면 행복은 수단이 아니라 항상 목적이다. 행복은 본질적으로 결코 도구가 될 수 없는 유일한 목적이다. 바로 이러한 비도구성 때문에 에우다이모니아는 '궁극적인 목적'으로 정의된다. 에우다이모니아 너머에는 도달해야 할 아무 목표도 없다.[18] 따라서 부나 다른 재화만으로는 행복에 이를 수 없으며, 이것들은 특정 상황에서 중요하기는 하지만 행복하고 좋은 삶을 살기 위한 수단일 뿐이라는 주장이 나왔다.

《니코마코스 윤리학》은 덕과 관련된 에우다이모니아에 대한 최초의 체계적인 이론을 담고 있어, 아리스토텔레스의 덕 윤리학을 서구 세계에서 이후 행복 이론에 대한 대체불가한 준거점으로 만들었다. 그리스 사상에서 행복과 필리아의 관계에 대한 성찰이 이미 있었다고 해도, 아리스토텔레스는 《니코마코스 윤리학》에서 필리아

---

18 만약 에우다이모니아를 '넘어서는' 다른 무언가가 존재한다면, 에우다이모니아는 달라질 것이다. 왜냐하면 그것은 아직 존재하지 않는 다른 것도 포함하는 현실이 되기 때문이다. 이것은 또한 그리스인들의 행복 개념(특히 아리스토텔레스의 윤리학)이 그리스도교 인본주의에 결코 완전히 받아들여지지 않은 이유이기도 하다. 그리스도교에서 충만한 기쁨은 내세에서만 완전히 얻을 수 있다. 사람이 사는 동안 지상에서 누리는 행복은 결코 충만하지 않다. 그래서 우리는 결코 에우다이모니아의 상태에 살지 않는다. 아마도 그래서 그리스도교는 행복보다 환희, 기쁨, 지복과 같은 다른 단어를 선호했을 것이다. 신약성서에서 그리스도교는 유대인의 '축복'이라는 개념을 고수하고 있었기 때문에, 예를 들어 산상설교(참행복, 개신교에서는 팔복, 가톨릭에서는 진복팔단)에서 등장하는 '마카리오스(makarios, 축복)'라는 용어가 가장 자주 사용된다. '잘 지내다'를 의미하는 '에우게네타이(eu ghenetai)'라는 용어는 드물게 사용된다.(〈마태오 복음서〉 5장 1~11절, 〈루카 복음서〉 6장 20~23절, 〈야고보 서간〉 1장 25절, 〈에페소 신자들에게 보낸 서간〉 6장 3절)

와 깊이 연결된 새로운 행복 이론을 '발명'했다.

4. 행복에 대한 생각

아리스토텔레스에게 에우다이모니아는 정적인 실체가 아니라 일종의 운동이나 활동에 가깝다. 그것은 '덕에 대한 보상'이기 때문에 본질적으로 다른 어떤 것에 도구화되지 않을 때에만 도달할 수 있다.(《니코마코스 윤리학》, I, 9, 1099b, p. 104) 에우다이모니아는 좋은 삶이자 인간의 번영이다. 아리스토텔레스는 '잘 살아가고 잘 이루어 내는 것'이 행복과 같다고 보았다.(같은 책, I, 4, 1095a, p. 87)

그러므로 "아리스토텔레스에게 행복은 도덕적 의미가 아니라 행동, 활동으로 의도된 덕성과 긴밀하게 연결된다." '아레테areté'의 고대 어근 '아르ar'는 '덕virtue'과 '예술art'의 기원이다. 따라서 이때 덕은 우리가 곡예사를 '뛰어난 사람'으로 부르는 것과 같은 의미, 즉 탁월하게 해낼 줄 안다는 의미로 이해되어야 한다.(Natoli, 2003) 영국의 공리주의 철학자 헨리 시즈윅Henry Sidgwick은 저서《윤리학의 방법The Methods of Ethics》에서 "행복이라는 영어 용어조차도 (…) 모호함에서 자유롭지 않다."고 말했다. 그리고 그는 다음과 같이 덧붙인다. "제러미 벤담Jeremy Bentham은 행복이라는 용어를 쾌락과 같은 의미로 사용했고 실제로 흔히 이렇게 사용되는 것 같다."(1901, p. 92) 각주에서 그는 "결국 에우다이모니아를 영어로는 '행복Happiness'이나 '더할 나위 없는 행복Felicity' 정도로밖에 표현할 수 없다는 사실 때문에 아리스토텔레스 체계를 해석하는 데 상당한 오해가 생겨났다."는 점도 강조한다. (같은 책, 각주 2)[19]

그러므로 행복은 덕을 실천하는 삶의 간접적 결실이다. 에우다이모니아라는 용어는 원래 철학 이전 시대에 '다이몬, 즉 좋은 영靈, demon, eu daimon'을 뜻했기 때문에 행운을 가져다주는 좋은 영을 옆에 두고 있는 사람만이 달성할 수 있음을 의미한다.

다이몬이라는 단어의 어원은 불확실하다. 아마도 '분배하다'라는 동사 다이오마이daiomai에서 유래한 듯한 이 단어는 '운명을 분배하는 자'를 의미할 수 있다. 이러한 의미는 모호한 부분도 있고 분명히 다의적이다. 그리스의 비극 작품들과 호메로스Homeros의 위대한 시에서 다이몬은 여러 신들theos과는 다른 신성한 힘을 가리킨다. 그것은 인간 외부에 있는 힘이며 오히려 주체에 의해 통제될 수 없기 때문에 운명destiny, 숙명fate 또는 운fortune에 동화될 수 있다. 다이몬에

---

19   따라서 에우다이모니아는 쾌락을 추구하는 것은 아니다. 왜냐하면 "가장 천박한 부류의 사람들만이 (나름의 근거는 있겠지만) 선이나 행복을 쾌락으로 여기는 것 같기 때문이다."(《니코마코스 윤리학》, 1095b) 쾌락은 그 행동이 좋고 덕이 있음을 드러낼 뿐이다. 쾌락은 활동의 목적이 아니라 그 가치를 알아차리게 만든다. "덕성에 따른 행위는 그 자체로 즐겁다."(같은 책, 1099a) 그래서 영미권의 신아리스토텔레스 철학자들은 에우다이모니아를 행복이 아닌 인간 번영으로 번역하는 것을 선호한다. 왜냐하면 오늘날 일상 언어로 행복은 일시적인 희열, 근심 없는 만족감, 즐거운 감정, 또는 더할 나위 없는 즐거움을 지칭할 수도 있기 때문이다. 엘리자베스 안스콤베(Elisabeth Anscombe) (1958)가 에우다이모니아를 '인간 번영'이라고 최초로 번역했다.

대한 이러한 견해는 소크라테스와 플라톤이 나타난 이후에 의미론적 변화를 겪었다. 소크라테스의 철학은 다이몬과 깊이 연결되어 있다. 소크라테스는 내면에서 그를 이끄는 다이몬의 말을 듣는 것이 자신의 사명이라고 여겼다. 또한 소크라테스가 무신론자로 비난받은 것은 그의 특별하고 전례 없는 다이몬과의 관계 때문이기도 했다. 그는 돌로 만들어진 '외부'에 있는 전통적인 여러 신들을 따르지 않고 내면 깊은 곳에서 자신에게 말하는 신인 다이몬의 목소리를 따랐다. 다이몬 개념의 이러한 변화는 소크라테스 이후 그리스 철학에 영향을 미쳤으며, 결과적으로 에우다이모니아라는 단어의 개념은 더 이상 운명, 행운, 또는 멀리 있는 신의 의지와는 관련 없이 자기 소명의 완전한 전개, 탁월함의 성취, 자기 '천재성'의 해방으로 여겨지게 되었다. 라틴인들이 그렇게 불렀고, 여전히 서양에서 예술가나 '천재'를 그렇게 지칭한다.

소크라테스로 인해 에우다이모니아라는 단어는 새로운 의미를 얻게 되었고, 개인의 성장 과정으로서, 내면의 다이몬에 귀를 기울이고 순종함으로써 인간이 자신의 선택을 통해 행복해질 수 있다는 주장이 시작되었다. (Natoli, 2003; Nussbaum, 1996, 2005) 무엇보다 운에 매달리지 않고 덕의 실천을 통해서 좋은 삶을 이룰 수 있다는 위대한 사상이 시작된다. 이후 이 사상은 그리스 철학의 중요한 기둥 중 하나가 된다. 덕을 실천하는 사람은 더 이상 운에 좌우되지 않는다. 인간의 선택을 통해 행복해질 수 있다는 이 위대한 인류학적 약속은 소크라테스 철학의 놀라운 국면을 열었고, 곧바로 플라톤과 아리스토텔레스 철학이 그 뒤를 이어 서구 철학까지 도달했다.[20]

에우다이모니아와 행운을 분리하려는 그리스 철학의 시도에도 불구하고, 사실 행복과 행운은 두 가지 겹치는 개념이었고 지금도 그렇다. 일부 현대 서구 언어에는 원래의 이 의미가 살아 있다. 독일어로 글뤼크glück는 '행복'과 '행운'을 모두 의미한다. 행복은 발생happen, 즉 '의도하지 않아도 일어남accadere,' '예상하지 않았는데 나타남capitare'에서 유래한다.

그러한 양면성은 사라지지 않았으며 행복을 측정하려는 모든 연구 프로젝트는 이러한 의미론적 모호성으로 인해 어려움을 겪고 있다.[21] 행복의 다른 어원은 다산, 비옥함을 뜻하는 페쿤두스fecundus, 여성이라는 뜻의 페미나femina, 비옥하다, 풍성하다는 뜻의 페락스ferax를 생각나게 하는 접두사 페fe에서 파생된 라틴어 단어 펠리치타스felicitas이다. 그것은 다산의 개념을 떠올리게 하며 따라서 인간성의 함양을 나타낸다. 라틴 문화에서 인펠릭스infelix는 아무런 열

20　그리스 철학은 자신의 다이몬을 해방시키고, 우리의 열정이라는 새장에 다이몬이 갇혀 있지 않도록 막을 방법으로 미덕의 실천을 제시한다. 그리스도교에서 다이몬의 교의는 그리스와 유대 문화권이 만나면서 양면적인 진화를 겪는다. 한편으로 다이몬은 인간 내면이 아닌 세상에 실재하는 존재인 악마(Demon)가 된다. 분열시키고(dia-ballo) 분리시키는 악마의 유혹과 목소리에 빠지면 불행으로 이어진다. 동시에 그리스 다이몬의 흔적은 천사들에게서도 나타나지만 인간의 행동을 인도하고 지시하는 내면의 음성인 성령에게서도 찾을 수 있다.

21　경험적 연구에 사용되는 설문지는 종종 '행복'과 '삶의 만족도'를 구별하는데, 후자를 통해 웰빙의 '에우다이모니아적' 차원을 포착하려는 목적을 갖고 있다. 내가 아는 한, 행복에 대한 그런 이중적 구분을 방법론적 작업이나 이론적 작업에서 사용한 연구자들은 존재하지 않는다.

매를 맺지 않는 나무를 의미한다. 따라서 행복에 대한 생각은 '행운' 이라는 신화보다는 덕을 함양한다는 개념에 더 가깝다.

5. 행복과 타인

에우다이모니아라는 단어는 신화mytos에서 로고스logos로의 전환 과정에서 주목할 만한 변화를 겪었으며, 다이몬 개념의 진화도 반영 한다. 아리스토텔레스의 에우다이모니아 이론은 필리아에 대한 분 석을 통해 완전히 이해할 수 있다. 아리스토텔레스는 행복을 '영혼 의 덕 있는 활동, 따라서 외적인 것이 아닌'이라고 정의한다.(《니코마 코스 윤리학》, 1099b) 아리스토텔레스의 행복론에서 핵심은 행복의 시 민적 또는 정치적 본질에 관한 것이다.

> 행복한 사람을 고독한 존재로 만드는 것은 분명 이상한 일이다. 인간은 정치적 존재이고 다른 사람들과 함께 살아가는 것이 본성이기 때문에, 세 상을 전부 가질 수 있는 조건이 주어진다 해도 홀로 살아야 한다면 아무 도 그것을 선택하지 않을 것이다. 따라서 행복한 사람도 다른 이들과 함 께 살아가야 한다. (…) 그러므로 행복한 사람은 친구가 필요하다.(같은 책, IX, 9, 1169b)

《니코마코스 윤리학》 제1부의 네 번째 부분은 다음과 같다. "정치학이 추구하는 목표이자 행동으로 달성할 수 있는 최고의 선善을 우리는 무엇이라고 말할 수 있는가. (…) 일반적인 사람들뿐만 아니라 교양 있는 사람들까지도 그것을 행복이라고 말한다."(같은 책, I, IX, 1095a) 행복은 정치의 목표이다. 왜냐하면 정치가 "시민을 특정 방식으로 양성하는 데, 즉 시민이 선하고 고귀한 행동을 하게 하는 데 최선을 다하기" 때문이다. (같은 책, I, IX, 1099b) 따라서 정치적 삶[22]은 완전한 행복을 경험할 수 있는 유일한 영역이다. "그러므로 우리가 소나 말 또는 다른 어떤 동물에 대해서도 행복하다고 하지 않는 것은 당연하다. 어느 동물도 유사한 활동에 참여할 수 없기 때문이다."(같은 책) 행복을 위해서는 "우리가 말했듯이 완전한 미덕뿐만 아니라 완전한 삶도 필요하다."(같은 책) 게다가 이전에 언급했듯이, 오직 자유로운 사람만이 행복할 수 있다. 노예는 동물과 마찬가지로 인간 존재로서 '피어날' 수 없다. 행복한 삶은 정치적 본질과 닿아 있다.

아리스토텔레스에게 우정은 하나의 덕목이며, 그렇기 때문에 부富보다 더 중요하다. 또한 우정은 에우다이모니아의 일부로서 어떤 면에서는 목적 자체가 되기도 한다. 반면에 부는 언제나 수단이다.

---

22   고전 사상의 전체적인 전통과 마찬가지로 아리스토텔레스는 시민사회와 정치사회 사이에 아무런 구별을 두지 않았다는 점에 주목해야 한다. 이러한 구별은 근대 사상과 함께 등장하게 된다.

세상의 모든 재화를 다 가질지라도, 친구 없이 사는 길을 선택하는 사람은 아무도 없을 것이다. 부유한 사람들, 권력을 가지고 있는 사람들에게도 친구는 필요하다. 이러한 번영이 친구들을 이롭게 할 선행을 베풀 기회로 이어지지 않는다면 무슨 소용이 있겠는가? 혹은 친구 없이 어떻게 번영을 지키고 유지할 수 있겠는가? 번영이 클수록 위험에 더 많이 노출되기 마련이다. 그리고 가난이나 다양한 형태의 불행에 처할 때 인간은 친구만이 유일한 피난처라고 생각한다.(같은 책, VIII, I, llSSa, p. 339[23])

이것은 아리스토텔레스 윤리학의 중요성을 이해하기 위한 또 다른 핵심 요소이다. 소크라테스와 아리스토텔레스처럼 플라톤도 행복을 운 좋은 상황과 전적으로 별개로 생각하려고 했으며, 지혜로운 사람은 외부 환경으로부터 자신을 분리해야 한다고 권고했다. 플라톤뿐만 아니라 에피쿠로스Epicurus, 플로티누스 그리고 고대의 많은 다른 학자들도 타인과의 관계가 이러한 외부 요인들 중 하나에 들어간다고 보았다. 이를 통해 개인의 행복이 타인의 자유로운 반응에 따라 좌지우지되는 것이 아니라 자족적self-sufficient, 즉 다른 어떤 것

23　칼 폴라니(1957)가 강조한 바와 같이, 무역과 교환조차도 필리아의 요구, 즉 구성원들 간의 선의가 지속되어야 한다는 조건에서 비롯된다. 그것이 없다면 공동체 자체는 유지될 수 없다. 따라서 정당한 가격은 필리아의 요구에서 비롯되며, 이는 모든 인간 공동체의 본질인 상호성으로 표현된다. 이렇게 해서 매우 비판적이고 논란이 많은 축재술(蓄財術), 즉 상업적 교환의 기술에 대한 초기 독창적인 이론은 폴리스의 토대로서 필리아를 참조해 설명될 수 있다. 만약 교환과 돈의 추구가 인간을 덕으로부터 멀어지게 한다면 상업적 유대는 우정의 사회적 유대를 '혼란스럽게' 하여 결국 행복을 추구하는 것이 비시민적 활동으로 변질된다.

없이도 그 자체로 아무것도 모자람이 없는 선善이 될 수 있도록 했다. 반면 아리스토텔레스는 에우다이모니아가 본질적으로 관계적이고 사회적인 성격을 가진다고 주장하며, 삶의 모든 단계에서 친구가 필요하다고 선언한다. 심지어 선 자체를 관조하는 완전한 사람조차도 친구가 항상 필요하다고 강조하는데, 혼자서는 좋은 삶을 살 수 없기 때문이다.

> 여기서 '자족적'이란 홀로 사는 단독자에게 충분하다는 뜻이 아니라, 부모, 자녀, 아내, 그리고 일반적으로 친구들과 동료 시민들을 포함한 모든 사람과 더불어 사는 관계에서 자족적이라는 의미이다. 왜냐하면 인간은 본래 공동체에서 살아가는 존재로 태어났기 때문이다. 인간은 정치적 동물이다.(같은 책, I, 7, 1097b)

따라서 아리스토텔레스는 《행복윤리학 Eudemian Ethics》에서 "우리는 **친구**를 가장 위대한 재화 중 하나로 여기고, 친구가 없는 것과 **고독**을 매우 **끔찍한** 것으로 여긴다."라고 썼다. (VII, 1234b) 시민적 헌신, 또는 정치적 삶은 본질적 가치를 가지며, 이는 인간의 삶이 번영하기 위해 필수적이다. 에우다이모니아는 자족적이어야 하며 '운'에 의존할 수 없다. 동시에 좋은 삶의 일부 본질적 요소는 타인과 관련이 있다. 시민적인 삶을 살고, 친구를 가지며, 사랑하고 사랑받는 것은 행복한 삶에 필수적이다. 그리고 마사 누스바움(1996[1986])

이 매우 효과적으로 지적했듯이, 아리스토텔레스의 공동의 삶에 대한 이론이 역설에 직면할 수 있는 부분이 바로 이 지점이다. 라파엘로Raffaello의 그림 〈아테네 학당〉은 그리스 철학의 두 가지 주요 사고 방식을 제시하는 훌륭한 상징이다. 플라톤은 한 손가락으로 하늘을 가리켜 아름다움 그 자체에 대한 관조를 나타내는 반면 아리스토텔레스는 자신의 《니코마코스 윤리학》을 품에 안고 한 손을 펼쳐 땅을 가리키고 있다. 아마도 항상 키위타스, 즉 시민공동체에 내재된 다양성과 복잡한 현실을 되새기기 위해서일 것이다.

키위타스(civitas)는 로마의 시민들에게 부여되는 시민권으로 권리와 특권, 의무와 혜택을 뜻하는데, 시민, 도시를 의미하기도 한다.

이 시점에서 마사 누스바움을 필두로 한 많은 학자들이 아리스토텔레스의 도덕 철학에서 파악한 역설적이고 이율배반적인 성격을

포착할 수 있다. 아리스토텔레스의 철학에서 중요한 역할을 하는 것은 소위 '관계재relational goods'로,(Gui and Sugden, 2005) 이는 1980년대 누스바움이 창안하고 확산시킨 표현이다. 아리스토텔레스가 말하는 관계재는 덕을 바탕으로 한 우정, 서로 간의 사랑, 그리고 정치적 헌신을 의미하며, 이러한 활동은 관계로 이루어진 것이기에 상호성 속에서만 누릴 수 있다.

> 상호적 활동, 감정, 그리고 인식은 사랑과 우정의 본질을 이루는 깊은 부분이기 때문에, 아리스토텔레스는 이러한 요소가 없다면 사랑이나 우정의 이름에 합당할 만한 것이 남지 않는다고 단호하게 말한다. … 그러나 만약 그렇다면 (…) 이러한 좋은 삶의 구성 요소들은 최소한으로 자족적일 수밖에 없다. 그리고 그것들은 특히 깊고 위험한 방식으로 취약해질 것이다.(Nussbaum, 1996, p. 344)

아리스토텔레스는 "행복한 사람은 친구가 필요하다."라는 말로 행복한 삶에서 관계재의 중요성을 단언했다. 이 말은 역설적으로 행복을 더 **불안정**하게 만들었다. 왜냐하면 그는 행복을 **운**에 **좌우**되게 만들었기 때문이다. 그러나 다음 장에서 보겠지만 아리스토텔레스는 이러한 잠재적 역설에 대한 해독제도 가지고 있다.

공동체의 삶이 갖는 취약성에 대한 첫 번째 해결책이자 어떤 의미에서 가장 근본적인 해결책은 플라톤이 이미 제시했다. 그의 형이상학적이고 윤리적인 체계의 중심에는 자유롭고 지나치게 가난하지 않은 성인 남성 시민인 개인이 있으며, 이 개인은 **진리에 도달하기 위한 길**을 추구한다. 다른 사람과의 관계인 필리아는 이 철학자가 젊은 시절에 완전함을 이루기 위한 수단으로 주로 사용한 것이다. 플라톤의 전형적인 사랑의 형태는 아리스토텔레스적 성격이 더 강한 필리아가 아니라, 여전히 자기 중심적인 사랑의 형태인 에로스이다. 소크라테스의 인간 중심적 프로젝트의 영향 아래에 있는 플라톤은 개인을 발견하고, 어떤 의미

에로스(eros)는 일반적으로 감각적이고 본능적인 사랑을 가리키지만, 철학적 의미에서는 자신에게 부족한 부분을 채우고 충족감을 얻는 이상적 상태를 추구하는 사랑이다.

에서는 소크라테스와 함께 개인을 '발명'했으며, 모든 사람이 철학을 통해 자신의 다이몬을 해방시키고 자아를 실현하도록 초대한다. 소크라테스와 플라톤이 했던 "너 자신을 알라."라는 말을 떠올려보자.

에우다이모니아가 완전한 선이고 자족적이라는 그리스 사상에 따라, 플라톤은 개인이 다른 사람에게 의존하지 않고 상호성에 얽매이지 않도록 초대한다. 그의 인본주의 프로젝트는 완전히 일관성이 있다. 인간이 운에 의존하지 않기 위해 물질적 재화에 의존해서는 안 되는 것처럼, 자신을 타인과의 관계에 노출시켜서도 안 된다. 물질적 재화와 마찬가지로, 관계 또한 상호성의 취약성에 자신을 노출시키게 되기 때문이다. 타인과의 관계는 인간을 의존적이고 취약하며 연약하게 만든다. 따라서 공동의 삶의 취약성에 대한 플라톤의 해결책

은 근본적으로 관계성 자체를 포기하는 것이며, 이는 좋은 삶의 취약성에 대한 해결책으로 제시된다. 다시 말해 플라톤의 해결책은 콤무니타스의 양면성을 해결하는 것이 아니라, 오히려 콤무니타스를 부정하는 것이다. 이것을 다음 장이 아니라 여기에서 언급하는 것은 이 때문이다. 그러나 이 해결책은 놀라울 정도로 철학적으로 일관성이 있는 동시에 근본적인 질문을 제기한다. 번영하고 성취된 좋은 삶이 **시민적**이지 않을 수 있는가? 우리는 타인과의 필리아 관계가 지닌 양면성에 자신을 노출시키지 않고도 우리의 잠재력을 실현할 수 있는가?

신플라톤주의 교의가 좋은 삶의 개념에 대해 중세, 적어도 르네상스에 이르기까지 끼친 영향을 이해하기 위해 추가로 설명할 것은 그리 많지 않다. 다음 장에서 간략히 살펴볼 수도원주의Monasticism는 신플라톤주의와 그리스도교의 만남에서 비롯된 결과물이기도 하지만 단순히 그렇다고만 볼 수는 없다. 여기에는 중요한 특징이 있다. 다른 사람으로부터 벗어나 하느님과 맺는 관계인 기도는 취약성이 없는 관계의 한 형태이며, 어떤 의미에서는 플라톤에게도 이미 존재하는 개념이다.

다음 장에서는 좋은 삶의 근본적인 취약성을 피하기 위해 제안된 몇 가지 해결책을 다룰 예정이다. 아리스토텔레스와 성서적 전통이 제시한 해결책도 포함된다. 이후에는 서구 궤적의 중심에 있는 시장경제의 에토스와 역설, 그리고 시장경제가 제시한 해결책에 초점을 맞출 것이다.

제3장

공동체의 양면성을 어떻게 해결할까?

L'ETHOS DEL MERCATO

정의를 따르도록 강제할 수는 없었기 때문에 그들은 힘을 정당화했다.

그러므로 정의와 힘이 연합해야 한다.

그래야 궁극적인 선인 평화가 있게 된다.

- 블레즈 파스칼 Blaise Pascal, 《팡세 Pensées》

1. 의무와 부담의 의미

앞에서 우리는 공동체의 삶이 갖는 비극적 성격을 그리스와 이스라엘에서 어떻게 처음 인식했는지 살펴보았다. 근대의 비극적 차원을 다루려면 아직도 갈 길이 멀지만 훗날 근대의 인간관까지 이어질 징후들은 이미 나타나고 있었다. 이번 장에서는 콤무니타스의 취약성에 대응하여 제안된 몇 가지 해결책 또는 앞으로 보게 될 출구를 간략히 설명하고자 한다. 에스포지토 등이 의무나 부담으로부터 자유로운 임무니타스의 주요 장소가 사실 시장이라는 경제 공간이라고 언급한 것은 아니지만 이러한 해결책들은 에스포지토 등이 말하는 임무니타스와 공통점이 있다. 이에 관해서는 뒤에 설명하겠다.

이 책의 가장 핵심적인 내용이라고 할 만한 3장의 주장은 다음과 같은 모순 명제로 정리할 수 있겠다. 콤무니타스의 양면성을 다룰 가장 급진적인 해결책은 콤무니타스 그 자체라는 것이다.

어떤 공동체가 다른 공동체와 교환이나 거래를 하거나 싸울 때 전근대 사회의 기본 관계 구조에서는 공동체 내부와 다른 공동체 사이의 모든 관계에서 일반적으로 신성한 중재자가 개입해야 한다. 그림 3.1에서 설명한 것처럼 공동체 내부에는 계층 구조가 작동하면서 다양한 관계를 조정한다.

지금까지 고대의 신성 공동체에서 아직 단일 구성원 사이에 구속력 있는 합의는 없지만 각 구성원이 지위에 따라 왕, 아버지, 제사장 등 공동체의 수장에게 위계적으로 종속된다는 것을 보았다. 이 관계는 계약이나 합의에 따르지 않는다. 인류 문화가 내가 '신성하다'고 부르는 이 체계 안에서 움직이는 한 수평적 관계성은 문제가 된 적이 없다. 이유는 단순하다. 문제를 제기할 주체인 개인이 아직 나타나지 않았기 때문이다. 신성한 공간과 공동체의 실체라고 할 수 있는 권위의 공간이 구성원들 사이의 관계를 매개했기 때문에 수평적 관계가 자율적으로 나타날 수 없었다.[1] 에스포지토가 말했듯 고대 공동체는 구성원들 사이에 서로 관계가 없이 '무無' 위에 세워져 있었다. 즉 공동체의 기초가 될 만한 수평적 유대가 없었던 것이다. 이것을 그림 3.1에서는 구성원과 중재자 사이의 관계는 실선으로, 구성

---

1   자유롭고 평등한 우정의 관계는 분명 고대 세계에서도 항상 존재해왔다. 소크라테스나 성경에 나오는 욥을 떠올려보라. 내 주장은 이러한 관계가 고대 문화를 대표한다고 볼 수 없다는 것이다.

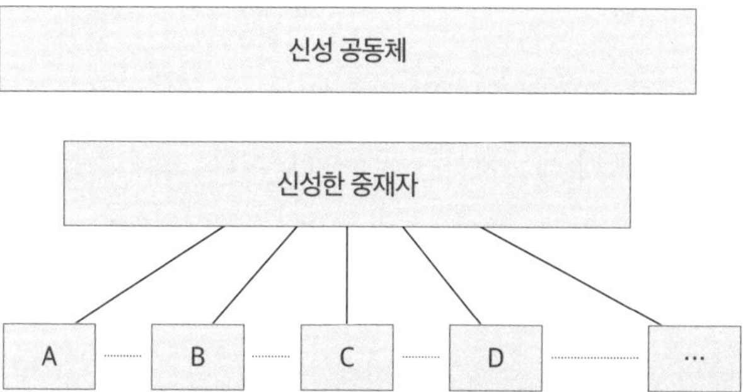

그림 3.1. 신성 공동체

원들 사이의 연결은 점선으로 흐리게 나타냈다. 베버가 말한 공동체의 정의를 생각해보자. "당사자들이 정서적이든 전통적이든 함께 속해 있다는 주관적인 느낌에 기초하여 … 사회적 행위를 지향한다면 그 사회적 관계는 '공동체'로 정의되어야 한다."(1978[1968], p. 40)

고대 공동체에는 '당사자들이 함께 속해 있다는 주관적인 느낌'이 없다. 아주 간단히 말해서 **개별 당사자나 개인이 없기** 때문이다. 공동체에 '공통성이 없다'[2]는 에스포지토의 말은 무누스munus에 선물이자

---

2   따라서 에스포지토는 이렇게 썼다. "콤무니타스(communitas)는 '재산'이 아니라 정확히는 의무나 빚으로, '덧셈'(플러스)이 아니라 '뺄셈'(마이너스)으로, 결핍으로, 누군가의 의무를 '면제하거나' '면제되는' 사람과 달리 '영향을 받는' 사람에게 부담이거나 심지어는 결함이 되는 방식으로 모인 사람

의무라는 양면성이 없기는 하지만 고대 공동체에 분명히 적용된다. 고대 공동체의 무누스는 **의무만 있을 뿐** 선물은 없다. 무누스를 선물로 볼 자유는 고대 세계에서는 낯선 개념이다. 고대 공동체를 '공통성이 없다'고 인식하는 것도 근대 관찰자의 시선일 뿐, 고대인은 개인들로 구성된 콤무니타스라는 문화적 가능성을 상상조차 할 수 없었다. 반면 근대 사회에서 '공통성이 없다'고 말하는 것은 상호주의가 끊임없이 위협을 받고 있기 때문이라는 점에서 고대 콤무니타스에 '공통성이 없다'고 말하는 의미와는 상당히 다르다. 평등한 사람들 사이의 자유롭지만 취약한 관계라는 기본 패러다임을 의도했던 것이 형제애의 비극적 특성이라면, 인류의 지평선에서 이 특성이 나타나려면 개인의 부상이라는 새로운 사건이 나타나야 했다. 개인이 나타나야 다른 개인과의 새로운 급진적 평등과 자유가 있을 수 있다. 이 과정은 문화마다 다르게 나타났다. 중국, 인도, 아프리카, 미국, 켈트 문화 등 어느 문명에서든 특성은 달라도 방법만 있다면 이 과정을 분명히 발견할 수 있을 것이다.

고대 공동체에서 근대에 이르기까지, 그리고 오늘날에도 여러 비서구 문화에서 **성스러운 공동체는 모든 임무니타스(의무나 부담이 없는 상태)의 원형이 된다.** 성스러운 공동체라는 임무니타스는 선택되는 것은 아니

들의 총체이다."(2009, p. 6) 사실 나는 여기에, 전근대 세계에서 '면제되는' 사람은 '신' 아니면 '짐승'일 수밖에 없다는 아리스토텔레스의 말을 덧붙이고 싶다. 고대 문화에서 공동체에 속하는 것은 자유로운 선택이 아니라 필연이었다. 이것이 고대 콤무니타스와 근대 공동체의 차이점이다.

지만 매우 실재적이고 강력하다. 사람들이 콤무니타스를 위계적 실체로 인정하면, 사람들로서는 스스로의 의무를 벗어던질 가장 급진적인 면책 체계가 생긴다. 콤무니타스라는 위계적 실체가 있기 때문에, 사람은 콤무니타스에 지는 일방적인 의무 말고는 아무 의무도 지지 않아도 된다.[3] 이것이 모든 고대 공동체의 원형이기는 하지만, 실제 공동체에서 관계적 역동성이 이렇게 순수하게 나타나는 경우는 거의 없다. 따라서 예를 들어 근대인이 개인이 되어가는 과정에서 근대의 가장 중요한 원칙으로 여겨지는 평등, 자유, 그리고 가장 중요하게는 형제애를 긍정하는 데 근본적인 장애물이라고 할 수 있는 이 중재 공동체를 살펴보는 것에서부터 시작하지 않으면, 거대한 계약주의 전통에 사로잡혀 있는 근대를 파악하지 못할 수 있다.[4]

다음 몇 장에 걸쳐 설명할 다양한 해법은 고대 사회에 전형적으로 나타난 콤무니타스라는 큰 해결책의 여러 변형이기도 하다. 이는 홉스와 전근대 정치학, 근대 정치경제학의 탄생을 이해하는 데 필수적이다.

다만 한 가지 중요한 주의를 덧붙일 필요가 있다. 존엄성과 자율성을 가지고 살아가는 자유로운 개인들의 사회를 믿는 사람으로서

---

3   왕의 권리와 의무에 대해서는 예를 들어 〈신명기〉 17장 및 20~24장과 〈사무엘기 상권〉 8장을 보라.
4   근대의 개인이 자유와 평등뿐 아니라 형제애와 공동체 사이에서도 근본적인 갈등을 겪고 있다는 사실을 잊어서는 안 된다. 사실 근대 사회의 창시자들이 형제애도 새로운 세상의 새 원칙으로 삼았음에 주목할 가치가 있다. 이후에 등장한 형제애 개념은 혈연과 자연적 친분에 기초한 '옛' 형제애가 보통 불평등과 농노제와 결합되어 있다는 이유로 이를 적대시했다.

는 임무니타스가 근대성을 '돌이킬 수 없는 지점'으로 여기게 만드는 긍정적인 의미도 지니고 있음을 기억해야 한다. 이런 점에서는 의무와 부담으로부터 자유로운 것이 좋은 사회의 한 측면일 수 있다. 왜냐하면 고대 사회, 고대 공동체는 권리와 자유의 측면에서 모든 시민의 면책을 보장하지 않았기 때문이다. 사실 면책을 보장받았던 것은 남성 성인, 부유한 시민, 그중에서도 일하지 않는 사람들 위주의 소수에 불과했다.[5] 임무니타스는 또한 타인의 존엄성을 존중하지 않는 사람들의 학대로부터 보호한다는 의미도 있다. 여기서도 '오직'과 '없이'는 중요한 단어이다. 면책 **없이는** 개인과 시민 모두에게 좋은 삶은 없다. 근대성과 시장의 에토스, 즉 새로운 에토스로서 **오직** 면책만 내세워도 좋은 삶이 될 수 없다. 자유롭고 나와 다른 존재로서의 타인이 나를 '해칠'지도 모른다는 두려운 생각 때문에 모든 관계로부터 완전하고 일반화된 보호 체계를 만들려고 한다면, 그래서 여러 면책이 중요하고 심지어 필수적인 공적 생활에서부터 사적 생활에 이르기까지 모든 감정적 관계의 요소를 없애버리게 된다면 면책의 에토스는 인간의 열악한 삶의 패턴으로 이어지고 장기적으로는 인간다움의 한계 밖으로 밀려나가게 될 수도 있다.

---

5   이러한 중요한 논평을 해준 마사 누스바움에게 감사드린다.

2. 법과 공동체

2.1 하느님과의 언약

다음에 다룰 공동체의 삶이 갖는 양면성에 대한 법적 해결책과 유대 전통의 율법 사이에는 일부분 비슷한 면이 있다.[6] 하느님은 이스라엘 백성과 함께 언약The Covenant을 세웠다. 그 언약은 하느님과 이스라엘 백성 사이에 주고받기로 한 조약이었다. 언약은 공동체의 삶이 가지는 양면성에 대한 해답이라고도 볼 수 있다.[7]

언약의 내용을 가장 자세히 다루는 것은 《구약성경》의 〈신명기〉로, 이것은 백성들과 여호와 사이의 언약에서 중재자로서의 모세의 모습을 중심으로 전개된다.[8] 이스라엘은 이전에 이집트, 바빌론, 아

---

6   여기서는 이 주제를 간략히 다루지만 본래는 더 깊이 있게 고려할 가치가 있는 주제이다.

7   역사적으로 언약은 이스라엘이 하나의 민족으로서 정체성을 가지기 시작한 모세의 이집트 탈출 시기부터 이스라엘의 양심 속에 하나의 범주로 자리 잡기 시작한다. 조상들에 대한 전통과 신화는 이제 이스라엘 백성과 유일신 야훼 사이의 언약이라는 틀 안에서 해석되기 시작한다. 이스라엘 종교의 근본적인 특징인 유일신 사상은 메소포타미아 지역의 다른 종교와 대조되며, 여전히 많은 논쟁의 중심에 있다. 프로이트(1977)가 모세와 유일신 사상에 대한 글에서 이미 언급한 바 있고 점점 더 인정받는 한 가지 주장은 유일신 숭배가 이집트 시기로 거슬러 올라간다는 것이다. 이 주장은 오늘날 모세가 이집트 출신이라는 거의 확실한 사실에 의해 더욱 뒷받침되고 있다. 모세는 이집트식 이름을 가지고 있었고 할례를 받지 않았다.

8   유대 역사(〈열왕기〉)에서 〈신명기〉는 요시야 왕(기원전 640~609년 통치)이 솔로몬 성전을 재건하는 과정에서 발견한 책으로 알려져 있다. 성전 내부에서 이 책을 가져왔다는 말은 요시야 왕의 종교 개혁에 더 오래되고 엄숙한 토대를 제공하기 위해 〈열왕기〉의 저자, 요시야 또는 역사학자들이 정치적·문학적으로 만들어냈을 가능성도 배제할 수 없다. 〈열왕기〉에 '되찾았다'고 묘사된 책은 〈신명기〉이다. 또는 적어도 율법에 초점을 맞춘 12~26장의 중심 부분이다. 사실 요시야의 솔로몬 성전 재건은 그 자체로 종교개혁의 신호로, 요시야의 아버지와 할아버지의 통치 기간 동안 야훼 숭배가 타락한 것에 대한 대응이었다. 일종의 '제2의' 율법을 포함하는 되찾은 고대 언약의 본문을 바탕으로

시리아와 같은 여러 외국 열강과 조약을 맺었지만 이 조약은 기근과 굴욕만 가져다주었다. 지배 세력은 항상 조약을 맺을 기회를 제시했지만, 조약이 결코 동등한 수준에서 이루어진 것은 아니었다. 이렇게 제시된 조약은 외세의 지배와 도시의 파괴를 겪은 이스라엘이 완전한 멸망이나 노예 상태에서 벗어나 생존할 수 있는 유일한 희망이었다.[9]

강대국 아시리아의 지배력이 느슨해지자 요시야는 혈연이나 부족의 유대로 더 이상 결속되지 않는 여러 부족을 다시 하나로 모으기 위해 새로운 언약을 제안하여 이스라엘의 정체성을 되살리려고 했다.[10] 그러나 이 새로운 언약이 효과를 발휘하려면 당시 중동 문화의 관습에 따라 이웃 강대국들이 제안한 조약들보다 더 오래된 것으로 여겨져야 했다. 요시야Josiah는 아브라함Abraham·이사악Isaac·야곱으로 이어지는 족장 시대인 역사 초기부터 이스라엘이 야훼와 맺었던 언약과 관계를 내세웠다. 이는 곧 새롭게 맺으려는 이스라엘이라

요시야는 예를 들어 바알 숭배와 같은 우상 숭배에 맞서 싸우고 유일신과의 고대 언약을 갱신하고, 이를 유대인의 역사와 정체성의 기원에 두면서 이스라엘의 종교개혁을 시작했다.

9   당시 강대국들이 제안한 동맹은 사실상 봉신 계약이었다. 전쟁에서 패배했거나 외세의 공격 위협에 직면했을 때 열세를 인식한 민족은 매우 많은 조공을 바치고 승전국의 관습과 종교를 받아들이기로 약속하면서 속국이 될 기회를 가졌다. 따라서 중동 세계에서 봉신 계약은 노예와 상업 계약의 중간에 위치했다.

10 〈열왕기〉, 〈예레미야서〉 등 여러 성경 본문에 나타나듯이, 야훼와의 언약은 이스라엘의 여러 지파들 간의 계약이기도 하다. 율법에는 두 가지 차원이 있다. 보다 근본적이고 급진적인 수직적 차원과, 위기의 순간에 지파들을 하나로 묶어주고 이스라엘이 하나의 민족으로 재출발하거나 심지어는 민족성을 창조하는 유대감을 발견하는 수평적 차원이다.

는 동맹의 뿌리가 실은 더 깊고 오래된 것임을 의미했다.

이러한 이유로 하느님과 이스라엘 백성 사이의 언약[11]은 국가 간의 조약이나 봉신 계약과 동일한 구조를 가지고 있다. 요시야 왕을 통해 이스라엘은 야훼와 새로운 언약을 맺은 것이다. 이때 하느님은 이스라엘과 힘이 완전히 다르지만, 여전히 이스라엘을 사랑하고 언약에 충실하며 너그러운, 그러면서도 벌을 내리기도 하는 하느님이다. 또한 이전에 아브라함에게 하셨던 것처럼 새로운 '약속'을 하는 주님이다. 하느님이 제안했기에 이 언약은 수평적이지 않다. 그러나 각 당사자가 주고받기로 약속을 했기 때문에 어느 정도 균형을 유지한다. **이 언약의 열매**는 율법Law, 즉 토라Torah가 되었다.

언약은 성경에서 '베리트berît'라는 용어로 표현되며, 이는 문자적으로 '베다slash'라는 뜻이다. 예를 들어 〈창세기〉 15장 9절에서 아브라함이 한 것처럼, 도축된 동물을 중간에서 가르는 것을 말한다. 이 언약은 하느님뿐만 아니라 아브라함과 그의 후손들에게도 구속력이 있으며 그들은 하느님께 충성할 것을 약속해야 한다. 언약은 상업적·정치적 계약과 매우 유사하지만 완전히 같지는 않다. 언약에는 교환되는 재화의 등가성이 없고 당사자 사이에 대칭성이 없으며 언약의 책임은 외부 강제력 없이 당사자들이 진다. 마지막으로 언약

---

11   모세와의 언약이 특히 그렇다. 후에 바오로가 〈로마서〉에서 보다 원초적인 언약으로 강조한 바 있는 아브라함과의 첫 번째 언약은 다른 구조를 가지고 있다. 그 첫 번째 언약은 이후 모세와의 언약에서 나타나는 상호 의무적인 구조와는 다르다.

은 계약과 달리 경우에 따라 용서하고 다시 시작할 수 있다. 비록 성경이 정치적·경제적 속국 관계의 이미지를 채택하고 있지만 언약은 이에 국한되지 않는다. 예를 들어 언약을 묘사하는 이미지 중에는 〈호세아서〉처럼 결혼의 은유도 있다.[12]

모세의 성격과 이야기는 〈신명기〉를 구성하는 율법과 계명보다 훨씬 더 풍부한 관계인 언약의 발전을 다루는 큰 이야기로도 볼 수 있다. 예를 들면 율법은 본질적으로 하느님과 이스라엘 사이의 상호적인 사랑의 관계이다. 언약의 결과로 하느님께서 그의 백성에게 주신 위대한 선물이 율법, 즉 토라이며, 이 율법을 준수하면 이스라엘은 위대한 민족이 될 수 있을 뿐만 아니라 가장 중요한 문제인 민족 내부의 갈등을 극복할 수 있다. 토라는 또한 〈창세기〉에 나오는 카인의 형제 살해와 살인자 라멕으로 절정에 달하는 형제들 간의 죽고 죽이는 싸움에 대한 응답이다. 라멕의 복수 노래는 오래되고 깨진

---

12 더욱이 예언자들, 특히 예레미야는 하느님과의 언약이 다른 정치적 관계와는 차원이 다르다는 점을 상기시킨다. 예레미야는 바빌로니아에 저항할 수 없다는 것을 이스라엘에 설득하기 위해 최선을 다했으며, 그 결과로 항복하고 속국 계약을 받아들여야 한다고 주장했다. 야훼와의 언약은 차원이 다르며, 당시 중동 문화에서 알려진 정치적 사건이나 다른 속국 계약에 직접적인 영향을 받지 않는다. 한 세기가 채 되지 않아 이스라엘이 아시리아에 항복하지 말 것을 요청했던 이사야는 이 점에서 예레미야와 다른 주장을 했다. 이 주장은 새로운 역사적·지정학적 상황을 반영한 것이다. 예언자들은 하느님과 선택된 백성 간의 관계를 국가 간의 계약 이상의 동맹으로 해석한다. 이로 인해 한편으로는 언약과 왕의 율법에 대한 복종을 주장하고, 다른 한편으로는 이스라엘이 다른 어떤 민족과도 비교할 수 없는 독특한 존재임을 주장한다. 그들은 언약을 이전에 에덴에서 시작되어 노아와 아브라함에게로 가면서 더욱 분명해진 사랑 이야기로 읽을 것이다. 이는 하느님의 명으로 도살된 짐승의 제물로 맺은 동맹을 그리는 〈창세기〉 15장 및 당시 전통을 묘사한 17장 1~8절에 기록되어 있다.

관계를 반영한다. "나는 내 상처 하나에 사람 하나를, 내 생채기 하나에 아이 하나를 죽였다. 카인을 해친 자가 일곱 곱절로 앙갚음을 받는다면 라멕을 해친 자는 일흔일곱 곱절로 앙갚음을 받는다."(《창세기》4장 23~24절)

카인의 후예들은 에덴 바깥에서 홉스의 '자연 상태'와 매우 유사한 상태, 즉 만인에 대한 만인의 투쟁의 상태로 살았다. 이스라엘 백성에게 하느님과의 언약의 열매로 주어진 율법은 홉스의 《리바이어던》과 유사한 기능,[13] 즉 공동체 생활을 선하고 평화롭게 유지하며, 인간이 죄의 결과로 잃어버린 삶을 회복하도록 한다. 카인 이후에는 언약에 합당하고 선하고 가치 있는 새로운 사회가 필요해지는데, 이를 가능하게 하기 위해 율법이 도입된 것이다.

따라서 하느님이 아브라함과 모세의 중재를 거쳐 이스라엘과 맺은 언약을 보고, 홉스가 그것을 바탕으로 해서 리바이어던의 중재로 사회 계약을 맺는 근대 국가를 유추하여 정치 이론으로 정립한 것도 놀랄 일이 아니다. 또한 홉스가 《시민론De Cive》과 《리바이어던》에서 이스라엘과 그리스도교의 이야기를 하느님과 언약의 백성 사이의 조약이자 동맹으로 묘사하는 데 상당한 관심을 기울인 것도 결코 우

---

13   유대 율법은 당연히 이보다 더 많은 것을 포함한다. 즉 이것이 유일한 기능이 아니다. 율법의 기능은 훨씬 더 많다. 율법은 사랑의 문제, 가난한 자와 고아를 돌보는 문제, 용서와 희년(Jubilee), 그보다 훨씬 더 많은 것을 포함한다. 예를 들어 희년 제도는 각 사람에게 일생 동안 적어도 한 번의 기회를 주는 특별한 발명이다. 이 글에서 나는 율법의 경험 속에 공통의 삶이 갖는 양면성에 대응하려는 시도가 담겨 있음을 제시하고자 한다.

연이 아니다. 심지어 큰 악어와 비슷한 끔찍한 괴물인 리바이어던의 이미지조차도 성경의 〈욥기〉에서 빌려온 것이다.

따라서 율법은 에덴 밖에서 **처음으로 형성된 공동체의 실패에 대한 해결책**이자, 공동체 생활을 선하고 평화롭게 할 수 있는 중재자이다. 동시에 유대 율법은 독특하기 때문에 토라의 일부 특성을 공유할 수 있는 다른 법이나 사법 체계와 비교했을 때 비슷하면서도 다르다.

2.2 법이 쫓아낸 공동체의 관계

따라서 알도 스키아보네는 《서구에서의 법의 발명The Invention of Law in the West》의 첫 페이지에서 법이라는 주제에 대해 다음과 같이 쓰고 있다.

> 법은 사회적이고 정신적인 형태로, 근대성modernity에 침투하여 빠르게 우리 삶의 필수 요소가 되었다. 그것은 고대 로마인들의 발명이다.(2012, p. 3)

앞서 언급했듯이 계약은 신분에 반대되는 개념으로 근대에 고안되었다. 사실 계약은 또 다른 고대 범주, 즉 언약 또는 계약의 진화를 의미한다. 고대 공동체에서 주된 조약의 형태는 앞서 언급했듯 당시에는 아직 존재하지 않았던 개인들 간의 계약이 아니라 전체적·

공동체적 개념인 언약이었다. 계약[14]은 언약의 발전된 형태로, 원래는 공동체 간의 조약이었으며, 동등한 가치의 교환이나 신분과 독립적인 가치를 기반으로 한 경우는 거의 없었다. 동맹에서는 공동체의 본질적 존재들인 사람들이 중요한 반면, 사물은 단지 수단에 불과했다. 그러나 계약에서는 예나 지금이나 사물이 중심을 차지하고 사람은 개인의 선호를 충족시키기 위한 수단이 된다.

낯선 사람과 교류할 수 있는 가능성, 즉 계약에 의해 가능해진 시장경제의 탄생은 수 세기에 걸친 느린 진화의 결과였다. 메소포타미아에서 후기 로마 제국을 거쳐 중세에 이르기까지 이 과정에서 법은 완전히 세속화되었다.

> 계약 이전의 역사에 존재했던 동맹과 교환의 개념에서 사물과 사람은 아직 명확하게 구분되지 않았고, 시간의 통제를 보장하기 위해 우회적인 방식이 사용되었다. 동맹의 경우 사물은 사람을 통해서만 파악된다.(Supiot, 《법적 인간[Homo Juridicus]》, 2007, pp. 86-87)

스키아보네가 강조한 것처럼 로마법은 사물을 사람과 구분하여

---

14 근대적 의미에서, 등가 교환으로 의도된 계약은 근본적으로 결속되지 않은 개인들을 하나로 묶어주는 유대감이다. 계약은 신성한 것에서 해방된 주체들의 새로운 '사회적 유대'로, 이 주체들은 외부인들과 교환할 수 있도록 리바이어던이 보장하는 법을 필요로 한다. 따라서 그들은 서로 전혀 결속되지 않을 수 있지만, 상호 이익과 상호 이득에 기반하여 동일한 권위를 인정하는 한, 교류할 수 있다.

독립적으로 다룬 최초의 법체계였다는 점에서 법 자체의 발명이라 불릴 만하다. 그러면서도 로마법은 여전히 신성하고 종교적인 복잡한 체계 속에 자리 잡고 있었다. 예를 들어 신뢰의 여신 피데스Fides와 선의의 원칙bona fides, 그리고 형평성aequitas의 범주와 같은 복잡하지만 본질적인 역할도 이러한 신화적 체계 속에서 설명된다. 로마에서 사법私法은 처음으로 개인을 '인식'하기 시작했고 특히 계약과 상속 문제에서 주체에 중요성을 부여하기 시작했다.

언약 또는 조약과 같은 제도는 혈연적, 영적, 의례적 관계뿐만 아니라 결혼이나 정치적 합의를 통해 형성된 관계와도 깊은 관련이 있다. 〈신명기〉에서 보듯이 하느님과 이스라엘 사이의 언약의 언어조차도 국가 간의 정치적 계약이나 상업적 계약과 동일한 상징과 구조로 표시된다.[15]

그러나 고대의 조약은 구조적 위계를 가진 총체라는 한계를 지니고 있다. 근대인으로서는 받아들이기 어렵겠지만, 이것은 고대 공동체의 특징을 담은 것이기도 하다. 고대 조약은 결코 인간으로서 동등한 개인들 사이에 맺는 것이 아니며, 동등성은 공동체나 민족 간에만 존재했다. 하느님과 이스라엘 백성 사이에서도 고대 종교의 맥락에서 새로운 형태의 동등성을 어느 정도 볼 수 있지만 개별 주체들 간에는 동등성이 존재하지 않는다.

---

15   밤을 틈탄 대탈출을 기리는 유월절에 어린 양의 피를 통해 고대의 동맹이 성립된 것처럼 그리스도교의 새 언약은 그리스도의 피를 통해 성립된다.

법이 세속화되는 것, 그리고 사회적 관계의 첫 번째 규제 수단인 총체적 조약으로서의 언약이 개인주의적 계약으로 전환되기까지의 긴 과정은 둘 다 그리스도교의 세계Christianitas 안에서 이루어졌다. 이때 언약은 교회를 그리스도의 몸으로 보는 영적 친족 관계의 맥락을 제공하는 공동체적 세계인 에클레시아로서의 교회를 나타낸다. 계약은 이런 맥락에서 이루어질 수 있다. 근대에 이르기까지 계약은 이론적으로나 실질적으로 동맹이나 조약과 명확히 구분되지 않았다.[16] 중세 시대에는 실제로 계약과 교환이 이루어졌지만 **이방인도 그리스도교인이라면 전혀 다르거나 이질적인 존재가 아니었다.**[17]

> 에클레시아(ekklesia)는 그리스어로 '부름을 받은 자들의 모임'을 뜻하는데, 고대 그리스에서는 아테네 시민들의 공식적인 최고 의사 결정 회의를 의미했으며, 그리스도교에서는 이 말을 차용하여 세상으로부터 부름받아 새로운 질서와 목적을 위해 소집된 사람들의 공동체라는 의미로 썼다.

오랫동안 그리스도교의 형제애는 조약을 계약으로 변화시키는 중요한 문화적 중재자 역할을 했으며 이러한 변화가 서양에서만 일어난 것은 결코 우연이 아니었다.

---

16   예를 들어 약속을 지키지 않는 사람들에게 죄의식과 신의 심판이 어떤 역할을 하는지 생각해보라. 죄의식은 특히 효과적인 계약 이행의 한 형태로 작용했다. 이에 대해 수피오(Alain Supiot)는 "따라서 모든 것을 보시고 그 앞에서 아무도 거짓으로 말해서는 안 되는 유일신의 존재에 대한 믿음으로 인해 사람들은 단순한 합의(nudum pactum)를 계약과 같은 의미로 여기게 되었다."라고 말했다.(같은 책, p. 93)

17   유럽의 유대인들과 동방과의 교역에서는 다른 논리가 적용되었다. 이에 대해서는 뒤에 더 자세히 설명하겠다.

이러한 과정 속에서 계약은 근대의 전형적인 유대 관계가 되는데, 이는 언약이나 조약과 달리 계약과 교환에서는 "사람 간의 관계가 사물을 통해 맺어진다."는 점 때문이다. (같은 책) 동시에 인류의 역사에서 체계적으로 나타나는 논리에 따르면 그리스도교 세계가 없었다면 상대방의 약속과 말을 보증할 제3자가 없기 때문에 근대의 계약 개념이 존재하지 않았을 것이다.

조약은 단순한 계약이 아니다. 앞으로 살펴보겠지만 계약은 동료 간의 무상성을 배제한 관계를 의도한다. 조약은 보다 고전적인 용어로 필리아와 아가페라고 부를 수 있는 요소들, 예를 들어 용서 등을 포함하고 있다. 근대에 이르러서는 근대 국가와 시장이 사적이든 사회적이든, 성스러운 유대나 공동체적 유대 바깥에서 계약을 가능하게 하는 새로운 '제3자'가 되었다. 이 점에 대해 알랭 수피오Alain Supiot는 "교환이나 동맹이라는 이원적이고 수평적인 차원은 계약 체결을 주관하는 제3자의 3차원적이고 수직적인 차원 없이는 시장 경제가 번성할 수 있는 동질적이고 추상적인 평면이 될 수 없었을 것"(같은 책, p. 93)이라고 말한다. 그렇다고 해서 수피오가 말했듯이 근대가 곧바로 세속적 성격을 획득했다는 것을 의미하지는 않는다.

우리는 법의 기능이 전근대에서 근대로 넘어오면서 급격히 변화했다는 점을 기억해야 한다. 법철학자 이탈로 만치니(Italo Mancini, 1990)가 정의한 '고대의 방식,' 즉 아리스토텔레스-토마스주의 전통은 법을 정의의 주요 도구라는 다른 관점에서 바라보았다. 이 논제는 직접적으로 토마스 아퀴나스에서 비롯된 것이다.

다른 덕목과 달리, 사람들은 정의라는 말을 들었을 때 다른 사람과의 관계를 떠올리게 된다. 정의는 그 이름에서 알 수 있듯이 일종의 평등을 의미하기 때문이다. 실제로 평등은 하나가 다른 하나와 관련이 있어야 성립하는 말이기 때문에, 우리는 무언가 평등하게 만들어졌을 때 조정되었다고 말하곤 한다. 반면 다른 덕목은 스스로 갈고닦을 수 있다. 다른 미덕에서는 행위자가 어떤 방식으로 행하는가에 따라서만 무엇이 옳은지가 결정된다. 정의의 행위에서 옳음은 행위자 자신과의 관계만이 아니라 다른 사람과의 관계에 의해 정해진다. 예를 들어 누군가의 노동에 정당한 임금을 지급하는 것은 타인과의 평등 관계를 나타낼 때 정의롭다고 할 수 있다. 그래서 어떤 일이 정의롭다고 할 때 그 일이 정의로운지의 여부는 행위자가 그 일을 어떻게 했는지와 상관없이 그 일이 행해진 결과가 정의로울 때 말할 수 있다. 반면 다른 덕은 행위자가 그 일을 특정 방식으로 했을 때만 옳다고 여겨진다. 이러한 이유로 정의는 다른 미덕에 비해 나름의 특별하고 고유한 대상을 가지며, 이 대상을 '옳다'와 동일한 '정의'라고 부른다. 따라서 옳음은 정의의 대상임이 분명하다.(《신학대전[Summa Theologiae]》 II, 2 q. S7 a. 1)

만치니는 에티엔 길슨Etienne Gilson을 따라 아퀴나스의 이 문장을 다음과 같이 논평한다.

인간은 법을 실천함으로써 가장 어려운 측면, 즉 공존을 통해 세상을 개선해나간다. 약한 사람들의 손에 권리를 부여하는 것은 궁극적으로 고아와 과부를 보호하라는 성경의 관습을 따르는 것이다. 세상이 타락했고, 관계들이 순수함을 잃었기 때문에 세상은 공정해지지 않을 것이다. 그래서 토마스주의자들이 만들어낸 기이한 신조어인 유스타리의 첫 번째이자 가장 중요한 의무는 바로 조정하고, 침해된 것을 재구성하며, 돕고 돌보는 것이다. 이 모든 행위는 심지어 내가 아는 사람이 아니더라도 병든 사람, 괴로움과 어려움에 처한 사람이 있음을 전제한다. 법이 정의로울 때 이를 행할 수 있다. 그리고 정의를 성취하지 않기를 원하는 법이나 법적 활동은 없을 것이다.(1990, p. 114)

> 유스타리(Iustari)는 세상의 부패와 불완전함을 인식하고, 약자를 돕고 돌봄으로써 침해된 정의를 능동적으로 조정하고 회복하려는 윤리적이고 실천적인 의무를 의미한다.

이러한 법(권리)에 대한 이해는 합리주의적 자연법 사상, 특히 홉스의 사상이 등장하면서 심각한 위기에 빠지게 된다. 법을 정의, 즉 조정으로서의 유스타리로 바라보는 '고대의 방식'은 사회를 아리스토텔레스식의 필리아나 토마스 아퀴나스식의 영적 유대로 연합된 사람들의 유기적 실체로 보는 맥락에서만 완전한 의미를 얻을 수 있었다. 고대 법에서는 완전한 타자성을 찾아볼 수 없는데, 그 이유는 타인이 아리스토텔레스에게는 '또 다른 자아'이거나, 아퀴나스에게는 '그리스도 안의 형제'였기 때문이다. 따라서 타인은 결코 나와 전혀 다른 완전히 낯선 사람이 아니다. 여기서 중요한 것은 이러한 타자성에 대한 관심이 정의가 유스타리에 아무런 영향력을 행사할 수 없는 상태로서의 지위와 공존했다는 점이다. 정의를 실현해야 한다면 법으로 사물을 조정할 수는 있지만 사람을 조정할 수는 없었다. 사람은 자연 공동체에 따라 계속 규정되기 때문에 불평등은 계속 유지되었다. 아리스토텔레스부터 아퀴나스를 거쳐 근대에 이르기까지 고대의 정의는 지위와 관련된 불평등을 '조정할' 수 없었다. 여성이 개별적 권리 측면에서 남성과 동등한 권리를 갖도록 '조정할' 수 없었고, 농노가 열등한 지위를 벗어나게 하거나 평신도가 성직자와 동등한 지위를 갖도록 할 수도 없었다. 이렇게 지위가 근본적으로 다른 사람들 사이에서 법은 사물에 대한 조정만 가능했다. 예를 들어 봉건 영주도 원칙적으로는 자신의 농노에게 배상하라는 판결을 받을 수 있었다. 하지만 법은 사람들 사이의 근본적인 불평등과 그들의 세계에서 존재하는 자유의 결핍을 문제 삼지 않았다.

지위에 영향을 미치는 조정, 즉 사물뿐만 아니라 사람에 대한 조정은 사회 계약 전통이 발명된 결과였다. 홉스는 사회 계약을 통한 시민사회의 인위적 탄생을 이론화하면서, 고대의 방식으로는 상상할 수 없었던 작업을 수행했다. 바로 사람 간의 관계를 조정함으로써 지위의 영역에 유스타리를 도입하는 것이었다. 이러한 계약주의적 발상은 자연 사회 또는 '자연 상태'에서의 개인과 신분의 차이를 처음부터 무효화하고 새로운 사회의 가능성을 창출한다. 사회 계약

이전의 세계에서 사람은 근본적으로 다르며 사회의 역동성은 사물의 유스타리와 사람의 비유스타리non-iustari에 기반을 두고 있다. 동시에 그리스도와 왕인 하느님의 몸이라는 이미지에서 암시된 바와 같이, 사람들은 서로 깊이 연결되어 있다. 하지만 바로 이 이미지가 우리에게 손은 심장이 아니고 머리는 발이 아님을 보여준다. 신체의 여러 부분 사이에는 위계가 있고 조정으로서의 유스타리는 있을 수 없다. 홉스의 이론적 장치 덕에 가족이나 고향, 지위도 없이 버섯처럼 세상에 등장한 개인이라는 개념이 생겼다. 근대도 개인과 함께 시작되었고, 개인적 차이를 법을 통해 다룰 수 있게 되었다. 프랑스 자코뱅들이 왕과 귀족들의 머리를 자를 때, 그들은 더 이상 사물에만 적용되는 것이 아니라 사람과 지위에도 적용되는 유스타리의 이론적 원칙을 실천하고 있었다. "법은 신분에 관계없이 만인에게 평등하다."라는 원칙이 성립된 것이다. 사람들 간의 차이는 궁극적으로 인간 노동에 기초한 재화에서 비롯된다. 이는 이탈리아 헌법 제1조에도 언급되어 있다.

근대 사회는 사람 사이에 홉스가 말하는 '비자연적'이라는 의미에서의 '인위적' 평등을 만들어냈다. 이제 사람은 더 이상 서로를 지위로 인식하지 않는다. 근대 사회에서는 누가 누구에게 주는 것이 아니라 교환되는 재화를 통해 서로를 인식한다. 따라서 경제 및 정치 분야 모두에서 교환은 근대인들이 서로 소통하는 데 사용하는 주요 언어가 되었다. 그리고 재화는 양면적이지 않으며, 쉽게 깨지지 않는다. 근대성의 급진적 과정은 이렇게 전개되는데, 근대성의 주요 표현 중 하나는 경제에 대한 과학적 접근이다. 20세기 경제 이론을 재구성한 위대한 이탈리아 경제학자 빌프레도 파레토_{Vilfredo Pareto}는 이 과정을 잘 요약했다. 그는 참된 과학이 사람들 간의 관계를 개인과 사물 간의 관계로 대체함으로써 발전한다고 주장했다. (Pareto, 1906)

홉스는 불평등한 공동체를 기반으로 한 고대 방식에서는 알려지지 않았던 평등과 정의라는 새로운 개념을 도입한다. 근대의 방식은 법에 대한 새로운 관점을 제시하며, 그 주요 목표는 사회 계약 참여자들의 상호 면책을 보장하는 것이다.

법의 면책 기능은 이미 모든 고대 법체계의 초기 단계에 존재하지만, 근대 법 중 사법뿐만 아니라 공법에서도 정점에 달한다. 시몬 베유_{Simone Weil}, 니클라스 루만_{Niklas Luhmann}, 그리고 이탈리아의 에스포지토는 이 기능을 이렇게 설명한다. "역사적으로 법은 언제나 일부를 위할 뿐, 결코 모두의 법이 아니었다. 바로 이 점으로 인해 법이 원래 지켰어야 했던 공동체와 법은 근본적인 긴장에 놓이게 되며, 이때 법은 공동체의 가장 본질적인 의미를 무너뜨린다. 근대 법질서에서 공통적인 요소라고는 다들 자기 몫만 주장한다는 사실뿐이다."(Esposito, 2002, p. 13) 그리고 베유는 이렇게 덧붙인다. "법은 사법이든 공법이든 공동체나 공동체**로부터의** 면책 기능에서 고유권을 갖는다. 고유권이 있다는 말은 어떤 경우에도 공적이든 사적이든 그 권한을 주장하는 주체에게 권한이 '속해 있음'을 의미한다."(같은 책, p. 29) 루만은 더욱 직접적으로 다음과 같이 주장한다. "법체계는 사회의 면역 체계 역할을 한다."(1990, p. 578)

법을 임무니타스로 보는 관점은 생의학적 의미의 면역과 예방접종에서 왔다. 우리는 치료할 세균의 일부를 우리 몸에 주입하는 백신을 통해 질병으로부터 면역을 얻으려고 한다. 사회체social body를 해체시키는 갈등은 공동체 내부에 작은 갈등을 주입함으로써 동종요법적인 방식으로 치유된다. 모든 면역 도구와 마찬가지로 법은 공동체를 외부로부터 면역시키는 동시에 내부 면역도 기른다. 그 과정에서 가장 일반적인 공동체 관계, 즉 개인적이고 따뜻하며 감정적이고 분명 고통스럽기는 하지만 생명을 주는 관계도 같이 사라진다. 근대 이후 사회에서 백신은 일종의 화학요법으로 변하고 있다. 근대 문화는 공동체의 상처를 암처럼 견딜 수 없는 것으로 여기고, 죽지 않으려면 먼저 죽여야만 한다고 생각한다. 하지만 이 질병이 자연적으로 회복될 수 있는 계절성 질병이라면 어떨까? 다시 말해, 법을 도입해서 공동체의 벽 밖으로 내보내려는 급진적 폭력, 잠재적으로 치명적인 상처는 사실 백신의 독처럼 법에도 포함되어 있다. 법은 이 비극적인 관계의 부담을 살균함으로써 공동체 내부의 관계를 치료할 수 있게 된다. 법은 '의무munus'로 '함께하는 관계cum'를 죽인다. 이는 우리에게 핵심적인 주제이며, 앞으로도 자주 다루게 될 것이다.

여기서는 이쯤 해두자. 다음 단락에서는 그리스 시기 아리스토텔레스로 돌아가 논의를 이어가고자 한다.

3. 필리아, 평등한 사람들 사이의 우정

삶에 수반되는 공통의 상처와 축복이라는 떼려야 뗄 수 없는 매듭을 조화시키려는 또 다른 시도가 항상 있었다. 우리는 이를 위해 필리아와 깊이 연결된 아리스토텔레스의 윤리학, 즉 평등한 사람들 사이의 우정으로 거슬러 올라가고자 한다. 필리아는 아리스토텔레스가 엿본 행복의 취약성이라는 역설에 대한 해법을 모색하려는 또 다른 시도였다. 좋은 삶을 영위하기 위해 친구가 필요하다는 아리스토텔레스의 뛰어난 통찰은 친구가 '나'와 동등한 진정한 또 다른 **당신**이 아니라 오히려 **분신**이자 또 다른 자아가 되는 사회적, 문화적 맥락에서 읽어야 한다. 아리스토텔레스가 여러 차례 말했듯이 "친구는 또 다른 자아이다."(《니코마코스 윤리학》, IX, p. 9, 1170b)[18] 실제로 아리스토텔레스의 시민적 삶에 관한 사유에 '비극성'을 덧입히는 것은 무엇보다도 마사 누스바움과 같은 현대 철학자들의 해석이다. 행복에

---

18 엠마누엘 레비나스(Emmanuel Levinas)부터 로베르토 에스포지토에 이르기까지 타자성에 대한 철학에서는 관계성을 개방적이고 초월적으로 만드는 외부의 '타자'를 통해 바로 이러한 너/또 다른 자아의 관계를 넘어서려고 했다. "두 용어를 비교하면 그것은 오직 자아와 관련해서만 생각할 수 있다. 그것은 단지 나(I)가 아닌 것, 즉 그것의 뒷면과 그림자일 수밖에 없다."(Esposito, 2007, p. 129)

관한 나의 첫 책도 이러한 해석의 영향을 받았다. (Bruni, 2004) 그러나 시대적 맥락 속에서 아리스토텔레스를 자세히 살펴보면 우리는 위대한 그리스 철학자가 말하는 친구가 부정적인 것, 즉 '거절'의 가능성을 최소화하기 위해 정확하고 선별적 방식으로 선택된 사람이라는 것을 즉시 깨닫게 된다.

아리스토텔레스는 친구가 많으면 이질성이 커져서 상호성의 '상처'를 겪을 위험이 더 커지기 때문에 친구는 적어도 좋다고 한다. 이런 의미에서 아리스토텔레스의 필리아는 선택적이고 배타적이다. 폴리스 삶의 기초가 되는 필리아는 평등한 소수 사이의 필리아이다. 이때 소수는 남성, 성인, 자유인이면서 일반적으로 동일한 민족으로 통합된 소수이며 아리스토텔레스가 그의 첫 번째 책인《정치학》에서 명시한 것처럼 혼혈인, 농부, 상인은 제외된다.[19] 물론 아리스토텔레스가 말하는 친구들은 일정한 차이를 지닌 존재이지만, 그가 에우다이모니아를 위해 권하는 다양성은 어디까지나 서로를 보완하고 공통 분모를 공유하는 유사한 개인 사이의 '긍정적 다양성'이다. 그들 사이에는 분리하고 상처를 입히는 '거절'이 없다. 따라서 아리스토텔레스를 포함한 그리스 세계의 폴리스는 서로 다르지 않은 평등한 사람들의 공동체이며, 정치의 기술은 결국 인간관계에서 발생하는 고통과 무질서를 최소화하려는 것이었다. 이 맥락에서

19　반면에 로마의 키위타스(civitas)는 특정한 혈통이나 종족에 크게 의존하지 않았으며, 보다 보편주의적 성격을 지니고 있었다.

쿰-무누스_{cum-munus}와 쿰-모에니아_{cum-moenia}라는 공동체의 두 어원을 함께 읽을 필요가 있다. 전자는 '서로 부담을 나누는 의무'를 뜻하고 후자는 '함께 공유하는 경계와 성벽'을 뜻한다. 두 차원은 분리될 수 없으며 아리스토텔레스 전통에서도 마찬가지로 함께 유지되어야 한다.

폴리스는 평등한 사람들 사이의 관계를 위한 유일한 장소인 반면 폴리스 내의 다른 모든 공동체인 마을과 가족은 불평등에 기반을 두고 있다. 예를 들어 국가나 공동체의 첫 번째 요소인 가족과 관련하여 아리스토텔레스는 그 '첫 번째 요소'가 '주인과 하인, 남편과 아내, 아버지와 자녀'(《정치학》, 1232b)라고 말한다. 세 가지 유형은 근본적으로 불평등한 관계이다. 폴리스는 결국 평등한 자들 사이의 관계가 이루어지는 장소여야 했다. 그러나 여기서 드러나는 정치적 비전의 역설은 바로 이 평등의 공간이 사실상 불평등한 공동체들이 연속적으로 결집해온 과정의 최종 지점이었다는 데 있다. 이것이 바로 교육이 국가에 맡겨진 이유이며 "교육은 모든 사람에게 최선책이고 평등하다."(《정치학》, 1337a) 평등한 관계의 공간으로서, 오이코스가 아닌 폴리스는 윤리의 장소이다. 오이코스는 경제가 아닌 정치의 장소로서 관계가 비대칭이고 항상 불평등이 존재하는 곳이다.

오이코스(Oikos)는 고대 그리스어로 '가정,' 혹은 '집안'을 뜻하는 가장 기본적인 사회 경제 단위이다.

서양 역사를 통틀어 아리스토텔레스 윤리가 플라톤 윤리보다 우세할 때마다 시민적 발전과 사회적 배제가 동시에 일어난 것은 분명 우연이 아니다. 예를 들어 아리스토텔레스 윤리학의 황금기 중 하나인 이탈리아 시민 인본주의의 훌륭한 기관인 **몬티 디 피에타**(Bruni and Zamagni, 2004)는 시민적 미덕의 표현인 동시에, 예를 들어 유대인 등 이방인에 대한 배제이기도 했다. 쿰-무니타스cum-munitas와 쿰-모에니아cum-moenia는 필리아가 공동의 삶을 지배할 때 공존한다.

> 몬티 디 피에타(Monti di Pietà)는 주로 프란치스코회 수사들이 주도하여 자선 기부금(Pietà)을 모아 설립한 15세기 이탈리아의 연대 은행 초기 모델로, 가난한 이들을 고리대금업자의 착취에서 구하기 위한 기관이었다. 담보물을 받고 서민에게 저렴한, 혹은 무이자로 돈을 빌려주었는데 단순히 구호 기관을 넘어 오늘날 소액 대출의 선구자적 역할을 했다.

오늘날 알래스데어 매킨타이어Alasdair McIntyre에서 아미타이 에치오니Amitai Etzioni에 이르는 공동체주의 운동은 아리스토텔레스에게서 주요 영감을 얻었으며, 공동체에 대한 이 새롭지만 오래된 개념의 기반이 되는 덕 윤리는 일반적으로 평등한 공동체 개념과 연관되어 있다. 서로 다른 공동체, 즉 쿰-무누스cum-munus를 보호하는 쿰-모에니아cum-moenia가 아니다. 상호성에 기초한 협동조합 운동도 처음부터 동등한 사람들 사이의 선택적 우정이라는 필리아 개념을 바탕으로 구축되었으며 따라서 이탈리아의 신고전주의 경제학자 마페오 판탈레오니(Maffeo Pantaleoni, 1898)가 협동조합을 비판했던 것은 협동조합의 비효율이나 비합리성 때문이 아니라 협동조합과 자본주의 기업 사이에 차이가 없다는 사실 때문이었다. 판탈레오니는 자본주의 기업은 '개인' 이기주의에 기초하고 협동조합은 '집단' 이기주의에 기초하여 설립되었다고 보았다. 필리아와 같은 상호성이 반드시 '집단적 이기주의'와 동의어는 아니라는 점에서 판탈레오니의 말에 완전히 동의할 수는 없지만, 협동조합 운동의 자연스러운 진화 과정을 보면 필리아에 항상 존재하는 집단 내부로의 폐쇄 경향을 깨려면 상호 이익에 공익을 더할 필요는 있다.[20]

평등한 사람들 사이의 필리아적 해결은 근대 공동체주의의 해법과 마찬가지로 **일종의 면역 상태에 가깝다.** 즉 우리는 다양성의 상처, 나와 같지만 한편으로는 다른 타자와의 뒤섞임을 피하고 약화시키려고 또 다른 자아만큼 비슷한 사람들 사이로 숨는다. 이것은 또한 협동조합 운동의 기원이 된 19세기 초 로버트 오웬Robert Owen의 '뉴 하모니New Harmony'에서 영미 정원 도시에 이르기까지 평등한 다양한 공동체가 역사적으로 항상 오래 지속되지 못한 이유 가운데 하나이다. 다음 장에서 우리는 중세 시대에 특히 상업의 폭발적 성장과 도시 문명의 출현으로 인해 고대 공동체가 위기에 빠졌을 때 공동의 삶을 가능하게 하려고 시도한 새로운 해결책이 바로 그리스도교 필리아였음을 보게 될 것이다. 다시 한번 우리는 그 잠재력과 축복뿐 아니라 함정도 발견하게 될 것이다.

20　나는 특히 최근 수십 년 동안 유럽에서 다양한 형태로 확립된 사회적 협력에 대해 생각한다.

그러나 먼저 공동체의 삶의 양면성에 대한 하나의 '불완전한 해답non solution'인 아가페를 고려해야 한다.

4. 아가페라는 불완전한 해답

이 장의 앞부분에서 우리는 유대, 그리스, 로마 등 몇몇 위대한 고대 문화에서 개인을 인식하기 시작하고, 개인이라는 개념이 있다면 타자성이 고통과 죽음의 근원이 될 수 있음을 알게 되자, 곧바로 공동체가 **'타자로 인한 상처'를 차단하려는** 여러 해결책을 모색했음을 보았다. 율법Torah, 법Jus, 플라톤적 사유, 필리아의 현실적 배경은 각각 다르지만 기능은 모두 같다. 즉 공동체 내부에서 발생하는 타자의 비극을 방지하거나 줄이는 것이다.

사실 예수 그리스도의 삶과 죽음이라는 사건이야말로 유대 민족과 그리스 및 로마 문화에 이미 존재하던 특정 요소들의 연속선상에서 공동체의 양면성, 공동체가 **선물과 의무, 생명과 죽음**이라는 이중적 역학을 지니고 있음을 보여주는 사건이었다. 성서 전통에 나타나는 것과 같은 위대한 문화에서도 공동체의 이러한 양면성을 감지하기는 했지만 성스러운 공동체 자체의 힘이 워낙 커서 그 양면성이 발현될 수 없었다. 그러던 것이 그리스도교에서는 완전히 새로운 힘과 전례 없는 가능성을 갖게 되었다.

고대 공동체에 대해 지금까지 이루어진 논의의 일부 차원을 요약하고 전체 논의의 중심 주제를 소개하는 철학자 주세페 마리아 장기 Giuseppe Maria Zanghì의 구절에서부터 이 논제를 명확히 해보자.

사실, 그리스도교 이전의 위대한 문명에는 사회적인 것이 없었고 (…) 정치적인 것만 있었다. 물론 사회에 관한 직관은 항상 은밀한 핏줄처럼 존재한다. 로마 공화주의 이상의 최고의 순간, 판관 시대의 이스라엘, 그리스 민주주의의 어떤 순간, 그리스와 로마 철학자들의 사상, 유대 예언자, 동방 세계의 금욕주의, 이슬람의 움마Ummah를 생각해보라. 그러나 그러한 직관은 설득력 있게 논증되지 못했다. 그럴 만하다. 절대자에게 사로잡힌 인간 본연의 지적 능력은 절대자와 세계 사이의 진정한 차이를 스스로 인정할 수 없기 때문이다. 이렇게 생각하는 사람은 절대자 안에는 차이가 있을 수 없다고 믿으며, 그 사람이 가진 생각으로는 이러한 생각이 틀리지 않다. 따라서 절대자와 다른 것은 있을 수 없다. 절대자가 전체이다. … 그렇다면 비실재를 조직하여 유일하게 참된 실재인 절대자의 질서 안으로 빨려 들어가도록 하는 것 외에 무엇이 남겠는가? 바로 여기에 부정된 유토피아가 있다. 여기에서 정치란, 스스로를 구하기 위해 환상을 조직하는 행위가 된다.(2008, p. 253)

우리가 '신성하다'고 이름 붙인 공동체의 삶에 대한 이러한 견해는 예수 그리스도의 존재와 죽음이 나타나면서 **정말로** 위기에 빠졌다. 예수 그리스도는 다양한 고대 문화가 형성해온 신적 이미지와는 다른 모습을 드러냈다. **그 자체로 다중적인 절대자**, 즉 삼위일체는 종교적 사건일 뿐만 아니라 훨씬 더 큰 문화적 사건으로 고대인과 유대인, 그리스인에게 충격을 주었다.

스토아 철학은 아리스토텔레스 철학과 달리 이미 사랑의 보편성을 강조했었다. 그러나 그리스도교에서는 새로운 유형의 관계, 즉 아가페의 관계가 나타나기 시작했다. 아가페는 그 본성상 보편주의적이다. 이 관계는 원수, 즉 우리가 사랑을 주더라도 친구가 되지 않는 사람까지도 사랑하도록 이끈다는 점에서 필리아가 본질적으로 지니는 선택적 성격, 곧 어떤 이를 택하는 동시에 다른 이를 배제하는 경향을 근본적으로 넘어선다.

최초의 그리스도인들은 이 새로운 차원의 사랑을 그리스어 아가페agape[21]로 번역했는데 이는 거의 신조어에 가깝고, 에로스와 필리아라는 단어만으로는 설명할 수 없는 사랑의 방식을 표현하는 데 없어서는 안 될 요소가 되었다. 사실 에로스는 전적으로 욕망과 교환의 차원에서 작동하며, 무조건적이고 대가를 바라지 않는 사랑을 알지 못한다. 필리아는 본질적으로 보편적이지 않고 선택적이다. 아가페는 누구에게나 열려 있다. 아가페는 단순히 부부애나 모성애가 아니다. 비록 아가페에 부부애, 부성애, 모성애가 포함되기는 하지

---

21 '아가페'라는 단어는 이미 그리스어에 존재했다. 동사 형태인 아가판(agapan)으로만 사용되고 명사로는 존재하지 않았지만 70인 번역의 그리스어 성서에도 존재했다.

만 이러한 사랑들은 배타적이며 보편적이지 않기 때문이다. [22]

그러나 성 바오로St. Paul의 글과 사복음서에 기술된 바와 같이 아가페는 이타주의와 다르다. 그것은 항상 상호성의 틀 안에 새겨져 있다. 아가페로 뭉친 공동체의 새로운 법은 "내가 너희를 사랑한 것처럼 너희도 서로 사랑하여라."라는 새로운 계명이다.(《요한 복음서》13장 34절). 나사렛 예수의 이 유일한 새 계명은 "너희도 서로 사랑하여라."라는 2인칭 복수형으로 표현되었다. 아가페의 윤리는 개인의 윤리도 아니고, 덕 윤리와 몇 가지 유사점을 가지고 있기는 하지만 단순히 덕 윤리도 아니다. 오히려 아가페의 윤리는 무조건적 상호성의 윤리라고 정의할 수 있다. 사실 아가페는 에로스나 필리아와 달리 조건부 사랑이 아니다. [23] 그러나 삶을 공유하는 사람들의 반응이 없으면 아가페의 인본주의는 제대로 기능하지 못한다. [24]

초기 그리스도교 공동체는 사용할 수 있는 여러 단어 중 그리스어 **아가페**를 선택하면서[25] 일반 그리스 구어에서 거의 사용되지 않는

---

22 무엇보다도 프로이트가 가르쳤듯 모성애는 적어도 모자 관계의 경우에는 에로스의 관점을 통해서도 읽을 수 있다. 어머니는 자신의 자녀를 사랑하지만 다른 차원의 사랑, 즉 아가페가 역할을 하지 않는 한 다른 사람의 아이도 반드시 같은 정도로 사랑하지는 않는다.
23 아가페의 상태에 있는 사람들은 조건에 따라 다른 사람을 사랑하지 않는다. 필리아는 '일곱 번,' 아가페는 '일흔일곱 번' 용서한다. 필리아는 친구를 사랑하지만 아가페는 원수와 배은망덕한 사람도 사랑한다.
24 나는 〈로마서〉 13장에 나오는 아가페에 대한 정의가 가장 낫다고 생각한다.
25 그리스어에는 '사랑'에 대해 적어도 다섯 개의 다른 단어가 있다. 그중 신약에는 세 가지만 나오는데 아가페는 250회(90%), 애정을 뜻하는 필레오(phileo)는 31회(9.9%), 욕망을 뜻하는 델로(thelo)는 단 1회 나온다.

용어를 취했다. '아가판 agapan'은 느슨하게 '내가 좋아한다,' '내가 선택한다,' '내가 돌본다'는 의미였다. 이제 이 말은 예상치 못한 새롭고 광대한 의미로 가득 차게 되었다.[26] 이 경우 단어의 어원을 살피는 것은 별 도움이 되지 않는다. 그리스도교인들은 자신들이 경험한 새로운 사랑의 실재를 표현하기 위해, 이미 많이 쓰이던 다른 단어를 피해 그들이 표현하고자 하는 새로운 개념을 담을 만한 단어로 오해의 여지가 적은 아가페를 선택했다. 그들은 그리스인들도 잘 모르고 사실 유대인도 다 알지는 못하는 종류의 사랑을 묘사하고자 했다.[27]

공동체의 비극이 완전히, 진정으로 시작되는 곳이 바로 여기, 아가페의 인

---

26   라틴어에서 아가페는 카리타스(charitas)로 번역되었는데, 이 단어에서 'h'를 뺀 카리타스(caritas)는 상품이 부족함을 나타내는 상업 단어였다.(두 단어 모두 카로caro = 희소하기 때문에 비싸다는 어원에서 나왔다).

27   사실 아가페라는 단어는 기원전 3세기에 구약의 〈아가〉에 이미 등장했다. 알렉산드리아에서 히브리어 성경을 그리스어로 번역하면서 그리스어 번역자들은 성경 곳곳에서 다양하게 쓰이고 있는 '사랑'이라는 표현을 마주할 때마다 일정한 **난감함과 곤란**을 겪었다. … 히브리어로 도딤(dodim)이라는 단어로 표현된 사랑은 욕망의 영역과 관련이 있어서 에로스로 번역해도 괜찮았다. 그러나 에로스를 포함하는 배우자 간의 사랑을 표현하는 히브리어 아하바(ahabà)를 번역하는 데 70인의 번역가들은 아가페(agape)라는 단어가 가장 적절하다고 생각했다. 이 단어는 호메로스가 '돌보다'라는 의미로 썼던 동사 '아가파오(agapao)'에서 비롯되었다. 그렇게 해도 이야기가 상당히 복잡했다. 예를 들어 〈아가〉 5장 1절에서 도딤은 오류일지 몰라도 신앙의 형제를 뜻하는 아델포이(adelphoi)로 번역된다. 〈잠언〉 7장 18절에서는 도딤을 필리아로 번역했는데 바로 같은 절에서 복수형인 아하바(ahava)는 에로스로 번역되었고 〈에제키엘서〉에서는 도딤을 두 차례나 '무너뜨리다'라는 의미의 카탈료(katalyo)의 분사형으로 번역했다.(Coda, 1994) 당시 초기 그리스도인들 사이에서 아가페는 성찬 중에 거행되었던 형제적 만찬을 의미하기도 했다. **아가페는 이제 사랑/만찬이라는** 이중적 의미로 인류의 역사 속에 새겨졌으며, 그것은 이 새로운 사랑의 참신성을 설명하는 어떤 이론적 논의보다도 훨씬 더 많은 것을 말해준다. 아가페는 곧 친교, 상호성, 공동의 삶의 새로운 형태인 새로운 유형의 사랑이다. 이 각주 작성에 도움을 주고 유대 및 성서의 세계관에 관해 여러 자문을 해주신 로마 성서연구소의 조셉 시버스(Joseph Sievers) 교수에게 감사드린다.

본주의 안이다. 사랑의 아가페적 차원을 기꺼이 받아들이는 사람들은 사실 자신에게 다른 사람을 조건 없이 사랑해야 할 의무가 있다는 것을 알고,[28] 상호성이 없으면 자신들의 인생이 충만하게 완성될 수 없다는 것도 잘 알고 있다. 상호적이지 않으면 아가페를 온전히 성취할 수 없다. 아가페가 **본래부터** 상호성에 기초하기 때문이다. 또한 아가페 공동체에 속하겠다는 결정은 지위, 소득, 성별에 관계없는 개인의 자유로운 선택이다.[29] 새로운 **공동체**는 혈통, 가족, 씨족, 민족 또는 토지와 연결되어 탄생한 것이 아니다. '자연적'이고 선택적인 중재는 여기에 더 이상 적용되지 않는다. 아가페는 이렇듯 **혈연이 아닌** 형제애라는, 전례 없는 형태의 공존을 만든다. 우리는 이 형제들을 진정한 타자성과 마주하는 고통을 피하기 위해서 나의 '다른 자아'로 선택한 것이 아니라, 길에서 '마주친' 동반자로서 그저 옆에 있게 된 것이다.

이것이 바로 아가페가 양면적 무누스를 진정으로 경험하게 되는, **공동체의 비극이 제대로 일어나는 곳인** 이유이다. 공동 생활의 취약성에 우리를 노출시키는 것은 바로 아가페이다.

원래 초기 시대의 교회는 예수 그리스도의 존재와 아가페를 철학

---

28   이 점에 대해 바오로는 "아무에게도 빚을 지지 마십시오. 그러나 서로 사랑하는 것은 예외입니다." 라는 훌륭한 말을 남겼다.(《로마 신자들에게 보낸 서간》 13장 8절)
29   사회 혁명으로 여성, 노예, 하층민들이 이 새로운 공동체의 구성원으로 등장했다. 최초의 제자가 어부와 장인이었음을 생각해보라.

적으로나 신학적으로 새롭게 해석하려고 했다.[30]

그렇다면 그리스-로마-유대-그리스도교로 이어지는 서구 문화에서 시민사회와 시장이 서서히 성숙하는 것은 우연이 아니다. 다음 장에서 보겠지만 이는 중세 전체를 관통하는 느린 과정이며, 지금도 진행 중이다.

이러한 이유로 아가페는 우리가 이 책의 첫 부분에서 본 공동체의 양면성을 다루는 다양한 해법에 대한 급진적인 비판으로 제시된다.

---

30 교회의 이러한 사도적 또는 원시적 국면을 반영하는 것은 소위 '삼위일체 교리'에 대한 논쟁인데, 이 도그마는 '사회적' 삶뿐만 아니라 이론적인 논쟁에도 영향을 미칠 수밖에 없다. 절대자에 대한 삼위일체적 관점은 그 자체 안에 사회적 요소, 혹은 내가 선호하는 표현대로라면 시민적 요소의 가능성을 담고 있다. 왜냐하면 그것은 유일한 존재의 필요에 반대하지 않고 조화를 이루면서도 다중성을 그리는 데 성공했기 때문이다. 그리스 세계는 유대 세계와 마찬가지로 수평적 관계성의 가능성에 열려 있었다. 그러나 시민성이 진정으로 폭발하기 위해서는 그리스도 사건이 필요했다. 이 과정은 현대까지 지속되었으며 여전히 계속되고 있다. 애런 구레비치는 이와 관련하여 다음과 같이 썼다. "인류학적 관점에서 볼 때 **중세가 고대로부터 물려받은 유산은** 단순하지 않다. 그리스-로마 시대에는 '인격'이라는 개념이 아직 존재하지 않았다. 그리스어 프로소폰(prosopon)과 라틴어 페르소나(persona)는 연극용 가면을 가리킨다. 가면은 인격일 뿐만 아니라 오히려 그것과 정반대되는 무엇이다. (⋯) 고대에는 분명 개인의 양심이 없었다."(1996, pp. 106-107) 동시에, 유대 세계가 없고, 이 문화가 그리스, 어떤 의미에서는 로마 문화와 만나지 않았더라면 그리스도교나 유일신이면서도 삼위일체인 절대자의 이미지는 없었을 것이다. 삼위일체 신학이 사실 기나긴 과정의 결실이라는 점에 주목해야 한다. 그 기초가 되는 단계는 4세기와 5세기 사도들의 공의회였으며, 그로부터 그리스도 사건에 대해 그리스 철학의 범주에 크게 영향을 받은 '이론'이 등장했다. 특히 위대한 고전 그리스 철학에 의해 정교화되었던 실체(우시아[ousia])와 위격(휘포스타시스[hypostasis])의 범주는 그리스도교 하나님의 교리를 뒷받침하는 그리스도교적 논리와 삼위일체 교리를 정교하게 만드는 도구가 되었다.

- **신성한 공동체**. 그리스도교에서 말하는 '육화 Incarnation'는 고대의 신성한 시절에 종말을 고한다. 그리스도교에서 신은 더 이상 의식과 중재자를 통해서만 소통할 수 있는, 접근할 수 없는 현실이 아니다. 로고스는 육신이 되고(〈요한 복음서〉 1장), 사람들 가운데 사람이 됨으로써 성스러운 공동체를 종식시킨다. 십자가에 못 박힌 그리스도의 죽음과 함께 '성전의 휘장'이 찢어지는 이미지(〈마르코 복음서〉 15장 38절)는 시대의 종말을 표현하는 웅변적인 은유이다. 더 이상 사제만이 접근할 수 있는 성소 sancta sanctorum 는 없다. 모든 사람은 성례 중재자 없이도 신을 경험할 수 있다. [31]

- **율법과 법**: 아가페는 율법과 법에 도전한다. [32] 그리스도인의 경험은 믿음 pistis에 토대를 두고 있다. 이는 아브라함의 뒤를 이어 고향 땅의 안전함을 버리고 이방인과 타인의 자비에 맡긴 채 낯선 땅으로 나아가라는 신의 초대를 선물로 받아들이는 것이다. 나사렛 예수는 규범과 의식만 따르면 구원과 좋은 삶을 얻는다고 약속하는 율법을 신랄하게 비판했다. 예수에게 중요한 것은 매

---

31 그러므로 그리스도인은 하느님께 즉각적으로 나아갈 수 있다. 그곳에서 인간과 하느님 사이의 유일한 중재자는 그리스도의 인격이다. 그리스도는 십자가에서의 자기 비움(kenosis)을 통해 새로운 중재자의 모습을 드러냈다. 자신이 사라짐으로써 하느님과 세상이라는 두 당사자가 직접 만나게 하는 중재자-없음의 방식이다.

32 바오로의 〈로마 신자들에게 보낸 서간〉은 율법에 대한 그리스도교의 비평을 이해하고자 하는 사람들이 반드시 읽어야 할 글이다. 율법이 하느님과 타자와의 관계에서 의문을 제기할 필요 없이 스스로에게 구원을 보장하는 면역의 수단이 되는 경우 아가페가 율법의 대안이 된다.

순간 자신을 걸고 아가페라는 단 하나의 율법을 따르는 일이었다. 안식일 계율, 금식, 위생 규정이나 세리, 매춘부 등 공적인 죄인들과 어울리는 일 등의 사회 규범에 대한 그의 모든 가혹한 비판은 바로 이를 의미한다. 아가페는 법의 기반이 되는 등가 논리를 넘어선다.(Boltanski, 2012) 어떤 의미에서 진정한 아가페는 모든 법이 지향하는 위대한 미덕인 정의를 능가한다.[33]

- **평등한 사람들 사이의 필리아**: 필리아는 동등한 사람 사이의 사랑이고, 타자는 우정의 취약성을 최소화하기 위해 선택된 분신으로 보는 아리스토텔레스 윤리학과는 달리, 아가페는 친구를 선택하는 것이 아니라, 아가페적 삶을 사는 사람들이 우연히 여행의 동반자가 옆에 있음을 알게 되는 것이다. 이 점에서 아가페와 형제애는 둘 다 내가 선택할 수 없는 것이라는 유사성이 있다. 아가페적 공동체는 자기들끼리 모인 친구들의 공동체가 아니다. 그것은 보편적인 형제애이며, 친구들 간의 상호 선택이 아니라 아가페를 선택했다는 공통점을 갖는다. 물론 아가페에는 우정이 포함되지만, 이는 **선택된 소수 사이의 우정이 아니라 다양한 모든 사람들 사이에서 피어나는 우정이다.** 그리스도교의 역사는 모든

33　"각 사람에게 자기 것을 주라."라는 황금률은 아가페에 의해 약화된다. 아가페는 옷을 달라고 하는 사람에게 망토까지 주라고 조언하고, 한쪽 뺨을 맞은 사람에게 법적 정의를 주장하는 대신 다른 쪽 뺨도 내주라고 말한다. 또한 마지막에 온 일꾼에게도 다른 일꾼과 같은 품삯을 주고, 아흔아홉 마리의 양을 두더라도 한 마리 양을 찾으며, 방탕한 아들이 돌아온 것을 축하하기 위해 가장 살찐 송아지를 잡으라고 한다.

공동체에 존재하는 필리아의 불가피한 구성 요소가 필연적으로 초래하는 폐쇄성을 극복하려는 지속적인 투쟁이었다. 그리고 그리스도교는 평등한 사람들 사이의 필리아가 주는 안전함 속으로 스스로를 가둘 때마다, 심오한 정체성과 보편적인 소명을 상실해왔다.

그렇다면 진정한 아가페적 **공동체**는 '상처 입은' 공동체이다. 왜냐하면 타인의 취약성에 근본적으로 노출되기 때문이다. 우리가 타인을 선택하지도 않았지만 타인 없이 살 수도 없다.

아가페는 혈통도, 에로스도, 선택적인 필리아에도 기반을 두지 않은 관계성이다. 이 때문에 아가페적 사회성은 상호성을 바탕으로 타인의 자유가 줄 수 있는 상처에 노출된 참으로 극적인 사회성이다. 타인은 형제이면서 잠재적인 반역자일 수도 있다. 아가페는 그렇더라도 정 안 되면 적으로서라도 사랑하라고 우리를 몰아붙인다.

새로운 그리스도교 공동체가 초대 교회에서 짧은 기간 동안 지속되었지만, 역사 속에서 자리 잡으려 할 때 엄청난 저항을 받았던 것 역시 아가페적 공동체가 이러한 급진적 혁신을 담고 있었기 때문이다.

아가페와 그 논리에 대해서는 결론에서 다시 다루게 될 것이다.

제4장

근대의 여명

공동체의 삶에는 함께 사는 긴밀한 관계에서 오는 신뢰와 친밀함이 담겨 있다. 반면 사회는 공적인 영역, 즉 세상 그 자체이다. 우리는 태어날 때부터 좋든 싫든 사랑하는 사람들과 함께 공동체 안에 속해 있다. 하지만 사회로 들어가는 것은 마치 낯선 땅에 발을 들이는 것과 같다.

- 페르디난트 퇴니에스

중세는 이전에 존재했던 **낡은 콤무니타스**를 희생시키면서 개인성이 서서히 나타나는 과정으로 해석할 수 있다. 이 과정은 15세기 초 토스카나의 시민 인본주의가 등장할 때까지는 다소 조화롭게 전개되었지만 이후 르네상스, 종교개혁, 17세기 계몽주의로 이어지는 변화는 돌이킬 수 없이 빠르고 강력하게 이루어졌다. 근대 정치경제학의 부상은 이 기나긴 문화적 과정 속에서 이해해야 한다.

앞에서 설명한 사회 구조의 고대 공동체는 이 시점에 심각한 위기에 빠졌고 어떤 의미에서는 죽음을 맞이하게 되었다. 그 죽음으로부터 나타난 새로운 대안적 시도 중 일부는 아직도 왕성하게 전개되고 있다.

1. 중세 시대와 상업 문명

서구에서 예수 그리스도의 죽음과 부활 이후 아가페에 기반한 새로운 관계가 도입되었지만 종종 '중세'로 분류되는 초기 그리스도교 공동체는 고대 공동체와 그 구조가 크게 다르지 않다.

1세기에 그리스도를 따르던 최초의 사도들과 추종자들이 세운 새로운 공동체는 그리스-로마-유대인 공동체와는 현저하게 달랐다. 그렇지만 이미 1세기 말부터, 특히 콘스탄티누스Constantinus 대제 당시 로마 제국이 그리스도교를 공인하면서 그리스도교는 최소한 사회적 차원에서는 초기 그리스도교 공동체의 평등한 형제애 정신이 위계적 교계 체계에 가려지는, 기나긴 '형제애의 일식日蝕'의 시기를 겪게 되었고, 이는 제2차 바티칸 공의회(1962~1965년)에 이르기까지도 계속되었다. 형제애가 가려진 이유는 많고 복잡하며 논쟁의 여지가 있다. 예를 들어 디오게네스Diogenes를 비롯한 신플라톤주의의 영향이 형제애를 가리는 데 중요한 역할을 한 것은 분명하다. 그리스도교가 신플라톤주의를 받아들이면서 교회 안에서 고대의 위계적 조직 형태와의 연속성을 강조하고, 더 나아가 세계를 영혼과 육체, 관조와 행동, 종교와 생활 등의 위계에 따라 이해하게 되었다. 더욱이 바오로 서신에서도 드러나듯 초기 공동체가 형제애를 쌓는

데 실패하면서 위계적 경향은 더욱 강화되었다.[1]

　바오로 서신과 2세기에 쓰인 일부 문서를 포함하여 원시 교회와 사도 교회를 설명하는 문서는 극히 소수에 불과하지만 이 문서들을 보면 형제애와 아가페를 특징으로 하는 이 새로운 공동체의 실험적 성격을 이해할 수 있다. 이 공동체에서 남성, 여성, 노예, 가난한 사람은 모두 평등하고 서로 위계적이지 않으며 구별 없이 존재했다.(Penna 1998, 2007) 바오로 서신 중에서 1세기인 90년경에 바오로의 제자들이 쓴 〈티토에게 보낸 서간〉과 〈티모테오에게 보낸 서간〉은 소위 '사목 서신'으로 불린다. 이 서신들은 초기 그리스도교 공동체 내에서 이미 변화가 일어났음을 보여준다. 정통 바오로의 서신인 〈코린토 신자들에게 보낸 첫째 서간〉, 〈갈라티아 신자들에게 보낸 서간〉, 〈로마 신자들에게 보낸 서간〉은 예를 들어 "코린토에 있는 하느님의 교회에"라는 표현에서 알 수 있듯 바오로가 공동체 전체에게 쓴 편지이다. 이후의 편지들은 점차 그 수신자가 공동체의 지도자나 교회의 대표가 된다. 이러한 변화는 형제애적이고 수평적으로 구조화된 초기 공동체들이 서서히 더 계층적으로 변모하고 있음을 보여준다. 콘스탄티누스 대제 이후 그들은 결국 교황과 주교를 중심으로 하는 중세 교회로 발전했다. 바오로가 세운 공동체는 특별한 영향

1　이러한 긴장의 징후들은 이미 〈마르코 복음서〉 10장 35~45절, 〈마태오 복음서〉 20장 20~29절, 〈사도행전〉 5장 1~11절, 〈코린토 신자들에게 보낸 첫째 서간〉 1장 11절에 나타난다. 또한 바오로 서신을 보면 당시 바오로가 세운 그리스도교 공동체에 여러 불화와 불의가 있었음도 알 수 있다.

력을 지닌 지도자의 다양한 카리스마의 역동성으로 성장한 은혜의 교회였다. 은혜의 교회는 행정에서 교육에 이르기까지 교회마다 모든 것이 달랐지만 앞에서 설명한 의미에서의 위계적 질서가 아닌 친교와 나눔의 논리를 따랐다. 그러나 바오로의 공동체는 짧은 경험에 그쳤으며 반 세기도 지나지 않아 다시 고대의 **성스러운 공동체**에 가까운 모습으로 되돌아갔다. 다만 이제는 그 중심에 복음에 따라 새롭게 정리된 위계가 자리했다. 관계와 사회의 이러한 역동성에 대해서는 뒤의 결론에서 더 자세히 설명할 예정이다.

초기 아가페적 형제애의 단계는 사실상 그리스도교의 제도화로 끝났다. 이 단계의 그리스도교는 공동체적 삶의 새로운 모델인 아가페적 공동체를 전파한다는 이유로 당시 정치권력의 박해를 받았다. 콘스탄티누스 이후 아가페적 공동체는 유럽 역사에서 기저에서만 흐르는 지하의 강이 되었다. 즉 명맥은 있지만 오랜 기간 숨겨져 있다가 결정적 순간에만 다시 모습을 드러냈다. 아가페적 형제애는 역사의 토양에 물을 주고 비옥하게 만들었지만 결코 그리스도교 공동체와 유럽에 일상화되지는 못했다.

도시의 등장과 프란치스코회 운동은 사회생활이 근본적으로 변화한 데 따른 중요한 결과물이었다.

2. 프란치스코회의 형제애와 도시의 사회상

특별한 영향력을 지닌 지도자에 의해 전개된 중세의 위대한 운동 가운데 경제사와 사회사의 매우 중요한 지점이자 동시에 역설을 드러낸 프란치스코회 운동은 특히 주목할 만하다. "자매인 가난sister poverty," 즉 가난을 자매처럼 중시하는 프란치스코회 운동은 재화로부터의 의도적 초연함을 완전한 삶의 표징으로 여겼고, 이로 인해 최초의 경제학 '학파'인 프란치스코 학파가 되었다. 여기에서 나온 시장경제의 근대적 정신으로부터 후에 최초의 협동조합 은행인 이탈리아의 서민은행banche popolari과 현대 소액 대출 기관의 진정한 선구자라고 할 수 있는 몬티 디 피에타가 함께 발전했다.

사실 잘 알려진 바와 같이 경제, 가치의 개념과 재화의 가격 또는 화폐에 관한 가장 초기의 체계적인 탐구는 오컴의 윌리엄William of Ockham, 피에르 드 장 올리비Pierre de Jean Olivi, 둔스 스코투스Duns Scotus 등 프란치스코회 학자들에 의해 이루어졌다. 이렇게 돈으로부터 전적으로 단절되자 경제에 대한 새로운 명제가 생겨났고, 참된 부는 소유가 아니라는 인식이 탄생하게 되었다.

원래 프란치스코회의 형제애는 자기 공동체 내부만 지키려는 성스럽고 위계적인 공동체에 맞선 급진적 대안으로서, 상처를 받을 수 있다는 비극성도 품는 진정한 아가페 공동체였다. 나는 프란치스코회의 형제애가 시작된 것이 아시시Assisi의 프란치스코Francisco가 당시 공동체에서 가장 하찮고 배제된 집단이었던 한센병 환자에게 입맞춤을 하던 순간이었다고 생각한다. 이 행동은 한센병 환자를 오염된 존재로 여기고 접촉조차 하지 않으려던 금기를 깨뜨린 것이었다. 프란치스코가 그렇게 하지 않았다면 아시시의 공동체 역시 다른 공동체와 마찬가지로 성벽 안에 있는cum-moenia 평등한 사람들 사이의 우애를 지키겠다는 생각에, 말 그대로 도시 성벽 밖의 사람들을 소외시켰을 것이다. 최근의 해석에 따르면 프란치스코의 생애 마지막에 받은 상흔조차도 형제애의 상처로 여겨지며, 그 상흔은 프란치스코가 공동체에서 느낀 불화와 분열을 반영한다. 프란치스코회는 아가페를 전형적인 '상처'와 함께 진지하게 받아들였다. 자코모 토데스키니Giacomo Todeschini는 이 점에 대해 다음과 같이 썼다.

> 프란치스코가 동물에게도 있고 소외된 사람들에게도 있다고 강조한 가치는 영적이고 종교적이지만, 그렇게만 정의할 수는 없다. 돈으로 표현할 수 없는 이 가치는 신비롭다고 하는 것이 더 맞을 것이다. 도시에 살아가는 사람들이 그려놓은 가상의 원 바깥에 살아가는 피조물들이 느끼는 거리감을 이 마법의 원 안에 있는 시민들은 이해할 수조차 없었기 때문에 이 가치는 수수께끼로 여겨졌다. 프란치스코는 가난을 통해 이 신비의 일부, 즉 교회, 공동체, 귀족, 상업, 군사 생활의 규범에서 벗어난 '다른 영역'에 있는 것들과 사람들의 가치를 발견할 수 있게 되었던 것 같다. 이것은 당시 사람들에게 충격을 주었다.(2009, p. 65)

아가페의 결과로 확장된 이 '다른 영역'은 프란치스코적 형제애를 낳았다. 이 형제애는 성벽을 넘어선다. 즉 공통의 성벽으로 이루어진 도시 안에서 공통의 의무를 지고 사는 사람들만 향하는 것이 아니라, 배제된 사람들, 즉 도시의 가장 끄트머리에 있는 사람들까지도 아우른다.

그러나 초기 그리스도교와 마찬가지로 프란치스코가 제시한 비전과 현실에 대한 도전은 당시의 문화에 침투하여 어느 정도의 영향을 미친 것은 분명하지만 지배적인 문화로 자리 잡지는 못했다.

예를 들어 도시의 공동체와 사회는 도심에 자리 잡은 프란치스코회 수도원과 함께 성장했다. 프란치스코회 수도원은 계곡이나 외곽에 자리 잡았던 전통적인 수도원과 달리 도시 중심부에 자리를 잡았다.[2] 그리고 이는 어떤 면에서는 역설적으로 프란치스코회와 상인들 사이의 동맹 덕분이었는데, 바로 이것이 이탈리아 시민 인본주의

---

2   그러나 수도승들이 계곡에 살고 도심에서 멀리 떨어져 살면서도 여전히 고도로 문명화된 기능을 수행했었다는 점에 유의해야 한다. 그들은 도시에서 멀리 떨어져 있었지만 수 세기 동안 도시 법령 작성부터 풍차방앗간을 짓고 잉여물을 거래하는 등 다양한 경제 및 상업 활동에 이르기까지 도시 유지에 필수적인 심층적인 일들을 했다. 또한 천년기 이후 출현한 프란치스코회를 비롯한 탁발 수도회 운동을 이러한 수도원주의가 발달한 한 형태로도 읽을 수 있다. 탁발 수도회 운동은 자발적 가난에 주목하고, 부유한 개인들이 그리스도를 모방하기 위해 스스로 가난해지는 방식으로 완전하고 참된 그리스도교적 삶의 표징으로 선택한 것이다. 수 세기에 걸친 고질적 빈곤에서 벗어나려고 애쓰던 유럽 세계에서 부자와 권력자들이 자발적으로 가난하고 취약한 존재가 되려 했다는 것 자체가 많은 사람에게 마음을 돌리는 계기가 되었다. 토데스키니(2009, p. 32 이하)가 강조한 바와 같이, 가난을 선택하여 '영혼을 구원하는' 삶을 살았던 11세기 초 라벤나 출신의 롬왈도(Romualdo)와 같은 수도승들의 모습을 생각해보라.

라는 풍요로운 시민적 시대가 탄생하게 된 하나의 설명이 된다.

　가치가 희소성에 기초한다는 프란치스코의 '가치' 개념은[3] 수도자들과 상인들의 행위에 공통으로 적용되는 것이었다. 피에르 드 장 올리비나 이후 시에나 출신의 베르나르디노Bernardino의 저작을 생각해보라. 중세 그리스도교 시대 상인의 인물상은 교부의 교리, 또는 그 이전 복음서에서도 이미 매우 모호하게 그려져왔다. 상인은 예수가 '맘몬mammon'이라 부르며 하느님과 대척점에 두었던 돈을 다루기 때문에 사회와 도덕의 통제를 받아야 하는 행위자이다. 돈과 사업을 능숙하게 다루는 상인은 종교적 가치조차도 사악한 돈으로 바꾸려는 유혹에 언제든 빠질 수 있다. 한편 성서와 교부들은 그리스도가 자신의 피로 구원의 '값'을 치른 '신성한 상인'이라는 상업적 비유를 통해 그리스도의 대속 행위를 묘사하기도 한다. 게다가 그리스도교가 로마 제국의 국교가 되고 나서부터는 특히 교회 자체가 토지, 자본, 돈의 관리에 깊이 관여하게 되었다. 이러한 이유로 교회는 상인과 돈, 금융, 무역과의 접촉을 피할 수 없었다.

　프란치스코회, 그 가운데서도 특히 경제 문제를 다루는 신학자들

3　희소성은 프란치스코회 수도자들이 도입한 개념 중 하나이다. 13세기 후반부터 프란치스코회의 영성에서는 사물의 가치가 희소성에 비례한다는 생각이 발전했다. 사람의 가치도 그가 공동체 내에서 수행하는 기능의 희소성에 따라 달라진다. 따라서 아가페와 수도자들이 하는 행위의 무한한 가치를 보상하려면 엄청난 돈이 필요할 것이다. 이러한 이유로 보수는 지급하지 않는 것이 더 바람직하다. 왜냐하면 어떤 보상도 행동의 실제 가치를 평가절하하고, 상대적으로 **약화(damping)할** 것이기 때문이다.

은 상업과 상인에 대한 도덕적 평가의 양면성을 잘 알고 있었다. 특히 그들은 상인이 자산을 순환시키고 재분배를 통해 때로는 자신도 모르는 사이에 자산이 누군가의 금고에 쌓이지 않게 만드는 사람이라는 것을 잘 알고 있었다. 공동선은 자산이 순환해야만 창출될 수 있다.[4] 프란치스코회는 돈을 축적하거나 심지어 교회와 특정 수도원에서 자산을 무익하게 사용하는 것을 비판하면서, 그것이 마치 몸속의 피처럼 도시에서 빠르게 순환하는 것이 중요하다고 주장했다. 자산이 도시에서 피처럼 순환해야 한다는 은유는 18세기 중반에 중농주의의 창시자인 프랑수아 케네 François Quesnay가 등장할 때까지 중세의 경제사상 전체를 관통했다.

또한 상인은 도시와 시골을 연결하고, 시장 가격이라는 공통분모가 없었다면 결코 만날 수 없었을 사람과 재화를 한데 모았다.[5] 마지막으로 상인은 비록 궁핍하지는 않더라도 가난했다. 재산과 지위가 묶여 있는 지주와는 달리, 상인의 부는 유동적이고 일시적이라서 항상 운명의 굴곡에 노출되기 때문이다. 새로운 유럽 사회를 구성하는

---

4   이러한 주장들은 근대에 유명한 '화폐수량설'(MV=PY)에서 사용되는 소위 '화폐 유통 속도'에 대한 단초를 직관적으로 보여준다. 여기서 V(유통 속도)는 실질 소득 Y와 관련이 있다.

5   다시 말해 프란치스코회의 경제적 성찰 '실험실'은 금융 전문가와 성직자가 긴밀하게 맞닿아 있는 환경에서 이루어졌다. 로마에서 몽펠리에, 파리에서 제노바까지, 유럽에는 자발적 가난을 선택한 이들도 있었지만 여전히 종교적 권력이 금융과 상업을 좌지우지했다. 다만 이러한 금융과 상업은 이제 더 이상 떠돌이 행상이 아니라 성스러운 군주의 대리인이 된 상인들이 관리했다. 이 경우에도 프란치스코회에게 가난, 결핍, 박탈은 채워야 할 공허가 아니라 가치, 임금, 가격을 측정하는 출발점으로 여겨졌다.(Todeschini, 2009, pp. 106-107)

요소로서의 도시는 시장이 확장함에 따라 함께 커졌다. 유럽 전역을 아우르는 복잡하면서도 조밀한 시장의 연결망은 하나의 신경망처럼 십자군 전쟁 전후로도 상업과 그리스도교의 정신을 바탕으로 움직였다.

이렇듯 프란치스코회 덕분에 오늘날 외부에서 보기에는 정반대로 느껴질 수도 있는 주제인 자발적 가난과 상업 사이에 새로운 관계가 형성되었다. 상업과 공정한 이윤의 윤리적 정당화는 자발적 가난을 선택하면서 부를 포기하는 프란치스코 청빈 운동의 다른 면으로서, 그리스도교적이고 윤리적인 관점에서 시장과 상업 경제를 이해할 수 있게 해주었다. 여기까지는 알려진 이야기이다. 그러나 토데스키니를 주축으로 한 연구자들이 중세 경제사를 연구한 덕에 우리는 더욱 풍성하게 이 논의를 발전시킬 수 있다.

시장이 포용적이고 보편적으로 어디서나 열리려면, 도시와 그 제도 바깥의 사람들과 관계를 맺을 만한 공통 분모가 있어야 했다. 프란치스코회는 시장의 포용적이고 보편적인 특성을 잘 이해하고 있었다. 당시 그리스도교인들로서는 만나기조차 꺼렸던 술탄을 만났을 때 프란치스코가 발휘했던 보편적 형제애를 떠올려보라. 그러한 공통 분모가 그리스도교의 신앙 안에 있었기 때문에, 그리스도인은 '이질적' 주체들 간의 상업 기반이 될 수 있는 거대한 네트워크로서의 그리스도교 세계 안에 머무는 한 친족이나 씨족 관계, 중세에 무역의 기반이 되었던 시민권 자체의 속박으로부터 자유로울 수 있었다. 프란치스코회뿐만 아니라 중세의 스콜라 철학도 장기적으로 주목할 만한 포용력을 지닌 시장과 사회 모델을 구축했다. 그렇지만 그들은 이러한 모델을 구축하기 위해 시장의 경계를 설정하고 그에 따라 누군가를 배제하는 '대가'를 지불해야 했다.

3. 열린 거래에서 선택과 배제의 시장으로

도시 사회와 시장경제의 발전은 앞서 살펴보았듯 동전의 양면과도 같다. 프란치스코회의 형제애는 이러한 발전을 특징짓는 주요 패턴 중 하나였다. 프란치스코회의 은사 운동 초기에는 누구에게나 열린 **아가페**가 중심에 있었지만 점차 신앙적 유대를 중심으로 하는 선택적 **필리아**의 형태로 닫혀서 나타나게 되었다. 이 점이 중요하다. 선택적 필리아가 사회적 구조를 구성한 덕에 이탈리아의 시민 인본주의 안에서 시장경제가 발전할 수 있었다.

이러한 초기 시장경제의 배타적인 성격에 대해 토데스키니는 다음과 같이 말한다.

프란치스코회는 시장을 상호적 신뢰와 신용에 기반한 관계 체계로 제시했다. 그러나 이미 14세기에 이르러, 공익을 위해 교환과 무역에 참여하는 사람들과 자신과 가족을 위해서만 재산을 축적하는 사람들을 구별할 필요가 생겨났다. 고리대금업자, 매점매석꾼, 그리고 공동체에 도움이 되지 않는 가난한 사람들은 신자들 사이에서 이방인으로 인식되었다.(2009, p. 153)

아리스토텔레스 시대에 그리스인들은 이미 시장을 이해관계에 따라 움직이는 필리아의 한 형태로 간주했다. 부자연스러운 축재술蓄財術, chrematistics과 달리, 아리스토텔레스에게 경제적 교환은 필리아, 즉 상호성anti-peponthos의 표현이었으며, 도시의 유대를 뒷받침하는 중요한 연결고리 중 하나였다. 경제적 교환 역시 필리아처럼 선택적으로 이루어졌으며, 일반적으로 알려져 있듯이 모든 사람이 교환에 참여할 수 있는 것이 아니라 오직 성인 남성, 자유인, 그리고 가능하다면 육체 노동 활동에 종사하지 않는 사람들만이 교환에 참여할 수 있었다.

필리아의 이러한 특성, 즉 선택성은 14~15세기 유럽 도시의 새로운 상업 경제에서도 나타난다. 따라서 이 새로운 상업 경제도 궁극적으로 일종의 닫힌 거래로 나타났다. 프란치스코회 형제애의 경험은 비전을 앞서 보여주는 예언자적 성격을 지니고 있었지만, 초기 그리스도교 공동체와 마찬가지로 그 비전을 역사로 전개하는 과정에서 몇 가지 중요한 장애물을 만났다. 형제애가 실제로 시민성의 차원에서 많은 열매를 맺기는 했다. 예를 들어 시장에 대한 이론적 성찰에서부터 엄청나게 많았던 소액 대출 기관까지를 생각해보

라. 그러나 아가페적 형제애는 유럽의 상업과 도시의 지배적인 문화가 되지는 못했다. 지배적인 모델은 오히려 13세기 후반의 아시시나 움브리아의 공동체보다는 아리스토텔레스 시대의 아테네에 더 가까웠다.

시장은 피데스, 곧 신뢰 관계를 필요로 한다. 로마인들은 이를 잘 알고 있었다. 시장에는 신뢰도 있어야 하지만 서로가 서로에게 신임을 얻어야 거래도 일어난다. 그렇다면 믿을 수 없는 사람들, 신뢰할 만한 가치가 없는 사람들에 대해서는 어떤 행동을 취해야 하는가? 기생적이거나 해로운 요소들은 시민의 삶에서 격리하고, 시민 기관이든 종교 기관이든 자선 기관의 돌봄에 맡겨야 했다.

피데스, 곧 신의의 관계는 항상 매우 취약했다. 취약성은 고대와 중세 세계에서 특히 두드러졌다. 위대한 프랑스 언어학자 에밀 벤베니스테가 지적했듯이, 라틴어에서 피데스의 개념은 근대적 의미의 '신뢰'에 기초한 관계와는 반대 관계를 형성한다. "나는 누군가를 신뢰한다."라는 표현에서 신뢰를 느끼는 것은 나이지만, 신뢰의 여부는 상대방에게 달려 있고 그 사람은 나의 신뢰를 저버릴 수도 있다. 신뢰는 나에게 속해 있지만 그의 손에 맡길 수 있고 그가 처분할 수 있다. 라틴어 표현 미히 에스트 피데스 아푸드 알리쾀(mihi est fides apud aliquem, 나에게 어떤 사람에 대한 신의가 있다)에서 피데스는 오히려 상대방이 나에게 맡기는 신임에 가까우며, 나는 그에게 신의를 지킬 의무를 지게 된다. 따라서 누군가와 피데스를 가진다는 것은 그 사람과 '함께' 신의를 쌓는다는 뜻이다. (Benveniste, 1976, I, p. 131)

따라서 고대와 근대 이전 세계에서 피데스는 신뢰를 불러일으키는 사람의 자질이었으며, 자신을 그에게 맡기는 사람들에 대한 '보호적 권위'의 형태로 발휘되었다. 따라서 고대와 근대 이전 세계에서 피데스는 누가 봐도 믿을 만하다고 여겨지는 사람의 자질로, 그에게 신뢰를 보내고 의지하는 사람들을 '지켜주는 권위'의 형태로 발휘되었다. (Fontaine, 2008, p. 17) 신뢰는 그를 믿고 의지하는 다른 사람이 있어야만 성립할 수 있었다.

시장이 작동하려면 가장 보호적인 필리아의 방식을 닮은 상호성이 필요했다. 왜냐하면 시장에는 사실 누구에게나 작동하는 보호적인 필리아가 필요했기 때문이다.[6]

따라서 시장은 거래에 참여하는 사람들 사이에 신의, 신뢰성, 평

6　토데스키니는 다시 이렇게 말한다. "신뢰가 단단히 자리 잡으려면 … 예를 들어, 전문 직능단체, 길드, 종교단체, 회사 등 잘 구조화되고 시민적이라고 할 만한 조직에 개인들이 소속되어 있어야 했다. … 13세기부터 이미 환전상이나 은행가와 같은 상인과 고리대금업자는 어느 정도 다르게 여겨졌는데, 프란치스코회가 시장이라는 말을 사용하면서 이 거리감은 이제 완전히 굳어졌다. 응집력 있고 신뢰와 상호성으로 도덕적 검증을 거친 시장 사회 모델을 구축하려면 도시 인구의 상당 부분을 시장, 또는 인정받은 합법적 사회관계에서 배제하는 대가를 치러야 했다. 이러한 흐름 안에서 1300년대 말과 1400년대에 이탈리아에 살았던 유대인들은 도시의 사회관계로부터 점차 배제되었다."(2009, pp. 154-155)

판, 신뢰 관계fides가 유지되는 한에서만 작동하고 발전을 가져온다. 로마 제국 이후에도 그리스도교는 유럽 전역에서 피데스를 공통 분모로 확립하는 데 성공했다. 이러한 신뢰 관계는 더 일찍이는 귀족 궁정과 수도원 주변에서부터 시작되었고, 나중에는 도시를 중심으로 하는 상업 교환 시스템을 탄생시켰다. 그리스도교 공동체는 내부에서부터의 시장 발전을 지속적으로 보호해왔다. 실제로 이러한 보호는 동업조합 및 길드 시스템의 형태로 나타났다. 동업조합과 길드는 시민권 제도를 통해 국제 무역을 할 때 상인들을 정치적으로 보호했다. 중세 시장의 주체는 시민, 즉 시민권을 가진 사람, 그중에서도 주로 당대 주요 상업 도시에 거주하는 사람이었다. 예를 들어 베네치아에서 외국인이 상업 활동을 시작하려면 베네치아 상인의 지위를 부여받기까지 몇 년 동안, 때에 따라서는 최대 15년까지 그 도시에 거주해야 했다.

신뢰 관계인 피데스는 도시의 상인, 즉 그리스도교인만이 얻을 수 있었고, 경제 및 금융 거래를 수행하는 데 필요한 신뢰성도 그들만 인정받았다. 그에 비해 비시민권자의 거래는 불법적인 활동으로 간주되기 일쑤였다. 유대인이나 외국인 상인에 비해 그리스도교인 도시 상인이 고리대금업으로 유죄 판결을 받는 경우는 훨씬 적었다. 평판이 좋은 그리스도교인 상인은 국제 무역이나 공공 대출에서 이자를 부과해도 고리대금으로 간주되지 않았지만, 이는 그들에게만

허용되었다.[7]

　도시와 시민권 제도 덕분에 상업 윤리는 그리스도교와 도시 사회의 초석이 되었다. 사회는 신앙, 평판, 복지, 군사력, 그리고 배제라는 불가분의 복합적 요소 위에 세워졌다. 실제로 신뢰할 수 있다고 여겨지는 사람들만 이 사회에 참여할 수 있었다. 평판이 나쁜 사람들은 배제할 필요가 있었다. 평판이 나쁜 사람들은 상업적 상호성을 누릴 수 없고, 중세 도시 공동체에서는 시장이 확장됨에 따라 시민생활도 확장되었기 때문에 시민생활 자체를 누릴 수 없었다. 중세 도시 공동체에 속한 사람들의 이익을 외부인으로부터 보호하는 수단 덕에 시장에서 부와 피데스가 작동할 수 있었다. 이때 피데스는 신뢰와 그리스도교 신앙 모두를 의미한다!

　이전에 프란치스코회의 은사에 영감을 주었던 아가페는 중세 도시 문명의 탄생에 마치 누룩과 같은 역할을 했다. 아가페는 유럽을 변화시켰지만 그 과정에서 필리아로 변모했다. 아가페는 시장의 탄생을 위해 치러진 대가였으며, 시장의 탄생도 프란치스코회의 결정

---

[7]　13세기와 14세기 사이, 특히 프란치스코회 신학자들의 공헌 덕분에, **이자**와 **고리대금**을 구분하기 시작했다. 이자는 위험 부담에 대한 보상으로서 윤리적으로 허용될 수 있는 반면, 돈을 빌려준 뒤 시간이 흘렀다는 이유만으로 받는 보상은 부당한 고리대로 간주되어 금지되었다. 대출의 자발성과 강압이라는 주제는 공공 부채에서 유가증권에 대한 이자 지급을 윤리적으로 정당화했던 논쟁에서와 마찬가지로, 고리대금과 이자에 대한 논쟁에서도 중요하게 다뤄졌다. 그 외의 주요 주제로는 도미니코 수도회의 신학자들이 일반적으로 생각하는 것처럼 이자를 대출자에 대한 감사의 표시로 주는 '선물'로 해석할 것인가, 아니면 프란치스코 학파의 해석대로 이자를 단순히 '이익 손실'에 대한 보상으로 볼 것인가도 다루어졌다.

적 역할이 있었기에 가능했다. 프란치스코회가 보편적이고 급진적인 사랑의 소명에 충실했다면 도시 사회나 시민 인본주의는 탄생하지 못했을 것이다. 시장경제는 일부 사람들의 소외라는 값비싼 대가를 치르고 탄생했다. 예나 지금이나 소외된 자들은 신뢰받는 자들의 문을 두드리고 있고 그들의 존재 자체는 사회의 번영과 안녕에 대한 근본적인 질문을 던진다.

프란치스코 제3회가 생기면서 프란치스코회는 빈곤, 부, 돈의 관계를 변화시키고 발전시키는 데 중요한 역할을 했다. 이 제3회는 주로 도시의 사업에 종사하면서도 프란치스코회의 은사를 실천하고자 하는 시민들, 특히 상인들로 구성되었다. 이들의 존재가 있어서 프란치스코 신학자들은 돈과 상인을 신의 뜻대로 움직이는 존재로 바라보게 되었다. 그리하여 프란치스코회의 이상을 전적으로 받아들이면서도 여전히 상업과 부를 다루는 사람들이 존재하는 상황에서 이에 걸맞은 새로운 영성이 생겨났다.

프란치스코 제3회(the tertiary Franciscan order)는 가정생활과 직업을 유지하며 세상 속에서 프란치스코의 영성을 따르는 공동체로 재속 프란치스코회라고도 부른다. 프란치스코 남자 수도회는 제1회, 여자 수도회는 제2회이다.

제3회의 부재를 포함한 다양한 이유로 프란치스코회와 다른 선택을 하게 된 도미니코회the Dominican order는 가난한 사람들과 더 가까웠으며 돈, 이자, 고리대금에 더 비판적이었다. 이에 대해 마티아 포세사토Mattia Foscesato는 다음과 같이 썼다.

따라서 프란치스코회가 빈곤에 대한 생각을 발전시킬수록 한편으로는 도시에서의 생산적이고 상업적인 활동이 점점 더 정당화되었다. 동시에 그 과정에서 희생자들, 즉 실제 도시 빈민들의 소외도 더 두드러졌다.(2009, p. 123)

4. 성벽 안쪽의 신뢰와 성벽 바깥의 배제

경제와 시민에 대한 이러한 관점은 15세기 도시의 더 복잡한 현실로 발전했다. 조지프 슘페터Joseph Schmpeter가 최초의 '근대' 경제학자로 보았고 충분히 그럴 만한 프란치스코 학파의 학자 시에나의 베르나르디노의 논의에서도 이를 알 수 있다. 그의 이론에서는 그리스도교 경제와, 유대인 경제와 같은 비그리스도교 경제 사이의 경계가 점점 더 뚜렷해졌다. 차이에 따른 선택과 배제를 하는 공동체성을 더욱 강조했고, 어떻게 보면 더 심해졌다. 그의 대중 설교를 보면 잘 알 수 있다. 기록에 따르면 그는 발음이 유사한 단어를 들어 그리스도교의 '자선charitas'과 고리대금업자, 특히 유대인의 짐승 같은 태도canitas를 비교하기도 했다. "너희에게는 자선도 없고, 너희는 심지어 개만도 못하다. 한 사람이 다른 사람을 개처럼 여기기 때문이

다.”(Bargellini, 1980[1930], p. 91)[8]

당시 사람들은 아가페를 통해 탄생한 형제애가 확산되는 것을 보면서 불안감을 느꼈다. 이는 형제애가 “교회, 공동체, 귀족, 상업, 군사 생활의 규범에서 벗어난 사물과 사람들에게도 나름의 가치가 있다고 보았기 때문이다. 소외된 사람과 동물의 가치와 중요성은 프란치스코의 삶을 둘러싼 일화에서 다양한 모습으로 드러나지만 분명한 것은 프란치스코라는 사람의 실존적 빈곤이 늘 그 가치들을 크고 뚜렷하게 보여주는 확대경 역할을 했다는 것이다. ”(같은 책, p. 65)

이탈리아 르네상스의 찬란한 첫 시기였던 시민 인본주의(Bruni and Zamagni, 2007 참조)는 이와 같은 양면성을 드러낼 것이다. 이는 다시 13~14세기의 도시 문화와 아리스토텔레스의 폴리스와 맥을 같이한다. 즉 도시는 성벽 안에 있는 사람들에게는 필리아philia, 즉 쿰-모에니아cum-moenia를 의미하지만, 성벽 밖에 있는 사람들에게는 임무니타스immunitas, 즉 배제와 소외를 의미한다.

---

8 14세기와 15세기를 거치며 프란치스코회와 경제, 그리고 정치의 관계가 발전해가는 과정을 살펴보면 다음과 같다. “프란치스코회 학자들의 말과 행동은 새로운 적극성과 단호함을 띠게 되었다. 이러한 변화는 한편으로는 시장이 시민사회를 반영한다는 개념을 강화하면서도, 다른 한편으로는 근대 시장의 현실이 갖게 될 양면성을 미리 보여준다. 이러한 단호함은 경제 모델의 범위는 확장되면서도 다른 경제 모델들이 각각 살아남아 있는 현실을 설명해야 한다는 어려움 때문에 나타났다. 시에나의 베르나르디노와 같은 프란치스코 경제학자들은 시장을 확장하면서도 방어해야 할 영역으로 바라보기 시작했다. 이런 새로운 태도 덕에 그들의 담론은 완전히 경제적이고 정치적인 모양새가 되었다. 하지만 동시에 프란치스코회의 기존 경제 비전은 복잡해졌다. 그 비전이란 곧, 경제적 관계와 일상적 협상으로부터 형성되는 가치 체계 속에서, 하느님의 창조와 인간, 그리고 그들의 노동이 지닌 헤아릴 수 없는 가치를 비추어 보려 했던 것이다.”(Todeschini, 2009, p. 159)

시장경제 발전의 기반이 된 그리스도교의 필리아는 결국 프란치스코회의 사상보다 아리스토텔레스 사상에 더 가까워 보이게 되었다.[9]

우정은 주요 경제 자원으로 인식된다. "시장을 구성하는 사람들 사이의 우정의 소멸을 (…) 염려해야 할 것이다."(Todeschini, 2009, p. 189)[10]

프란치스코회의 고찰과 평신도 시민 인본주의는 일반적으로 알려지고 서술되는 것, 심지어 '시민 인본주의'라는 표현을 만든 에우제니오 가린Eugenio Garin과 한스 바론Hans Baron이 사용한 것보다도 더 광범위하게 상호 영향을 주고받았다. 그렇기에 이렇게 연결된 생각은 그리스도교적 우정과 신뢰 가능성을 바탕으로 경제 문화와 시장 윤리를 창출했다. 시에나의 베르나르디노나 자코모 델라 마르카Giacomo della Marca의 저서뿐만 아니라 인본주의자 포조 브라촐리니

9　16세기에는 자발적 빈곤, 시민권, 경제력, 정치 및 경제 이론 사이의 이러한 동맹이 더욱 강해지고 널리 퍼졌다. "가브리엘 비엘(Gabriel Biel)이나 도밍고 데 소토(Domingo de Soto) 같은 독일이나 스페인의 도미니코회 수사, 콘라드 주멘하르(Konrad Summenhart) 같은 하이델베르크대학 교수, 피렌체 베르나르도 다반자티(the Florentine Bernardo Davanzati) 같은 이탈리아 경제학자, 그에 못지않은 인문학자였던 레온 바티스타 알베르티(Leon Battista Alberti) 같은 인물들은 항상 의식적으로는 아니었지만, 프란치스코회에서 가난을 실천하면서 부(富)를 이론화하며 점차 확산시킨 가르침의 내용을 서로 공유했다. 일반적으로 말해, 경제 조직에 대한 그들 각각의 설명 방식은 완전한 시민들 사이의 거래가 윤리적, 정치적 기능을 갖는다는 근본적인 원리로 서로 연결되어 있었다. 또한 그들은 자기 평판에 흠이 없어서 서로의 평판을 인정할 수 있는 사람들로 구성된 시장이 좋은 사회를 구성하는 열쇠라고 보았다."(Todeschini, 2009, p. 186)

10　토데스키니는 다시 한번 이렇게 말한다. "특히 이 지점에서 프란치스코 수도회의 경제 분석은 분명하게, 경제 주체를 시민이라는 맥락 안에서 찾아야 한다고 본다."(같은 책, p. 164)

Poggio Bracciolini와 레오나르도 브루니Leonardo Bruni가 함께 쓴 저작, 루카 파치올리Luca Pacioli와 베네데토 코트루글리Benedetto Cotrugli의 회계 및 상업 기술에 관한 논문은 산업혁명과 계몽주의가 시작될 때까지 가톨릭과 개신교 양쪽에서 계속 출간되었다. 이것은 시민 및 경제 공동체 내부에 중대한 변화가 일어났던 시기인 산업 혁명과 계몽주의가 시작될 때까지 이어졌으며, 이에 대해서는 뒤에서 살펴보겠다.

토데스키니는 자신의 에세이를 마무리하면서 근대 경제가 시작되던 시기에 프란치스코회가 유럽 문화 전반에 남긴 유산과 해결되지 않은 문제들을 다음과 같이 효과적이고 암시적으로 요약했다. "존경받는 사람들, 신자들, 구원받은 사람들, 그리고 현재 또는 잠재적으로 부유한 사람들로 빛나던 도시를 악명 높은 자, 미개한 자, 가난한 자, 믿음 없는 자, 권리를 박탈당한 자들이 점점 더 조용히, 위협적으로 가까이 에워싸고 조여올 것이다."(같은 책, p. 196)

조토 디 본도네Giotto di Bondone는 유명한 그림 〈오순절Pentecost〉에서 교회를 나머지 인류와 분리된 거룩한 공동체의 이미지로 그렸다.

'악명 높은 자,' 미개한 자, 가난한 자, 믿음 없는 자, 권리를 박탈당한 자들은 프란치스코회의 '아가페 혁명'의 주역들이었다. 우리의 관점에서 핵심 질문은 **왜** 이러한 '환원주의reductionism'가 발생하여 아가페가 필리아로 변모했는가, 그리고 그 논리는 무엇인가이다. 앞에서 여러 단서를 제시하기는 했지만 이 질문의 답은 아직 완성되지

않았으며 뒷부분에서 그 답을 마저 찾아봐야 한다.[11]

다음 장에서는 경제학에서도 또 다른 획기적인 사건인 프로테스탄트 종교개혁을 살펴본 후 새로운 관점에서 홉스와 근대 시대로 넘어가보겠다.

사실 중세의 시장과 스미스의 시장 사이에는 마르틴 루터Martin Luther가 있었고, 그를 거쳐가면서 근대 시장의 새로운 에토스에 상당한 영향을 미쳤다.

---

11 프란치스코회 영성이 '첫 번째' 시기에서 '두 번째' 그리고 '세 번째' 시기로 넘어가는 과정에서의 내적 발전에 대해 더 정교한 논의를 할 수도 있다. 이에 관해 여전히 훨씬 더 활발한 논의가 이루어지고 있다. 여기서는 프란치스코와 그의 운동이 그리스도교와 교회의 역사와 유사한 경험을 했다는 사실만 언급하면 충분할 것이다. 예언은 역사가 되어, '군중'에게 맛을 더해주는 '소금'은 스스로 더 이상 '소금'임을 인식하지 못할 만큼 녹아 들어간다. 하지만 덕분에 사람들의 삶의 질이 향상되고, 필리아는 인간미로 풍요로워진다. 중세의 위대한 은사가 없었다면 근대 경제는 아마도 덜 인간적이고 살기에 적합하지 않았을 것이다. 왜냐하면 에로스와 필리아를 그리스나 로마에서와 다르게 만들어줄 아가페와의 만남을 놓쳤을 것이기 때문이다.

제5장

개인들의 공동체를 향하여

L'ETHOS DEL MERCATO

벌이나 개미와 같은 일부 생명체들은 서로 사회를 이루며 산다.

그러므로 인간은 왜 그러지 못하는지 알고 싶어 하는 사람도 있을 것이다.

- 토머스 홉스, 《리바이어던》

1. 배제와 포용, 시장의 두 얼굴

중세는 시민 인본주의라는 위대한 계절로 끝나고 르네상스가 이어진다. 이 시기는 새로운 시민적 정서를 특징으로 한다. 이는 새로우면서도, 시민사회이자 시민경제로서의 시장을, 믿을 만하다고 여기는 사람들 사이의 엘리트적 관계로 읽고, 생각하고, 표현하는 급진적인 경향을 보인다. 이러한 관계는 서로에게 이롭고 안정적인 관계 안에서 행복하게 보호받는 오아시스 같지만, 주변은 악명 높고, 가난하고, 신뢰할 수 없고 배제된 자들의 '가시 면류관'에 둘러싸여 있다.

사회를 비추는 거울로서의 '시장'은 점차 본질적으로 모호해졌고, 모호성은 오늘날까지도 시장의 특징으로 자리 잡았다. 시장을 전 세계적인 추상적인 현실로 바라보면 기존의 전체 인구를 끌어들여 포괄하는 것처럼 보이지만, 실제 시장은 많은 사람을 배제하며, 사람들 사이에 여러 경제적, 문화적, 인지적 위계를 확립한다.(Todeschini, 2007, p. 7)

중세와 시민 인본주의 전반에 걸쳐 나타난 시장경제의 초기 형태는 선택적 필리아 모델과 견줄 만한 양상을 보인다. 그러나 시장에 대한 이러한 논의에는 이전 장의 논의를 올바르게 이해하는 데 중요한 마지막 단계 하나가 부족하다.

지금까지 중세 시장의 윤리를 재구성하면서 우리는 주로 필리아에 기초한 선택적·배타적 패러다임을 중심으로 시장경제의 탄생을 해석한 토데스키니의 흔적을 따라갔다. 그러나 우리는 중세부터 근대에 이르기까지 시장이 필리아와 같은 선택성이 아니라 보편성universality과 포용성inclusivity을 확보하려는 소명을 발전시켜왔다는 점도 주목해야 한다. 이로 인해 그리스도교 상인이 터키인, 중국인 또는 무슬림과 교류하게 되었고, 멀리 떨어진 사람들과 종교, 민족 등 여러 이유로 적대적인 사람들이 만나 경제적 관점만이 아니라 시민적 관점에서도 서로 이익이 되는 관계를 발전시킬 수 있었다. 사라센족과의 전쟁이나 십자군 전쟁을 치르기 위해 배가 출항했던 지중해 항구에는[1] 동양과 아라비아에서 온 향신료를 가득 실은 배도 오 갔다. 이는 중세 시장과 시민 인본주의의 본질을 이해하려면 피데스의 중요성도 반드시 알아야 하지만 시장의 출현이 필리아와 피데스보다 더 큰 의미가 있음을 말해준다. 시장의 출현은 여전히 신성성에 기초한 위계적 공동체 문화에 깊이 뿌리내린 세상을 자유롭고 평등한 개인들의 사회로 변화시키는 중요한 요소였으며, 시장은 이후에 근대와 탈근대 세계의 빛과 그림자 속에서 절정에 이르렀다.[2]

시장의 기본 정신은 예나 지금이나 보편주의적 경향을 띠는 포용의 정신이기도 하다. 수 세기 동안 폴리스, 공동체, 씨족, 부족, 국가에 속하지 않는 사람까지도 점차 더 많이 포용할 수 있었던 제도는 시장뿐이었다.[3] 시장은 다양한 사람들을 만나게 만든다. 시장의 보편주의적 사명은 '보편적 형제애'라는 프란치스코회의 윤리를 만나 더 견고하고 강력해졌다. 한편 소수자에도 관심을 가졌던 토데스키니 등의 역사학자들은 배제와 선택성, 즉 필리아를 특징으로 하는

---

1   십자군 전쟁 역시 피데스로 연결되지 않은 '이교도들'과 무역과 전쟁을 하는 모호한 경험 중 하나였다.

2   나는 자코모 토데스키니와 이 주제로 따로 대화를 나눈 적이 있다. 나는 이렇게 물었다. "만약 중세 시장경제에서 피데스가 교환의 기초였다면, 구체제의 많은 도시들, 그중에서도 베네치아에서 아랍인, 중국, 동양과 교역을 많이 한 것은 어떻게 설명할 수 있겠습니까?" 토데스키니는 이렇게 답했다. "쉽지 않은 질문이네요. 질문을 조금 바꿔볼까요? 베네치아는 '이방인'과 어떤 '관계'를 맺었을까요? 다르게 말해보자면, 중세와 15세기 말까지 전체 베네치아 경제에서 '이교도'와의 거래가 어떤 비중과 의미를 가졌을까요? 또 '믿는 사람들의' 사회에서 이교도와의 상업적 거래가 경제적으로나 정치적으로도 괜찮다고 인정받게 만든 신앙의 역할은 무엇이었을까요? 정말 난제죠." (2008년 12월 14일)

3   시장의 이러한 포용적 차원, 특히 상업 제도의 역할에 관해서는 그리프(Greif, 2006)를 참조하라.

시장의 또 다른 얼굴도 보여주었다.

예전에도 그랬고 오늘날에도 여전히 시장의 정신은 이 근본적인 긴장과 모호함 속에 살아 있다. 심지어 근대의 세속적이고 보편적인 상업 정신조차도 도시 공동체의 배타성 안에서 그리스도인들 사이에 다양한 수공예 길드의 중재를 통해 오랜 기간 동안 거래가 이루어지면서 전환을 거쳐온 결과였다. 국제적 교역을 할 때 상인들은 친척이나 동향인, 먼 지역에서는 주재하는 도시 공관의 정치적 보호와 도움을 받았다. 상인들은 이를 통해 이교도와 거래할 때조차 자신들의 피데스를 보장받았다. 근대의 문턱에서도 가톨릭과 개신교, 그리스도교와 이슬람교 사이의 종교적 개종은 영적인 이유보다는 상업적인 동기로 이루어졌다. 오늘날에도 이슬람 경제와 은행업계에서는 거래와 금융이 신앙적 유대와 깊이 얽혀 있는데 이것은 그리스도교 유럽에서 수 세기 동안 지속되었던 과정과 매우 흡사하다.[4]

---

4   그러나 배제된 사람들은 살아 있는 개인이 아니라 '범주'로 광범위하게 정의되었다. 따라서 시장 내부와 외부의 관계는 고정적이지 않고 시대와 상황에 따라 달라졌다. 그 결과 내부자와 외부자를 정의하는 이중적이면서도 유연한 기준이 생겼다. 하나는 기술적이고 법률적인 형태이고, 다른 하나는 이른바 '정치적' 형태이다. 예를 들어 유대인과 비유대인을 모두 포함하는 고리대금업자의 경우 정죄의 원칙은 늘 기저에 자리 잡은 잠재적 원칙일 뿐, 항상 적용되는 것은 아니었다. 즉 이교도와 거래를 했다는 사실이 그들을 배제하는 일반 원칙과 모순되는 것으로 여겨지지 않았다. 이런 유형의 거래는 항상 예외에 속했기 때문이다. 비록 배제의 원칙을 따지게 될 가능성이 항상 잠재되어 있고, 비공식적이며 암묵적이고 명시적이지 않았더라도 말이다. 종교개혁 이후에는 점차 예외가 규칙이 되었고 신앙적 유대는 상업 거래의 전제 조건으로서의 특성을 잃었다.

2. 사회적 인간, 위계적 공동체

중세와 근대 사이의 경제·사회적 삶이라는 주제에 관한 성찰의 변천을 이해하는 데 토마스 아퀴나스의 글은 굳이 말을 더 보탤 필요가 없을 만큼 너무나 중요하다. 아퀴나스는 그리스도교와 아리스토텔레스 사상을 통합하여 그가 활동했던 13세기 후반 이후부터 그리스도교적 정치관에 가장 큰 영향을 미쳤다.

아퀴나스는 그리스도교 아가페의 메시지를 아리스토텔레스의 정치 및 윤리 이론에서 찾았으며, 이를 통해 인간의 사회적 본성과 위계적 공동체에 동시에 기초를 둔 정치 이론을 구성하는 철학적 범주를 발견했다. 아퀴나스만큼 사회적 인간과 위계적 공동체라는 개념을 결합하려고 애쓴 사람은 없었다.

그러나 아퀴나스의 인간 사회성 독해의 핵심에는 아리스토텔레스만 있는 것이 아니라, 아리스토텔레스의 사상에서는 나타나지 않는 부분도 있다. **삼위일체의 위격들 사이의 관계가 우연이 아니라 '실재적'이라는 형이상학적 직관이 그것이다.**[5] 삼위일체는 '실재하는 관계'이다. 그리스도교의 하느님이 삼위일체임을 밝히는 일이 필연적으로 인간의 사회성이라는 개념에도 영향을 미치리라는 것을 철학의 천재였던 아퀴나스가 몰랐을 리 없다. 그는 그렇다 하더라도 신이 셋

---

5   아리스토텔레스는 관계가 실재하는 우연 중 하나라고 보았다.

이라고 보는 삼신론三神論, three-theism과, 세 위격을 모두 한 하느님의 **각기 다른** 모습으로 보는 삼위일체三位一體, Trinity는 본질적으로 구별되어야 한다고 보았다.

인류학적 관점에서 아퀴나스의 이론은 인간 본성을 다르게 보는 생각을 토대로, 인간의 관계적 역학에 관해 매우 생생한 이해를 보여준다.

> 아우구스티누스 Augustinus를 비롯하여 아퀴나스 이전의 모든 신학 사상가들은 죄가 태초부터 자연을 타락 상태로 가두어 변화시켰다고 보았지만, 아퀴나스는 정치적 선(善)함을 포함하여 그가 인간의 본질이라고 정의하는 자연적 선함이 죄 때문에 없어지거나 실질적으로 다른 무엇이 되지 않는다고 보았다. 그저 상처 입고 약화될 뿐이다.(Truini, 2008, p. 356)

아퀴나스는 이렇게 말했다.

> 왜냐하면 인간은 본래 사회적 동물이기 때문이다. 인간은 순수한 상태에서도 사회 속에 살았을 것이다. 그러나 많은 사람들 사이의 사회생활은 누군가가 권위 있는 입장에 서서 주재하고 공동선을 향해 이끌어주지 않는 한 존재할 수 없다.(《신학대전》, I, p. 96, a.4)

이 구절은 인간과 사회생활에 대한 아퀴나스의 견해를 잘 나타냈다. 그의 태도에 나타나는 인류학적 '낙관주의'는 아우구스티누스의 낙관주의와 다르고, 나중에 살펴보게 될 오컴의 윌리엄이나 루터의 낙관주의와도 다르다. 그러나 이 '낙관주의'는 공동체의 삶에 대한 위계적 관점과 공존한다. 즉 아퀴나스는 사교성sociability이 연합association을 위한 자연스러운 조건인 '순수 상태'라고 보면서도, 동시에 정치 사회는 위계적으로 바라본다. 아퀴나스가 군주제를 선호했음은 잘 알려져 있다. 그는 특히 이렇게 말했다. "복음에 의해 시작된 시대에 새로운 법에서는 사제직이 최고 권력을 구성한다. 왜냐하면 사람들이 사제를 통해 하늘의 보화를 접하게 되기 때문이다. 그러므로 그리스도의 법 아래에서 왕은 사제에게 복종해야 한다.(《군주론[De regimine principium]》, 1권, 16장)

이러한 접근은 비록 아가페와 아리스토텔레스 윤리의 훌륭한 조합의 결과라 할지라도 신성한 공동체라는 개념과 완전한 연속선상에 있다. 권위는 지상의 합의에서 발생하는 것이 아니라 신으로부터 나오며 자연법에 속한다. 앞으로 살펴보겠지만 리바이어던이 평화를 위해 사람들이 발명한 인위적인 권위라면, 아퀴나스에게 권위는 자연스러운 것이다. 왜냐하면 위계상 우열의 존재가 사회생활의 본질에 내재되어 있기 때문이다. 그야말로 사회인류학적인 이러한 태도는 사회를 위계적이고 불평등하게 바라보는 관점과 공존하며, '몸'의 은유를 통해 시민생활을 구성물이 아닌 자연스러운 것으로 바라보는 유기적이고 전체론적인 관점과도 공존한다.

아퀴나스의 사상은 국가 형성에 관한 아리스토텔레스《정치학》
의 유명한 구절을 그 출발점으로 삼았다.

> 따라서 날마다 반복되는 필요를 채우고자 자연스럽게 형성된 첫 공동체
> 가 가족이다. … 처음으로 하나 이상의 가족이 모여 구성된 다음 공동체
> 가 마을이다. … 여러 마을이 모여 도시국가가 되었다. 이러한 이유로 이
> 전의 공동체가 자연스럽게 생겨났듯, 모든 도시국가의 존재도 자연스러
> 운 것이다.(《정치학》, pp. 1252-1253)

그리고 그는 계속해서 이렇게 말한다. "이로 미루어 볼 때 도시
국가는 자연적 산물이며, 인간은 본래부터 정치적 동물임이 분명하
다."(같은 책)

아퀴나스 역시 아리스토텔레스의 관점과 마찬가지로, 그렇기
때문에 사회생활을 원래부터 사교적이었던 인간의 자연스러운 결
과라고 보았다. 이들이 말하는 인간은 자유로운 남성 성인 시민을
의미했다. 노르베르토 보비오Norberto Bobbio는 이를 '아리스토텔레
스적' 사회생활의 전통이라고 했다. 아퀴나스, 파도바의 마르실리
오Marsilio da Padova, 그 뒤로는 장 보댕Jean Bodin, 요하네스 알투시우
스Johannes Althusius, 후고 그로티우스Hugo Grotius, 잠바티스타 비코, 제
노베시가 계약주의적 전통에 반대하며 이 전통을 이었다. 《정치학》
의 또 다른 구절에서 아리스토텔레스는 "가장이 아내와 자녀를 모두

다스린다.”고도 말한 바 있다. (같은 책)[6]

이에 관해 보비오는 이렇게 평했다. “국가의 기원을 이런 식으로 인식하는 방식이 수 세기 동안 얼마나 지속적이고 영구적이며, 안정적이고 중요했는지 생각해보면 놀랍다.”(Bobbio, 1993, p. 6) 홉스가 등장하기 전까지는 아리스토텔레스의 관점이 지배적이었다.[7] 따라서 보비오는 계속해서 이렇게 말한다.

> 개인은 태어날 때부터 가족 안에서 살기 때문에, 정치 이전의 조건은 자유와 평등의 상태가 아니다. 오히려 가족과 같은 위계적 사회에서 근본적인 상하관계가 존재하는 상황이다. 부모 자식 간의 관계나 주인과 하인의 관계가 그렇다.(같은 책, 1993, pp. 8-9)

3. 종교개혁과 새로운 시민생활

피데스의 논리가 세속적이고 보편주의적인 근대 경제로 전환하

---

6   1권 7장에서 그는 경제학(economics)과 이재학(chrematistics)에 대해 다음과 같이 썼다. “가정은 한 사람의 지휘하에 있고 사실 온 가족은 한 사람의 지배를 받는다.”(1255b, p. 20)

7   16세기와 17세기에는 살라만카(Salamanca) 학파가 루터 이후 토마스주의의 부흥을 이끌었다. 개인-사회 관계에 관한 그들의 견해는 **사회적 인간**과 **위계적 공동체**라는 토마스주의적 주제의 연장선상에 있었다. “인간은 결코 혼자 살아서는 안 된다는 것이 사실 인간에게는 매우 중요하다.”(Francisco de Victoria); “사람들이 야생 동물처럼 방황하던 시대 … 라는 것이 있었을 리가 없다.”(Bellarmine) – (Skinner, 1978, 2권, p. 157)

는 과정은 중세에서 근대에 이르기까지 길게 이어졌다.[8] 종교개혁은 이러한 변화에 결정적 역할을 했다. 주로 신앙과 교회의 소속감을 바탕으로 도시 간 교류가 이루어졌던 그리스도교 유럽 사회는 그리스도교 신앙이 더 이상 신뢰성의 기반이 되지 않게 되자 새로운 토대, 특히 새로운 제도를 찾아야 했다. 그렇기에 예를 들어 홉스의 작업은 평화와 공동선의 전제 조건으로서 신앙의 위기와 분리해서 생각해서는 온전히 이해할 수 없다. 특히 16세기부터 세계의 새로운 상업 및 금융의 중심지가 된 북유럽은 종교개혁 이후에 모두가 그리스도교라고 고백은 하지만 다양한 형태의 신앙이 혼재했고, 그것은 더 이상 교류에 필요한 신뢰의 기반을 만들어내지 못했다.[9]

이러한 단절로 인해 종교에 더 이상 얽매이지 않고 완전히 세속화된 새로운 믿음이 생겨났다. 이는 16세기에서 17세기 사이에 유럽, 나아가 세계의 상업 윤리를 재건한 새로운 법률과 금융 제도를 기반으로 했다. 홉스의 자연법과 사회 계약, 그로티우스의 국제법과 금융, 중앙 은행, 협상 수단과 증권 거래소에 대한 논쟁이 모두 17세기에 종교 전쟁을 중심으로 일어난 것은 우연이 아니다.

---

8   막스 베버의 "프로테스탄트 윤리"에는 눈에 띄는 구절이 있다. 그는 시장경제로의 세속화라는 허황된 과정을 다음과 같이 논평한다. "믿음이 있고 없고는 그 사람의 자유이다. 다만 만약 어떤 고객이 교회에 다니지 않는다는 것을 알게 되면 나에게 그 사람은 푼돈의 가치도 없어진다. 아무것도 믿지 않는 사람이 나에게 왜 돈을 내겠는가?"(Supiot, 2007, p. 120)

9   루터의 종교개혁은 강력한 반혁명, 혹은 반종교개혁을 불러일으켰고, 이는 정치 사상에도 영향을 미쳤다. 이 시기 돌아온 토마스주의는 16세기 후반과 17세기 초반에 철학적, 이론적 논쟁의 장을 지배하게 되었다.

앞서 살펴보았듯 유럽 최초의 상업 혁명과 시민 혁명은 중세 유럽에서 신앙이 사회 자본으로 작용하면서 중재를 했기에 가능했다. 이렇게 보면 시민 인본주의는 물론, 베아토 안젤리코Beato Angelico와 레오나르도 다 빈치Leonardo da Vinci, 조토 디 본도네Giotto di Bondone와 에반젤리스타 토리첼리Evangelista Torricelli, 단테 알리기에리Dante Alighieri와 피코 델라 미란돌라Pico della Mirandola 같은 인물들도 이러한 초기 형태의 상업적 인본주의로부터 나왔다고 볼 수 있다. 루터의 종교개혁은 그리스도교 신앙에 기반한 유럽의 상업 질서를 완전히 깨뜨렸다. 루터 이후로는 그리스도교인이라고 해서 더 이상 시장에서 신뢰를 보장받을 수 없었다. 유럽에는 교환과 무역을 하기 위한 다른 기반이 필요해졌다.

따라서 종교개혁의 문화적, 사회적 중요성을 진지하게 고려하지 않고서는 시장 윤리와 그 정신의 진화를 이해할 수 없다. 루터는 시민 인본주의에 이어 18세기에 시장경제가 부상하고 근대 정치 경제가 탄생하던 시기, 즉 니콜로 마키아벨리Niccoló Machiavelli와 홉스 사이의 시기를 살았다. 따라서 우리는 이제 마키아벨리보다는 나중이고 홉스는 아직 나오기 전 시기에 초점을 맞출 것이다.

우리의 경제에 대한 담론에서 루터는 적어도 두 가지 면에서 결정적인 역할을 했다.

a) 그는 신학적, 정치적 사상에서 마침내 신성한 공동체를 뛰어

넘어 신학적으로나 문화적으로도 개인이 공동체를 구성할 가
능성을 확립했다.

　b) 그 결과, 종교개혁은 시장이 신앙과 묶여 있기에 시장 참여자가
그리스도교 공동체에 속하는지 여부와 관련이 있다고 보았던
초기 인본주의와 프란치스코 사상의 개념에 도전하는 결과를
낳았다. 루터 이후 그리스도교적 필리아는 더 이상 충분한 토대
가 될 수 없었다. 한편으로는 정치, 다른 한편으로 시장은 새로
운 토대를 찾아야 했고, 이 새로운 토대 안에서 필리아는 아가페
가 아니라 에로스에 따라 움직이는 계약으로 대체될 것이다.

그러면 이러한 이중적 관점에서 루터의 혁명을 보다 자세히 살펴
보자.

알려진 바와 같이 루터의 가장 위대한 신학적, 교회론적 활동 중
하나는 교회의 중재 기능을 부정한 것이다. 루터 이전까지는 교회
의 중재 기능은 고대 공동체로부터 물려받았고 교회가 한 번도 진정
으로 넘어선 적 없는 신성함의 개념으로부터 나왔다고 여겨졌다. 루
터는 예수 그리스도의 일화를 특히 성 바오로의 신학적 설명을 통해
신학적으로 해석하면서, 교회나 지상의 실체가 아니라 오직 그리스
도만이 유일하다고 단언했다. 하지만 그리스도는 모든 것 위에 존재
하는 중재자로서, "중재하지 않으면서 중재한다."(Cotta, 2002, p. 43)
그는 사람과 하느님을 연결하는 데 어떤 매개도 사용하지 않고, 십

자가와 자기 비움kenosis을 통해 스스로를 소멸시켜 사람과 하느님이 다시 만날 수 있게 했다. 그리하여 마침내 하느님과 인간은 베일이나 중재자 없이 만날 수 있게 되었다. 예수는 신과 인간이 가까워지도록 연결하고 나서는 중재 없이도 양쪽이 서로 '닿을' 수 있도록 자신은 '사라지는' 중재자이다.[10] 구원은 한 사람에게서 다른 사람으로 선포되는 성경 말씀을 통해 이루어진다. 이 관점에서 보면 성경 말씀에는 중재의 가치가 있다. 그 말씀이 하느님에게서 직접 나오는 것이 아니라 목사나 신부, 즉 신성함을 '관리하는' 사제가 아니더라도 그리스도교 공동체의 구성원 누구든 말씀을 선포할 수 있기 때문이다.

이 신학적 틀에서는 중재하는 교회도, 중재 도구인 성사도, 절대자와의 중재 관계에서 의미를 갖는 어떠한 위계도 자리를 잡을 수 없다. 다만 중재를 거치지 않는 세례성사와 성체성사는 예외이다.[11]

이 새로운 공동체는 더 이상 위계적이지 않다. 사제가 없고 각자가 스스로의 사제가 된다. "사제와 평신도 모두 (…) 평등하다."(Luther, 1962[1520], p. 409)[12] 루터는 그리스도교를 본질적으로 개

---

10 이와 비슷하게, 면죄부에 대한 루터의 비판은 영혼 구원을 위한 교회의 중재 기능에 대한 비판으로 읽을 수도 있다.

11 나는 2012년 저서에서 공동체 중심의 가톨릭 문화와 개인 중심의 개신교 문화에서 시장과 위계를 각기 달리 바라보도록 발전시켜온 관점이 앵글로색슨, 특히 미국적 맥락과, 유럽, 그중에서도 라틴계 국가의 맥락에서 기업의 사회적 책임(CSR)을 바라보는 개념에도 깊은 영향을 미쳤음을 보여주고자 했다.

12 오직 믿음만이 구원에 이르는 길이다. 비록 루터가 신자들 사이에서 특정한 교제가 필요함을 강조

인주의적이라고 바라보았다. 이는 불평등하고, 중재를 거쳐야 하고, 위계적인 종교 공동체를 탈피하려고 했던 그의 생각을 반영한다. 이 공동체에서 한발 떨어져 있는 루터의 눈에는, 나무가 서로 접붙이듯 서로 하나가 되어가려는 정신이 바오로의 신비체(성체, Corpus Mysticum) 신학에도 담겨 있고 가톨릭 교회가 위계적 공동체가 된 것 역시 그러한 관계를 추구하려는 것이었음에도 당시의 가톨릭 교회 공동체는 구성원들에게 실질적으로 그러기를 요구하지 않는 것으로 보였다. 따라서 위계적 교회 공동체에 대한 비판은 부분적으로 신비체 신학에 대한 비판과 교회를 한 몸으로 보는 개념 자체에 대한 비판으로도 이어졌다. 루터는 이렇게 말했다. "그래서 '교회Kirche'라는 단어는 '총회'에 불과할 뿐, 사실 아무 의미가 없다. … 따라서 회중이나 거룩한 그리스도교 집회 정도로 불러야 할 것이다. … 마찬가지로 그에 덧붙는 단어인 커뮤니오communio도 친교공동체Communion가 아니라 집회congregation로 번역해야 한다."(《대교리문답(The Large Catechism)》, 1580[2008], p. 61)[13]

했다는 사실을 과소평가해서는 안 되겠지만, 믿음은 지극히 개인적인 경험이다. 말씀 사역을 제외한 구조와 제도는 외면적인 것이지, 그리스도의 구원 행위의 대상이 아니다. 따라서 그것들은 '하느님의 도시'에 속하지 않고 '인간의 도시'에만 속하기 때문에 정치권력에 휘둘릴 수 있다. 루터는 아우구스티누스의 이 전형적인 주제를 되살려, 아우구스티누스의 사상을 훨씬 넘어서는 방향으로 발전시키고 변혁했다. 게다가 루터는 하느님의 도시를, 본질적으로 지역 공동체이자, 복음을 전하는 사람들의 공동체, 그리스도와 신성하게 만나는 참된 장소라고 보았다. 교회는 궁극적으로 중재자가 없는 '내면의 교회,' 곧 각자의 영혼과 그리스도 사이의 교제이다.

13 가브리엘라 코타(Gabriella Cotta)(2002)는 '신비체 개념의 일관성 상실, 성사가 단순히 하느님의 뜻을 상징하는 지경에 이르게 된 의미 빈곤화, 사제의 역할이 급격히 감소하여 단순한 목사로 전락한

아가페적 형제애는 상호성이며, 서로의 생명도 바칠 정도로 사랑하는 것이다. 그것은 항상 공동체적 경험이며, 결코 '고립적'이지 않다.[14] 앞서 언급했듯 에클레시아ekklesia라는 이 새로운 공동체는 처음 두 세기 동안 아가페를 기초로 형제에 가깝고 위계적이거나 구별을 짓지 않고 함께 살아가는 새로운 공동생활을 만들려고 시도했다. 하지만 앞서 살펴보았듯, 3세기부터는 교회가 로마 제국에 녹아들면서, 이렇게 함께 살아가는 관계가 가진 취약성 때문에 거의 고대 공동체의 연장선상에 가까운 위계적인 구조를 갖게 되었다. 교회 자체가 고대 공동체와 일정한 연속성을 유지하면서 위계적 공동체로 구성되었다. 위대한 중세 은혜공동체가 활기를 띠기는 했지만 이 위계적 공동체는 중세 시대까지 이어졌고 16세기 루터에까지 이르렀다. 루터를 비롯한 종교개혁가들은 중세의 교회 공동체를 그리스도의 교회로 보지 않고, 본질적으로 고대의 위계적인 신성 공동체라고 보았다. 그들은 형제애가 없는 공동체에 대한 반발로 중재자로서의 교회라는 개념 자체를 없애고, 확실히 평등주의적인 교회를 추구

것'(110쪽)을 근대 정치에 결정적 영향을 미치게 되는 루터 사상의 독특한 교회론적 표징으로 꼽았다. 루터의 저작 중에서도 고전적인 이 인용문은 우리의 논의에서도 중요한 구절이다. 그리스도교는 인류 역사에 새로운 유형의 친교, 즉 아가페적 형제애를 도입했다. 그 안에서는 한 사람이 다른 사람과 서로 **하나 되어** 그리스도의 성스러운 몸이라는 새로운 몸이 된다.

14   루터는 저서에서, 그리스도인은 모든 사람의 종이며 모든 사람을 섬기지만, 특정한 사람을 위해 복종하지는 않는다고 반복해서 말한다. 어떤 면에서 그는 모든 사람에게 복종하기 때문에 오직 하느님에게만 복종하는 것이 된다. 이 개념은 애덤 스미스의 시장 이론의 특성과 매우 유사하다. 판매자는 많은 고객에게 의존하기 때문에 궁극적으로는 누구에게도 직접적으로 의존하지 않는다.

하는 개혁을 시도했다. 이렇게 개인들의 공동체가 생겨나고 개인이 집회의 구성원이 되었는데, 이러한 경향은 특히 19세기 루터교에서 더욱 두드러지게 나타났다.

공동체 개념에 대한 이와 같은 '혁명'의 근원에는 아우구스티누스로부터 부분적으로 물려받은 루터의 인류학적 비관주의가 있다. 인간은 구원을 받고 하느님의 도시에 거주하더라도, 그리스도 없이는 선을 행하려던 의지가 있어도 선을 행할 수 없을 만큼 여전히 인류학적으로 병들어 있다. 그렇게 병든 인간을 중재 없이 다른 사람과 만나도록 내버려두어서는 안 된다. 그렇게 되면 다른 사람들이 너무 많은 상처를 입거나 죽게 될 것이기 때문이다. 루터의 순전히 신학적인 공식에서는 배제되었던 중재자가 다시 등장하게 되는 것은 바로 이 지점이다.

'육신의 왕국'은 '하느님의 도시'까지 확장된다. 참 그리스도인은 '어둠의 아들들'과 구별되지 않으며, 타락한 인간 본성으로 인해 한 '도시'에서 다른 '도시'로 쉽게 옮겨갈 수 있기 때문이다. 사실 '참된' 그리스도인은 많지도 않지만, "무엇보다도 모든 사악함을 계속해서 유지할 수 있는 인간의 판단으로는 알아차릴 수 없다." 그러므로 육신의 왕국regno은 모든 사람을 위한 왕국이며, 인간이 참으로 알고 이해할 수 있는 유일한 왕국이다."(Cotta, 2002, p. 127) 이는 신학적으로는 모든 중재를 부정하면서도 정치적으로는 매우 강력한 정치권력을 지지했던 루터의 명백한 역설을 설명한다. 루터의 이러한 입장

은 홉스의 정치 이론보다도 앞선 것이었다. 영적인 그리스도인에게
는 불필요한 중재가 해롭다. 반면 그리스도교인을 포함하여 외적인
것에 집착하는 사람들이 자신의 내면적 삶을 추구할 수 있게 해주는
평화와 평온을 얻으려면 중재를 **대체할 만한 것이 없다**. 아담 이후 인간
의 사악한 본성을 감안할 때, 이를 추구하려면 정치적, 사회적 중재
자가 반드시 필요하다.

a) 신앙 영역에서의 간접적 관계

b) 정치 영역에서의 중재된 관계

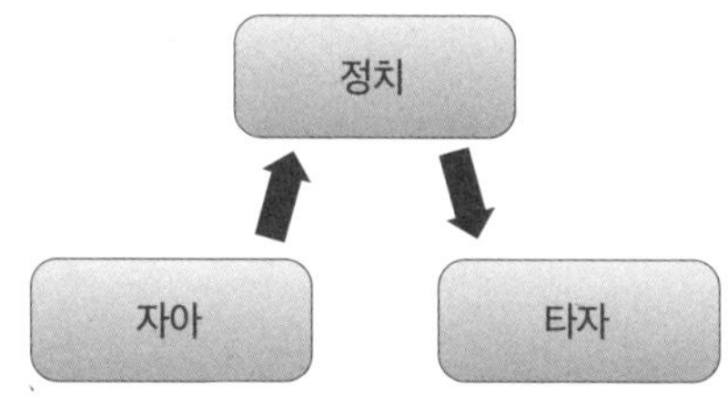

따라서 모든 개인은 종교적 영역에서 신과 중재 없이 직접 관계
를 맺을 수 있다. 그러나 인간인 '당신'과는 그럴 수 없다. 왜냐하면
죄로 인해 대인 관계가 '병든' 인간(당신)들 사이에는 정치적 권력에
의한 중재가 필요하기 때문이다. 루터의 정치적 입장은 신학과 인간
을 바라보는 루터의 이러한 개념으로부터 도출된다.

그리스도인이 아닌 모든 사람은 세상 왕국에 속하며 율법 아래 있다. 믿는 사람이 적고 그리스도의 정신에 따라 사는 사람은 더 적기 때문에 … 하느님은 그리스도인이 아닌 사람들에게 다른 정부를 마련해주면서도 … 그들이 악을 행하려고 하더라도 행할 수 없고, 악을 행하더라도 두려움 없이, 평화롭고 번영한 가운데 행하지는 못하도록 그들을 칼 아래 두셨다. … 마치 올가미와 사슬로 사나운 짐승을 묶은 것과 같다. … 그렇지 않았다면 이 악한 세상에서 선한 그리스도인을 천 명 가운데서 한 명도 찾기 힘들기 때문에, 사람들은 서로를 삼킬 것이고, 한 사람이 다른 사람을 삼켜버릴 것이요, 그러면 아무도 아내와 자녀를 지키며 스스로를 부양하고 하느님을 섬길 수 없었을 것이다. 그리고 세상은 혼돈으로 전락했을 것이다.(Luther, 1962[1523], p. 370)

이는 아리스토텔레스나 아퀴나스가 인간과 사회생활을 바라보던 관점뿐 아니라, 아우구스티누스의 견해와도 멀리 떨어져 있다.[15] 아우구스티누스는 '두 도시' 사이에 일종의 내외부적 변증법을 인정하면서도, 카인류의 정치에도 실제적이고 긍정적인 속성이 있다고 주장했다.[16]

---

15 아우구스티누스는 사회적 삶의 모호성을 파악했지만, 비록 관계적인 병이자 죄이기도 한 인간의 온전하지 못함 때문에 흐려지고 유혹을 받더라도 인간의 정치적 소명을 부정하지 않았다.(Skinner, 1978, 2권 참조)

16 아우구스티누스는 카인이 최초의 도시를 건설한 것을 정치를 향한 '소명'으로 읽은 최초의 그리스도교 저자 중 한 명이지만, 그는 인간이 비록 죄로 '병들었을'지라도 다른 사람과의 관계를 맺는 소

이와 동시에 루터의 입장은 만인의 만인에 대한 투쟁bellum omnium contra omnes을 주장하면서 그에 대한 해결책으로서 사회 계약과 리바이어던이 등장하게 된 주요 원천이기도 했다. 루터의 입장은 가장 크게는 장 칼뱅Jean Calvin과, 마르틴 부처Martin Butzer나 존 녹스John Nox 등 영국의 종교개혁에 영향을 미친 사람들을 통해 알려졌다.

그리스-유대-그리스도교로 이어지는 세계에서는 사회적 삶의 모호성을 인정하면서도 결코 인간 본성 속에 사회성의 욕구가 존재한다는 사실을 부정하지는 않았다. 이전 장에서 살펴보았듯 인간관계에 내재된 이중성이나 인간이 같이 살아가기 때문에 나타나는 잠재적 고통과 두려움을 알게 되면서 법, 필리아, 계약 등의 형태로 **중재**가 필요해졌지만, 그렇다고 해서 **공동체**가 완전한 행복으로 가는 길임을 부정한 적은 없었다. 시민 인본주의의 시기를 포함한 중세 전체는 인간의 사회적 관계의 본질에 의문을 제기한 적이 없으며, 인본주의 시기에 필리아와 그 '배제'적 요소는 인간의 사회성이라는 소명을 부정하지 않고 모호함을 관리하는 방법이기도 했다. 그러한 중재는 개인이 태어나지 못하게 막음으로써 사회적 삶을 **지키려는** 시도로 볼 수 있다. 이런 전통은 루터 때에 끊어졌다.

한편으로 루터의 인간관은 사회를 매우 부정적으로 보았고 그로 인해 '신성한 공동체'를 부정한다. 당시 그리스도교 공동체를 포함

명을 잃지 않는다고 보았다.

한 신성 공동체가 불평등과 예속을 만들어낸다는 것을 루터가 깨달 았기 때문이다. 다른 한편으로 그는 인간의 타락한 본성을 인정하면 서 정치가 절대 권력을 통해 타락한 인간을 통치하고 평화를 보장해 야 한다고 생각했다.[17] 따라서 루터는 그리스도교와 서구 문화에서 신성한 공동체의 '죽음'을 이끌어낸 공로를 인정받아야 한다. 그뿐만 아니라 홉스가 사회 계약에 대한 정치 이론의 인류학적 기초를 마련 할 때도 간접적이기는 하지만 루터의 주장을 언급했다. 근대 정치는 '세속화된 중재자,' 또는 홉스가 말하는 '필멸의 신'을 만들어 되돌릴 수 없을 만큼 반사회적인 개인을 통치하는 데 기여했다. 리바이어던 으로 이어지는 과정은 이 시기에 이미 진행 중이었다.

새로운 중재자, 즉 사회적 계약인 **정치**와 사적 계약인 **시장**은 더 이상 사회적 삶의 이중성으로부터 인간을 '보호'하고 '구원'한다고 여 겨지지 않는다. 이는 더 이상 진정으로 공동체 중심이라고는 할 수 없는 공통의 기반에서 서로 마주칠 개인에게 면책을 보장하는 새로 운 형태의 관계가 된다. 홉스도 마찬가지였다.

다음 절에서는 홉스의 견해를 더 자세히 살펴보고, 이후에는 그 리스도교적 필리아에 기초한 시장 인본주의가 어떻게 근대의 지평 에서 완전히 사라지지 않고, 제노베시의 나폴리 시민경제 학파에서 살아남았는지 살펴볼 것이다.

17 　루터의 정치적 견해는 독일의 '농민전쟁' 경험으로부터 깊은 영향을 받았다. 그는 이 전쟁에서 '만인 이 만인에 대항하여 싸우는' 경향을 보고 군주, 즉 정치 질서 편을 들기로 결심했다.

4. 홉스가 바라본 사회적 삶

루터와 홉스는 사회적 삶에 대한 관점을 뒤집었다. 기존에는 고대 신성 공동체와 마찬가지로 인간이 위계상 자신보다 더 위에 있는 제3자인 왕, 아버지, 사제가 '보고' '중재'하는 한에서만 존재한다고 보았다. 고전적인 아리스토텔레스-토마스주의 전통에서 보면, '정치적 동물'로서 인간의 **자연스러운** 사회성에서 비롯된 사회적 삶은 개인으로서 인간의 존재와 자유를 포기하는 대가로 달성되었다. 개인으로서의 인간이 탄생하려면 개별적인 존재로서 공동체가 죽어야 했다. 루터가 이를 선언했고, 홉스는 후에 일관되고 근본적인 정치 이론으로 이를 이론화했다. 홉스의 사회 계약 이론은 존 로크John Locke, 그로티우스나 장 자크 루소Jean Jacques Rousseau의 이론과 다르다. 홉스와 칸트를 합친 존 롤스John Rawls의 독창적 기여에 이르기까지, 어떤 면에서 홉스와 그 이후의 모든 계약론자는 비관적 인간관, 자연 상태의 반사회성, 그리고 절대 권력으로서의 정치의 기초를 극복할 수 있는 사회 계약과 시민사회에 대한 이론을 구성하려고 했다. 동시에 홉스의 이론이 한편으로는 아리스토텔레스-토마스주의 전통과 고대 공동체와 단절하고, 다른 한편으로는 근대 사회로 나아가는 시민적 차원의 기반을 다지는 첫 번째 결정적 단계였음을 기억해야 한다. 이런 이유로 근대 경제학을 루소의 저술과는 독립적으로 해석할 수 있을지는 몰라도, 홉스와 별도로 해석할 수는 없다. 모든 고전 경제학자들을 포함하여 홉스 이후 모든 사회 이론가의 논의 시작점에는 홉스가 있고, 근대 개인주의의 관점에서 홉스는 돌이킬 수 없는 지점이 되기 때문이다.

사회계약론은 고대와 중세 사상과도 직관적으로 연결되는 지점이 있지만, 본질적으로는 개인의 탄생과 발견이라는 프로테스탄트 종교개혁이 무르익은 결과이다. 아퀴나스와 알투시우스의 입장은 다른 점에서는 상당히 비슷하지만 여기서 실질적 차이가 나타난다. 그로티우스와 알투시우스 등 더 '사회적인' 저자들을 포함하여, 계약주의 관점의 저자들이 결국 루터주의나 칼뱅주의 문화와 인간관의 틀 안에서 움직인다는 것은 결코 우연이 아니다.

이제 홉스가 우리 논의에서 왜 핵심적인 인물인지 분명해졌을 것이다. 토머스 홉스는 사회성을 아리스토텔레스식으로 바라보던 관점에 명확하고 급진적인 대안을 제시한다. 그의 눈에 인류, 적어도 유럽에서 그때까지 알고 있던 사회성으로는 인간의 개성, 자유, 평등을 인정할 수 없었다. 한마디로 홉스는 고전적인 자연 **공동체**가 매우 불평등하고 위계적이기 때문에 해방적이지 않다고 생각했다. 개인의 탄생은 그러한 전통에서 한발 나아가 그것을 극복하고 루터의 뒤를 이어 새로운 질서를 세운다는 뜻이었다. 사회계약론은 그 새로운 질서이자, 자연적 기반과 대조되는 공동 생활의 새로운 인위적 기반으로서, 더 이상 돌이킬 수 없는 근대로 이어졌다.

홉스는 먼저 《시민론》(1642)에서 사회적 삶에 대한 새로운 이론을 제시했고 《리바이어던》(1651)에서는 이것을 더욱 논쟁적으로 전개했다. 홉스의 이론은 잘 알려진 대로 **자연 상태**와 **시민사회** 사이의 구별에 기초하고 있다. 자연 상태는 개인 간의 직접적인 관계의 자연스러운 결과라면, 홉스는 시민사회를 합의에 의해 수립된 인위적인 질서로 본다.[18] 홉스와 그 이후의 계약주의 사상에서는 사회 계약 **이전의** 자연 상태와 사회 계약 **이후의** 시민 사회라는 두 이상형 사이를 전형적인 대립 구도로 설명한다. 사회 계약은 시민사회와 비시민 공동체 사이를 가르는 경계가 된다. 만인에 대한 만인의 투쟁 상태가 지배적이라고 보았던 홉스의 자연 상태에 대한 생각 뒤에는 분명 루터와 유사한 근본적으로 비관적인 인간관이 있다. 인간은 서로에게 '늑대'이다. 이는 시에나의 베르나르디노가 말한 개를 연상시키는 표현이다. 사람들 사이에 중재 없이 이루어지는 자연스러운 대인 관계의 만남에는 우정도 사랑도 없다. 갈등, 싸움, 전쟁, 불행만 있을 뿐이다. 자연 상태에서의 삶은 "고독하고, 가난하고, 추하고, 잔인하고, 짧다."(《리바이어던》, 13장 9절)

그렇다면 시민사회는 자연적 조건이 아니라, 전쟁 같은 자연 상태를 자발적으로 벗어나 자연스럽지 않지만 평등하고 자유로운 연

---

18   잘 알려진 바와 같이, 홉스는 하나로 요약했지만 두 가지 사회 계약이 있다. 합리적 개인들 간의 계약은 개인이 새로운 연합체를 결성하여 평화와 삶을 가능하게 하기 위해 각자의 절대적 자유를 포기하기로 자유롭게 결정하는 일치의 계약(pactum societatis)이고("나 자신을 통치할 권리를 포기한다," 《리바이어던》, 17권), 다른 하나는 이렇게 만들어진 새로운 연합체와 리바이어던 사이의 계약, 즉 정부 계약(pactum subjectionis)이다.

합을 자유 의지로 수립하는 인간의 인위적 산물이다. 홉스에게 **자연**은 게오르크 빌헬름 프리드리히 헤겔_{Georg Wilhelm Friedrich Hegel}이 말하는 노예-주인 관계, 지배, 심지어 살인과 동의어이다. 개인은 자연 상태에서는 삶이 결코 좋지 않고 항상 위험에 노출되어 있음을 깨닫고, 합리적으로 개인의 비용-편익 계산에 근거하여 자신의 이익을 위해 국가를 세우기로 결정한다.

홉스의 인본주의의 핵심은 이미 《시민론》의 첫 문장에서 드러난다.

공공을 논하는 다른 사람들 대부분은 인간이 사회에 적합한 동물로 태어났다고 추정하거나, 자부하거나, 주장한다. 그리스인들은 이를 정치적 동물_{zòon politikòn}이라고 부른다. 그들은 이러한 토대 위에 시민적 원칙을 세우고는, 마치 평화를 유지하고 인류 전체를 통치하는 데 이들이 법이라고 부르는 특정 합의와 조건에 무조건 동의하는 것 말고는 아무것도 필요하지 않다는 듯이 군다. 매우 널리 받아들여진 이 공리는 거짓이다. 이러한 오류는 인간 본성을 피상적으로 보는 데서 비롯된다. 우리는 본성적으로 동반자를 찾는 것이 아니라 동반자로부터 명예와 이익을 얻으려 한다. 즉 우리는 후자를 먼저 원하고 전자는 그다음이다.(1998[1642], pp. 22-23)

우리는 아리스토텔레스, 프란치스코, 토마스 아퀴나스, 그리고 필리아를 기반으로 시장을 세운 도시 문명이나 시민 인본주의에 이르기까지 먼 길을 왔다.

자연 상태의 사회적 인간을 그대로 두면 시민사회가 아닌 국가 사회를 낳게 된다. 국가 사회는 인위적 계약으로 만들어지고 비인격적인 '리바이어던'이 힘과 폭력의 독점을 통해 유지되는 경우에만 존재할 수 있다. 이러한 결론은 자연 상태는 '버섯처럼' 세상에 태어난 주체들로 구성되어 있으며, 따라서 다른 사람의 도움이 필요 없고, 아무에게도 의무가 없는 존재들이 살아가는 상태라는 개념에서부터 생겨난다. 에스포지토는 이렇게 강조했다.

> 만약 인간들 간의 관계가 그 자체로 파괴적이라면, 이 견딜 수 없는 상황에서 벗어날 수 있는 유일한 길은 관계 자체를 파괴하는 것이다. 인간이 경험할 수 있는 유일한 공동체가 범죄 공동체라면, 세상에는 모든 종류의 사회적 유대감을 과감히 없애는 공동체 범죄만이 남게 될 것이다.(2009, p. 27)

홉스는 자유롭고 평등한 개인의 사회는 관계적 유대감이 약해야만 이룰 수 있다고 보았다. 에스포지토는 이를 상호 '고립'이라고 부른다. 사실 인간이 **원래부터** 우정을 나누고 긍정적 관계를 맺을 수 없다면, 계약을 맺었다고 해서 **이후에** 어떻게 달라질 수 있겠는가? 실제로 사람들이 계약을 맺었다고 해서 '관계적' 존재로 변하지는 않는다. 각자 리바이어던의 절대 권력에 복종하고 누구와도 개인적으로 접촉하지 않는 새로운 삶의 형태를 함께 만들어낼 뿐이다. 여기서 우리는 아래 그림 5.3에서 묘사된 것처럼, 비록 누군가는 그것을 부정하고 파괴하려고 시도했지만, 고대 공동체에서 마주쳤던 것과 같은 신성시되는 구조를 이번에는 조금 세속화된 형태로 다시 한번 직면하게 된다.

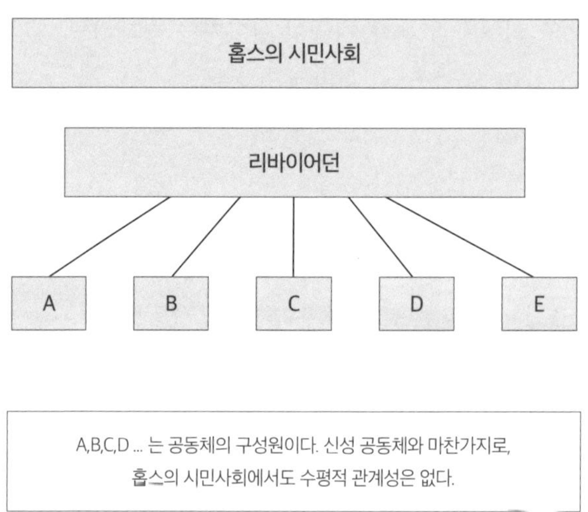

그림 5.3. 홉스의 시민사회

A-B-C-⋯ 를 하나로 묶는 것은 사회 계약이다. 이는 사람들 사이에 어떠한 필리아나 동정심도 요구하지 않고, 오직 상호 무관심과 전쟁의 부재, 즉 임무니타스immunitas만을 요구한다.

따라서 새로운 계약 사회는 자연적 공동체의 진화가 아니다. 오히려 우리가 지금까지 살펴보았듯 자연적 공동체를 반대하고 부정한다.

제6장

홉스와 스미스 사이

아무리 강력한 자라 하더라도 그 힘을 정당한 권리로 변환시키고 복종을 도덕적 의무로 승화시키지 않는 한 영원히 지배자의 지위를 유지할 수는 없다.

- 장 자크 루소

1. 사슴 사냥 게임

이제 분석을 한발 더 밀고 나아가 홉스와 다른 근대 사상가들의 연구를 비교해보자. 그럼 근대 정치경제학의 탄생이 갖는 문화적이고 인류학적인 의미를 이해하게 될 것이다.

사회 계약 문제에 관한 이론을 하나의 '게임'으로 묘사하는 데서 시작해보자.[1] 여기서는 사회 계약 문제를 설명할 때 자주 사용하는 죄수의 딜레마 게임 대신 '사슴 사냥' 게임을 사용할 것이다.[2]

오늘날 사회과학에서 갈수록 많이 채택되는 사슴 사냥 게임은 장 자크 루소가 저서 《인간 불평등 기원론 Discourse on the Origin of Inequality》

---

1   여기서 말하는 '게임'은 사회과학에서의 용법을 뜻하며, 일상적인 의미와는 다르다.
2   이 게임은 보다 일반적으로는 확신 게임(Assurance Game)으로 알려져 있기도 하다.

에서 설명한 공동체적 삶의 역사적 진화에 관한 이야기를 공식으로 정리한 것으로 볼 수도 있다.

> 이런 식으로, 인간은 서로 간의 약속과 그 약속을 지킴으로써 얻는 이익이 무엇일지 거칠지만 대략적으로 알 수 있게 되었다. 그러나 그것도 오직 당장의, 감각적으로 분명한 이해관계가 요구하는 만큼에 그쳤다. 왜냐하면 그들에게는 앞을 내다보는 능력이 부족했고, 먼 미래는커녕 내일조차 거의 생각하지 않았기 때문이다. 예컨대 사슴을 잡는 일에 있어서라면 각자는 자기 자리를 성실히 지켜야 한다는 것을 잘 알고 있었다. 그러나 만일 사냥꾼 중 한 사람의 눈앞에 토끼 한 마리가 지나간다면 그는 아무런 주저 없이 그것을 뒤쫓아 잡았으리라는 데 의심의 여지가 없다. 그렇게 자신의 목표물을 손에 넣은 뒤에는 동료들이 사슴을 놓치게 된 일에 대해서는 아랑곳하지 않았을 것이다. (2009[1755], pp. 57-58)

이러한 상황을 표로 그리면 다음과 같다. 이 표가 루소의 말을 문자 그대로 보여주지는 못하더라도 그 정신은 그대로 살린다고 볼 수 있다.

사슴 사냥[3]은 사냥꾼들 간의 협력이 필요하므로 위험도가 더 높다. 각 사냥꾼은 자신의 역할을 다해야 한다. 반면에 토끼 사냥에는

---

3 나를 포함한 많은 이가 문명적이라고 여기지 않을 것임을 알면서도 사냥을 비유로 드는 데 대해 양해를 구한다. 이 비유는 어찌 되었든 곧 버릴 것이다.

A/B	사슴	토끼
사슴	4, 4	0, 3
토끼	3, 0	2, 2

그림 6.1. 사슴 사냥

위험 부담도 없고 협동심도 필요하지 않다. 그러나 사슴(또는 각 사냥꾼이 가져가는 몫)은 토끼보다 가치가 크다. 사슴을 잡으면 각 사냥꾼이 가져가게 될 몫도 토끼보다 더 가치가 크다. 두 명의 사냥꾼을 A와 B라 하자. 이 두 사냥꾼이 토끼가 각자의 활이나 총의 사정거리 안에 있더라도 사슴을 사냥하기로 서로 독립적으로 결정한다면 그들은 개인적으로나 집단적으로나 최상의 결과를 얻는다. 이 게임에서 가장 높은 보수는 4이고, 각 결과에 대한 보수의 합을 사회적 복리의 척도로 삼는다면 사슴-사슴의 합(8)이 가장 높다. 만일 두 사냥꾼이 각각 토끼를 쫓기로 결정하면 각자는 가장 낮은 보상은 아닌 중간값(2, 2)을 얻는다. 이 게임에서 협약은 구속력이 없다. 그들이 협조하지 않고 A는 사슴을 사냥하기로 한 애초의 '협약'을 지키기로 한 반면 B는 토끼 사냥의 유혹에 넘어갔다면, B는 3점을 얻겠지만[4]

---

4   숫자로 보수를 4, 3, 2, 0으로 표시한 이 버전의 게임에서 우리의 가정은 이렇다. 만약 한 사냥꾼이 토끼를 사냥하고 다른 이는 그렇게 하지 않는다면, 토끼 한 마리 혹은 좀더 큰 토끼를 잡을 확률은

함께 사슴을 사냥하기로 한 신뢰를 지킨 A는 0점을 얻는다. 루소의 가정에 따라 사슴은 반드시 힘을 합쳐야만 잡을 수 있고 혼자서는 토끼 한 마리만 잡을 수 있다. 대칭적인 상황(0, 3)은 B가 협약을 지키기로 결정하고 A가 협약을 지키지 않았을 때 일어난다. 이 단순한 게임에는 두 개의 '내시 균형'이 존재한다. 즉 어느 한쪽이 일방적으로 움직여서는 이득을 볼 수 없는 안정된 결과이다. 이런 상황에서는 토끼-토끼에서 사슴-사슴으로 양쪽이 동시에 움직여야만 새로운 균형에 이를 수 있다.

내시 균형(Nash Equilibrium)은 수학자이자 경제학자인 존 내시(John Nash)가 정립한 것으로, 게임 이론에서 모든 참여자가 상대방의 현재 전략을 바꿀 수 없다고 가정했을 때, 자기 자신에게 최선이 되는 전략을 선택하여 아무도 자신의 전략을 바꿀 유인이 없는 상태를 의미한다.

왜 이 게임이 자연 상태와 시민사회 간의 변증법적 관계를 매우 잘 보여준다는 것일까?

우선 A와 B가 토끼-토끼를 선택하는 비협조적 결과만이 게임의 균형인 죄수의 딜레마 게임과 달리,[5] 사슴 사냥 게임에서는 둘 다 사

둘 다 토끼를 쫓을 때보다 높다. 토끼-사슴 조합의 보상이 3인 데 비해, 토끼-토끼의 조합의 보상이 2인 이유다. 토끼-사슴, 토끼-토끼를 쫓는 두 경우 모두 보수가 2로 주어지더라도 이 게임의 논리는 변하지 않는다. 이에 대한 논의는 스컴스(Skyrms, 2004, pp.3 ff.)를 보라. 게임 이론에서 숫자로 나타내는 보수는 서수적 의미(4>3>2>0; a>b>c...)를 부여하는 것이 표준 관례이다. 보수를 표시하는 숫자가 달라지더라도 보수 사이의 순서가 같다면 같은 '게임'을 기술하는 것이다.

5 죄수의 딜레마 게임은 경제 이론에서 아마도 가장 많이 알려진 게임일 것이다. 이 게임은 비록 상호 협조가 게임의 두 참가자에게 더 나은 결과, 예를 들어 3, 3과 같은 보상을 주게 되더라도 예를 들어 2, 2와 같은 비협조적 조합이 게임의 유일한 균형이자 각 참가자의 유일한 합리적 선택이 되는 비협조 게임이다. 그래서 이 게임이 '딜레마'이다.

슴-사슴을 선택하는 협조적 결과도 게임의 균형을 이룬다. 고전적 개념의 사회 계약에서는 자연 상태와 계약에 의해 인공적으로 창조된 시민사회가 두 가지 안정적인 상황, 즉 두 개의 내시 균형을 이룬다. 만일 B가 '사슴'을 선택하면 A도 '사슴'을 선택하는 것이 합리적이고, B가 '토끼'를 선택하면 A도 '토끼'를 선택하는 것이 합리적이다. 사회 계약을 맺음으로써 그들은 위험이 적지만 보상이 가장 낮은 균형(2, 2)에서 가장 높은 균형(4, 4)으로 '도약'한다.[6]

홉스의 사례를 포함하여 우리가 논의하고 있는 상황을 묘사하는 데 이 게임이 특히 알맞다고 할 수 있는 두 번째 측면도 있다.[7] 이 게임의 두 가지 결과이자 균형은 보수 측면에서 하나(4, 4)가 다른 하

---

6   어떤 이는 사회 계약에도 무임승차 문제가 나타난다는 점을 들어 이의를 제기할 수 있다. 마치 사회 계약이 일종의 공공재라도 되는 듯 다른 사람들이 사회 계약을 맺기를 기다려 공짜 혜택을 누리는 사람이 있다는 것이다. 이 경우 3과 2에 해당하는 보수를 구별하는 것이 부분적으로 이 문제를 다룰 수 있을 것 같다. 사실 17세기와 18세기 사상가들의 정신은 다른 방향을 향한다. 데이비드 흄(David Hume)이 '지각 있는 악당(sensible knave)'의 사례에서 명시적으로 말했고 곧 살펴보겠지만 제노베시도 '교리문답(서)(catechism)'에서 언급했듯, 사회 계약에 참여하지 않는 사람은 게임에서 배제되고 공동 생활의 혜택을 누릴 수 없다. 현실에서 사슴 사냥 게임을 사회 계약을 의미하는 게임으로 받아들인다면 우리는 3, 0과 0, 3이라는 결과를 설명해야 하고 또 왜 혼자 사냥하는 것(0)이 자연 상태보다 더 나쁜지도 설명해야 한다. 직관적으로는 늑대들에게 둘러싸인 양의 상황을 두고 설명할 수 있다. 자연 상태는 모두가 서로에게 늑대인 상황(2, 2)이다. 적대적 환경에서 한 참여자가 일방적으로 협조하기로 결정하는 경우에는 훨씬 더 나쁜 상황이 일어난다. 왜냐하면 보통은 갈등 상황에서 최소한의 만전을 기하게 되는데 이 경우에는 참여자가 그런 자세에 기댈 수조차 없기 때문이다.
7   홉스의 이론이 더 명료하지만 죄수의 딜레마로 정의될 수도 있다. 시민사회의 협력은 개인들 사이의 상호작용에서 '저절로 생겨나는' 균형이 아니라, 사회 계약을 통해 강제력 있는 체계인 리바이어던을 수립하여 협력의 결과를 안정되게 만든 것이다. 비협조에 제재를 도입하여 협력이 합리적 선택이 되도록 하는 방식으로 게임을 다시 설계할 수 있다. 나는 2008년에 쓴 책과, 스메릴리와 함께 쓴 책(2011)에서 협력 분석의 맥락에서 죄수의 딜레마 게임을 다루었다.

나(2, 2)보다 낮다는 특징을 갖는다. 협조적 균형은 실제로 비협조적 균형에 비해 주어진 상황에서 효율성이 가장 높은 '파레토 우위' 상황이 된다. 그러나 비협조적 균형은 협조적 균형에 비교해서 **위험이 지배적**으로 크다. 이는 무엇을 의미하는가? 만약 어느 조심스러운 참여자가 토끼 사냥을 선택한다면 그가 빈손으로 집에 갈 일은 없을 것이다. 다른 한편으로 그가 사슴 사냥을 선택하면 사냥감 없이(0) 집에 가야 할 수도 있다. 은유적 의미가 아니라 실제로 내가 협력하지 않으면 어떤 위험도 감수하지 않아도 되고, 다른 사람과 관계를 맺을 필요도 없으며, 누구에게도 기대지 않는다. 물론 사슴을 나누는 경우(4)보다 보수는 적지만(2 또는 3), 항상 취약하며 상대방의 선택에 따라 상처받기 쉬운 신뢰 기반의 관계 속으로 들어가지 않아도 내가 받을 결과는 확실하다.

상호 불신, 또는 홉스가 말하는 '위험 부담의 공포'는 자연 상태를 비협조 상태(2, 2)로 만든다. 따리서 사회 계약은 우리가 2, 2로부터 4, 4로 도약할 수 있게 해준다. 그러나 어떻게 한단 말인가? 사회 계약에 따라 게임의 보상, 즉 보수를 다시 설계하면 간단하다. 둘, 혹은 그 이상의 참여자들은 합리적이기 때문에, 서로 두려워해서는 2, 2의 상황에 머물게 될 것임을 알고 있다. 따라서 그들은 서로 협약을 맺고 그와 동시에 계약을 지키지 않는 사람들, 즉 루소의 이야기에서 토끼를 쫓느라 사슴 사냥을 포기한 사람들을 처벌할 절대적 권한을 국가에 부여한다. 이전 행렬에서 이러한 역학을 표현하는 한 가지 방법은 리바이어던이 예를 들어 비협조에 -3 정도 되는 제재를 준다고 상상해보는 것이다. '리바이어던 게임'이라고 부를 수도 있을 이 새로운 게임에서 유일한 균형은 '강제' 협력(4, 4)이 된다.[8]

A/B	사슴	토끼
사슴	4, 4	0, (3-3)
토끼	(3-3), 0	(2-3), (2-3)

그림 6.2. 리바이어던 게임

로버트 서그덴(2004, p. 169)이 잘 보여주듯이, 홉스(《리바이어던》 15장)는 자연 상태에서도 빚 갚기 등 사람들 사이에 자발적인 협력의 합의가 이루어질 수 있음을 부인하지 않는다. 그러나 그는 그러한 협약이 일반화되어 시민사회 전체를 뒷받침할 수 있다고는 생각하지 않았다. 바로 이 때문에 만인의 만인에 대한 투쟁을 피하기 위해 자

---

8 사회 계약을 다르게 표현할 수도 있다. 게임의 보상을 다시 설계하는 대신, 게임이 시작되기 이전의 합의로서 사회 계약을 상상할 수도 있으며, 이를 통해 파레토 우위에 있는 균형(4, 4)을 선택할 수 있다.

기 마음대로 할 수 있는 개인의 자유를 포기하게 만드는 사회, 즉 리바이어던이 필요하다는 것이다. 이 지점에서 서그덴은 이렇게 썼다. "솔직히 나는 홉스의 주장을 이해할 수 없다." 그러고 나서 그는 시민사회를 창조하고 자연 상태를 벗어날 '흄David Hume에 가까운' 방식을 제시한다.

다만 다음 절에서는 홉스와 로크가 주장하는 사회 계약의 차이점을 먼저 살펴보고자 한다. 이것이 우리의 논의에 어울리는 통찰을 줄 것이라 믿는다.

2. 홉스, 로크, 그로티우스의 사회 계약론

홉스의 이론에서 개인이 '자연 상태'에서 달성할 수 있는 유일한 균형은 사람들이 두려움에 지배당하기 때문에 달성하게 되는 **위험이 지배적인** 균형(2, 2)이다. 사람들은 이성적으로는 일반적으로나 개인적으로 개선의 가능성이 있음을 인정한다. 홉스가 인간을 합리적이고 자기 이익을 추구하는 존재로 여긴다는 점을 잊지 말아야 한다. 그렇기는 해도 개인이 시민사회의 탄생과 같은 가장 높은 평형 상태에 스스로 알아서 도달하지는 못한다. 4, 4의 균형을 이루려면 인위적인 행위, 즉 사회 계약의 창출과 강제력이 필요하다. 다음 표는 이러한 가능성을 나타낸다. 자연 상태(2, 2)에서 사회 계약 덕분에 4, 4

의 균형으로 화살표 방향으로 이동하는 것이다. 이 표에서는 제재 없이 게임의 원래 보상만 남겨두었다.

A/B	사슴	토끼
사슴	4, 4	
토끼		2, 2

그림 6.3. 홉스와 로크

따라서 사회 계약은 각 개인과 사회 전체의 '파레토적' 향상, 즉 효율성이 향상되게 만든다. 사회 계약은 사람들이 알아서 약속과 협약을 지킬 수 없는 자연 상태에서는 존재하지 않는 새로운 사회성, 즉 시민사회를 인위적으로 '창조해'낸다.

> 공동체commonwealth 밖에는 정념의 지배, 전쟁, 두려움, 빈곤, 추악함, 고독, 야만, 무지, 그리고 광포함이 자리한다. 그러나 공동체 안에는 이성, 평화, 안전, 부畜, 찬란함, 사교적 삶, 세련된 취향, 학문, 그리고 선의가 존재한다.(《시민론》, p. 116)

이러한 공동체는 저절로 생기는 것이 아니라 인위적이다.

상호 원조만을 목적으로 한 결사 societas는 그 합의나 결사에 참여한 이들에게 우리가 찾고자 하는, 곧 서로의 관계 속에서 앞서 제시된 자연법을 실천할 수 있는 안전을 보장하지 못한다. 따라서 여기에 반드시 덧붙여야 할 것이 있다. 바로 **공포의 요소**이다. 그것이 있어야만 평화와 상호 원조, 공동선을 위한 합의가, 사적 이익이 공동선과 충돌할 때 불화 속에서 무너지는 것을 막을 수 있기 때문이다.(같은 책, pp. 70-71)

협력적 균형을 이루려면 사회 계약과 리바이어던이 모두 필요하다. 리바이어던은 '사적 이익이 공동선과 충돌할 때' 토끼를 쫓으려는 유혹에 빠지지 않도록 막아준다.

이 급진적 논제를 설명하려면 루터를 따라 '자연 상태의' 인간은 현세적 욕망, 자기중심주의, 권력욕에 시달리기 때문에 적어도 공적 영역에서는 우정을 맺을 수 없다고 보았던 홉스의 인간관을 떠올려야 한다.

그러나 로크가 바라보는 사회 계약론과 자연 상태론은 이런 관점과 분명 다르다.

아주 간단하게 말해서, 홉스에게는 전쟁이 자연의 조건이자 자연 상태이고, 시민사회의 평화를 보장할 목적으로 사회 계약이 들어온다. 반면 로크는 자연 상태는 평화와 조화를 이루지만, 자원의 부족과 사유 재산으로 인한 갈등 때문에 **전쟁으로 끝나는 것을 피하기 위해 사**

회 계약에 의지해야 한다고 보았다.[9]

존 로크의 《통치론Treatise》을 읽어보자.

> 여기서 우리는 자연 상태와 전쟁 상태의 차이를 분명히 알게 된다. 일부 사람들은 이 둘을 혼동해왔지만 두 상태는 서로 멀리 떨어져 있다. 그것은 곧 평화, 선의, 상호 원조, 보존의 상태와, 적대, 악의, 폭력, 상호 파괴의 상태가 서로 떨어져 있는 것만큼이나 먼 것이다.(§19)

이 설명은 자연 상태에 관한 홉스의 정의에 간접적이지만 명확하게 응답하기 위해 쓰인 것이다. 그는 계속해서 이렇게 말했다.

> 전쟁 상태는 하늘에 호소하는 것 외에는 다른 방도가 없고, 조금이라도 의견 차이가 생기면 결국 파국으로 이어지며, 다투는 사람들 사이에 판결을 내릴 권위자도 없다. 이러한 전쟁 상태를 피하자는 것이 사람들이 사회를 이루고 자연 상태를 벗어나는 가장 큰 동기이다.(같은 책, §21)

각 개인은 이 단계를 기꺼이 밟는다. "자연 상태에서는 인간이 그러한 권리를 소유하고 있지만, 그 권리를 누리는 것은 매우 불확실하고 끊임없이 다른 사람의 간섭에 노출되어 있기" 때문이다. (같은

---

9   빈모어(Binmore, 2005, p. 25)는 오늘날 로크의 이러한 '낙관적' 시각을 비현실적인 '목가적 낙원'이자, 새로 생겨나는 상업 사회를 도덕적으로 정당화하려는 이념의 산물이라고 여긴다.

책, §123)

로크는 홉스와는 다른 인간관의 영향을 받았으며, 이 관점은 아리스토텔레스 전통의 인간관과 크게 다르지 않다. 사실 7장의 도입부에는 이런 말이 나온다.

하느님께서는 인간을 만든 후, 그가 홀로 살아가는 것이 바람직하지 않다고 판단하셨다. 인간은 필연성과 편의, 그리고 본성적 성향에 의해 사회로 이끌리게 되었다. 최초의 사회는 남편과 아내 사이에서 이루어졌다. (같은 책, §77)

동시에 로크는 가족이 "아무리 작은 국가와 유사하다 할지라도 국가와는 매우 거리가 멀다."고 분명하게 말한다. 이 점에서는 홉스와도 일치한다. (같은 책, §63)

로크의 이론 덕에 우리는 '아리스토텔레스적' 인간관과 사회 계약이 구조적으로 잘 맞아떨어진다는 것을 알 수 있다. 국가는 로크의 생각처럼 인간 본성에 이미 존재하는 것을 '유지'하고 보호하기 위해 생겨나기도 하고, 홉스의 생각처럼 자연에는 존재하지 않는 사회성을 창조하기 위해 생겨날 수도 있다. 하지만 어떠한 사회성이란 말인가?

그로티우스의 사회 계약론은 홉스와는 거리가 더 멀고, 어떤 면에서는 로크와 더 가깝다. 이 이론은 아리스토텔레스-토마스 전통,

알투시우스, 자연법 전통과 직접 연결된다. 그로티우스에 따르면 인간의 특징은 존엄과 사회성, 즉 '사회를 만들려는 강렬한 열망, 즉 아무 사회가 아니라 자신과 비슷한 사람들과 함께 평화롭고 자신의 지성에 따라 조직되는 사회적 삶을 살려는 강렬한 열망'(1979[1625], pp. 34-35)이다. 그로티우스는 자연 상태에서 자연권이 보장되지 않고 취약하기 때문에 사회 계약이 생겨났다고 보았다. 따라서 사회 계약의 기능은 사회성을 만들어내는 것이 아니라 보장하고 허용하는 것이다.

> 그로티우스는 우리가 상호 이익이라는 개념에서만 기본 원칙을 도출하려고 해서는 안 된다고 분명히 말한다. 인간의 사회성은 이익이 인간이 올바르게 행동하는 유일한 이유가 아님을 시사한다. 그로티우스는 분명, 상호 이익보다는 사회성과 존중을 기반으로 한 사회가 시간이 지나도 안정적으로 유지될 수 있다고 믿었다.(Nussbaum, 2005, p. 37)

만약 우리가 그로티우스나 로크가 그리는 사회 계약을 여전히 사슴 사냥 게임의 언어로 표현하고자 한다면, 홉스의 사례와는 대칭적인 그림을 얻게 될 것이다.

그림 6.4와 6.3을 비교했을 때 방향이 바뀐 점선의 화살표는 실제가 아닌 가상의 변화를 나타낸다. 사회 계약은 사유 재산과 자원 부족으로 인해 발생할 수 있는 잠재적 갈등의 맥락 속에서 사회적인

A/B	사슴	토끼
사슴	4. 4	
토끼		2, 2

그림 6.4. 사슴 사냥 게임으로 재해석한 그로티우스 - 로크가 말하는 사회 계약

삶을 보호하는 장치이다. 사회 계약이 없다면 갈등이 발생할 것이다. (2, 2)

사슴 사냥 게임으로도 사회 계약의 문제를 표현할 수 있기는 하지만 로크의 원래 사상을 더 충실히 표현하고 싶다면 이를 죄수의 딜레마 게임으로 표현할 수도 있다. 이미 언급했듯이 사슴 사냥 게임에는 두 개의 균형이 있는 반면, 죄수의 딜레마에는 비협조적 균형이라는 하나의 균형과, 비협조라는 하나의 지배 전략만이 있다. 협조 전략은 보수 측면에서도 보상이 더 크지만[10] 죄수의 딜레마 게임에서는 균형이 이니다. 개인의 관점에서 협력은 결코 합리적이지 않다. 만약 로크의 사회 계약을 동적이든 반복적이든 죄수의 딜레마로 표현한다면, 자연 상태에서의 협력이 안정적이지 않고 무임승차라는 일방적 기회주의에 노출되어 있음에 주목해야 한다. 사회 계약

---

10 이것이 '파레토 우위' 상황이다. 파레토(Pareto, 2006[1906])가 정의한 대로 효율성 측면에서 우위라는 의미이다.

A/B	사슴	토끼
사슴	3. 3	1, 4
토끼	4, 1	2, 2

그림 6.5. 죄수의 딜레마로서의 사회 계약

이 있어야 협력의 성과를 균형으로 선택하게 된다.

로크의 논의에서도 사회 계약은 협력적 균형이라는 결과를 초래한다. 다만 그 밑바탕의 인간관은 상당히 다르며, 그렇기에 사회 계약의 성격도 다르다. 고전적 또는 아리스토텔레스-토마스적[11]이라고 부를 만한 이 해석에서는 사회성이 인간 삶의 자연스러운 차원이기에 계약을 **낳았다**고 본다. 그에 비해 홉스적 해석에서 사회 계약은 자연의 상호성을 **대체**하며, 상호 의무나 부담이 없는 상태immunitas에 기초한 새로운 형태의 사회적 관계이다.

7장에서는 홉스와 계약주의 전통에 비추어 볼 때 정치경제학의 부상을 어떤 면에서 연속 또는 단절로 볼 수 있을지 살펴보고자 한다.

---

11 나는 여기서 로크와 아리스토텔레스-토마스주의 전통이 다 이어진다고 주장하려는 것이 아니다. 우리는 로크의 사회 개념이 많은 면에서 아리스토텔레스나 아퀴나스와 다르다는 것을 알고 있다. 아리스토텔레스나 아퀴나스의 논의에서는 사회 계약이라는 개념을 찾아볼 수 없다.

3. 발명되자마자 '죽임당한' 개인들의 공동체

이제 우리 논의의 첫 번째 '유인점'에 도달했다. 공동체의 삶이라는 관점에서 볼 때 근대는 역설적이다. 근대라는 명칭은, 그리스와 이스라엘에서 시작된 과정과의 연속성이 더 이상 보이지 않기 때문에 붙은 이름이다. 근대는 공동체가 개인들로 이루어진다는 개념을 받아들이면서 시작된 바로 그 순간에 그러한 공동체의 죽음을 선포해야 했다. 이러한 이중적 과정은 홉스의 작업에서 가장 명확하고 급진적인 방식으로 드러나지만, 이는 노르베르토 보비오가 명명한 '자연법' 전통 전체의 공통된 경향을 보여주는 것이기도 하며, 이 전통은 18세기부터 서구에서 지배적인 흐름이 되었다.

사실 홉스에 관한 기존 연구에서 충분히 강조되지 않은 측면을 주목할 필요가 있다.

홉스가 시민사회를 인위적 창조물로 보았다면, 그가 묘사하는 **자연 상태** 역시 '인위적'이거나 이상적이고 전형적인 속성을 갖고 있음을 기억해야 한다. 사실 홉스 시대나 그 이전 시대의 사람들은 평등하고 자유로운 개인이 아니었고, 계약에 실제 서명을 하기는커녕 협약의 편리함을 알아차릴 만한 위치도 아니었다. 구체제에 실제 살았던 사람들은 개인이 아니라 여전히 '계약'이 아니라 '신분'에 의해 지배되는 신성한 공동체에 속해 있는 신민들이었다. 우리는 앞 장에서 예수 그리스도의 삶과 부활이 지닌 파괴적 힘과 그리스, 로마, 유대 문화의 새로운 징후에도 불구하고 고대의 신성한 공동체가 중세 시대 내내 보존되었음을 언급했다. 실제 루터는 당대의 분위기를 잘 읽어냈고, 이를 바탕으로 종교적, 정치적 개혁을 이루었다.

홉스가 묘사한 인위적 시민사회는 마찬가지로 인위적인 자연 상태를 기원으로 둔다. 인간이 홉스의 묘사처럼 근본적으로 이기적이거나 반사회적이지 않을 뿐만 아니라, 17세기의 인간은 아직 개인이 되지 않았기 때문이다. 남성, 성인, 가부장, 정치인, 성직자나 상인들과 같이 홉스가 의도한 의미에서 우리가 '개인'이라고 할 만한 사람들조차 홉스가 이론에서 말하는 수준의 평등과 자유의 조건에 거의 도달하지 못했다. 그들 대부분은 부족, 도시, 교회, 제국 등 자신이 속해 있는 공동체의 산물이었고, 그들의 자유에는 제약과 조건이 붙었다.[12] 물론 그리스 폴리스나 중세 도시에도 개인이라고 할 만한 사람들이 있었고, 나 역시 당시에 개인이 없었다고 말할 생각은 없다. 다만 그런 사람들은 예외였을 뿐, 일반적이지 않았다. 구체제의 문화는 개인의 문화가 아니었다.

이 지점은 우리 논의에서 중요하다. **근대가 개인들의 공동체를 '없앴다'고 말하려면, 우선 개인들의 공동체가 존재해야 한다. 이 가능성을 찾아낸 것이 근대였고**, 홉스의 정치 이론은 이러한 근대성을 가장 탁월

---

12   경제 교류와 같은 일부 영역에서는 실제 자유가 존재했다. 배우자 선택의 자유는 그보다 적었고, 종교나 지위 선택의 자유는 거의 없었다. 수녀원장이나 공작 부인이 아닌 이상 여성의 자유와 평등은 거의 없는 것과 마찬가지였다.

하게 드러냈다.

개인이 실제로 태동하기 이전에 이미 그 가능성을 내다볼 수 있었던 이러한 능력은, 홉스 사상의 중요한 이론적 강점 가운데 하나이기도 하다.[13] 홉스는 개인에 대한 일종의 이론적 낙태를 감행했다. 내 심한 비유에 용서를 바란다. 관계를 맺는 개인은 이제 막 생겨나는 단계였지만 태어나기도 전에 제거되었다. 홉스는 자유롭고 평등한 인간으로 구성된 도시를 긍정적 관계성이 없는 도시, 끊임없는 내전이 벌어지는 도시로 상상했다. 실제로 그것이 당시 종교 전쟁 속에서 그가 유추할 수 있는 비문명적 도시의 모습이었다. 홉스가 정치 이론을 발전시키던 당시 유럽은 30년 전쟁의 한가운데에 있었다. 그러나 그 전쟁은 자유롭고 평등한 개인들이 일으킨 것이 아니라 수천 년 동안 유럽을 지배해온 신성한 공동체가 마지막으

13　내 관점과는 달리, 루소는 홉스 이론의 '역사적' 오류를 많이 주장했다. 그는 홉스의 자연 상태를 비판했다. 실제 인간이 홉스가 묘사한 자연 상태와 맞지 않아서가 아니라, 홉스가 말하는 자연 상태가 '자연의' 상태가 아니라 시장경제에 의해 타락한 '인위적' 인간 본성의 산물이었기 때문이다. 루소의 사회 계약론이 결국 본질적으로 자여이 아닌 이미 쇠퇴한 상태의 국가(2, 2)에서 시민사회(4, 4)로의 전환의 필요성을 긍정한다는 점에서 홉스의 이론과 별로 다르지 않기는 하지만, 루소의 인간 개념은 좀더 낙관적이다. 홉스에 관해 언급했던 내용과 비슷한 부분이 로크의 《통치론》(§95)에도 담겨 있다. 흥미롭게도 최근 문화인류학 연구들은 루소의 '세 단계' 이론과 유사한 현실을 강조한다. 이러한 연구들은 약 11,000년에서 10,000년 전 비옥한 초승달 지대에서 발달한 신석기 시대 농업 혁명 이전, 수렵 채집인들의 소규모 공동체는 위계가 거의 없이 실질적으로 평화롭게 살았음을 밝히고 있다.(조사는 De Waal, 2001 참조. 흥미로운 힌트는 Binmore 2005, 9장에도 나온다.) 농업 혁명과 고대 대제국들이 등장하면서 새로운 빈곤과 사회적 갈등이 잦은 단계가 나타난다. 이 시기 고대 대제국은 강력한 위계와 신성성을 특징으로 한다. 이전 장에서 살펴보았듯이 이 단계는 중세 시대 내내 지속된다.

로 부르는 백조의 노래였다. 홉스는 평등하고 자유로운 개인이 존재할 가능성을 엿보았지만 그런 존재의 탄생을 막았다. 사실 부분적으로는 홉스 사상으로부터 영향을 받았기 때문이기도 하지만, 근대에 나타난 개인은 관계 속의 개인이 아니라 타인과 단지 도구적 관계만을 맺는 개인이다. 중세는 관계를 맺으며 살아갈 수 있는 공동체적 인간person을 낳을 수도 있었지만 중세가 남긴 것은 그저 개별적으로 존재하는 개인individual이었다.

홉스는 세상이 변화하고 있음을 누구보다 잘 내다보았고, 세상의 실제 변화보다 앞서 자신의 이론에 이를 담아냈다. 그가 위대한 것이 바로 이 점이다. 신성한 공동체가 쇠퇴한 자리에 새로운 무언가가 탄생하고 있었다. 신성한 중재자가 제거되고 그리스도교christianitas를 지탱하던 태양이 지고 나자 방향 감각을 잃은 근대인은 주위를 둘러보다가 다른 개인, 즉 내가 아닌 다른 사람의 존재를 깨달았다. 근대 이전 세계에서 인간은 초월적 절대자를 인식하고, 초월적 절대자와 그의 역사적 중재자들에게 복종하는 열등한 자리에 있었다. 홉스가 겨우 엿본 새로운 개인은 처음으로 일반화되고 급진적인 방식으로 다른 개인, 자신과 비슷하지만 다른 개인과 마주하게 되었다. 각각의 '나'가 있다는 것은 나와 비슷한 또 다른 '나', 즉 '나 아닌 나'가 있다는 뜻이고, 그래서 문제가 된다. 개인은 자신보다 위도 아래도 아닌, 자기 옆에 있는 누군가의 앞에 마주 서게 되었다.

츠베탕 토도로프Tzvetan Todorov는 이에 대해 다음과 같이 썼다.

인간다움이란 무엇인가를 둘러싼 유럽 철학 사상의 큰 흐름을 공부하다 보면 예상치 못한 결론에 도달한다. 사회적 측면, 즉 공동체의 삶이라는 요소가 인류에게 필요하다는 인식이 일반적이지 않다는 것이다. 그렇다고 해서 이러한 주장이 명시적으로 드러나는 것은 아니다. 그저 그러하리라고 추정될 뿐, 명제로서 정식화되지는 않기 때문이다. (Todorov, 2001[1995], p. 1)

무엇보다 타인은 '상처'로 인식되므로, 가능하다면 피해야 할 악으로 여겨진다. 근대인은 이 상처와 관련된 '축복'을 보지 못한다. 그렇기에 우리는 타인으로부터 벗어나려고, 어떻게든 탈출구를 찾으려고 한다. 근대가 찾아낸 두 가지 위대한 탈출 경로는 리바이어던과 시장이다. 이는 자유롭고 평등하지만 잠재적으로는 사람을 죽일 수도 있는 개인 간의 관계에서 발생하는 고통을 피하기 위해 도입된 새로운 중재자였다.

사실 근대성은 타자를 동등한 존재로 만들었고 그렇게 대하지만, 그로 인한 거친 각성도 이어졌다. 진정한 타자성은 필연적으로 '아님'에서 온다는 것을 발견한 것이다. 근대에는 주체로서 자신의 존재를 발견하는 데 따른 찬탄과 함께 타인의 존재에 대한 두려움도 생겨났다. 근대인은 '나'라는 단어를 내뱉으면서 동시에 두려움에 차 '너'를 말한다. 타자를 발견해서 서로를 인정하는 것이 아니라 타인의 눈을 마주치지 않기 위한 탈출구를 찾는 연구가 열렸다. 탈출구를 찾으려는 모색은 각종 기술과 점차 더 긴밀하게 연합하며 계속해서 발전 중이다. 홉스는 누구보다도 이러한 시대적 변화를 잘 이해하고 예견했으며, 자신의 영향력 있는 저서를 통해 근대로의 진화를 구체화했다.

타자를 발견하면서 알게 된 '아님' 앞에서 홉스는 공동의 삶 그 자체를 대가로 치러야 할 만큼 이러한 수평적 사회성이 가져올 위험이 너무 크다고 생각했다. 그로 인해 유럽 사회는 **개인이 없는 공동체에서 공동체가 없는 개인을 특징으로 하는** 사회로 변모했다.

신성한 중재자의 자리는 리바이어던과 시장이 차지했으며, 이로 인해 '나'와 '너'를 구분하는 공간을 가로지르는 여정이 다시 한번 늦어졌다. 자유롭고 평등하며 형제애적인 공동체의 가능성은 서구 문화에 허락되지 않았다. 서구 문화는 그 대신 자유도 없고 평등하지도 않은 형제애의 신성 공동체와, 공동체 없이 자유롭고 평등한 개인을 경험했다.

나는 홉스의 이론이 매우 예언적이라는 인상을 강하게 받았다. 왜냐하면 이러한 모습이 17세기 중반보다 오늘날에 훨씬 더 맞아떨어지는 것 같기 때문이다. 이와 관련하여, 오늘날 홉스의 이론이 사회 이론에서나 사회와 기업에 적용된 계약 중심의 운영 방식 속에서 여전히 힘을 발휘하는 것은 매우 상징적이다. 홉스의 관점은 일부 이해관계자 이론에서도 드러난다.

다원적이고 자유로운 좋은 사회가 **정의로우려면**, 인연이나 열정에

얽매이지 않고 선善에 대한 개인적 신념은 사적 영역 안에서만 드러
내는 개인이 절실히 필요하다. 그래야만 '나'와 '너' 사이의 다양성을,
아주 단순히 말하자면 **제거하는** 방식으로 다룰 수 있게 된다. 즉 점점
더 정교해지는 사회적, 사적 계약으로 자신을 보호하는 것이다. 이
러한 계약은 대화나 직접적인 만남을 요구하지 않으며, 오히려 롤스
(1971)가 말한 것처럼 **상호 무관심**을 요구한다. 이러한 계약은 사람들
이 만나거나 접촉하는 일이 적을수록 더욱 자유로워지는 사회를 만
들어낸다.

계약의 상호성은 따라서 새로운 형태의 상호성이 되었으며, 그
힘은 경제 영역에서 가장 온전하게 표현된다. 이러한 이유로 다음
장부터는 정치경제학의 기원과 전통에 대해 더 진지하게 살펴보려
고 한다. 정치경제학은 아마도 정치 이론보다 근대성의 면책 프로젝
트, 즉 의무와 부담으로부터 벗어나는 일을 더 적합한 방식으로 구
체화하고 있을 것이다. 이 프로젝트는 중재하는 공동체 없이, 자신
과 동등하지만 우정의 능력도, 어떤 긍정적이고 직접적인 관계를 맺
을 능력도 갖지 못한 타인의 처분에 스스로를 맡겨야 하는 개인의
관점에서 바라봐야만 온전히 드러난다. 16세기와 17세기 사이 유럽
의 내전과 종교 전쟁 속에서 나타난 공동체의 삶이 이런 모습 아니
었을까? 그리스도교의 신앙fides이 더 이상 공동체적 삶의 기반을 제
공할 수 없게 되자, 시장은 새로운 세속적 신앙이자 공동의 삶을 지
탱하는 새로운 정신이 되었다.

제7장

시장의 관계성을
사회에 주입하면?

L'ETHOS DEL MERCATO

부富라는 개념이 항상 문명화의 초석은 아니다.

많은 경우 부는 결과이고, 어떤 때는 목표 중 하나이며

또 다른 경우에는 단지 수단에 불과하기도 하다. …

그러므로 사람이 많은 재화를 축적하여 큰 부자가 될 수는 있지만

그렇다고 문명인이 되는 것은 아니다.

- 루도비코 비안키니(Ludovico Bianchini)(1855)

1. 얼굴 없는 시장

중세는 시장경제의 위대한 인큐베이터였다. 시장과 상인은 인류 역사에서 항상 존재해왔다. 심지어 어떤 의미에서는 선사 시대에도 존재했다. 다만 오늘날 우리가 **시장경제**라고 부르는 새로운 형태는 중세에 나타났다. 시장경제는 근대 후기에 나타났지만 중세의 가을에 우리는 이미 그 모든 요소와 나중에 싹트게 될 씨앗을 가지고 있었다.

중세의 가을이란 역사학자 요한 하위징아(Johan Huizinga)의 책 제목이기도 한데, 서양 중세의 수확기이자 쇠락기인 14~15세기를 뜻한다.

중세의 피데스(fides, 신뢰 관계)와 필리아(philia, 우애)는 처음에는 루터가, 그리고 이어서 칼뱅과 다른 개혁가들이 앞장섰던 프로테스탄트 종교개혁 이후로 유럽의 상업 및 금융 교류에서 더 이상 중재자로서의 기능을 하지 못하게 되었다. 중세와 시민 인본주의 시대에 시장은 기본적으로 개인 사이의 관계망이었기에 익명이 아니었다. 실제 각각의 사람들이 어떤 정체성과 삶의 이력을 가지고 살아왔는지가 시장에서 그 사람의 신뢰를 결정했다. 피렌체, 베네치아, 마르세유, 브뤼헤는 이러한 상업 윤리를 바탕으로 부를 축적했다.

16세기 중반부터 그리스도교인들 사이에 일어난 내전과 종교 전쟁의 여파로 유럽은 새로운 교류의 기반, 즉 '끈'을 찾기 시작했다. 몇 세기 후에 제노베시가 언급했듯이 피데스에는 '끈'이라는 뜻도 있다. 새로운 유럽에는 새로운 사회적 유대, 새로운 끈이 필요해졌다.

개인적 정체성과 시민권에 기초한 신뢰는 더 이상 작동할 수 없게 되었다. 이제 정체성과 시민권이 오히려 신앙의 분열이나 그와 관련한 역사나 상황을 떠올리게 하기 때문에, 평화를 확보하고 상업을 재개하려면 그런 요소들을 배경으로 미뤄두어야 했다. 그래서 17세기에 들어 상인들과 국가들은 적어도 도시 간, 국가 간 교환을 위해 새로운 시장경제를 만들어낼 수밖에 없었다. 그것은 익명적이고 금융적인 성격을 지닌 경제로, 더 이상 구체적인 인격과 그들의 정체성이 유럽과 신대륙을 오가는 것이 아니라 신용증서, 지폐, 주식이 유통되는 체제였다. 17세기부터 시장은 탈인격화되기 시작했고 낯선 사람들 사이를 중재할 수 있는 관계의 형태로 변했다. 자본주의가 유럽에서 등장한 것이, 교환된 상품이 그것을 만들어낸 사람들의 정체성과 연결을 잃기 시작한 바로 이 시점이었다.

이러한 놀라운 변화가 인간관계에서 다양성과 정체성(종교, 민족, 국가)을 나타내는 모든 개인적 요소의 힘을 무력화한 덕분에 수백만에서 오늘날에는 수십억에 이르는 사람들을 포함할 만큼 교환의 엄청난 확장이 가능해졌다. 이제는 시장에서 교환하기 위해 상대방이 나와 다르다는 점 때문에 괴로워할 필요가 없어졌다. 가격 체계가 하나의 '제3자'로 작동하여, 잠재적으로 상처가 될 수 있는 요소들을 중화하기 때문이다. 근대 시장의 양면성은 여기서부터 나온다. 후기 근대 시장에서는 이 양면성이 더욱 심하다. 인간의 다양성을 무력화하고 평준화함으로써 시장은 누구와든, 예를 들어 예전에는 거래하지 않았을 동방의 무슬림과도 거래할 수 있게 만든다. 서로 신의가 있거나 종교가 같지 않더라도, 서로의 필요와 욕구만 있으면 거래를 하기에 충분해졌다. 이러한 유형의 관계성은 에로스Eros와 마찬가지로 보편주의적이다. (Marion, 2006) 이에 관해서는 앞으로 더 다룰 것이다. 동시에 이 보편주의는 서로 다른 얼굴을 지닌 사람들이 만나는 관계망이 아니라 다양성 없이도 교환이 이루어지도록 하기 위해 동질화한 주체들 사이의 서로 무관심한 관계이다. 근대 경제는 시장의 매우 혁신적이고 포용적인 힘도 만들지만 외로움과 익명성을 만들어내는 놀라운 능력도 갖고 있다. 근대 시장의 논리에서는 깊은 인간관계가 고통을 가져다줄 수도 있기 때문에 사적 영역에 가두는 것이 최선이라고 보았다. 공적 영역에서 누구에게나 형제애를 발휘하는 것이 위험하다고 여겼기 때문이다. 이는 근대 사회의 핵심 정신으로 여겨지는 프랑스 대혁명의 자유, 평등, 형제애 중에서 형제애가 없이 공적 영역에서 평등과 자유만으로 만족할 수 있느냐의 문제와도 연결된다.

2. 근대 정치경제의 기원에 관한 더 많은 이야기

우리는 앞서 설명한 예방 접종을 통한 면역이라는 은유로 돌아가서, 애덤 스미스가 말한 근대 경제가 상업 사회라는 '새로운 공동체'에 집어넣은 사회관계의 작은 조각이 사실은 공동체가 지니던 전형적이고 살아 있는 관계를 고갈시키고, 다른 사람과의 개인적이고 위험한 관계라는 바이러스로부터 자신을 보호하려고 그 관계를 끊으려는 독임을 보게 될 것이다. 시장에 침투한 이러한 유형의 사회성은 근대 사회가 자유롭지 못하고 불평등하다고 여기는 직접적인 인간관계의 '해악'을 없애려고 사회라는 신체에 주입하는 해독제이다. 이러한 관점에서 애덤 스미스는 홉스와 같은 입장이다. 애덤 스미스는 직접적으로 맺는 수평적 관계는 시민적이지 않다고 보는 부정적인 입장이었고, 그렇기 때문에 관계의 상처라는 거대한 해악을 없앨 백신인 '약간의' 다른 관계성을 시장에 도입하여 그 직접적이고 수평적인 관계를 끊어야 한다고 생각했다.

홉스도 마찬가지로, 시민사회는 '자연 상태'가 아니라 시장과 같이 인위적으로 만들어진 산물이라고 보았다. 이러한 인위적 구조 안에서 자기 이익을 추구하는 개인들의 행위가 '국부國富'와 같은 의도하지 않은 공동선을 낳으려면 그 구조를 의도적으로 창출해야만 한다.

애덤 스미스를 비롯한 근대 정치경제 및 시민경제의 창시자들에 따르면 시장은 인간이 사회를 이루어 살면서 생겨난 자연스러운 결과가 아니라는 점을 기억하는 것이 중요하다. 이 관점에서는 스코틀랜드와 이탈리아 전통에 별 차이가 없다. 애덤 스미스는 "물물교환과 거래"는 자연스러운 본능이지만, 그러한 자연스러운 본능이 공동선, 즉 문명을 생산하려면 잘 설계된 제도, 정의로운 법과 부패하지 않은 심판이 이루어져야 한다고 말한다. 예를 들어 흄은 정의가 상업 사회의 본질적 덕목으로, 자연적 감정에 휘둘리지 않을 만큼 매우 공정하다는 점에서 자연적이 아니라 인위적이라고 보았다. 반면 호의의 원천인 동정심은 자연적이라서 사회적으로나 정서적으로 가까운 사람에게만 발휘되기 때문에 낯선 타인에게는 작동하지 않는다. 그래서 정의의 감각을 유지하려면 낯선 사람을 필수적으로 고려할 수 있어야 한다. (Bruni and Sugden, 2000 참조)

나폴리에서는 비코(Vico, 1744)가 이미 시민사회 안에서, 특히 '시민적 행복'을 달성할 수 있는 도시 사회 안에서만 탐욕과 야망 같은 개인의 악덕을 부와 정치 등 공동선으로 전환할 수 있다고 주장한 바 있다. 여기에서는 '시민적'이라는 형용사가 중요하다.

시장은 다른 것은 배제하거나 사적 영역에 맡기면서 인간 사회성의 일부 차원만을 선택함으로써 작동하고 경제와 사회의 발전을 도모한다는 면에서 인공적인 구조물이다. '백신'의 은유를 생각해보라. 예를 들어 시장은 우정과 자비가 없어야 작동한다. 이것들은 인간의 사회성을 이루는 자연스러운 차원이지만 가격 신호의 기제를 위험에 빠뜨릴 수 있다. 동시에 애덤 스미스가 말하는 시장의 인공성은 홉스의 그것과 동일하지 않다. 홉스가 볼 때 시민사회를 창조하는 것은 이중 서약, 즉 시민들 사이의 협정, 그리고 시민들과 리바이어던 사이의 협정이며, 자연적 사회의 지위를 말살하고 절대적인 권위로 인간이라는 짐승의 반사회적 본능을 길들이는 것이다.

애덤 스미스는 흄의 주장을 상기시키면서 상업 사회는 인위적이라고 설명한다. 인간관계성의 가장 '위험한' 차원을 길들이고 무용지물로 만들며, 재산권에서 법원까지의 제도를 인위적으로 창출함으로써 작동하기 때문이다. 그러나 보다 급진적인 의미에서, 그리고 성치경제학의 창시자들이 가장 불편해할 것 같은 해석에 따르면, 스미스가 말하는 상업 사회는 홉스적 시민사회 안에서만 가능하다. 홉스가 말하는 시민사회의 사회 계약은 사적 이익을 연금술에 가깝게 공동선으로 바꿀 제도적 조건을 인위적으로 조성한다. '보이지 않는 손'이 작동하려면 계약 이행 또는 계약 당사자들에게 올바른 인센티브, 특히 평판을 보장하는 명확하게 가시적이며 상당 부분 인위적인 제도가 필요하다.

따라서 홉스와 스미스의 프로젝트 사이에는 일종의 연속성이 있다. 홉스는 아마도 자유롭고 평등한 개인 간의 사회 계약에 기초한 근대 사회societas가 탄생하려면 공동체communitas가 죽어야 한다는 필요성을 이론화한 가장 급진적인 사람일 것이다. 스미스는 이런 점에서 홉스만큼 뚜렷한 입장을 보이지는 않았지만 그렇다고 해서 홉스보다 덜 급진적이라고 할 수는 없다.

이들의 인류학적 접근 방식은 다르다. 홉스는 루터를 따라 인간이 동료들과 함께 자연스럽게 어우러져 긍정적인 사회성을 구축할 능력을 매우 비관적으로 바라본다. 그에 비해 스미스는 특히《도덕감정론》(1759)에서 인간이 근본적으로 관계적이고 타인과의 순수한 관계에 열려 있다고 보는 관점을 제시했다. **동정, 동료 의식, 감정의 조응**, 이런 것들은 절대적으로 사회적인 범주이다. 우리는 이를 기초로 스미스를 인간관계의 심리학 및 사회학에 가장 많이 기여한 학자로 꼽을 수 있다. 이와 동시에 홉스와 스미스에게는 고대와 전근대의 사회적 관계라는 공통의 적이 있다. 두 사람은 이러한 관계를 극히 부정적이며 **자유 사회**와는 정반대라고 보았다. 홉스도 반봉건 논쟁을 사실상 스미스만큼 중요하게 다루었다. 곧 살펴보겠으나 흄과 제노베시도 마찬가지였다. 반봉건 논쟁은 마침내 자유롭고 사실상 평등한 새로운 사회에 필요한 사회 관계의 종류와 관련하여, 각기 다른 인류학 개념으로부터 출발하기는 하지만《리바이어던》과《국부론》의 저자들을 매우 비슷한 이론으로 이끌었다. 《국부론》에서 우리는 반봉건 논쟁에 관한 중요한 구절을 발견하게 된다.

> 공적 행복을 이루는 데 가장 중요한 혁신은 공익을 위해 봉사할 생각이 조금도 없는 두 계층의 사람들에 의해 이루어졌다. 대자본가들의 유일한 동기는 가장 유치한 허영심을 만족시키는 것이었다. 상인과 장인들의 동기는 훨씬 덜 우스꽝스럽기는 하지만, 그들은 단지 자신들의 이익을 위해서만 행동했고, 돈을 벌 수 있는 곳이라면 어디서든 돈을 번다는 자신들의 거래 원리를 추구했다. 자본가와 상공인 중 어느 쪽도 한쪽의 어리석음과 다른 쪽의 근면이 근본적으로 불러일으키는 위대한 혁신을 알지도, 예측하지도 못했다.(1976[1776], p. 440)

이보다 몇 쪽 앞에서 스미스는 통찰력의 기원과 관련하여 흄, 그리고 간접적으로 홉스를 언급한다.

상업과 제조업 덕에, 예전에는 이웃과 계속되는 전쟁 상태와 상전에 대한 노예적 의존 상태에 가깝게 살았던 국가의 주민들에게 점차 질서와 좋은 정부가 생기면서 개인의 자유와 안전을 보장하게 되었다. 이러한 영향은 지금까지 거의 주목받지 못했지만, 사실은 상업과 시장이 가져온 결과 가운데 가장 중요한 것이다. 내가 아는 한,

이 점을 강조한 유일한 사람은 흄이다. (1976[1776], p. 433)[1]

따라서 스미스가 정치경제학을 세우기 위해 진행한 핵심 작업에는 홉스와 비슷한 의도가 담겨 있다. 즉 자기 이익을 추구하는 상업적 교환이 공동의 의무인 무누스munus를 대신하게 된 것이다. 보다 정확히 말하면 '함께 이끌다'라는 뜻의 라틴어 쿰-트라헤레cum-trahere에서 유래한 계약의 상호성은 무누스와는 정반대의 관계로 이해되었다. 18세기에는 무누스가 대가를 바라지 않는 선물이 아니라 지켜야 할 의무로만 여겨졌다. 그리고 그렇게 볼 만도 했다. 무누스는 우리가 타인의 호의에 기대어 살고 있음을 표현하고 재확인시킨다. 그것은 의무를 지우고 우리를 묶는다. 반면에 계약은 개인을 자유롭게 하고 흔히 말하는 모두로부터, 특히 각각의 개인으로부터 독립시킨다.

이제는 스미스 사상의 몇 가지 주요 이론적 구절을 검토해볼 차례이다.

---

1 사실 이 기제를 흄이 처음으로 이해한 것은 아니다. 당시 스코틀랜드 학자들로서는 알 방법이 없었겠지만 비코는 흄보다 몇 년 앞서 흄의 역사, 사회 분석의 핵심에 있는 기제를 이미 완전히 이해하고 있었다.

3. 애덤 스미스의 자비심 없는 공동선

애덤 스미스가 한 말 중 지난 200년 동안 너무나 유명해져서 정치경제학을 떠올리면 기본적으로 상식이 되다시피 한 문장이 있다. 이 문장이 유명해진 것은 우연이 아니었다. '푸줏간 주인'에 관한 이 문장은 시장과 그 안의 대인 관계에 관한 스미스의 생각에 접근하기 위한 출발점으로 삼아야 한다. "우리가 저녁을 먹을 수 있는 것은 푸줏간 주인, 양조장 주인, 혹은 빵집 주인의 자비심 덕분이 아니다. 그들은 자신의 이익에 충실했을 뿐이다. 우리는 그들의 인간성이 아니라 이기심에 호소하며, 우리가 원하는 것이 아니라 그들의 이익에 대해 이야기한다."(1976[1776], pp. 26-27)

이 구절의 논리는 고전 자유주의 경제학의 핵심일 뿐만 아니라 시장 확장과 세계화에 대한 신뢰를 떠받치는 낙관적 인본주의를 이해하는 중요한 열쇠도 제공한다. 스미스는 '동료 시민의 자비심'이 갖는 독립적인 성격을 강조하며, 이를 시장경제가 가져온 새로운 사회성과 관련된 긍정적인 덕목으로 여긴다. 시장 관계를 통해 우리는 위계적 체계에서 다른 사람에게 의존하지 않고 우리의 필요를 충족시킬 수 있다. 우리 모두는 시장의 '보이지 않는 손'에 탈인격적이고 익명으로 의존하기 때문에 개인적으로는 누구에게도 의존하지 않으며, 어느 누구와도 개인적인, 그리고 잠재적으로 고통스러울 수 있는 방식으로 만날 필요가 없다. 우리는 많은 사람에게 기대어 살지만 누구와도 직접 만날 일은 없다.

> 각각의 상인이나 장인은 한 명이 아니라 수백 또는 수천 명의 다른 고
> 객을 상대하면서 생계를 유지한다. 따라서 그는 어느 정도 고객 모두에
> 대한 의무를 지지만, 그들 중 누구에게도 절대적으로 의존하지는 않는
> 다.(같은 책, p. 420)

사람들은 변덕스러운 친구가 아니라, 익명이고 상처 입을 위험이 없는 시장에만 의존하게 된다. 스미스에게는 이것이 시장경제가 바로 문명화 요소이고, 시민사회이자 그 자체로 문명이며, 시장 활동의 범위를 벗어나는 문명이 없는 이유이다.

이렇듯 스미스는 관계에 종속되지 않은 인간humanism of independence을 윤리적으로 정당화한다. 이는 잘 인용되지는 않지만 《국부론》의 푸줏간 주인이 나오는 바로 다음 부분에 나오는 이 한 문장에 잘 요약되어 있다:

"거지 말고는 아무도 동료 시민의 호의에 주로 의존하려 하지 않는다."(1976[1776], p. 27)

여기에서 우리는 논의의 또 다른 핵심 단계에 도달하게 된다.

시민의 '호의'는 아리스토텔레스와 토마스 아퀴나스의 전통이 공동선을 언급할 때 염두에 두었던 것과 정확히 같은 개념이다. 두 사람은, 모두에게 좋은 쪽을 도모하기 위해 자신의 이득을 위한 사적

이익의 일부를 기꺼이 포기하고 희생하려는 사람들의 의도적 행동에서 공동선이 발생한다고 보았다. 이 오랜 전통에 따르면 **의도적 호의** 없이는 공동선이 있을 수 없다. 이와 달리 홉스와 스미스는, 공동선은 개인의 사적 이익을 의도적으로 추구하는 행위의 의도하지 않은 결과라고 주장한다. 사적 이익을 직접 추구하다 보면 간접적으로 공동선을 생산하게 되는데, 여기에는 타인의 호의가 필요하지 않을 뿐만 아니라 새로운 시장 관계에 참여하는 사람들의 의도와 행동에 호의가 적을수록 더욱더 잘 달성된다. 또한 사익 추구는 신중함과 독립이라는 금욕적인 덕에서 비롯된다. 공정한 방관자들이 개인의 자기 이익 추구를 승인하는 것은 그것이 맺는 시민적 결실 때문이다. 버나드 맨더빌Bernard Mandeville과 달리 스미스는 이익을 추구하는 신중한 사람들의 사적인 행동을 악덕이 아니라고 보았다.(Hirschman, 1977; McCloskey, 2006)

《도덕감정론》에서 스미스는 인간이 태생적으로 동정, 호의와 타인과의 직접적인 관계에 끌리는 경향이 있음을 상기시킨다. 그렇기는 하지만 그리한 인류학적이고 심리적인 특성이 시장의 원활한 운영에 필수적인 것은 아니다. "그러므로 호의는 정의보다 사회의 존재에 덜 필수적이다. 사회는 호의 없이도 최선의 상태는 아닐지언정 유지될 수 있다. 그러나 불의가 만연한다면 사회는 완전히 파괴될 것이다."(1984[1759], p. 86) 스미스는 이런 전제 위에서 한 걸음 더 나아가 다음과 같이 말했다. "다양한 사람들 사이에서 사회는 … **어**

떠한 상호적인 사랑이나 애정 없이도, 효용이라는 관점에서 존속할 수 있다."(같은 책, pp. 85-86) 시장이 기능을 발휘하려면, 참여자들은 사람들이 만든 정의의 원칙을 존중해야 한다. 정의의 감각은 자신의 평판에 대한 관심이나 내면의 정의감, 또는 처벌에 대한 두려움으로부터 발생할 수 있다. 스미스의 이론에는 이러한 다양한 기제가 모두 나오며 각각이 중요한 역할을 한다. 그러나 정의의 탈인격적 원리는 사적 영역에서 가장 친밀한 사회성을 규제하는 원리와는 상당히 다르다.

이는 오늘날 많은 사람이 시장 윤리에 대해 가지고 있는 의견과 크게 다르지 않은 중요한 주장이다. 하지만 사실 이러한 논증에는 함정이 숨겨져 있다. 스미스가 말하는 **호의와** 매우 가까운 단어인 무상성 없이도 시민사회가 기능을 발휘하고 발전할 수 있다는 생각, 달리 말해 시장 계약이 선물보다 좋은, 심지어 더 시민적인 대안이 될 수도 있다는 생각이 이러한 복잡성을 야기한다. 이러한 주장은 오늘날 세계화된 세계에서 점점 더 많은 지지를 얻고 있다. 선물과 우정은 사적 영역에서 중요한 문제이지만 시장에서, 또한 시민, 경제 및 회사와 같은 조직 생활에서 우리는 선물과 우정 없이도 살 수 있거나 또는 살아야 한다. 선물과 우정이 있으면 괴로움과 유약함이 생길 수 있기 때문에 없이 사는 편이 좋다는 것이다.[2]

---

2   비록 일부 문헌에서는 시장 인본주의의 자유를 사회주의-공산주의 프로젝트의 평등과 대치시키지만(예를 들어 보비오를 떠올려보라) 자유주의 프로젝트도 평등에 관한 특정 개념에는 매우 대조

그러므로 스미스가 볼 때 호의나 자선은 봉건 사회의 지위와 불가분의 관계에 있었던 의무를 강화하고 양성하는 것이지, 무상성과 상호 자유의 표현과는 확실히 다르다. 스미스가 전근대 사회에서의 삶을 상상할 때 떠올리는 '타인'은 이타적 사랑인 아가페는 고사하고 우정의 관계도 자유롭게 만들 수 있는 사람이 아니다. 이들은 여기에서도 홉스가 말한 것처럼, 동등하게 '내 옆'에 있는 것이 아니라 '위'나 '아래'에 있는 사람이다. 달리 말하자면 공적 영역에서 타인과의 관계는 직접적이고 개인적이며, 스미스에게는 봉건 세계와 동의어이다. 그렇기 때문에 익명적이고 매개된 새로운 사회관계로 이를 극복해야 한다. 후자는 타인의 호의에 대한 의존과 **의무**로부터 자유롭기 때문에 훨씬 시민적이다. 시장에 열광적인 태도와, 전근대 공동체에서 소수의 봉건 영주들이 다수의 농노에게 가한 고통과 굴욕에 대한 분노를 함께 살펴보지 않고서는 스미스, 또는 제노베시나 피에트로 베리Pietro Verri가 품은 인본주의적인 영감을 이해할 수 없다.

스미스는 이러한 이유로 대규모 사회에서는 우정만으로는 충분하지 않다는 것을 깨닫고 다음과 같이 썼다. "문명사회에서 사람은 끊임없이 많은 사람들의 협력과 도움을 필요로 하지만, 일생은 우정을 나눌 사람 몇 명을 찾기에도 짧다."(1976[1776], p. 26) 그의 사상에는 훨씬 더 급진적인 요소가 있다. 만일 우리가 작은 마을 공동체처

적임을 기억할 필요가 있다. 이 글에서도 그러한 부분을 다룬다.

럼 친구들만 있어도 필요로 하는 것들을 다 얻을 수 있다 하더라도, 상업 사회는 더 시민적인 관계성, 도덕적으로 더 수준 높은 새로운 형태의 형제애philia를 제시한다고 볼 수 있다. 친구를 자의로 선택하고, 자유롭지 못하고 위계적인 지위로부터 벗어났기 때문이다.

요약하자면 스미스는 시장 중재에 의존한다. 적어도 이론적으로는 시장 중재라는 말을 발명한 사람이다. 그는 중재되지 않은 관계를 미개하고 봉건적이며 비대칭적이고 수직적인 관계와 동의어로 바라보고, 시장이 가족, 씨족, 우정 등 강한 유대에 얽매이지 않도록 막고 싶어 한다. 후대의 경제학에서도 이러한 우려는 계속 등장한다. 필립 윅스티드(Philip Wicksteed, 1910)는 이러한 우려를 분명하게 드러냈고, 루이지 에이나우디Luigi Einaudi와 20세기 자유주의 사상에서도 마찬가지이다. 시장은 우리로 하여금 이러한 직접적이고 시민적이지 않은 관계를 피해 보다 높은 인간관계를 만들 수 있게 해준다. 푸줏간 주인과 거지의 이미지로 돌아가보자. 우리는 그 거지가 시장에 들어간 후 예를 들어, 유급 일자리를 구하여 더 이상 구걸하지 않고 고기를 사기 위해 푸줏간으로 돌아갔다고 상상함으로써 스미스의 주장을 설명할 수 있다. 이 새로운 관계는 시장에 의해 매개된다는 바로 그 이유 때문에 스미스에게는 시장이 없는 봉건 세계의 전형적인 종속 관계보다 더 인도적이다. 상업 관계를 특징짓는 탈인격성과 상호 무관심은 스미스의 눈에 부정적으로 보이지 않는다. 오히려 긍정적이고 시민적이며, 이것이야말로 시장이 공동선을 생산할 수 있는 유일한 방법이다.

우정과 시장 관계는 매우 뚜렷하게 분리된 별개의 영역에 속한다. 심지어 시장 관계가 공적 영역에서만 존재하기에 사적 영역에서는 이와 분리되어 진실되고 자유롭게 선택하며 지위에 무관한 우정 관계를 경험할 수 있다고 주장할 수도 있다. 만일 그 거지가 푸줏간 주인에게 구걸을 하러 간다면, 그들은 시장 바깥에서 결코 우정의 관계를 나눌 수 없을 것이다. 반대로 예전에는 거지였던 사람이 어느 날 푸줏간이나 양조장에 가서 합법적으로 상품을 구매했다면 그날 저녁에 이 사람은 생산자들과 선술집에서 더 존엄하게 만날 수도 있고 어쩌면 친구가 될 수도 있다. 이를 근거로 앨런 실버Allan Silver는 이렇게 주장했다.

"스미스에 따르면, **필요를 상업 사회로** 대체하면 도덕적으로 우월한 형태의 우정이 생겨난다. 왜냐하면 우정은 필요에 의해 결정되는 것이 아니라 자발적이고 **자연스러운 공감에** 기초하기 때문이다."(1990, p. 1481)

이런 식으로 무관심 또는 외부성이라는 범주에 기반을 둔 시민 사회의 탄생 조건을 설정할 수 있을 것이다. 타자는 나의 적도 동맹도 아니며 단지 나에게 무관심할 뿐이다. "낯선 사람은 우리가 특별한 호의와 동정을 기대할 수 있는 친구가 아니다. 그렇다고 해서 적도 아니다."(같은 책, p. 1483) 시장 자체는 우정의 장소가 아니라 상호 무관심의 장소이지만, 그런 시장이 있기 때문에 개인은 진정한 우정의 관계를 누릴 수 있다. 시장은 진정한 사교, 즉 우정의 '도구'이지만 우정의 '장소'는 아니다.

　스미스는 사생활에서 가족이나 가까운 친구들 사이에 중재를 거치지 않는 대면 관계가 있을 수 있음을 부정하지 않는다. 그를 따른다는 오늘날 경제학자들의 의견도 비슷하다. 스미스는 여러 경우에 '정의'와 '호의와 인류애'(1976[1759], pp. 78-91, 152-153, 174-178) 사이의 근본적인 구별이 없다는 점을 강조한다. 사실 스미스가 '관대함, 인류애, 친절, 연민, 우정과 존중, 모든 사회적이고 자애로운 애정'과 같은 '사회적 열정'을 묘사할 때 드는 가장 적절한 예는 가족 환경으로부터 나온다는 것이 중요하다. 이러한 사회적 열정을 설명하기 위해 그는 '명랑함, 조화, 만족'을 특징으로 하는 이상적인 가족의 목가적이고 심지어 다소 낭만적인 그림을 그린다.(같은 책, pp. 38-40)[3] 스미스는 사람들이 가족과 친밀한 친구 사이라는 보다 '부드럽고' 우연한 맥락에서 **사회적 열정**을 드러낸다고 보는 것 같다. 이러한 영역은 필수적이지 않으며, 공적 영역을 구성하는 경제 및 정치 세계라는 덜 섬세하지만 더 필수적이고 심지어는 필수 불가결한 두 세계와 동

3　《도덕감정론》에서 매우 중요한 '정의'와 '인간성'의 구분은 젠더와 관련된다.(p. 190) '인간성'은 '섬세한 덕성'이자 '부드러운 덕목'(p. 153), '여성의 덕목'(p. 190)이다. "가장 인간적인 행동에는 … 자기 명령이 필요하지 않으므로"(pp. 190-191) 그것은 "절묘한 동료의식으로 구성"된다. 반면 '자기 명령'은 '남자다움과 확고함'과 동일시되고, 덕성을 드러낼 수 없는 남성들의 '쓸모없는 외침'은 스미스에게 '여자 같은 탄식'이다.(p. 244) 다만 우리가 먹을거리를 얻는 과정에서 '푸줏간 주인'의 '인간성'에 기대서는 안 된다는 점은 기억해야 한다.

떨어져 있다. 계몽주의자이기도 한 스미스는 가족을 사회의 '모형'으로 보지 않는다.[4]

스미스의 사상만큼 경제학의 핵심을 이루고 있는 생각은 매우 드물다. 오늘날 대학에서는 '보이지 않는 손'을 간략히 언급하기만 할 뿐, 더 이상 스미스의 경제 이론을 가르치지는 않는다. 그렇지만 경제적 교환을 서로에 대한 무관심에서 나온다고 이해하고, 시장을 익명적이고 비인격적인 관계가 이루어지는 장으로 파악했던 스미스의 관점은 여전히 근대 경제학 전체의 구조를 떠받치고 있다. 근대 이후의 경제학은 바로 이러한 의미에서 경제학의 시조라 불리는 스미스의 정통한 계승자라 할 수 있다.

요약하자면 스미스가 인지하고 치유하려고 하는 '질병'은 동료들 간의 우정과 수평 관계에서 필연적으로 생기는 '상처'가 아니라, 당시에 환영받지 못했고 오늘날에도 여전히 마음에 들지 않는 세계의 전형인 권력의 비대칭으로 만들어지는 상처이다. 스미스는 자기 이익을 중요하게 여기는 사람들의 익명적으로 연결된 관계를 사람들의 성장과 해방 수단으로 본다. 서두에서 이를 살펴보았고 오늘날에도 너무 과한 **공동체성**이 모든 종류의 관계로 사람들을 옥죄는 많은 지역에서는 이러한 경향이 나타난다.

봉건 관계라는 질병을 치료하기 위해 스미스는 시민사회라는 유

---

4 이와 관련하여 가장 독창적이고 관련 있는 저자는 존 스튜어트 밀(Mill, 1869)일 것이다. 그는 가족 생활을 근대성에 내재된 봉건 세계의 잔재로, 여전히 농노-지주 패러다임에 고정되어 있다고 본다.

기체에 관계의 '작은 조각,' 즉 무관심하고 도구적이며 익명적이기만 한 관계라는 해독제를 주입했다. 그는 지난 250년 동안 새로운 사회적 관계가 된 시장 관계성을 사회에 약간 주입하면 자신이 시민적이지 않다고 보았던 인간의 관계성을 제거할 수 있다고 생각했다. 계속해서 의학적 은유를 빌리자면, 홉스가 인간관계라는 질병을 치료하는 데 동물들 사이의 관계에서처럼 일종의 화학요법 같은 가혹한 치료에 의존하려고 했던 것과 달리, 스미스는 거의 동종 요법에 가까운, 부드럽고 침투력은 덜하지만 궁극적으로 같은 결과를 낳는 접근 방식을 채택했다. 그것은 전방위적 관계성을 추방함으로써 그 모순과 행복을 가져올 잠재력도 함께 몰아내는 방식이었다. 이렇게 보면 시장 관계는 인간 사이의 만남으로 볼 때는 새로운 관계성이 아니지만, 사실상 전체적이고 극단적인 인간관계로부터 면역을 만들어내는 일종의 백신이다. 내 주장은 간단히 말하면 이것이다. 급진적인 주장인 건 알지만, 스미스 이후, 특히 이 세계화와 기술의 시대에 일어나고 있는 일들을 보면 스미스의 시도가 완전히 성공했음이 드러난다. 요점은 분명 스미스에게 죄를 물으려는 것이 아니다. 다시 말하지만 그는 당시에도 여전히 지배적이었던 비대칭적이고 위계적인 공적 영역에서의 인간관계를 근본적으로 미개하다고 보았다. 이 점은 강조할 필요가 있다. 인간이 공적 영역에서 자유liberte와, 결과나 기회의 관점이 아닌 추상적 권리 관점에서 일종의 평등egalite을 경험할 수 있으려면 아마 이러한 종류의 관계성이 사라져야 했을 것이다. 근대 정치경제학의 탄생에서 비롯된 경제학은 철학, 정치, 경제적 계몽주의의 아버지들이 아마도 바랐을 형제애fraternite의 영향을 받지는 못했다. 오히려 그 결과는 형제애와는 반대인 상호 무관심을 특징으로 하는 인간관계로 나타났다.

시장 영역이 특정 영역에 국한되고 사적 영역이 동료 간의 관계뿐만 아니라 친밀감과 애정에 의해 생성되는, 인간만이 누릴 수 있는 행복을 경험할 수 있는 곳으로 성장했다면 서구, 오늘날에는 전 세계의 역사가 달라졌을지도 모른다. 사실 지난 200년의 역사는 다른 경향을 보여왔다. 시장 영역은 점점 더 민간 영역, 심지어는 사적 영역까지 침범했다. 예를 들어 가족법의 진화를 떠올려보라. 이제 우리는 시장의 '관계성'을 21세기의 새로운 관계성으로 여긴다. 무누스를 지킬 의무가 없고, 선물에 숨겨진 '독'도 없고, 사람 사이의 '축복'에 따르는 '상처'도 없는 새로운 관계성에 대한 약속으로 인해, 시장의 관계성이 오늘날의 사람들에게 발휘할 수 있는 매혹은 너무나 강력해졌다. (Bruni, 2012)

그렇다면 만일 우리가 시장 안에서도 진정한 관계성을 회복하기를 원한다면, 스미스를 넘어서서 그저 계약적이고 의무가 면제된 관계가 아니라, 무상성과 관계성을 가질 수 있는 학문으로서의 경제학을 상상할 필요가 있다. 나는 이것이 향후 몇 년 동안의 삶의 질 측면에서 결정적인 도전이 될 것이라고 믿는다.

4. 시장 논리의 진화

이전 장에서와 마찬가지로 이 장도 연구 분야와 언어는 다르지만 같은 주제에 관한 이야기로 결론을 내려볼까 한다. 여기에서는 홉스의 프로젝트와 비교하여 애덤 스미스의 주장이 갖는 독창성과 연속성을 더 잘 이해하거나 또는 다른 관점에서 접근하기 위해, 진화적 관점에서 홉스와 사슴 사냥 게임을 다시 한번 살펴보는 것으로 시작하고자 한다. 특히 집단, 공동체, 사회 중 일부는 '사슴' 전략을 따르고 나머지는 '토끼' 전략을 공유하는 경우에 스미스의 관점을 따른다면 **시간이 흐를수록** 무슨 일이 일어나는지 알아볼 것이다.

흄의 논문이 스미스의 사회 협력이라는 개념에도 영감을 주는 실질적인 원천이기 때문에 시장의 진화에 대한 이러한 분석은 '흄-스미스적 Humean-Smithian'이라고 불러야 한다. 흄과 스미스의 철학에 따르면, 참여자가 이 게임의 '더 큰' 균형점(4, 4)을 '알' 수 있다면 그들은 **점차** 그 균형점에 도달할 것이다. 개인적 이해관계에 따라 움직이려는 입장에서 정의에 대한 평판을 형성하고 유지하는 것이 더 큰 이득이라는 판단에 따라 움직일 것이기 때문이다.

문명화하는 사회에서 시장의 존재는 노동분업을 기반으로 한 훌륭한 협동 작업으로 간주되며, 경제 발전과 나아가 국가의 부와 복지를 위한 전제 조건으로 여겨진다. 시장의 존재는 사람들 내면에 존재하는 정의 개념 및 사람들이 약속과 계약을 준수하는지에 달려 있다. 이러한 이유로 흄과 스미스는 시장과 시장이 진화함으로써 자생적인 질서를 만들어낼 능력을 설명할 때 평판 효과를 포함한 시장 참여자들 사이의 반복되는 상호작용을 염두에 둔다. 흄과 스미스가 볼 때 이는 시장의 중요한 특성이고, 진화를 위해서는 '자기 이익'과 상호작용의 반복만 있으면 된다. 그러면 관습은 자발적으로 발생한다.

서그덴(Sugden, 2004)의 저서와, 나와 서그덴이 함께 쓴 책(Bruni and Sugden, 2000)에서 강조했듯이, 흄은 '개인의 이익은 정의 실현의 원동력'이라고 보았다.(《인간 본성에 관한 논고》, 1978[1740], p. 499) 그는 자기 이익을 추구하는 사람들의 반복적인 상호작용에서 정의의 세 가지 법칙이 자연스럽게 나타날 것임을 보여주고자 했다. 정의의 출현에 대한 흄의 분석은 전반적으로 근대적이며, 게임 이론의 많은 특징을 이미 보여준다. 흄은 약속을 특히 소규모 사회에서 호혜적 자기 이익을 기반으로 하는 상호부조의 양자 간 관행으로 설명한다.

> 여기서 나는 다른 사람에게 진정한 친절을 베풀지 않고도 봉사하는 법을 배운다. 비슷한 다른 친절을 기대하기 때문이든, 아니면 나나 다른 사람과 원만한 관계를 계속 유지하고 싶기 때문이든 그가 나의 봉사에 보답할 것이라고 예상하기 때문이다. 따라서 내가 그에게 봉사하고 그 사람이 내 행동으로 인해 이익을 얻게 된 후에 그 사람은 자신이 거절할 경우 따라올 결과를 예상하면서 자신의 역할을 수행하게 된다.(같은 책, p. 521)

그러한 관행을 중심으로 개인의 이익을 위해 약속을 표시하는 관습이 생겨난다.

누군가 무엇을 약속한다고 말할 때 그는 실제로 그것을 이행하겠다는 결의를 표현한다. 그와 함께 이러한 형태의 말들을 사용함으로써, 그는 약속을 지키지 못하면 다시는 신뢰를 받을 수 없다는 처벌의 구속을 받게 된다. … 이러한 약속의 표지가 정해지면, 누구든 이를 사용하는 사람은 즉시 그 약속을 이행해야 할 이해관계로 묶이게 되고, 수행을 거부하면 더 이상 신뢰를 받을 수 없다.(같은 책, p. 522)

이 주장에는 평판의 가치 측면에서 협력에 대한 근대적 설명의 모든 핵심이 들어 있다.

흄 및 스미스의 진화론적 접근에 대해 좀 더 이야기하려면 대체로 비유를 통해 높은 수준의 추정을 해야 하기는 하지만, 흔히 말하는 진화 게임에 기대게 된다. 진화 게임은 생물학적 진화 분야부터 인간 행동과 문화의 진화에 이르기까지 몇 가지 요소의 용도 확장을 특징으로 한다. 진화생물학에서 적합성Fitness은 다음 세대 자손의 상대적 생존율을 기반으로 측정되는데 이 적합성이 진화 게임에서는 기대 효용이 된다. 생물학의 기본 메커니즘은 적자생존이나 번식이지만, 사회과학의 기본 메커니즘은 모방이다.[5] 주어진 모집단에서 평균보다 기대 효용이 낮은 전략은 모방되지 않으며 시간이 지남에 따라 소멸한다고 가정하는 것이다. 반대로, 상대적으로 성공을 거둔 전략은 모방을 통해 우세하게 된다.[6]

두 사람만 존재하고 두 가지 전략만 있는 가상의 매우 단순화된 세계를 생각해보자. 한 사람은 '항상 사슴'을 잡고, 다른 사람은 '항상 토끼'를 잡는다. 이 집단에서 변화의 전개 과정은 매우 단순하다. 기대 효용, 즉 보수에 대한 기대 가치가 가장 높은 전략이 시간이 지날수록 증가하여 모방에 의해 집단 전체로 퍼지는 반면, 다른 전략은 감소하다가 사라진다.

---

5   진화라는 은유를 쓰면 전통적 게임 이론에서 핵심으로 여겨졌던 '합리적이고 극대화하는 행동'이라는 개념을 꼭 쓰지 않아도 된다. 예를 들면 같은 종 안에서의 돌연변이처럼, 어떤 전략은 반드시 '합리적'이지는 않은 행위규범의 형태로 나타날 수도 있기 때문이다. 다만 적합성에 기반한 진화라는 방법론을 문화의 진화로 확장하려면 몇 가지 조치가 먼저 이루어져야 한다.(Cavalli-Sforza 및 Feldman 1981와 비교) 예를 들어 생물학적 진화에서는 장 바티스트 라마르크(Jean Baptiste Lamarck)의 '용불용설,' 즉 기린의 목에서 볼 수 있는 것처럼 기관의 사용과 불사용이 변화를 일으킨다는 설명은 타당하지 않다. 왜냐하면 이런 변화가 자손에게 그대로 유전될 수 있다는 점을 정당화하기 어렵기 때문이디. 그러나 오늘날 우리는 문화적 진화에서는 개선이 모방을 통해, 그리고 수평적 방식으로 전해진다는 것을 알게 되었다. 따라서 문화적 진화에서는 다윈적 섭근민으로는 충분치 않고, 라마르크적 요소를 고려하는 것이 더 적절하다고 볼 수 있다.(Corning, 2005) 오늘날 진화 이론의 연구는, 진화적 게임 이론이 다루던 초기의 단순한 모델보다 훨씬 더 풍부하고 정교해졌다. 우리는 이제 이러한 방법론적 우려를 염두에 두면서, 하나의 비유적 서술을 통해 진화에 대해 이야기하려 한다. 이는 우리가 이어가고 있는 논의를 더욱 풍부하게 만들어주는 하나의 언어, 곧 수사적 장치로 기능할 것이다.

6   같은 공간에서 타인들이 수평적으로든, 또는 자녀들이 수직적으로 시간에 따라서든 모방하지 않는 전략은 사라지고, 더 널리 모방하는 전략은 모집단 안에서 성장한다. 이것이 진화 게임의 가장 기본적인 버전이다.

6장에서 사용한 도표의 수치적 보상을 고려하면 모집단 중 협력적 주체의 비중이 나타날 임계값(P_c)[7]은 $\frac{2}{3}$이다.[8] 이 값을 넘어서면 시간이 지남에 따라 협동('사슴' 전략)이 나타날 것이다. 그러므로 $P_c > \frac{2}{3}$라면, 시간이 지날수록 '사슴'이 우세한 전략이 될 것이고, 그에 비해 초기에 모집단의 협력 수준이 이 값에 도달해 있지 않다면 '토끼'(비협조)가 지배적 전략이 될 것이다. 이러한 조건에서 비협조('토끼')가 '끌어당기는 힘'이 협력('사슴')의 경우보다 두 배 더 강하다는 것을 직관적으로 알 수 있다.[9] 실제로 협력이 발전하려면 초기 모집단의 $\frac{2}{3}$ 이상이 협력 전략을 따라야 한다.

그림으로 모집단의 역학을 다음과 같이 설명할 수 있다. P_c가 정확히 $\frac{2}{3}$이면, 두 가지 전략이 공존한다. 대신 협력 전략의 초기 점유율이 $\frac{2}{3}$ 미만이라면, 진화는 그림 7.1과 같이 '비협조'의 강화로 이어진다.

이 그래프에서 위쪽의 선은 협력 행위자 '사슴'의 비중을 나타내고, 아래쪽 선은 '토끼'를 선택한 비중을 나타낸다. 가로축은 시간이고 세로축은 인구 중 협력자의 비중(P_c)이다.

---

7   협력자의 비중(P_c)은 행위자가 협력자(사슴)를 만날 확률로 해석할 수도 있다.

8   증거로 두 가지 순수한 전략(사슴, 토끼)만 있는 모집단의 경우 '사슴'을 선택했을 때 기대 효용은 $U_c = 4\,P_c + (1 - P_c)\,0$, 즉 '사슴'을 잡는 행위자가 '사슴'을 잡는 다른 행위자로부터 받는 대가와 '토끼'를 잡는 행위자와 대면할 때 받는 대가 사이의 가중 평균이 같다. 이와 유사하게 '토끼'(비협조) 게임의 기대 효용은 $U_n = 3\,P_c + (1 - P_c)\,2$이다. 두 기대 효용을 비교하면 $P_c > \frac{2}{3}$ 라는 '임계값'을 찾을 수 있다.

9   혼자서 토끼를 사냥한 결과가 3이 아닌 2였다면, P_c의 임계값이 $\frac{1}{2}$이라고 증명할 수 있다.

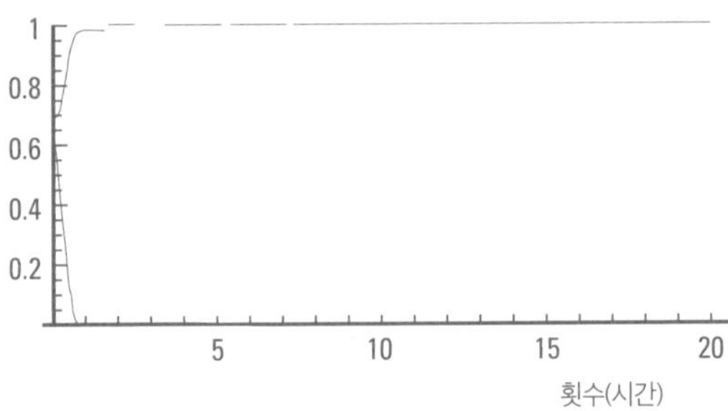

그림 7.1. 모집단 내 전략 점유율

홉스의 생각에 따르면 협력의 불가능성은 두려움과 그에 따른 상호 신뢰의 결여 때문이며, 이는 사회 협약과 결과적으로 리바이어던을 탄생시킨다. 우리는 위계상 우월한 중재자가 설정될 때마다 자연스럽게 일어나지 않을 협력을 이끌어낼 목적으로 제재와 함께 이 해법을 언제나 활용할 수 있음을 보았다. 이 경우에도 높은 균형은 달성되지만 개인 자유의 상당 부분을 포기하는 큰 대가를 치러야 한다.

정치경제학의 전통은 홉스와 달리 흄에서 출발한 협력 개념에서 비롯된다. 오늘닐 시그덴(2004) 또는 켄 빈모어(Ken Binmore, 2005)와 같은 일부 '진화적' 학자들이 소환한 이 전통은 리바이어던이나 관계 외부의 계층 구조에 기댈 필요 없이 개인의 이익을 기초로 하는 진화론의 용어로 시장 및 그 밖의 영역에서 협력의 출현을 설명한다.

이와 관련해서는 몇 페이지 앞에서 이미 인용한 연속적인 부분과 이어지는, 흄의 《인간 본성에 관한 논고》 중 잘 알려진 다음 구절이 중요하다.

> 당신의 옥수수가 오늘 다 익었다. 내일이면 내 것도 익을 것이다. 내가 오늘 당신을 돕고 당신이 내일 나를 도우면 우리 모두에게 유익하다. 나는 당신에게 호의가 없으며, 당신도 나에게 호의가 없다는 것을 안다. 그래서 나는 당신의 이익을 걱정하지 않는다. 또한 내가 보답을 기대하면서 나 자신을 위해 당신과 협력한다면 실망할 수 있고 당신의 감사한 마음을 기대하는 것이 헛된 일임도 안다. 그래서 나는 당신이 혼자 일하게 내버려둔다. 당신도 나에게 똑같이 한다. 계절이 바뀐다. 우리 둘 다 상호 신뢰와 보장이 없어서 수확을 놓친다.(1978[1740], p. 520)

이듬해, 서로를 불신하고 우정이나 상호 이익을 공유하지 않던 두 명의 이기적인 농부는 이전의 경험으로, 어떤 형태의 긍정적인 적극적 사회성이나 자비심 없이도 협력이 단순히 더 합리적이라는 사실을 알게 된다.

우리의 용어로 돌아가보자. 주체들이 더 나은 균형(협동: 4, 4)을 '알게 된다'면, 그들은 자비심, 상호 신뢰, 우정, 심지어 아가페적인 사랑도 필요 없이 조만간 진화를 통해 균형에 도달할 것이다.[10]

10　사실 **흄**을 더 철저하게 읽으면 시장과 시민생활을 바라보는 그의 견해가 더 명확함을 알 수 있다. 요약하자면 이렇다. 시장과 더 일반적으로 공동의 삶은 대체로 '사슴 사냥'의 구조를 띠지만, '죄수의 딜레마'가 나타나는 특정 상황에서는 무임승차가 더 유리해진다. 바로 이러한 상황 때문에 **흄**은

이것은 시장 인본주의와 그 정신에서 중요한 차원이다. 시장 협력을 촉발하여 문명이 결실을 맺도록 하기 위해 개인의 자유를 제한하거나 기회주의자를 위로부터 처벌할 수 있는 정치 체제를 만들 필요가 없다는 뜻이기 때문이다. 사람들에게 인센티브를 제대로 제공하면서 사람들이 과거 경험에서 배우고, 직간접적으로 자신의 파트너가 누구인지 인식하고, 다른 사람과 상호작용 이력을 알 수 있는 조건을 열어주는 것만으로 충분하다. 나머지는 개인의 합리성, 그리고 자신의 평판에 대한 관심을 포함하여 사람의 이익에 따라 알아서 이루어질 일이고, 어떤 형태로든 사람들 사이의 우정이나 친밀한 결속은 필요하지 않다.

사실 우리가 지금까지 살펴보았듯, 진화적 게임에서는 리바이어던 없이도 안정적인 전략을 통해 더 나은 균형(4, 4)을 이룰 수 있다. 하지만 여기에는 **모집단에서 협력자의 초기 비중이 특정 임계값 이상이어야 한다**는 한 가지 조건이 붙는다. 임계값은 보상 매트릭스 구조에 따라 달라진다. 특정 집단 안에서 리바이어던 없이도 시장 협력이 오직 자기 이익만을 고려하면서도 진화적으로 발전할 수 있다고 보는 흄과 스미스의 접근은 자발적 질서를 강조하고 강력한 국가의 존재를 성가시게 여기는, 그야말로 자유주의적인 접근이다. 이것이 이루어지려면 처음부터 그에 걸맞은 시민 문화가 있어야 한다. 우리가 말

법과 정치적 권위의 중요성을 배제하지 않는다.

한 보상 구조를 고려한다면 인구의 3분의 2 이상이 이미 협력적인 시민 문화를 갖추고 있어야 한다는 뜻이다. 이는 기본적으로 협력을 통해 시장이 발전하려면 두려움과 불신이 우세하지 않도록 대중에게 협력적 경향이 이미 존재해야 한다는 말과 같다. 그렇지 않으면 시장 협력은 시작될 수 없고, 흄과 스미스가 바라던 것처럼 아래로부터 진화하지도 않는다. 이것이 앵글로색슨 세계의 대부분에서 일어났던 일이다.[11]

이제 우리는 시장과 그 정신에 대한 논의를 발전시키는 데 중요한 결론에 도달하게 된다.

이 학문의 공식 전통을 뒷받침하는 사회성이 무엇인가를 보면 여전히 근본적으로 스미스의 논의에 가깝고 결국 상호 무관심의 가정에 기초하고 있다. A가 어떤 행동을 하려는 의도는 B와 아무 상관이 없다. A가 B의 선호를 만족시키게 되는 것은 그것이 A 자신의 개인적 목적을 달성하기 위한 수단일 때이다. 어떤 형태로든 두 사람이 공동체로서의 현실, 즉 '우리'에 속한다는 가설은 세울 필요가 없다. 이러한 관점에 사랑과 인간관계를 에로스-필리아-아가페의 범주로 바라보는 전통적인 구분을 적용한다면 스미스의 유산을 물려받은

---

11   사실 우리가 지금까지 고려한 두 가지 전략보다 덜 '급진적'이고 덜 현실적인 전략을 도입하면 덜 까다로운 조건으로 협력에 도달할 수도 있을 것이다. 예를 들어 초기 조건을 덜 까다롭게 만들고 단순한 협력의 자발적인 출현이 쉬워지도록 '눈에는 눈(tit-for-tat)'식의 현실적인 전략을 추가하여 전략을 2가지에서 4가지로 늘리는 것으로도 충분할 것이다. 이에 대해서는 Bruni, 2008 참조.

경제학은 전적으로 에로스의 서사 안에서 정의될 것이다.[12]

근대에는 계약에 따른 의무 면제가 14세기와 15세기의 시민 인본주의의 토대였던 필리아적 관계에서의 면책권을 대신한다. 새로운 상업 사회에서는 시민, 그리스도교인, 가톨릭교도, 개신교도 누구와도 거래할 수 있으며 심지어 신자일 필요도 없다. 법과 계약만 있으면 충분하다. 익명으로 거래가 가능한 사회 계약(홉스)과 상업 계약(스미스)을 맺는 것으로 충분하다. 루터와 칼뱅 이전까지 중세 그리스도교에서는 '선의의 원칙bona fides'이 시장이 발전할 수 있었던 신뢰의 기반이 되었고 그리스도교인들 사이의 필리아가 교환의 기초였다. 우리가 살펴본 바와 같이 종교개혁이 일어나면서 첫 번째 중대한 위기가 생겨났다. 그리스도교 신앙이 더 이상 유럽 안에서도 '신뢰fides'를 보장하기에 충분하지 않아졌기 때문이다. 정치와 경제가 새롭게 재건되면서 더 이상 어떤 '신뢰'도 필요하지 않게 되었다. 자신의 이익을 고려하면서 상호작용 과정에서 타인을 위한 선과 공동선이 간접적으로 발생할 수 있도록 하는 정도면 충분해졌다. 따

12　다른 저작(Bruni, 2012)에서 관찰한 바와 같이, 제도로 잘 정리하고 규제하면 예를 들어 에로스적 사랑도 사람들 사이의 강한 유대를 창출하고, 아이를 돌보고, 필요한 곳에서는 인구를 증가시키는 등 간접적으로 공동선을 창출한다. 하지만 이러한 결과와 공동선은 일반적으로 열정과 에로스적 욕망에 따라 행동하는 사람들의 목표가 아니다. 기업가가 프로젝트에 착수하는 이유는 특히 초기 단계에서는 명예, 부, 권력 등 자신에게 부족한 부분을 채우려는 의지이며, 시민사회 또는 제노베시가 말한 '예술이 보호되고 상업이 자유로운 곳'(Lezioni, I, cap. 10, § XVIII, p. 419) 안에서 시장이 나타나는 경우에도 공동선을 생산하는 것은 스미스의 관점에서 말하는 에로스적 충동이다. 이런 관점은 스미스 외의 다른 학자들도 공유하고 있다.

라서 시장은 계몽주의의 전형이라고 할 수 있는 보편주의적 소명을 발견하고, 이제 더 이상 필리아나 믿음에 구애받지 않고 누구에게나 열려 있으면서 개인이 잠재적으로 자신을 제외한 누구와도 진짜로 만나지 않으면서도 누구든 만날 수 있는, 평등하고 자유로운 새로운 인본주의를 창출한다. 자유와 평등은 있지만 형제애는 없다.

제노베시가 이끌던 나폴리 학파는 필리아와 형제애의 정신을 되살려 새로운 상업 사회 속에 불어넣으려고 노력했다. 다음 장에서는 바로 이러한 시장의 다른 전통과 에토스를 소개하고자 한다.

제8장

시민경제의 나폴리 전통

L'ETHOS DEL MERCATO

우리는 그들의 인간애에 호소하는 것이 아니라 그들의 자기 이익에 호소하며, 우리의 필요에 대해 결코 말하지 않고 오직 그들의 이익에 대해서만 말한다.

- 애덤 스미스

우리는 이 장터에 나왔지만, 이 물건들을 우리 자신의 이익이나 필요 때문에 팔려는 것이 아닙니다. 하느님께 감사하게도, 우리 집에는 이미 필요한 것들이 넘칠 만큼 충분히 있기 때문입니다.

- 19세기 남이탈리아 장터의 구전

1. 시민 덕성의 경제

이 책에서 아리스토텔레스-토마스적이라고 부르는 '고전적인' 사회성의 전통은 시민경제를 이야기하는 나폴리 학파와, 어떤 의미에서는 이탈리아와 라틴 계열의 경제학 전반에서도 중요하게 드러난다.(Bruni and Zamagni, 2007) 시민경제학은 필리아philia에 기초한 시민적 삶의 전통을 근대에서도 유지하려는 중요한 시도를 보여준다.

이 전통을 좀 더 알아보기 위해, 애덤 스미스와 같은 시대를 살았던 나폴리의 철학자이자 경제학자인 안토니오 제노베시의 사상부터 살펴보고자 한다. 제노베시와 스미스의 사상은 많은 면에서 놀라울 정도로 비슷하다.

안토니오 제노베시의 간략한 전기는 이렇게 시작한다. 그는

1713년 11월 1일 살레르노 근처 카스틸리오네에서 몰락한 귀족 가문의 아들로 태어났다. 오늘날 이 도시는 '제노베시의 카스틸리오네'로 불린다. 그는 어려서부터 교회의 신앙생활에 헌신하여 1737년에 사제 서품을 받았다. 그는 이후 몇 년 동안 부치노, 지금의 살레르노에서 살다가 1738년 나폴리로 이사한다. 그곳에서 그는 철학을 공부하고 잠바티스타 비코의 강의를 들었다. 비코의 사상은 그에게 오랫동안 영감의 원천이 되었다. 제노베시는 1739년 사립학교를 설립하여 철학과 신학을 가르치며 교육학적 경험이 무르익기 시작한다. 바로 이 시기에 첼레스티노 갈리아니Celestino Galiani를 만났고, 그에게 대학 교수직을 제안받아 1745년 형이상학 교수가 되었다. 한편 1743년에는 《형이상학 입문Elementa Metaphysicae》의 첫 번째 부분을 출판했는데, 이 철학서는 교회의 가혹한 공격을 받았다. 같은 시기에 그는 '공공 행복' 학파의 또 다른 주요 연구자인 루도비코 안토니오 무라토리Ludovico Antonio Muratori를 만나 친분을 쌓는다. 또한 피렌체 출신의 학자 바르톨로메오 인티에리Bartolomeo Intieri가 이끄는 모임에 합류한다. 학문에서 갈릴레이Galileo Galilei적 접근 방식을 따르던 인티에리와의 만남은 제노베시가 형이상학에서 경제학으로, 즉 '형이상학자에서 상인으로' 전환하는 데 중요한 전환점이었다. (관련하여 Bellamy, 1987 참조) 1753년 그는 이 모임의 개혁주의 선언문인 〈문학과 학문의 진정한 목적에 대한 담론Discorso sopra il vero fine delle lettere e delle scienze〉을 출간한다. 1765년에서 1769년 사이에는 《시민경제 강의Lezioni di economia civile》,[1] 《논리Logica》(1766), 《디체오시나, 정의와 공정의 철학Diceosina o sia della filosofia del giusto e dell'onesto》(1766)과 《형이상학Scienze metafisiche》(1767) 등 주요 저작을 출간했다.[2]

18세기에 확립된 시민경제는 **중세에 시작된 시민 전통의 근대적 표현**으로 보아야 한다. 초기 시민 인본주의자들과 마찬가지로 제노베시는 시민생활이 좋은 삶에 반대되지 않으며, 시민생활에서의 행복이 상업과 시민사회를 통해 온전히 성취될 수 있다고 여긴다. 이때 상업과 시민사회는 정의로운 법 덕분에 인간이 사회성을 실천할 수 있는 장소가 된다. "동료 때문에 나쁜 일이 생길 수도 있지만, 다른 한편으로는 동료 덕분에 생명과 재산을 보장받기도 한다. 동료는 자연 상태의 인간은 알지 못하는 크나큰 기쁨의 원천이다."(《디체오시나》, p. 37) 제노베시도 시민 인본주의자나 프란체스코회와 마찬가지로 시장을 필리아의 문제로 바라본다.

사회성이, 자연적이고 인위적이지 않으며 온전하게 인간적이고 행복한 삶에 필수적인 역할을 한다고 바라보는 제노베시의 관점은 고대 아리스토텔레스-토마스적 전통과도 통한다.

---

1   《강의》는 1765년과 1770년 사이에 3가지 판본으로 나왔다. 여기에서는 간단히 《강의》라고 부르지만 사실 이 글은 그의 원고 〈상업의 요소(Elementi di Commercio)〉를 발전시킨 것으로, 최근 2005년 나폴리에서 나온 《강의록 요약(Critical Edition of Lezioni)》의 일부분으로 다시 출간되었다.

2   브루니와 서그덴(2000, 2008) 참조. 스미스와 제노베시가 같은 시기에 살았지만 서로 직접 접촉한 적은 없다는 것은 알려져 있다. 또한 그들이 서로의 존재를 알았을 가능성도 매우 낮다. 그렇지만 스코틀랜드 계몽주의에 대한 제노베시의 광범위한 지식을 감안할 때, 그가 스미스의 《도덕감정론》을 알고 있었을 가능성을 배제할 수는 없다.

모든 사람은 자신의 행복을 달성할 방법을 스스로 찾아야 한다는 의무를 타고난다. 정치 기구는 사람들로 구성된다. 따라서 전체 정치 기구와 각 구성원은 다른 시민들의 권리를 침해하지 않는 선에서 공동의 번영을 위해 자신이 알고 있고 할 수 있는 모든 일을 수행할 의무가 있다. 시민 사회에서 각 가족과 개인은 사회의 공동 계약을 위해 이 아름답고 신성한 유대의 의무를 져야 한다. 따라서 모든 가정과 개인도 두 가지 의무 아래 공동의 행복을 추구해야 한다. 하나는 본성 속에 내재된 의무이며, 다른 하나는 공동체적 삶을 위해 선조들이 후손들에게 전해준 최초의 계약에서 비롯된 의무이다. 사람들도 자신들이 이렇게 공동의 행복을 추구해야 한다는 것을 알고 있고 할 수 있다. 여기에 세 번째 의무의 원천을 보탤 수 있다면 그것은 자신에게 유익하다는 점일 것이다. 섀프츠베리 Shaftesbury가 《덕과 공에 대한 탐구 Inquiry of Virtue and Merit》에서 한 말은 영원히 옳다. 그는 진정한 유익의 원천은 덕이라고 말했다. 모든 사람의 심연에는 함께 사는 사람들에 대한 사랑이 있으며, 이 사랑이 바로 덕에서 비롯되기 때문이다.(《강의》, I권, 1장, § 34, p. 29)[3]

---

3 수십 년 후 나폴리의 마리오 프란체스코 파가노(Mario Francesco Pagano)는 제노베시와 특히 비코를 명시적으로 소환하면서 비슷한 주장을 한다. "사람은 다른 어떤 동물보다 사회를 이루도록 만들어졌고, 인간의 본성은 사회적이다. … 그러므로 머리만 덥수룩하고 벌거벗은 채 긴 몽둥이로 무장하고 끔찍한 포효를 내지르며 어리석고 무감각한 얼굴에 심각하게 둔감한 영혼을 드러내며 홀로 숲을 내달리는 저 무시무시한 짐승은 사람이라는 이름을 받을 자격이 없다. 저 야만인은 사람의 꼴만 갖추고 있는 셈이다." 그리고 그는 짐승이나 신만이 사회 없이 살 수 있다는 아리스토텔레스의 유명한 구절을 명시하면서 다음과 같은 결론을 내린다. "저 고독한 사람이 혼자 있어도 충분하고 혼자서도 자신의 필요를 충족할 수 있다면, 아무것도 모르거나 … 아니면 자기가 신일 것이다."(Pagano, in Actis-Perinetti, 1960, pp. 43-44)

이보다 불과 몇십 년 전 나폴리의 파올로 마티아 도리아Paolo Mattia Doria는《시민의 삶Della Vita Civile》(1710) 서문에서 이런 표현을 썼다:

인간이 모든 덕목을 완전히 갖추기란 거의 불가능하며, 사람마다 오직 일부 덕목만을 지닌다. 이러한 한계를 보완하기 위해 고안되고 지향하는 것이 바로 시민적 삶의 제도이다. … 이는 시민적 삶의 본질이 인간의 행복을 이루기 위해 사람들이 서로의 덕과 타고난 능력을 주고받으며 돕는 데 있음을 잘 보여준다.(1710, p. 1)[4]

그러나 제노베시를 포함한 나폴리 시민경제학파가 공통으로 갖고 있는 삶의 비전을 살펴보면, 그 중심에 '단순한' 사회성, 인간이

---

4   그의 동료 가에타노 필란지에리(Gaetano Filangieri)도 유럽 계몽주의의 가장 영향력 있는 저서인 《입법과학(Scienza della Legislazione)》에서 다음과 같이 말했다. "만약 자연의 창조자가 인간을 사회적으로 교류하며 서로 연결된 존재로 만들지 않았다면, 그는 … 가장 완벽하고 위엄 있는 일을 헛되이 수행한 셈이 된다. 자연의 창조자는 인간에게 의사소통을 통해 사회라는 집합체 안에서 발전하고 확장할 이성을 부여했다. 인간은 다른 동물의 울음소리를 들을 때 받게 되는 오묘한 느낌은 물론이고, 말할 수 있다는 독점적인 축복을 받았다. … 그는 고독한 존재에게는 쓸모가 없을 많은 열정을 쉽게 느낀다. 사람은 무엇 때문에 다른 사람을 기쁘게 하고, 다른 사람의 존중을 받고, 다른 사람의 애정과 의견 위에 제국을 세우려는 야망에 열광하는가? 왜 그의 가슴에는 우정, 연민, 자비심의 싹이 돋아나며, 모든 선량한 마음속에서 익어가는 사랑스러운 감정의 씨앗이 그의 가슴속에 뿌려진 이유는 또 무엇인가? 왜 사람은 자기 존재의 일부를 다른 사람과 공유하려는 특별한 욕망을 갖는가? 또 왜 인간의 본능적 지향은 지구 위 다른 피조물들처럼 단순히 육체적 필요의 충족에만 한정하지 않는가? 육체적 욕구는 자주 나타나지만, 잠시 동안이고 충족된 후에는 공허하게 그를 떠난다. 이는 인간의 행복을 얻기에 육체적 욕구만으로는 부족함을 증명하며 인간에게 육체적 욕구뿐 아니라 지적인 욕구가 있다는 선언이다. 지적 욕구는 사회와 관계 속에서만 충족될 수 있다."(Filangieri 1780[1806], p. 3)

'정치적 동물'이라는 것만으로는 다른 동물과 인간을 구분하기에 충분하지 않다는 생각이 있음을 알 수 있다. 인간의 전형적인 사회성은 **자격을 갖춘** 사회성이다. 우리는 이를 호혜, 우정, 서로 도움 또는 형제애라고 부른다. 제노베시를 비롯하여 이 전통에 속하는 저자들은 이런 말들을 본질적으로 동의어로 쓴다.

> 보통 사람은 원래 사교적인 동물이라고 말한다. 그러나 모든 사람들이 지구상에 사교적이지 않은 동물이 있다고 믿지는 않을 것이다. ⋯ 그렇다면 어떤 면에서 인간이 다른 동물보다 더 사교적인가? ⋯ 서로 도울 권리와 그에 따라 필요한 경우 서로 도와야 할 의무를 진다는 점에서 그렇다.
>
> (《강의》, I권, 1장, §§ XVI, XVII, p. 283)

이 구절은 우리가 아리스토텔레스나 애덤 스미스에게서 찾을 수 없는 내용을 포함하고 있다. 제노베시가 볼 때 **상호성**은 **관계성**이나 단순한 사교성과 다르다. **상호성**은 인간의 사회성에 전형적인 요소이다. 그러나 스미스는 인간의 사회성이 갖는 전형적인 특징을 우리가 살펴보았듯 설득할 수 있는 능력을 바탕으로 '어떤 것을 다른 것으로 교환하거나 물물교환하려는 ⋯ 인간 본성의 성향'(《국부론》 1976 [1776], p. 25)이라고 보았다.

제노베시는 경제적 시장 관계를 '서로 도움'의 관계로 본다. 그렇기에 이 관계는 탈인격적이거나 익명적이지 않다. 사실 시장 자체는 시민사회의 일반 법칙, 즉 상호성의 표현으로 간주된다.[5] 이것은 특히 그의 《시민경제 강의》의 핵심에 있는 신뢰나 '공적 신뢰'를 분석하는 데 명확하고 중요하다.

2. 공적 신뢰

14세기와 15세기의 프란체스코 수도회와 시민 인본주의자들과 마찬가지로, 제노베시는 시장을 피데스fides, 즉 신뢰의 문제로 보았다. 제노베시의 시민경제 이론에서 핵심 요소는 '공적 신뢰'로, 시민경제의 전통에서는 이를 경제 발전의 진정한 전제 조건이라고 본다. "신뢰는 상업의 영혼이다. 신뢰가 없으면 상업의 견고한 구조를 구성하는 모든 부분이 저절로 무너질 것이다."(Filangieri 1806[1780], Vol. 2, p. 145) 제노베시는 사적 신뢰와 공적 신뢰 사이에 상당한 차이가 있다고 보았다. 사적 신뢰는 곧 평판으로, 이는 시장에서 '소비'될 수 있는 일종의 사적 재화와 비슷하다. 반면 공적 신뢰는 단순히 사적 평판들의 총합이 아니라, 공동선을 향한 진정한 사랑을 포함한

---

5   인간관계를 규정하는 기본 법칙으로서 제노베시의 상호성 이론은 일종의 도덕을 지향하는 뉴턴(Isaac Newton)적 접근 방식에서 비롯되며, 우리는 이를 통해 그의 과학적 견해도 알 수 있다. 그는 프랜시스 허치슨(Francis Hutcheson)과 마찬가지로 뉴턴의 중력 법칙이 '사회적' 거리가 증가할수록 상호적인 신체적 끌림이 감소한다는 것을 나타낸다는 이유로 이 법칙을 상호성의 개념과 연결한다.

다. 공적 신뢰에 관한 이러한 생각은 현대 사회 이론가들이 말하는 '사회 자본,' 즉 인간과 경제 발전이 시작되고 시간이 지나도 계속 유지될 수 있도록 보장하는 신뢰와 시민적 덕성의 그물망과 유사한 개념이다. (Bruni and Sugden, 2000)[6]

제노베시에 따르면 나폴리 왕국의 시민과 경제가 충분히 발전하지 못한 결정적 원인은 '공적 신뢰'의 부족이었다. 이 주장은 250년이 지난 오늘날에도 유효하다. 시민경제의 전통에서 비판해왔듯 나폴리 왕국은 특히 혈연이나 봉건 가신 조약을 기반으로 하는 유대에서 나타나는 '사적 신뢰'나 명예는 풍부했지만, 시민적 덕성을 길러야 **생겨나는** 공적이고 일반화된 신뢰는 너무 부족했다. 수십 년 후 가에타노 필란지에리Gaetano Filangieri도 '정부, 치안 판사, 시민들에 대한 신뢰' 없이는 시민 발전과 경제 발전이 이루어질 수 없다는 비슷한 주장을 했다. (1806[1780], Vol. I, pp. 10-11) 신뢰는 모든 집단과 개인 발전의 단초이자 가장 중요한 자원이다.

한편으로 시장이 발전하면서 시민과 경제도 발전했다고 보았다면, 나폴리 학파의 논지에서는 공적 신뢰의 **함양**이 시민과 경제 발전에 관한 논의의 전제 조건임을 강조하는 것이 훨씬 중요하다. "유통이 원활하게 이루어지려면 공적 신뢰가 가장 필요하다."(《강의》 II권, 10장, §1, p. 751) 그리고 주석에서 제노베시는 중요한 설명을 덧붙인

---

6   루도비코 비안키니가 제노베시로부터 영감을 받아 거의 100년 후에 지적한 바 있지만, 같은 이유로 공적 신뢰는 단순한 수단이 아니라 국가의 '부의 일부'이다.(1855, p. 21)

다. "피데스라는 단어는 '묶고 결합하는 끈'을 의미한다. 그러므로 공적 신뢰란 곧 사적 신뢰만 작동하던 각 가정을 서로 함께 살아가도록 하나로 묶는 결속이다."[7]

한발 더 나가보자. 《강의》(II권 10장)에서 제노베시는 학생과 시민들에게 공적 신뢰는 그저 계약의 문제가 아니라 진정한 상호성의 문제라고 설명한다. 제노베시에게 공적 신뢰는 시장 외부에서 형성된 다음 시장에서 사용하는 자본이 아니다. 역으로 시장은 오늘날 우리가 말하는 사회 자본과 관계재를 생산하는 시민사회의 일부로 여겨진다. 이러한 이유로 그는 공적 신뢰를 이야기하면서 경제를 직접적으로 언급한다. "시민들이 서로에 대한 신뢰를 형성하는 부분이나 계약의 확실성, 법의 효력, 법관의 지식과 판결의 일관성 등에 대한 신뢰가 전혀 없는 곳에서는 … 계약의 확실성도 없고, 법의 힘도 없으며, 사람이 사람을 믿는 신뢰도 없다. 왜냐하면 계약은 결속이고 민법도 그 자체로 **공적인 약속이자 계약**이기 때문이다."(같은 책, p. 752)

3. 서로 도움과 주고받음으로서의 상업

상호성의 범주도 제노베시의 시장 개념과 이론에서 매우 중요하

---

7   같은 메모가 두 번째 나폴리판(1768~1770)에서는 사회의 유대로서 신뢰의 의미를 더욱 강조하는 확장된 버전으로 나타난다.(《강의》, p. 751, 각주)

다. 그는 믿음trust, '공적 신뢰'에 대한 분석에서, 신뢰라는 개념을 주고받는 신뢰reciprocal confidence, 서로 도움과 우정의 개념과 체계적으로 연결하면서, 이러한 개념이 한 사회의 경제적, 시민적 발전에 필수라고 주장한다.

나폴리 학파의 전통은 몽테스키외의 사상과 스코틀랜드 학파와 같은 선상에서, 경제 활동을 시민생활의 표현으로 간주하고 **상업을 시민사회화**civilization**의 한 요소로** 본다. 시민 인본주의자와 마찬가지로 제노베시와 나폴리 학파는 덕성이 시민생활과 대립되는 것이 아니라 시민생활 안에서 충만하게 발현된다고 여긴다. 제노베시는 몽테스키외의 저작을 이탈리아어로 최초로 번역하고 언급한 사람이기도 했다. 제노베시의 저술에는 나폴리 학파를 포함한 전체 계몽주의 운동에 활력을 불어넣은 몽테스키외의 사상이 분명히 드러나 있다. "모든 형태의 정부 … 에는 지배적인 행위 원리가 있다. **전제 국가에서는 두려움, 군주제에서는 명예, 공화국에서는 덕**이 이러한 통치 원리이다."(Filangieri[1806, 1780], Vol. I, p. 138) 그러므로 시민사회의 기초는 홉스와 마키아벨리가 믿었던 두려움이 아닌, 덕성이다. 곧 자세히 살펴보겠지만 덕성은 시민경제 전통 전체의 핵심 개념이다.[8]

---

8   이러한 인식은 그가 선택한 "상업 및 시민경제 강의(Lezioni di commercio o sia di economia Civile)"라는 수업 제목에 이미 나타난다. 여기에서 '및'은 상업이 시민 활동임을 강조한다. "우리에게 상업이 없다는 말을 들었다. 그 말은 이 왕국의 80만 가문이 시민사회를 형성하지 않는다는 뜻이거나, 아니면 그런 말을 하는 사람이 머리가 없다는 뜻일 것이다." (《강의》 1권, 16장, § VI, p. 243)

다음 장에서 광범위하게 논의하게 될 자친토 드라고네티도 상업에 관해, 제노베시의 색깔이 뚜렷한 매혹적인 이론과 설명을 선보인다. 여기에서 우리는 돈이 금고에만 쌓일 뿐 부를 창출하는 사람들 사이에 순환되지 않는 것을 비판했던 중세 프란치스코회 논쟁의 메아리를 느낄 수 있다.

> 인간이 사회를 위해 태어났다는 것을 보여주는 증거는 수천 가지이다. 이는 무엇보다 인간의 참된 연합의 기초가 상호 필요를 바탕으로 하는 상호 의존에서 비롯됨을 보여준다. 한 곳의 빈궁함은 다른 곳의 비옥함으로 채워야 한다. … 상업을 하지 않는 국가는 시체이다. 부자의 금고에 쌓여 유통되지 않는 금은 대중을 상대로 저지르는 강도 짓이다. 어떠한 부富도 국가를 위대하게 만들지 못했다.… 상업은 각 개인이 자연의 혜택을 누리고 공동체 정치에 낼 수 있는 모든 힘을 내도록 하는 효과를 창출해야 한다. (1766(1769], pp. 110-123)

더욱이 제노베시와 이탈리아 안팎의 계몽주의자들은 '교역하는 나라들을 평화롭게 하는' 능력을 상업의 결실이라고 보았다. "전쟁과 상업은 움직임과 고요함만큼 반대된다."(《강의》 I권, 19장, § VII, p. 290)

그러나 상업과 시민의 부를 찬양한다고 해서 나폴리 학파 저자들이 상품 자체가 행복을 가져다주지 않는다는 사실을 잊은 것은 아니다. 필란지에리와 비안키니, 그리고 많은 시민 계몽가들은 문명이 부의 공정한 분배를 수반한다고 강력하게 믿는다. "일부 시민에게 쏠린 엄청난 부와 누군가의 호화로운 게으름은 국가적 무능함의 징후이며 대다수의 불행과 빈곤을 전제로 한다. 이러한 시민적 불공평은 공익에 반한다. 국가는 몇 시간 동안 적당한 노동을 하는 개인들이 누구나 자신과 가족이 원하는 것들을 쉽게 얻을 수 있는 단 한 가지 경우에만 부유하고 행복할 수 있다."(Filangieri, 1806[1870], I권, p. 10)[9] 주세페 팔미에리Giuseppe Palmieri는 저서《나폴리의 공공 행복에 대한 고찰Riflessioni sulla pubblica felicita relativamente al Regno di Napoli》에 이렇게 썼다. "상업 없이는 사회가 존재할 수 없다. 사회가 상업에 대한 필요로부터 나온다고도 말할 수 있다."(1805[1788], p. 147)

제노베시와 몽테스키외의 사상은 상업이라는 주제와 밀접한 지점에서 흥미롭게 연결된다. 제노베시는《법의 정신Esprit des Lois》나폴리판을 편집하면서 각주로 자신의 주석과 논평을 담았다. 그 각주 중 하나에서 제노베시는 이전 저작에서 상업에 관해 제시했던 모든 주장과 언뜻 보기에는 반대 방향처럼 보이는 내용을 썼다.

---

9   그리고 나서 필란지에리는 계속해서 오늘날에도 통용되는 주장을 제시한다. "끊임없는 노동과 힘들게 이어가는 삶은 행복한 삶이라고 할 수 없다. 불행한 시시포스의 비참한 운명이 그랬다! 단 한 순간도 자신을 위한 순간은 없었다. 존재 전체가 끊임없는 수고와 끝없는 노력이었다."(같은 책) 이 말은 거의 100년 후에도 같은 이론 전통 안에 있는 루도비코 비안키니의 다음 말과 뜻이 통한다. "시민성의 개념은 재화를 너무 많이 축적하지 않고도 자연스럽게 편안함과 안락함을 최상으로 분배할 것이다."(1855, p. 12)

‘상업의 자연스러운 효과는 평화를 불러오는 것’이라는 몽테스키외의 잘 알려진 주장에 제노베시는 다음과 같은 평을 달았다:

> 상업은 전쟁의 강력한 원인이다. 상업은 질투를 부르고, 질투는 사람들을 무장시킨다. 카르타고, 로마, 베네치아, 제노바, 피사노, 포르투갈, 네덜란드, 프랑스, 영국의 전쟁이 이를 증언한다. 두 나라가 거래하는 것이 서로의 필요를 위해서라면, 이때 필요는 상업의 정신이 아니라 전쟁에 반대한다는 필요이다.(Genovesi, 1777, II, p. 195)

이 구절을 보면 제노베시가 당대에 상업을 바라보는 지배적인 시각이었던 중상주의적 의미의 상업 정신을 비판하고 있음이 분명해 보인다. 이러한 시각에 따르면 상업은 국가의 정복이라는 약탈적 정신과 깊이 연결되어 있으며, 서로 돕는 형태보다는 ‘제로섬 게임’에 가깝다. 이에 반해 제노베시와 시민경제학 전체는, 사람들 사이에서 서로의 필요를 바탕으로 상호성의 정신 안에서 발생하는 상업과 시장을 긍정하는 것이다.[10] 이러한 주장은 오늘날에도 18세기만큼이

---

10 실제 이러한 주장이 《강의》 17장 전체에 실려 있다. 원글의 비판적 편집과 편집자(M.L. Perna)의 주석 덕분에, 논문(Elementi di commercio, 1758)의 초안에서부터 《강의》(1767)에 이르기까지 상업 정신에 대한 제노베시의 평가가 어떻게 진화했는지를 추적할 수 있다. 경제학자로서 경력을 시작할 무렵의 그는 상업 정신에 대해 긍정적 평가를 내리다가, 뒤로 갈수록 훨씬 정교하고 비판적이 된다. 사실 《강의》의 두 번째 나폴리판(1769)에서는 상업 정신에 대한 비판적 태도가 더욱 강조되는 새로운 각주들을 발견하게 된다.(Bruni, 2011 참조)

나 여전히 타당성 있는 주장이다.

4. 필리아로서의 시장

제노베시와 그의 학파가 시민적 삶과 시장을 바라보는 일반적인 관점은 전반적인 논의가 우정, 서로 도움과 상호성의 영역에서 진행된다는 점에서 필리아를 중심 패러다임으로 한다. 그 기본 논리는 제노베시의 〈자연법에 관한 짧은 기본 원리 문답〉에 잘 요약되어 있다. 이 글은 《강의》에서 논의하는 '공적 신뢰'의 핵심이 되는 사적 행복과 공적 행복 추구에서 덕의 중요성을 학생들에게 강연 형태로 설명한 내용이다. 이 교리문답을 거의 전부 인용하는 이유는, 이 부분이 공동체의 삶에 대한 합리적 기초를 필리아의 관점에서 어떻게 이해하는지를 압축적으로 잘 보여주기 때문이다.

덕의 가치와 그 매력이 얼마나 큰지 아는 행운을 누린 사람들은 물론, 덕을 익히고 실천하기를 즐기는 사람들은 자연법에 관한 이 짧은 기본 원리를 종종 떠올려야 할 것이다. 이 문답의 유용성은 인류의 일반적인 경험 속에서 지속적으로 입증되고 있다.

1. 자연과 이성은 우리가 이 땅에 존재하고 일하는 방식을 이끈다. 우리는 가능한 한 불행하게 살지 않도록 최선을 다해야 한다. …

2. 사람에게 다른 사람과의 관계에서 동떨어져 혼자 있는 것보다 더 불행한 조건은 없다. 혼자서 잘 사는 고독한 사람은 신이거나 동물일 것이라던 아리스토텔레스의 아름다운 말은 진실이다. 동료 인간의 생기 넘치고 행복을 주는 숨결이 없다면 사람이 무엇을 할 수 있겠는가?

3. 그러므로 우리는 서로 교제하려고 노력해야 하며, 친근하고 우호적으로 서로 연합할 수 있는 미덕과 자질을 길러야 한다.

4. 사람들이 어우러져 살아가는 사회라고 해서 이러한 덕과 자질이 자연스럽게 길러질 것이라고 기대할 수는 없다. 동물도 어느 정도는 서로 어울려 살아간다. 그저 어우러져 살아가는 것이 아니라, 이성에 기초한 방식으로 구성원들이 서로의 권리를 알고 그것을 침해하려는 생각을 하지 않는 것은 물론 서로에게 호의적이고 도움이 될 방법을 연구해야 한다.

5. 그러한 합리적 사회가 존재하려면 그 사회를 구성하고 형성하는 사람들이 서로에게 진실한 친구가 되어야 한다. 따라서 정치 집단에서 인간이 주고받는 우정은 자연 집단 구성원 사이의 상호 끌림과도 같다. 자연에 그러한 상호 끌림이 있어야 큰 집단이 존재할 수 있듯이 우정이 없으면 정치 집단도 있을 수 없다.

6. 서로에 대해 진실하고 신뢰를 주고받지 않는 사람들은 서로의 진실한 친구가 아니며, 앞으로도 결코 그렇게 되지 않을 것이다. 모든 의심이 도덕을 몰아내는 힘이 되어 진정한 우정을 해치고 깨뜨릴 수 있기 때문이다.

7. 인간은 서로의 덕성과 경건함을 깊이 확신하지 않으면 서로를 진심으로 신뢰하거나 다른 사람의 믿음에 의지할 수 없다. 앞서 언급했듯, 이것이 믿음의 유일한 기초이기 때문이다.

8. 사람들이 오랫동안 서로의 덕성을 믿으려면, 그 덕성이 참되어야 한다. …

9. 어떤 사람이 악하고 불경스러우며, 다른 사람을 불쾌하게 하거나 속일 준비가 되어 있고 타인의 불행을 기뻐한다고 알려진다면, 다른 모든 사람들은 인간 본성의 고유한 힘에 따라 그를 대화나 우호적 거래를 할 수 없는 사람, 사납고 위험한 동물처럼 대할 것이다. …

10. 이런 상태에 있는 사람은 모든 사회 관계에서 배제되어, 누구로부터도 삶의 무게를 덜고 즐겁게 해줄 어떠한 위안도 기대할 수 없다. 고작해야 육체적 힘과 지성의 교활함이나 노련함, 또는 매우 큰 두려움과 위험을 통해 다른 사람으로부터 그러한 위안을 빼앗아야 한다.

11. 이런 상태에 놓인 사람은 오래 버틸 수 없다. …

(《강의》, II권, 10장, § XI, pp. 762-763)

제노베시는 이 〈자연법에 관한 기본 원리〉에 종교에서 차용한 내용을 많이 넣었다. (같은 책, XIV, p. 765 이하) 중심 메시지는 강력하고 분명하다. 우리가 자신의 행복을 합리적으로 추구한다면 상호성에 입각한 사회관계를 경험할 수 있게 해주는 시민적 덕성을 배양해야 한다는 것이다. 이에 덧붙여 우리는 필리아에 기반을 둔 인본주의의 또 다른 초석을 발견할 수 있다. 특히 7, 8, 9항에서는 시장 행위자의 **신뢰성**을 보호하기 위해 친구가 아닌 사람을 배제해야 한다고 말한다. 이런 관점에서 보더라도 제노베시의 주장은 아리스토텔레스, 토마스 아퀴나스, 프란치스코, 시민 인본주의의 명암과 완전한 연속선상에 있다.

요약하면 애덤 스미스의 시장 개념은 엄격하게 개인을 기준으로 하는 '상호 이익'이라는 범주로 집약된다. 스미스는 '우리'라는 집단적 주체의 존재에 대해서는 전혀 고려하지 않았다. 이해관계가 상호적이고 계약에 참여하는 개인 각각에게 이득이 있어야 공동체의 삶이 존재할 수 있다고 보는 스미스의 관점은 사회 계약의 전통과도 통해 있다. 제노베시의 비전은 고전적 전통과 그로티우스의 사상과 맥을 같이하면서도, '상호부조'를 특징으로 한다. 사소해 보일 수 있는 차이가 실은 결정적이라는 점에 유의해야 한다. '서로 각자의 이익'을 동기로 이루어지는 교환에서는 각 당사자가 거래로부터 이익을 얻는다. 이 거래는 상대방에게도 이익이 될 때만 성사된다. 그렇기에 교환은 **객관적으로는** 서로에게 이득이 된다. 나에게 유익한 행동이 상대에게도 유익했다. 그러나 우리가 이미 살펴보았듯 어느 쪽도 상대방의 이익과 복지에 관심이 없으며, '우리'라는 인식이 있어서 교환을 한 것이 아니다. 제노베시가 의도한 '서로 돕는' 행위로서의 시장 거래는 서로 각자 얻는 이익과는 개념이 다르고 더 많은 것을 요구한다.

‘부조扶助,’ 즉 ‘도움’이라는 개념은 ‘도와주는’ 사람 입장에서 ‘도움을 받는’ 사람에게 이익이 되려는 의도가 있어야 성립한다. 도움은 다른 사람의 필요를 돕기 위해 그 사람에게 의도적으로 하는 행동이다. 즉 서로에게 도움이 되려는 의도가 있어야 한다. 제노베시가 의미한 대로 부조가 상호적이려면, 그 의도 역시 서로 오가는 부분이 있어야 한다. 계약으로도 서로를 도울 수는 있겠지만, 계약만으로 서로에게 온전히 도움이 되기는 힘들다. 이러한 관점에서 제노베시가 말하는 ‘서로 도움’은 상호 이해관계라는 개념을 넘어선다. 좋은 사회는 단순히 이익만 추구하기보다 더 깊고 다른 무엇인가를 기초로 삼아야 한다. 누군가의 필요가 항상 다른 사람의 이해관계와 맞물리지는 않겠지만, 품위 있는 사회라면 이해관계와 충돌하는 상대의 필요도 품을 수 있어야 한다. 시민은 **이해당사자**stakeholders일 뿐 아니라 **필요당사자**needholders이기도 하며, 제노베시의 도움 개념은 바로 이 점을 정확히 포착한다.

5. ‘우리’ 관점에서의 합리성

다시 한번 제노베시의 글로 돌아가보자. 이미 서그덴과의 이전 작업(Bruni and Sugden, 2008)에서 제안한 바 있지만, 이 글은 ‘우리 관점에서의 합리성we-rationality’이라는 시선으로 다시 읽어볼 수 있다.

《강의》를 읽어보면, 우리가 '집단적'이라고 부를 수 있는 합리성이 제노베시가 말하는 시민경제의 일반적인 의미를 잘 설명하는 패러다임임을 깨닫게 된다. 여기에서 합리성이라는 말은 개인의 자유와 존재를 고려하지 않는 전체론적 이론을 뜻하는 것이 아니다. 오늘날 이 이론은 서그덴(Sugden, 1993), 마틴 홀리스(Martin Hollis, 1998), 마이클 바카라치(Michael Bacharach, 2007), 라이모 투오멜라(Raimo Toumela, 1995), 더 최근에는 스메릴리(Smerilli, 2012) 등이 발전시킨 **팀 행위자성**team agency 또는 **팀 사고**team thinking라는 말로 흔히 요약된다. 마틴 홀리스와 특히 로버트 서그덴은 이 이론의 한 부분을 발전시키면서 '우리 관점에서의 합리성'이라는 이름을 붙였다. 이 이론의 기본 아이디어는 어떤 행동을 취해야 할지 결정할 때 "이 행동은 나에게 좋은 결과를 가져온다."라고 생각하는 합리성만큼이나 '이 행동이 **우리 [모두]에게** 좋은 결과를 가져올 **우리의** 행동 중 **내가 할 부분**'이라고 생각하는 합리성도 있다는 것이다.[11]

우리는 이미 제노베시의 논지가 항상 상호성과 우정 개념을 언급하고 있음을 보았다. 오늘날 이런 논의는 주로 개인주의 패러다임의 틀 안에서 이루어진다.[12] 하지만 《강의》에서 분명하게 드러나듯, 제

---

11 그래서 로버트 서그덴은 다음과 같이 말한다.(2000, pp. 182-183) "특정 결정의 문제와 관련하여 개인은 자신을 한 집단이나 팀의 일원으로 생각할 수 있으며, 결정이 자신의 문제가 아니라 팀의 문제라고 여길 수 있다. 다시 말해 개인은 이 문제를 '내가 무엇을 해야 하는가?'가 아니라 '우리가 무엇을 해야 하는가?'로 받아들인다.

12 예를 들어 게리 베커(Gary Becker)에게 우정은 개인 자본이고, 상호성은 개인의 행동 전략이다.

노베시는 다시 '우리'라는 개념으로 돌아간다. 제노베시는 마지막 단락에서 글의 핵심과 중심 주장을 요약한다. 이에 관해서는 당연히 뒷부분에서도 계속해서 다룰 것이다.

> 이 책의 핵심은 이것이다. 이 아름답고 유익한 진리에 시선을 고정한다면, 현학적인 허영심, 무지한 자들보다 우월하다는 교만, 시대에 맞춘 영악함이 아니라, 오히려 서로에게 도움이 되도록 최선을 다하라고 명령하시는 이 세상 중재자의 법에 따라 공부하게 될 것이다.(《강의》, II권, 결론, § XVII, p. 890)

애덤 스미스는 "각자가 자기 이익만을 추구하면, 시장의 보이지 않는 손이 타인과 사회의 이익을 보장해줄 것"이라고 했지만, 제노베시는 세계의 조정자인 하느님의 법은 그렇지 않다고 보았다. 그렇다고 '모두가 다른 사람의 이익을 추구'하자는 것도 아니다. 시민 행동에 대한 제노베시의 '일반 법칙'은 다르다. "우리는 서로에게 도움이 되는 것을 목표로 삼아야 한다."는 것이다. '서로에게 유익하라'는 '계명'은 **우리 모두에게 적용된다**. 이러한 '우리 관점에서의 합리성'으로 시장을 어떻게 해석할지는 이 책의 뒷부분에서 다시 다룰 것이다.

6. 게임 이론으로서의 문화

지금까지의 논의를 바탕으로, 우리는 제노베시와 제자들의 논의를 기존 해석과는 다르게 오늘의 시각에서 읽어낼 수 있으며, 계몽주의의 가치를 알아보면서도 다른 관점을 제시했던 사람으로서 제노베시가 수행한 활동의 의미를 새롭게 생각해볼 수 있다. 예를 들어 제노베시의 담론을 통해 시장의 '게임'이 죄수의 딜레마가 아니라 사슴 사냥의 협력 게임에 가까움을 보여줄 수도 있다.

18세기 나폴리 왕국은 유럽에서도 깊은 상호 불신을 특징으로 하는 국가로 잘 알려져 있었다.(Herreras, 2008) 상호 불신이 팽배한 시민적 맥락에서는, 일반적으로 시장이나 공동체의 삶에서 다른 사람이 협력하지 않는 경우, 협력을 선택한 사람에게 가장 낮은 몫이 돌아가고, 제노베시가 말하는 기회주의자, 무임승차자, 이탈리아 은어로 '비르비birbi'라고 하는 못된 사람들에게 더 높은 보상이 주어지는 비협력 게임으로 여기는 경향이 있다.

이제 나의 《상업 강의》를 두 권으로 출간한다. 거룩한 섭리회Divine Providence에서 이 저작을 읽기를 추천한다. 나는 이제 늙었고 이 땅에서 더 이상 바라거나 기대하는 것도 없다. 나의 목표는 이탈리아 사람들을 내가 태어났을 때보다 조금이라도 더 계몽하면서 선함의 어머니인 미덕에 조금이라도 더 헌신하게 할 수 있을지 알아보려는 것이었다. 예술, 상

업, 정부를 다루는 일은 결국 도덕성 개혁으로 이어지지 않고서는 의미
가 없다. 사람들이 나쁜 행동을 하는 것이 득이 된다고 생각하는 한, 애
를 써도 달라지는 것은 많지 않을 것이다. 나는 이런 경험을 너무 많이 했
다.(Genovesi, 1765년 서신, 1962년판, p. 168)

사실, 협력을 하고 있거나 협력하기를 원하는 사람들이 시장을
죄수의 딜레마와 비슷한 관계로 바라본다면, 그 사람은 시장을 비협
력이 협력보다 언제나 우세하는(Smerilli, 2012) (마이클 바카라치의 언어
로) '프레임'의 일부로 읽을 것이다. 이 경우 그 사람은 협력을 해야 할
논리적 정당성을 찾을 수 없다. 실제로 시장을 죄수의 딜레마 게임으
로 간주하면 다음과 같은 보수 행렬을 얻게 된다.

시장을 죄수의 딜레마의 관계 구조로 바라보는 행위자는 결국 시
장을 상대방의 협력을 이용하는 교활한 쪽이 더 나은 보상을 받고(4)
협력한 사람은 손해를 보는(1) 곳이라고 생각하게 된다. 잘 알려진
바와 같이 이 게임에는 비협력(2, 2)이라는 단 하나의 균형만 있다.
착취당할 것에 대한 두려움과 '못되게' 굴어 이를 벗어나보려는 기대
가 모이면 제노베시 시대의 나폴리 왕국에서 일어났던 것처럼 상호
비협조와 빈곤의 덫을 초래한다.

개인적으로는 진심으로 협력하고 싶어 하면서도 시장과 시민 협
력을 죄수의 딜레마처럼 움직인다고 보는 사람이 있다면 그 사람은
무엇을 기대할까? 스미스의 세계 분석과 동일한 진화 방법론을 사

A/B	협력	비협력
협력	3, 3	1, 4
비협력	4, 1	2, 2

그림 8.1. 죄수의 딜레마

용한다면 죄수의 딜레마 유형의 진화 게임에서 협력 전략을 선택하는 사람들은 누구나 멸종할 운명이라는 것을 바로 알 수 있을 것이다.[13] 정직한 운동선수가 도핑 환경에서 경쟁하는 것과 거의 같은 상황이다. 대신에 사슴 사냥 게임에서는 협력자 몫의 특정 임계값, 즉 시간이 지남에 따라 협력이 나타날 수 있는 P_c가 있음을 확인했다.

제노베시가 공유하고 싶었던 첫 번째 메시지는 다음과 같다. "절대로 상업과 교환을 죄수의 딜레마로 읽지 말고,[14] 사슴 사냥 같은 다른 게임으로

---

13 실제로, 협력하기로 선택한 사람들의 기대 효용은 $U_c = 3P_c + (1 - P_c)$이고, 따라서 $U_c = 2P_c + 1$임을 알 수 있다. 대신 비협력을 선택하면 기대 효용은 $U_n = 4P_c + 2(1 - P_c)$, 즉 $U_n = 3P_c + 2$이고, 여기서 U_n(비협력의 기대 효용)은 P_c의 **모든 값에 대해** 항상 U_c(협력의 기대 효용)보다 크다. 우리가 선택한 숫자가 아니라 문자로 표현되는 보상의 서열을 따지더라도 상황은 변하지 않는다.

14 사실 우리는, 죄수의 딜레마로 인식되는 상황에서도 게임이 반복되면 협력이 나타날 수 있다, 즉 특정 협력 전략이 시간이 지나도 사라지지 않는다는 것을 알고 있다. 참여자들이 서로를 인식할 수 있고, 참여자가 '항상 협력'과 '절대 비협력'보다 더 복잡한 '눈에는 눈(tit-for-tat)'식의 전략을 채택하는 경우이다. 제노베시의 전반적인 생각은 물론 우리가 인용한 '기본 원리'에도 이 방향으로 움직이는 요소들이 있다. 제노베시의 논리를 지키기 위해 나는 분석을 더 이상 복잡하게 하지 않고 우리가 이 글에서 개괄적으로 설명하고 있는 몇 가지 주요 추론 단계에 시간을 할애하려고 한다. 이 분석의

읽어라."[15] 왜 그런가? 이미 부분적으로 보았듯이 만약 내가 시장, 또는 모든 상호작용을 사슴 사냥 게임으로 간주한다면 나는 공동 행동에서 더 높은 보상(4)을 기대할 것이다. 나는 다른 사람들을 착취함으로써 최상의 결과를 얻는 것이 아니라, 다른 사람이 약속을 지키지 않을 수도 있다는 위험 부담이 있기는 하지만 그들과 협력함으로써 최고의 결과를 달성한다. 더군다나 개인 각각을 고려하는 관점을 달리하면, 사슴 사냥 게임의 균형점은 한 개가 아니라 두 개이다. 제노베시의 담론에서 전형적으로 나타나는 '우리'의 관점에서 보면 단일 균형도 상상해볼 수 있다. 사슴 사냥 게임에서 "**우리에게 무엇이 더 나은가?**"에 대한 최선의 대답을 찾는다면 협력이 분명 이 게임에서의 유일한 균형이 된다.[16] 그러므로 참여자가 다양한 방식으로 추론하는 것이 중요하다. 이러한 '다양한 추론 방식'을 문화라고 부른다. 문화는 우리가 삶의 다양한 게임을 읽고 선택을 할 **프레임**을 만든다.

다시 말해 같은 '객관적' 상황에 직면해도 누군가는 그것을 사슴 사냥 게임으로 해석할 수 있는 반면, 다른 누군가는 그것을 '못된' 사

보다 다듬어지고 복잡한 버전은 Bruni(2008)를 참조하라.

15 어떤 의미에서 시장을 사슴 사냥 게임으로 읽을 수 있는가? 시장을 두 사람 사이의 협상의 집합으로 정의하는 것은 확실히 별 효과가 없다. 이 협상은 정보 비대칭성과 시장 지배력의 차이가 있는 경우가 많아서, 다른 게임으로 더 적절하게 표현할 수 있다. 오히려 일종의 사회 계약으로 시장을 창출한다면 시장이 없는 상황, 즉 '자연 상태'보다 모두가 더 나은 삶을 살게 될 수 있다.

16 예를 들어 스메릴리(Smerilli, 2012)에 따르면 우리-관점에서 유일한 균형은 '사슴-사슴'을 선택하는 것이다.

람에게 더 많은 보상을 주고 기회주의자가 항상 협력자보다 '득을 보는'(4>3) 상호작용 구조, 즉 죄수의 딜레마로 읽을 수도 있다. 두 번째 경우에 합리적인 사람들은 결코 협력 전략을 택하지 않을 것이다. 그러나 세상을 기본적으로 사슴 사냥 게임, 즉 협력이 가장 높은 보상을 얻는 게임으로 읽는다면, 비협력자의 기회주의 때문에 취약하기는 해도 사람들이 협력 전략을 취할 가능성이 있다. 따라서 이 프레임은 세계가 '객관적으로' 사슴 사냥 게임인지 죄수의 딜레마 게임인지에 관계없이 그 자체로 가치가 있다.

세계를 어떻게 묘사하는가 하는 문화적이거나 교육적인 문제는 우리의 선택에서 중요하다. 내가 어떤 게임을 염두에 두고 있는지에 따라 동료 시민들의 반응을 예상하고 이를 바탕으로 전략을 결정할 것이기 때문이다. 게임에 대한 인식이 나의 실제 선택에 영향을 미치기 때문에 세계에 대한 해석은 세계 그 자체만큼이나 현실적이다. 더군다나 삶의 대부분을 '못되게 굴거나' '바보'가 되는 문제로 읽는다면 나는 결코 협력을 하지 않을 것이고, 협력하는 경우를 포함한 삶이라는 게임의 '진짜' 모습이 무엇일지 발견할 기회조차 없을 것이다. 예를 들어 생태학적 정책의 성공도 우리가 세상을 어떻게 해석하는지에 따라 크게 좌우된다. 사람들이 개인적으로는 많은 '시민적 선택'을 '객관적으로' 사슴 사냥 게임이라고 생각하더라도, 불신이 두드러지는 지역에서는 이를 죄수의 딜레마로 읽는 경향이 있다. 이러한 이유로 사람들은 협력하지 않고, **위험이 지배하는** 균형(2, 2)에 갇혀 있다.

비슷한 맥락에서 문화와 교육 활동은 시민들이 삶의 게임을 해석할 올바른 '틀'을 만드는 일이다.

제9장

덕과 상

L'ETHOS DEL MERCATO

수백 권의 책이 범죄와 처벌을 다루지만

공로와 보상을 다루는 책은 소수에 불과하다.

- 멜키오레 조야 Melchiorre Gioja, 《공로와 보상 Del merito e delle ricompense》

1. 자친토 드라고네티

18세기의 사유 중심에는 인간 행위와 그 동기에 관한 풍부한 논의가 있었다. 흄, 루소, 스미스는 사회 경제적 영역의 동기가 단지 이기심 추구보다 훨씬 더 복합적이라고 보는 행위 이론을 전개했다. 이탈리아에서도 이에 못지않은 활발한 논쟁이 이어졌으며, 피에트로 베리와 안토니오 제노베시 같은 사상가들은 행위의 비의도적 결과, 모방과 경쟁심, 구별 욕망 등과 같은 문제에 대해 중요한 통찰을 제시했다.

밀라노의 잘 알려진 학자 체사레 베카리아_{Cesare Beccaria}와, 그에 비해서는 훨씬 덜 알려져 있고 물리적으로도 떨어져 있었던 나폴리의 자친토 드라고네티도 이탈리아에서 이루어지던 이러한 지적 대화의 한편에 있었다. 여기서는 드라고네티의 작업이 경제사상사는 물론 잠재적으로 법경제학 전통의 뿌리와도 관련이 있음을 입증하려고 한다. 드라고네티에게 다시 관심을 가져야 할 이유는 많다. 그는 시민경제 학파를 대표했다. 드라고네티의 《덕Virture과 상Awards에 관하여Delle virtù e de' Premi》(1766)[1]는 수십 년 동안 베카리아의 《범죄와 형벌》과 늘 쌍으로 거론되어왔다. 여기에는 출판사의 영향도 있었다.[2] 또한 드라고네티의 연구가 다시 주목받아야 할 또 다른 이유는 그의 연구 주제가 매우 독창적이면서도 오랫동안 잊혀 있었기 때문이다.

오늘날의 행위 이론은 개인에게 주어지는 유인, 즉 인센티브를 기반으로 한다. 그에 비해 드라고네티는 상awards을 기반으로 한 행위 이론을 발전시켰다. 이러한 이론은 선량한 시민, 즉 덕을 갖춘 시민은 내적인 동기에 따라서도 행동한다는 가설에서 출발한다. 현대의 인센티브가 어떤 행동에 대한 사전 '동기 부여'인 데 비해 '상'은 사후 인정이나 보상이다. 오늘날 경제학에서는 '보상' 혹은 '상에 대한 이론'에 대해 미미하지만 새로운 관심이 생겨나고 있으며, 이는 드라고네티의 잊힌 저작을 다시 평가해야 할 또 하나의 이유가 된

---

1   드라고네티가 쓴 책의 영어 제목은 "덕과 상에 관하여"이다. 현대 언어와 경제학을 이야기할 때 나는 '보상(reward)'이라는 말 대신 '상(award)'이라는 말을 즐겨 쓴다. 그 이유는 이 글의 뒷부분에서 다시 이야기할 것이다.

2   대부분의 유럽 판본에서 드라고네티의 《덕과 상에 관하여》는 베카리아의 《범죄와 형벌에 관하여》와 한 권으로 묶여서 출간되었다.

다. 브루노 프레이Bruno Frey의 연구가 상이라는 주제에 대한 경제학
자들의 관심을 다시 불러일으키기는 했지만(Frey and Neckermann,
2008; Neckermann et al., 2009) 경제학계 전체가 아직 이 연구 분야의
중요성을 충분히 인식하고 있는 것은 아니다. 여기서는 사회과학의
맥락에서 오랫동안 잊혔던 보상과 상의 문제를 재조명하고자 한다.

변호사이자 안토니오 제노베시의 제자인 자친토 드라고네티
(1738~1818)는 아퀼라에서 태어났다. 젊은 드라고네티는 나폴리에서
제노베시의 지도를 받은 베카리아가 《범죄와 형벌 Dei delitti e delle pene,
1764》을 낸 직후인 1766년에 《덕과 상에 관하여》를 출판했다.[3] 1769
년에는 이미 이탈리아어 원문까지 수록한 드라고네티의 영역본 책
이 유럽 다른 나라에서도 유통될 정도였다.[4] 1776년에 토머스 페

---

3   1768년 모데나판 서문에서 출판인 조반니 몬타나리(Giovanni Montanari)는 저자를 이렇게 소개한
다. "친애하는 독자 여러분, 이 논문의 저자는 자친토 드라고네티입니다." 1769년 영문판의 서문은
다음과 같다. "나폴리에서 처음 출판된 이 논문의 저자인 자친토 드라고네티는 베카리아의 명성에
뒤지지 않는 찬사를 받는 사람이다."(1769, p. 4)

4   젊은 베카리아가 《범죄와 형벌》을 낸 배경에 피에트로 베리와 푸니 아카데미(Accademia dei Pugni)
가 있었다고 여겨지는 것처럼, 젊은 드라고네티의 뒤에는 제노베시와 과학 아카데미(Accademia
delle scienze)의 회원들이 있었을 것이다. 드라고네티의 책이 제노베시 및 나폴리 시민경제 학파와
의 대화로 나온 결과라는 점은 의심의 여지가 없으며, 《덕과 상에 관하여》를 제노베시의 지도하에
작성했을 수도 있다. 이것이 자신의 위대한 삼촌인 자친토에 대한 짧은 전기를 쓴 알폰소 드라고네
티(Alfonso Dragonetti)의 의견이었다. "1760년 그는 법조계에서 일하는 데 필요한 교육을 받기 위해
나폴리에 왔고 철학적 탐구 정신에 입각한 법학을 배웠다. (중략) 당시 저명했던 제노베시는 나폴리
뿐 아니라 이탈리아에서 알아주는 사상의 대가로, 아퀼라에서 온 젊은 드라고네티는 그의 지도를
통해 성숙한 성찰과 정확한 사고를 함양했다."(1847, p. 113) 드라고네티는 처음에는 학계 진출 대신
법조계의 길을 택했다. 초기에는 재정 전문 변호사로 일하다가 1780년대에는 시칠리아 왕국의 치
안 판사로 일했다. 그는 1788년에 두 번째 책인 《나폴리와 시칠리아 왕국 봉건제의 기원(Origine dei
feudi nei regni di Napoli e Sicilia)》을 출판하여, 봉건 제도와 그 부당한 보상 제도에 대한 지적 투쟁

인Thomas Paine은 영향력 있는 저서 《상식론Common Sense》에서 이 책을 인용하면서, 드라고네티를 '정부에 대한 현명한 관찰자'(1923[1776], p. 30)로 언급하기도 했다.

드라고네티의 《덕과 상에 관하여》[5]와 페인의 《토지 정의Agrarian Justice》(1797)는 둘 다 클로드 아드리앵 엘베시우스Claude Adrien Helvétius의 《지성론De L'Esprit》의 영향을 받아 더 평등한 토지 개혁을 요구했다. 드라고네티를 다룬 워낙 몇 안 되는 논문 중 하나인 데이비드 우턴(David Wootton, 2000)의 연구에 나오는 이러한 사실도 흥미로운 부분이다. 사실 드라고네티의 저작에서는 엘베시우스를 직접 언급하지는 않지만(현재 Bruni 2010, 부록에 실린) 사적인 서신을 보면 《지성론》을 명시적으로 언급하기도 했다.[6]

을 계속했다. 그는 실제 1799년 나폴리 혁명 기간에 자코뱅당에 가담했고 부르봉 왕가의 탄압 이후에는 프랑스로 추방되어 1803년까지 머물렀다.

5　우턴은 드라고네티가 '베카리아의 제자'라고 했는데 이는 잘못된 것이다.(2000, p. 325). 드라고네티가 자신의 형(현재 Bruni 2010에 실려 있음)에게 보낸 두 편의 미공개 편지에 따르면 드라고네티가 베카리아의 책을 알게 된 것은 이미 논문 작업을 시작한 이후인 1765년이었다.

6　1765년 드라고네티가 형 잠바티스타(1736~1819)에게 보낸 편지에는 이렇게 쓰여 있다. "형님은 언제나 지에게 엘베시우스의 《지성론》을 읽으라고 제안하시네요. 제 작업을 이 사람의 생각에 맞춰 구성해보았으면 한다는 말씀이지요." 그러고 나서 자친토는 철학자이자 인문학자였던 형에게 《지성론》의 일부 요소를 반영하여 자신의 책을 고쳐달라고 요청하기도 했다. 우턴은 드라고네티의 '농업' 장에 관한 부분에서 이를 언급한다. "그는 엘베시우스에게서 영향을 받아 이후 토지 재분배와 임금 인상을 주장했다."(2000, p. 325) 실제로 같은 장에서 드라고네티는 "지주가 적고 단순 노동자가 많다는 것이 가난한 사람들이 계속 비참하게 살아야만 하는 결정적인 [이유]"(1769, p. 73)라고 썼다. 드라고네티의 평등주의적 주장은 아마도 제노베시도 적극적으로 참여했던 나폴리의 농업 개혁 프로그램에서 비롯되었을 것이다. "낡은 헌법의 일부를 개혁하고 더 나은 토지 분할이 이루어지지 않는다면 철학자들의 책들과 모든 군주의 선의는 그저 국가의 비극을 조롱하는 데 그칠 뿐이다."(제노베시, 《강의》, I권, 8장, §17) 드라고네티는 두 번째 책(1788)에서 토지 분배에 대한 자신의

초기 명성 이후 드라고네티는 고국에서마저 거의 잊혔고 덕과 상의 관계에 대한 문제도 마찬가지로 무시되었다.

2. 처벌만이 아닌 포상을

드라고네티의 책 서문에는 덕과 상에 대한 그의 비전이 명확하게 나와 있다. "우리는 범죄를 처벌하기 위해 수많은 법을 만들었지만 덕을 보상하기 위해 제정된 법은 단 하나도 없다."(1769, p. 13)[7]

책 제목인 '덕과 상'은 베카리아의 주장(범죄와 형벌)에 맞선 시도로 해석될 수 있지만,[8] 두 책을 제대로 읽어보면 그간 간과되었던 측면을 언급하려는 같은 의도를 갖고 있음을 알 수 있다. 게다가 베카리

비전을 확장하고 발전시켰다. 이전 연구에서 우턴은 드라고네티를 "페인을 연구하는 어느 학자도 그에 관해 들어본 적 없는, 알려지지 않은 이탈리아인"(1994, p. 37)으로 정의했다.

7   드라고네티의 《덕과 상에 관하여》의 인용문은 1769년 영문판에서 따왔다. 다른 나폴리 학파 저자들(제노베시, 필란지에리, 팔미에리)의 번역은 내가 직접 했다.

8   드라고네티의 책은 베카리아를 모방한 것이 아니라 법률 문제에 대해 다르게 접근한 것이었다. 그의 조카인 알폰소 드라고네티는 이렇게 말한다. "이 논문이 베카리아와 모순되거나 맞서기 위해 작성되었다고 주장하는 사람들은 제목이 명백히 반대된다는 것을 근거로 그런 판단을 내렸을 가능성이 크다."(1847, pp. 113-114) 드라고네티의 책 제목은 저자의 생각이 아니라, 아마도 베카리아의 성공에 힘입어 반사이익을 노렸던 그라비에(Gravier) 출판사의 의견일 가능성이 가장 크고, 제노베시가 의견을 냈을 가능성도 있다.(De Tiberis, 2010) 확실한 것은 드라고네티가 집필을 거의 끝낼 당시까지 베카리아의 《범죄와 형벌》을 알지 못했다는 것이다.(Bruni, 2010 참조) 그리고 앞서 언급한 메모에서 베네데토 크로체(Benedetto Croce)는 "1766년 나폴리에서 이 작은 책이 출간되어 나온 이후 이탈리아와 해외에서 이어졌던 논의들은, 베카리아의 유명한 논문 "범죄와 형벌"을 반대하는 것이 아니라 보완하려는 것이었다."(Croce, 1959 [1947]], p. 235)고 밝히고 있다.

아는 덕에 대한 보상의 긍정적인 의미를 완전히 잊어버린 것이 아니라 이 주제를 자신의 탐구 한켠에 미뤄두었을 뿐이었다. 보상이라는 주제는《범죄와 형벌》말미의 범죄 예방에 관한 부분에서 나타난다.

> 범죄를 예방하는 또 다른 방법은 덕을 보상하는 것이다. 나는 오늘날 모든 국가의 법률이 이 문제에 완전히 침묵하고 있음을 알고 있다. 유익한 진리를 발견한 사람에게 학계에서 상을 수여함으로써 지식과 좋은 책이 늘어난다면, 군주의 자비로운 손길이 베푸는 상도 마찬가지로 덕행의 수를 늘리지 않을 이유가 무엇이겠는가? 현명한 분배자의 손에 쥐어진 명예의 화폐는 오래도록 가치 있는 투자로 남을 것이다.(Beccaria, 1995[1764], p. 109)

베카리아는 '상'을 분석하면서 교육의 중요성도 언급한다. "끝으로, 범죄를 예방하는 가장 확실하지만 어려운 방법은 교육을 개선하는 것이다."(같은 책) 교육은 덕에 대한 보상과 밀접하게 관련된 것으로 계몽주의 사상가, 특히 제노베시에게 중요한 문제였다. 베카리아를 비롯한 다른 사람들은 덕에 대한 보상을 언급하면서도 이를 더 깊이 탐구하지 않았지만[9] 보다 급진적이고 광범위한 접근 방식에서

9　예를 들어 미셸 에켐 드 몽테뉴(Michel Eyquem de Montaigne), 홉스, 루소, 몽테스키외, 조금 후대 사람으로는 드니 디드로(Denis Diderot), 벤담, 조야 등이 그랬고, 드라고네티도 언급한 바 있는 고대 로마 철학자들과 법률 전문가들도 그랬다. 이 문제는 나폴리 시민경제 전통에도 나타난다. 이탈

영감을 받은 드라고네티는 그간 무시되었던 이 문제를 붙들고 분석했다. 드라고네티는 덕, 특히 '정치적 미덕'에 대한 보상이라는 발상을 기반으로 구축된 전체 법률 체계, 다시 말해 형법과 덕 윤리가 병행하는 법체계를 구상했다. "로마의 입법자들은 보상의 필요성을 알았지만 그것을 법전으로 체계화할 용기를 얻지 못한 채 보상을 암시하는 데 그쳤다."[10] (1769, p. 13).

드라고네티는 분명 처벌의 중요성을 부정하지 않는다. 그는 제노베시의 주장에 따라 처벌이 중요하다는 점을 인정했다. 그러나 그는 범죄에 대한 처벌에만 초점을 맞추어서는 나폴리 왕국을 시민적, 경제적 발전의 길로 이끌기에 충분하지 않다고 믿었다.

더 넓게 보면 베카리아와 드라고네티의 입장이 다른 것은 각자의 철학적 전통이 다르기 때문일 수 있다. 사실 베카리아의 틀은 감각주의와 공리주의 철학과 실질적으로 일치하는 반면, 드라고네티는

리아 계몽주의의 선도적 인물인 가에타노 필란지에리는 《입법과학》에서 개괄한 자신의 범죄 형벌 이론에서 덕을 보상하는 것의 중요성을 인정했다. "지침, 관습 및 공공 교육에 관한 법의 목적은 개인의 마음과 정신을 사회 속에서 형성하고, 열정을 통해 덕을 추구하도록 권면하고, 범죄에 따른 처벌에 대한 두려움과 덕에 대한 보상을 나란히 갈망하게 하는 것이다."(이탈리아 판본, 1780, p. 283) 그러나 그는 이 책에서 드라고네티를 언급하지는 않았다. 아폴리안 주세페 팔미에리도 그의 영향력 있는 책 《나폴리의 공공 행복에 대한 고찰》(1788)에서 한 장 전체를 덕이라는 주제에 할애했고, 여러 구절이 드라고네티의 글과 매우 흡사함에도, 드라고네티를 언급하지 않았다. 제노베시의 제자 마리오 파가노가 작성한 1799년 혁명 이후의 나폴리 헌법이 형벌(AA.VV. 1852, p. 65)과 함께 상(premi)의 문제를 언급하고 있다는 점도 흥미롭다.

10   어느 메모에서 드라고네티는 《로마법대전》제1권 제1편 제1조 제1항, 제1장의 유명한 문구를 인용한다. "형벌에 대한 두려움만이 아니라 보상의 유인을 통해서도 인간을 선하게 만들고자 노력해야 한다."(같은 책)

고전적 전통, 즉 아리스토텔레스, 키케로(Marcus Tullius Cicero), 토마스 아퀴나스의 덕 윤리 전통 안에서 해석해야 한다. 베카리아의 논의에는 홉스가 말하는 자연 상태 개념과 매우 유사한 몇 가지 구절이 있다. "법은 독립적이고 고립된 사람들이 사회에서 함께 모이게 하는 규정이다. 끝없는 전쟁 상태의 삶과 불확실성으로 인해 무용지물이 된 자유에 지친 사람들은 그나마 남은 것이라도 안전하고 평온하게 지키려고 자유의 일부를 희생한다."(Beccaria, 1995[1764], p. 9) 반면 드라고네티가 사회성과 사회 계약의 본질을 바라보는 관점은 시민의 덕을 인류의 자연스러운 성품으로 바라보는 아리스토텔레스와 토마스 아퀴나스의 전통을 이은 제노베시를 따르고 있다. 드라고네티는 키케로와 플루타르코스Ploutarchos의 로마 공화주의를 특징짓고 로크 전통의 특정 표현에서도 나타나는 시민적 덕성의 보상에 대한 관심을 되살리고자 했다. 드라고네티는 시민의 덕에 대한 보상을 강조하고 싶어 했다. 이는 키케로와 플루타르코스의 로마 공화주의 전통, 부분적으로는 로크의 전통에서도 나타나지만 잊힌 주제였다.[11]

이 고전적 전통에서 덕 또는 탁월함을 뜻하는 아레테arete는 개인의 성향 또는 성격 특성으로, 일반적으로는 한 영역의 궁극적 목적telos, 요즘으로 말하면 내재적 특성에 따라 해당 영역마다 상대적

---

11   이 전통은 제노베시의 '사회 계약' 개념이나(2005[1765-1757], I권, 1장) 필란지에리에게서도 나타난다.(2003[1780], book III)

으로 나타난다고 한다. 게다가 도구주의적으로 보느냐 결과주의적
으로 보느냐에 따라 고전 덕 이론 이면의 논리에 대한 설명이 모두
다르다. 덕이 있는 사람이 그 덕을 더욱 갈고닦는 것은 쾌락이나 다
른 물질적 보상이 아니라 본질적인 이유 때문이다. 선한 행동이 즐
거움과 물질적 보상을 가져다주기도 하지만, 이런 것들은 선행의 간
접적인 결과이자 일종의 의도하지 않은 효과이다. (Bruni and Sugden,
2011)

그러므로 고전 덕 이론으로 보면 덕에 대한 이야기를 시장에서
하지 못할 이유가 없다. 이때 덕을 뜻하는 아레테arete는 경제 영역에
서 탁월함과 인정을 추구하는 데 도움이 되는 성향이나 성격을 뜻한
다. 드라고네티도 시장에서 덕을 추구하지 못할 이유가 없다고 주장
했지만, 대부분의 공동체주의 연구는 이를 다루지 않았다. 그렇다면
덕은 어떻게 참되게 보상될 수 있는가? 보다 구체적으로 말해 드라고
네티의 책에서는 덕을 어떤 방식으로 보상해야 한다고 제시하는가?

첫째, 드라고네티는 기존의 덕 이론에서보다 덕을 더 강조하며,
덕이 직접적이고 의도적인 공공선 추구와 연결된다고 본다. 이때 공
공선은 개인의 좋은 삶과 대치되지는 않지만 구별된다. 예를 들어
아리스토텔레스의 논의에서는 개인의 선행이 모두의 선을 추구하
는 방법이기 때문에 개인의 선과 공공선이 대치되지 않는다. 드라고
네티는 이와 달리, 개인의 이익을 희생해야 하는 경우에도 의도적으
로 공익을 추구할 것을 강조한다. 공화주의 윤리와 매우 가까운 그

의 덕에 대한 이러한 접근은 유럽의 역사에서 영향을 받았고 무임승차와 개인의 특권 추구가 공공의 부와 행복을 위태롭게 했던 당시 나폴리 왕국의 상황으로부터 영향을 받았음이 분명하다. "따라서 다른 사람의 이익을 존중하거나 우리 자신보다 다른 사람의 좋은 삶을 우선시하는 모든 행동에 덕이라는 이름이 붙는다."(같은 책, p. 19)

따라서 드라고네티에 따르면 개인의 이익만을 추구하는 것은 맨더빌의 말대로 자연스럽기는 하지만, 악덕으로 폄하하지는 않더라도 그 자체로 '덕스럽다'고 해서도 안 된다. 개인의 사적 이익을 **넘어서는** 결과에 도달하려는 노력이 있어야 덕이 될 수 있다. 드라고네티는 1768년 이탈리아 모데나판에서, 신은 선을 행하는 데 아무런 노력이 필요하지 않기 때문에 **덕이 있다**virtuous기보다 **선하다**good고 주장한다. 1769년 영문판에도 이와 유사한 내용이 나와 있다.

> 덕은 본성은 약하나 의지는 강한 존재의 속성일 수 있다. 덕은 인간의 도덕적 노력이다. 법과 상관없이 다른 사람을 위하는 관대한 노력이다. 덕의 핵심은 덕이 있는 사람이 자발적으로 희생함에 따라 모두에게 이익이 발생하는 데 있다.(같은 책, p. 19)

따라서 모두의 선을 위한 행위는 덕의 **충분** 조건이지만, 노력과 희생은 **필수**이다. 쾌락과 사익 추구와 달리 노력과 희생은 저절로 나타나지 **않는다**. 따라서 드라고네티에 따르면 "많은 사람이 그저 자연법, 신법, 또는 민법에서 비롯된 행동에 모호하게 덕이라는 이름을 붙였으나, 보다 정확하게는 이러한 행동을 의무라고 불러야 한다."(같은 책)

덕에 대한 드라고네티의 비전은 보상에 대한 견해와도 일관된다.

> 따라서 법의 기준에 따라 자신의 행동을 측정하는 사람은 칭찬받을 만하기는 하지만, 사회 계약에서 발생하는 이점 외에 다른 보상을 받을 자격이 없다. 반대로 법이 엄격하게 규정하는 것 이상으로 자비를 베푸는 사람은 특별한 보상을 받을 만하다. 그가 사회 전반의 복지를 위해 다른 사람들보다 더 많이 기여한다면 그 사람이 더 합리적인 혜택을 누리는 것이 정당하다. 덕이 적절한 보상을 받지 못하면 무위도식하는 게으름뱅이의 먹잇감이 되고, 덕 있는 사람에게는 재앙이 되며, 스스로를 파괴하게 마련이다.(같은 책, p. 23)

따라서 '보은'은 사적 계약이나 사회 계약이 일반적으로 할당하는 것을 '넘어선' 행동에 대한 보상을 말한다. 그것은 의도적으로 모두의 선을 지향하는 자발적 행동에 수여되는 상이다. "국가의 모든 구성원이 법이 정한 서비스를 받아야 한다는 것은 사실이다. 다만 무상으로 서비스를 제공한 시민들이 그에 맞춰 구별되고 보상을 받아야 한다는 것에도 의심의 여지가 없다. **대가를 기대하지 않고 그저 베푸는 덕은 아무나 할 수 있는 일이 아니다.**"(같은 책, p. 27, 강조는 브루니)

‘무상의 서비스’나 “대가를 기대하지 않고 그저 베푸는 덕은 아무나 할 수 있는 일이 아니다.”와 같은 표현을 보면 드라고네티가 시민의 덕을 바라보는 관점이 달랐음을 알 수 있다. 덕은 자유의 문제이며 덕에 대한 보상은 일반적인 사회 계약이나 사적 계약으로 정할 수 없다. 동시에 드라고네티는 상을 통해 공개적으로 인정받지 못하고 누군가 내적 동기로만 ‘대가를 기대하지 않고 그저 베푸는 덕’을 발휘하기 바라는 방식의 시민 덕성의 윤리는 ‘아무나 할 수 있는 일이 아니기’ 때문에 지속하기 어렵다고 주장하고 있다. 내적 동기로 그저 덕을 베푸는 것은 인간을 넘어서는 일이기 때문에 시민생활에 어울리지 않는다. 이는 아리스토텔레스가 말하는 ‘신 또는 짐승’과도 통한다. 오늘날 시민 덕성에 관한 대부분의 설명은 내적 보상 위주이지만,[12] 드라고네티가 볼 때 덕에 대한 보상은 시민적이고 ‘공적인’ 성격을 가지며 어떤 면에서는 선한 행위를 한 사람이 외부로부터 받는 보상이 있어야 한다. “다만 대가를 제시하면서 덕을 대상화해서도 안 된다. 그렇게 되면 덕은 존엄을 잃고 용병이 된다.”(같은 책)

다시 말해 드라고네티는 덕의 무상성을 ‘용병’ 대하듯 그저 교환적 답례 정도로 바꾸지 않으면서도 시민적 덕을 보상할 수 있다고 말한다. 덕의 무상성에 대한 외부 보상은 자칫 자발적이고, 순수하며, 의무라서 하는 것이 아니라 본질적으로 자유로운 덕의 속성을

---

12   예를 들어 프레이(Frey, 1997)와 함께 경제학에서 시작된 다양한 내적 동기 구축 이론을 생각해보라.

해칠 수 있다. 이는 '직업'과 관련된 활동의 적절한 보상 방법을 둘러싼 논쟁에서 오늘날에도 여전히 활발히 제기되는 문제이다.[13]

3. 보상과 포상: 덕을 어떻게 보상할 것인가

미덕에 대한 보상 또는 포상의 중요성을 다루는 이러한 생각들을 통해 드라고네티가 실제로 무엇을 염두에 두고 있었는지 조금은 알 수 있지만 아직 완전하지는 않다. 현대 경제학자들은 이와 관련하여 인센티브의 개념을 바로 떠올릴 것이다. 인센티브는 경제 이론에서 대리인의 이익을 그들이 일하는 조직 혹은 주인의 이익과 일치시킴으로써 대리인의 노력을 유도하기 위해 주로 금전적이거나 물질적 형태로 사용되는 도구이다.

사실 포상에 대한 연구는 여전히 초기 수준이지만 포상은 현대적 관점에서 말하는 인센티브 또는 보상 개념과는 다르다. 브루노 프레이Bruno Frey와 수전 네커만Susanne Neckerman은 포상의 주요 특성과 경제학에서 말하는 표준적인 인센티브의 주요 차이점을 강조한다. 포상은 '객관적' 비용이 낮고 주관적 가치가 높다. 또한 포상은 관계적 가치와 상징적 가치를 가지며, 내재적 동기와 상호보완적 관계에 있

---

13   이에 관한 검토와 토론은 Bruni and Sugden, 2008 참조.

다.(Frey and Neckerman, 2009) 그러나 앞으로 설명하겠지만 메달이나 학술적, 예술적, 시민적, 군사적 공로에 따른 상이 갖는 이러한 특징은 드라고네티의 포상 이론을 설명하는 데는 별 도움이 되지 않는다. 다만 상에 관한 현대 연구가 부족했다는 점은 지금까지 그림자 속에 가려졌던 한 측면, 즉 영어 표현에서 **보상**rewards과 **포상**awards이 어떻게 다른지 제대로 관찰할 수 있는 기회이기도 하다.

1769년 첫 번째 영문판에서는 이탈리아어 상premi을 '보상rewards'으로 번역했다. 그러나 현대 영어와 경제 문화에서 '보상'은 드라고네티가 의도한 바를 다 전달하지 못한다. 사실 상이라는 말에 현대 용어 '보상'이 의미하는 바가 부분적으로 들어 있기는 하다. 이에 관해서는 앞으로 설명하겠다. 하지만 상의 다른 의미는 **포상**awards이라는 용어를 써야 더 잘 포착된다. 일반적으로 상은 사전에 무엇을 위해, 또는 쌍무적雙務的으로 확립된 상호 관계나 계약 안에서 예상되는 반대급부로서의 보상이 아니라 있는 그대로 좋은 활동에 대한 인정이다.

보상은 어떤 사람이 특정 행동을 했을 때 기대하거나 예측하는 것이다. 보상reward에 들어가는 접두사 're'는 '쭉 뻗은' 또는 '옳은'을 뜻하는 라틴어 렉투스rectus에서 나온 것으로, 상호성reciprocity, 반환return, 배상restitution 등에도 쓰인다. 물론 인간의 모든 사회적 행위는 어느 정도 상호적이다. 우리가 다른 사람에게 무언가를 할 때 우리는 어떤 형태의 보답이나 상호성을 바라는 생색을 내거나, 은연

중에 기대하거나 바라고 희망한다. 특히 금전적이거나 외적인 보상은 사전에 계산하거나 충분히 예측할 수 있어서, 일반적으로 전적으로 보상을 바라고 주어진 행동을 하게 되거나, 최소한 주요 **동기**가된다. 반면 예를 들어 시민, 예술, 또는 과학 분야의 상과 같은 포상의 경우, 상을 받을 수도 있는 어떤 활동을 수행할 때, 합리적인 비용편익 분석으로 포상을 사전에 예측하고 계산할 수 없기 때문에 상을받을지의 여부가 일반적으로 활동의 동기가 되지 않는다.

이러한 이유로 18세기에 드라고네티가 자신의 책 제목으로 선택한 이탈리아어 '상premi'의 의미는 오늘날 사용되는 '보상'이라는 특정 차원도 담고 있지만 '포상awards'이라는 영어로 더 잘 전달될 수 있다. 실제 라틴어로도 프레미premi는 문자 그대로 '상'을 의미한다.[14]실제로 오늘날 사용되는 '포상'에 내포된 의미는 드라고네티가 상이라는 말을 쓰는 용법에서도 살아 있다. 다만 그의 강조점은 경제학에서 말하는 인센티브로서의 보상과 프레이와 네커만이 말하는 의미에서의 상 모두를 다루는 현대의 개념보다 훨씬 더 '사회적'이고시민적이다.

사실 현대 경제학의 용어 '인센티브incentive'와 드라고네티가 말하는 상의 주요 차이점은 개인과 사회의 대비이다. 인센티브는 개인을

---

14 다만 멜키오레 조야의 '공로와 보상(Sui meriti e sulle ricompense)(1818)에서는 '보상'이 정확한 번역이다.

기반으로 하며 사적 이익을 중심으로 설계되었다. 이러한 인센티브가 간접적이거나 의도하지 않은 효과로서 공동선에 도움이 될 수도 있다. 인센티브 제도의 성격은 순전히 외적이고, 본질적으로 사적인 주인-대리인 관계이다. 상은 이와 달리 본질적으로 공적이거나 시민적이다. 상은 누군가 어떤 형태의 공동선을 위한 행동을 의도적으로 수행했을 때 주어진다. 상은 청중이 있는 곳에서 공개적으로 선정해야 하며, 상의 가치는 평판과 사회적 승인에 정비례한다. 이러한 사회적 승인과 인정은 상에 부여된 가치의 가장 큰 부분을 차지한다.

드라고네티의 상 개념에는 또 다른 중요한 요소가 있다. 시민경제 전통과 조화선상에서 그는 공익을 목표로 하는 행동이 사적 이익을 위한 행동과 목표가 다르고 반드시 상호 연관되는 것은 아니지만, 적어도 원칙적으로는 대립되지 않는다고 주장했다. 공익은 때로는 개인의 이익이나 인센티브와도 함께 갈 수 있다. **포상은 보상과 함께 주어진다.** 드라고네티는 로마 공화국이나 그리스의 폴리스를 살펴보면 "공공의 위엄은 소수에 집중되어 있지 않으며, 각자의 사익을 공적인 것으로 녹여내고 공공적인 요소가 각 구성원들의 삶에 녹아들게 하는 힘으로 확장된다."(같은 책, p. 29)는 점을 알아차렸다.

따라서 그는 보상을 이렇게 정의한다. "보상만이 개인의 변덕스러운 관심을 공공과 연결하고 사람들이 일반 선_善에 계속 관심을 두게 만든다."(같은 책, p. 31)

이렇듯 드라고네티는 덕이 동기가 되는 행위와 사익이 동기가 되는 행위의 차이를 인정하면서도, 이러한 두 종류의 행동을 상반되거나 양립할 수 없는 것으로 보지 않았다. 그의 관점에서 좋은 사회는 자기 이익과 덕, 보상과 포상, 계약과 무상이 조화를 이뤄야 한다.

좀더 깊이 생각해보자.

드라고네티 책의 구성을 봐도 그가 생각하는 포상뿐 아니라 보상 개념에 대한 다른 중요한 단서를 얻을 수 있다. 책의 중간 부분에는 덕을 보상하기 위한 몇 가지 구체적인 권장 사항이 담겨 있다. 그는 사회적으로 큰 의미를 갖지 못하는 행위에 높은 보상이 가지 않도록 하기 위해 이러한 권장 사항을 설정했다. 반면 그는 참으로 고결한 행위에 대한 보상은 너무 적다고 강조한다. 드라고네티의 말을 빌리면 "보상이 없는 것보다 어설픈 보상이 더 나쁘다."(같은 책, p. 39)

이 논문이 당시 활발하던 반봉건 논쟁을 배경으로 구상되었다는 점을 짚고 넘어갈 필요가 있다.[15] 드라고네티는 이 문제를 분명히 염두에 두고 있었다. 이는 이후 시칠리아와 나폴리 영지의 상속 가능성과 양도 가능성에 대한 법적 논쟁을 공식적으로 평가하는 동시에 시민경제 전통의 전형적인 개혁적 열망을 유지하고 있는 저작인 《나폴리와 시칠리아 왕국 봉건제의 기원Origine dei feudi nei regni di Napoli

---

15   이 논쟁은 필란지에리와 파가노 등의 저자를 포함한 나폴리 계몽주의는 물론, 유럽 전반의 당대 계몽주의 문화에 현저한 영향을 미쳤다.

e Sicilia》(1788)의 주요 주제를 이루는 부분이기도 하다.[16] 이러한 광범위한 문화적 관점에서 보면 보상과 덕에 관한 이론적 논쟁의 더 깊은 의미를 이해할 수 있다. 이 논쟁은 오늘날에도 여전히 유효하다.

시민경제 사상의 핵심에는 봉건 사회가 번영이나 시민 발전으로 이어질 수 없다는 확신이 있다. 봉건 제도에서는 덕 있는 행위로 얻을 수 있는 보상이 신분에 따라 왜곡되기 때문에, 진정으로 선한 행동을 할 의지가 꺾인다. 다음 구절은 이러한 관점을 명확하게 보여준다.

선한 행동에 보상이 제대로 이루어지려면 신분 구별을 철폐해야 한다. 신분 제도는 신분이 후손들에게 세습되면 그들이 타락하지 않으리라는 가정에서 시작되었다. 가정은 틀리기 쉽다. 신분제에 따라 고귀한 덕이 있다는 암묵적 믿음이 생기면서 종종 출신만을 중요하게 여기게 되었다. 일상적 경험을 보면 작위, 존엄, 명예, 그리고 대대로 누리는 여러 혜택은 단지 후손들의 불명예를 가리기에 급급하다. 유럽은 환상을 떨쳐내고, 조상 덕을 입은 사람들이 실제 선한 행동에 돌아가야 할 보상을 가로채게 둬서는 안 된다.(1769, p. 41)[17]

---

16 프랑코 벤투리(Franco Venturi)(1972, p. 212)는 드라고네티의 이 책이 "강력한 봉건 영주들이 … 대성통곡하게 만들었다."고 평한 바 있다.
17 이 발언은 250년이 지난 후에도 그 혁명적 호소력을 유지하고 있다.

이러한 반봉건 논쟁의 주요 결과로 예술과 상업에 대한 칭송의 태도가 나타났다. 이러한 성향은 나폴리 계몽주의뿐 아니라 유럽 계몽주의 전체가 추구했던 탈脫봉건적 자유사회post-feudal liberal society 건설이라는 큰 기획의 맥락 속에서 볼 때 그 진정한 의미가 드러난다. 계몽주의자들은 참된 덕virtue에 정당한 보상을 하고, 거짓된 덕에 대한 억제와 처벌을 통해 새로운 시민적 삶과 경제적 발전의 단계를 촉진하고자 했다. 제노베시, 필란지에리를 비롯한 유럽과 나폴리 계몽주의 저자들의 주목할 만한 저술은 이러한 반봉건 정서를 공통적으로 드러낸다.[18]

대부분의 유럽 계몽주의와 마찬가지로 나폴리 전통은 경제 활동이 시민생활을 제대로 보여준다고 여겼다. 여기서는 상업을 **시민사회를 가능하게 하는 요인**으로 보았다. 15세기 이탈리아 시민 인본주의자들과 마찬가지로 제노베시와 나폴리 학자들은 상업 활동을 시민적 덕의 표현으로, 시민생활을 덕이 최대한 표현될 수 있는 장으로 본다. 몽테스키외의 논지는 제노베시의 저술에서도 확인되지만, 나폴리 사상가들과 프랑스 사상가들 사이에는 특히 상업 개념을 포함한 몇몇 측면에서 상당한 차이점이 존재한다.

상업의 덕에 대한 드라고네티의 찬사는 제노베시의 정신에 입각해서 읽어야 한다. 드라고네티는 덕과 포상 혹은 덕과 보상의 관계

18　상업에 대한 제노베시의 비전은 아마도 존 캐리(John Cary)의 영향을 받았을 것이다. 몽테스키외에 대한 비판도 영향을 받았으리라는 예측을 덧붙여두겠다. Reinert(2005) 참조.

를 실제적이고 완전한 이론으로 공식화한 적이 없으며, 덕을 보상하는 이론적 기제를 제시한 적도 없다. 이는 그의 작업의 가장 큰 한계이다. 그렇기는 하지만 그는 시민경제의 일반적인 틀 안에서 읽고 평가할 수 있는 몇 가지 통찰력을 제공했다.

4. 덕에 걸맞은 보상으로서의 시장과 상업

시장과 시민 덕성을 연결한 드라고네티의 접근은 시장에 관한 오늘날의 윤리 논쟁과도 맞닿는 핵심이다. 그가 상premi이라는 용어를 사용할 때, 상은 비록 독특하고 독창적인 방식이지만 **포상**과 **보상** 모두와 연결된 의미를 전달한다.

제노베시와 드라고네티, 그리고 시민경제 전체의 전통은 상업이 시민 덕성을 계발하고 보상할 수 있는 가장 중요한 기회라고 여겼다. 시민경제 전통에서 시장을 '서로 돕는' 행위 형태로 해석하면 개인이 거래하고 시장의 발전에 기여하는 것이 궁극적으로 모두의 선에 기여하는 일이 되기 때문에 상거래 자체가 덕이 된다. 더욱이 18세기 나폴리에서 상업 활동을 시작하려면 위험을 감수해야 했는데, 이러한 시도 역시 전체 공동체가 결과적으로 혜택을 받기 때문에 공적인 덕의 상징으로 해석될 수 있었다. 시민경제적 사고의 관점에서 시장은 덕을 접하고 함양할 수 있는 곳이다. 시장과 상업은 모두 공공의 행복에 필수적이다. 드라고네티가 언급했듯이 "상업은 다양한 국가의 생산품과 산업이 서로 오가는 소통 수단이다. … 이 땅의 시민들은 서로가 서로에 대해 산업으로 전쟁을 치르고 있으며, 전쟁이 중단되는 곳에서는 삶을 뒷받침하는 것들이 쇠퇴하게 된다."(1769, pp. 113, 121)

이러한 이유로 사회는 최고의 상인들이 기사 계급에 합류할 수 있도록 허용했던 고대 로마에서와 같이 상업의 가치를 인정하고 선한 상인들에게 공적인 보상을 해야 한다. "상업은 예절에 영향을 미친다. 상업의 정신에는 검소함, 절제, 신중함, 평온함, 질서가 깃들어 있다. 이러한 정신이 존재하는 한 부자들은 해롭지 않다. 상업은 상업이 이루어지는 모든 곳에서 사회적 습관을 되돌아보게 했다. … 상업에 이런 장점이 있다면, **상인에게는 보상이 부족하지 않아야 한다.**"[19](p. 131, 강조는 원저자)

상업적 가치에 대한 보상을 게을리하면 시장 거래가 위축되고 따라서 제도로서의 시장이 축소된다. 그리고 시장 없이는 공공 행복도 있을 수 없다. 드라고네티는 비슷한 말로 전쟁과 항해라는 주제를 다룬다.(pp. 78 이하) 적절한 방어와 해상 교역 없이는 상업이 안전하게 이루어질 수 없다. 그러므로 국방은 보상을 바라고 움직이는 용병에게 맡겨서는 안 된다. 다만 국가를 안전하고 자유롭고 행복하게

---

19   동사 'want'는 고어에서 '부족하다' 또는 '모자라다'는 의미로 사용된다.

유지하는 순수한 군사적 가치에 대해서는 보상이 이루어져야 한다. 드라고네티는 자신이 쓴 책의 첫 번째 부분과 두 번째 부분 사이의 연관성에 대해 형 잠바티스타에게 편지를 썼는데, 이 미공개 편지의 결론에서도 비슷한 태도가 나타난다. "내가 인간의 주요 미덕인 농업, 전쟁, 항해, 상업에 대해 말하지 않는다면 나의 … 작은 논문이 무슨 가치가 있겠습니까?"(Dragonetti, in Bruni [2010])[20]

상업을 바라보는 이러한 시각은 앨버트 허시먼(Albert Hirschman, 1977) 등이 설명했듯[21] 당시 유럽에서 매우 일반적이었다. 이 관점은 드라고네티가 상업을 덕에 보상하기 위한 체계의 일부로 여겼음을 보여준다. 다른 사람의 필요를 충족시키는 것은 선한 일이고, 시장은 상호 이익이 되는 거래를 촉진함으로써 덕을 보상한다. 그는 상업에 관한 장에서 다음과 같이 말한다.

인간이 사회적인 존재임을 말해주는 증거는 수없이 많다. 무엇보다, 서로 기대어 서로의 욕구를 충족하는 것이 모든 결합의 기초가 된다.

---

20 2009년 4월 6일 라퀼라 국립 기록보관소의 역사적인 건물이 지진으로 파괴되기 직전에 나는 이 기록보관소 안에 있는 드라고네티 드 토레스 기록보관소를 방문할 기회가 있었다. 그곳에서 나는 이 편지와 자친토 드라고네티가 형에게 쓴 다른 개인적인 편지들을 발견했다. 기록보관소는 재건되었으며 이제 두 통의 편지와 기타 자료를 라퀼라 국립 기록보관소(Bazzano via Galileo Galilei 1, Sez. Amministrativa, serie V, 42/1)의 새 건물에서 열람할 수 있다. 이 자료에 대한 접근은 드라고네티 기록보관소를 담당하고 있었고 2009년 지진에 희생된 조반나 리피 박사(Dr. Giovanna Lippi)의 친절한 협력과 지원 덕에 가능했다. 그녀에게 나의 가장 따뜻한 추모를 보낸다.
21 18세기 문명으로서의 상업 문제에 대해서는 Bruni and Sugden, 2000을 참조.

한 곳의 황폐함은 다른 곳의 비옥함으로 채워지고 근면한 나라는 게으른 자들의 부족을 채워준다. 상업 없이는 거래가 불가능하다. 상업은 여러 나라의 생산물과 산업이 서로 오가는 것이다. …

상업은 각 개인에게는 자연의 혜택을 누리게 하고 정치 공동체에는 할 수 있는 한 모든 힘을 실어주어야 한다.(같은 책, pp. 113, 122, 123)

상업에 관한 이 구절을 시민경제 전통의 근본 개념에 따라 제대로 읽으려면 시장을 덕을 보상하는 핵심 기제로 봐야 한다.

그런 관점에서 시장과 교역은 완벽하게 도덕적이거나 선하며 상호 이익, 상호성, 도덕성은 서로 연결된다. 이러한 관점에서 시민경제 전통은 덕과 그에 따른 보상을 강조하기는 하지만 엘리자베스 앤더슨(Elizabeth Anderson, 1993), 마이클 왈처(Michael Walzer, 1983) 또는 매킨타이어(McIntyre, 1981)와 같은 '공동체주의' 학자들과는 다른 문화적 경로를 따른다. 나중에 보게 되겠지만 이들은 참된 도덕적 관계와 일반적으로 생각하는 경제 또는 시장에서의 상호작용이 대립된다고 본다. 그러나 드라고네티와 제노베시는 시장과 덕이 서로 깊이 연결되어 있다고 보았다.(Bruni 및 Sugden, 2011)

드라고네티의 소논문 중에서는 토머스 페인이 《상식론》에서 인용한 단 한 문장만이 널리 악명을 떨쳤다. 페인은 이 소논문의 정치적인 측면을 특히 좋아했던 것 같다. 그는 《상식론》 30쪽에서 드라고네티의 다음 구절을 인용했다.

> [자유의 관점에서] 공헌은 최대한 적게 요구하면서 개인의 행복은 극대화하는 정부 형태 … **정치학은 행복과 자유의 참된 접점을 바로세우는 일이다. 최소한의 국가 비용으로 개인의 행복을 극대화할 수 있는 정부 형태를 만들어내는 사람은 두고두고 감사를 받을 자격이 있을 것이다.**(같은 책, p. 155 [굵은 글씨는 토머스 페인이 인용한 문장])[22]

드라고네티는 시민 덕성과 그에 대한 포상 혹은 보상을 강조했지만 편파적이거나 권위주의적인 정치와 민주주의를 상상하지는 않았다. 나폴리 왕국을 개혁하려고 했던 그의 정치 프로젝트에서 덕, 공공 행복, 자유는 서로 밀접하게 연결되어 있다. 이 비전은 토머스 페인이나 존 스튜어트 밀처럼 자유와 행복 **그리고** 덕을 이야기했던 자유주의 저자들과 드라고네티가 공유하는 부분이다.

5. 근대 정치경제의 저변에 흐르던 시민경제

근대 사회과학에서는 드라고네티와 시민경제 전동을 이렇게 다루었는가? 시민경제는 확실히 19세기나 20세기 경제사상에서는 지배적인 전통이 아니었다. 19세기 가장 영향력 있는 이탈리아 경

---

22   페인은 이후 저작(1792)에서 행복과 자유에 대한 드라고네티의 주장을 다시 인용했다.

제학자 프란체스코 페라라Francesco Ferrara가 이 학파에 대해 내린 판단도 마찬가지였다. 페라라는 자신의 저명한 《경제학자의 도서관Biblioteca dell'Economista》(첫 번째 시리즈) 중 3권 서론에서, 제노베시를 시민경제학자 중 으뜸으로 인정하면서도 "경제학의 토대로서의 가치는 제노베시, 베리 또는 베카리아가 아니라 영국의 애덤 스미스나 프랑스의 안 로베르 자크 튀르고Anne Robert Jacques Turgot에게 있다."고 주장했다. (1852, p. xxxvi) 그는 학문이라고 할 만한 경제학의 요소는 고전 이탈리아 학자들의 저작이 아닌 해외에서 찾아야 한다고 보았다. 판탈레오니와 특히 파레토를 비롯한 페라라 다음 세대의 경제학자들도 시민경제의 전통을 더 깊이 들여다보기보다는 이러한 외부지향적 시선을 유지했다.[23]

---

23 그러나 시민경제의 전통은 결코 사라지지 않았다. 그것은 이탈리아를 비롯한 다른 지역의 여러 경제학자들의 정신을 통해 땅 밑에 흐르는 물처럼 계속 흘러왔다. 그들은 여러 가지 방식으로 단순히 사익만 추구하지 않는 시민 덕성, 국부 이상을 의미하는 공공 행복, 그리고 홉스가 《리바이어던》에서 주장한 것만큼은 아니어도 제도의 역할을 유념하면서 제도와 긴밀하게 연결된 시민 발전의 원천으로서 경제학 개념을 발전시켜왔다. 이러한 이탈리아 경제학자들로는 안토니오 샤로야(Antonio Scialoja), 잔도메니코 로마뇨시(Giandomenico Romagnosi), 카를로 카타네오(Carlo Cattaneo), 페델레 람페르티코(Fedele Lampertico), 마르코 밍게티(Marco Minghetti), 주세페 토니올로(Giuseppe Toniolo), 프란치스코 비토(Francesco Vito), 루이지 에이나우디가 있으며, 현대 경제학자 중에는 파올로 실로스 라비니(Paolo Sylos Labini), 시로 롬바르디니(Siro Lombarini), 조르조 푸아(Giorgio Fua)나 자코모 베카티니(Giacomo Becattini)가 있다. 시민경제 사상의 전통은 주로 비이론적이지만 가장 응용형의 접근을 취하는 경제학자들뿐 아니라 과학자, 정치인, 법학자, 이탈리아 사회적경제 전통을 따르는 사람들이 채워왔다. 그러나 어떤 면에서 제노베시와 드라고네티가 시작한 이 경제학 전통의 가장 적통한 상속자는 이탈리아 협동조합 운동을 적극적으로 추진했던 우고 라베노(Ugo Rabbeno), 비토 쿠수마노(Vito Cusumano), 루이지 루자티(Luigi Luzzati), 기노 발렌티(Ghino Valenti), 레오네 블렘보르그(Leone Wollemborg)를 비롯하여 농촌신용조합, 소비 및 생산자 협동조합을 설립하고 운영해온 사람들이었다. 이들은 제노베시를 비롯한 시민경제학자들이 주장하는 시민 발전의

18세기에 드라고네티의 책은 출판업자인 그라비에 덕분에 유럽 전역에 널리 알려졌다. 후기 판본은 베니스(1767), 모데나(1768), 팔레르모(1787)에서 출판되었다. 내가 아는 한 이 책은 1767년 나폴리에서 인쇄된 프랑스어판, 1769년의 영어판, 1769년 독일어판, 1769년 러시아어판으로 번역되었다. 일부 판본은 베카리아의《범죄와 형벌》과 함께 묶여 출간되었다. 베카리아의 글과 함께 실린 1836년 스페인어판은 살라망카 학파의 유명한 법학자 라몬 살라스Ramon Salas가 번역했다. 같은 해에 제노베시의《강의》도 스페인과 독일에서 번역되어 영향을 끼쳤다. 다른 판본도 충분히 있을 수 있다. 당연히 벤담 학파에서도 드라고네티를 언급했지만 어조는 논쟁적이었다. 특히 뒤몽은 강한 비판을 했다. (Dragonetti, 1847, p. 116 참조)

19세기 초, 멜키오레 조야는《공로와 보상》에서 이탈리아 최초로 드라고네티가 꺼낸 주제를 다시 공개적으로 다루었다. 그는 서문에서 이 주제에 대해 드라고네티가 수행한 이전 작업을 인정한다. 19세기 전반에는 드라고네티의 책과 조야가 쓴 책의 다양한 버전이 뒤따라 나왔다.[24] 그러나 다면적이고 논란이 많은 조야라는 인물이 덕과 보상이라는 주제와 관련된 일들에 스스로 얽혀 들어가면서, 이

과정에 진정으로 가치 있는 기여를 했다.

24 　나는 라퀼라의 역사 기록보관소에서《덕과 상》의 1848년 판본도 발견했다.(Naples, Stamperia del Tirreno) 이 책의 편집자인 렐리오 파넬리(Lelio Fanelli)는 이전에 출판된 알폰소 드라고네티의 전기를 거의 모두 실었다.

러한 관심은 모두 사라졌다.

드라고네티의 탐구 주제는 제노베시가 말하는 시민 덕성의 학문적 전통과 밀접하게 연결되었다. 《시민경제 강의》의 모든 내용이 이 주제를 중심으로 구축되어 있다.[25] 같은 나폴리 학파 전통에 속하는 아풀리안 주세페 팔미에리는 《나폴리의 공공 행복에 대한 고찰》(1788)의 한 장 전체에서 덕을 다룬다.[26]

제노베시가 1769년에 세상을 떠난 뒤에도 그의 경제사상 체계는 여전히 전개되었다. 당시 제노베시는 《강의》 3판을 준비 중이었다. 제노베시의 죽음 이후 이런저런 일을 거치면서 드라고네티가 추진하던 이 프로젝트는 중단되었다. 그는 논문을 내는 프로젝트를 수행하지 않았고 다른 누구도 하지 않았다. 《강의》가 나왔다면 《국부론》에 필적할 만한 지위는 얻지 못했을지라도 아마 도덕 철학과 경제학

---

25 예를 들어 제2권 10장을 참조. 여기서는 공공 신뢰에 관해, 시민 덕성은 국가가 촉진하고 계발해야 한다는 핵심 주장을 포함하고 있다.

26 그는 다음과 같이 썼다. "사회의 제재에 대한 권력과 두려움은 사람들에게 인간 본능을 억제하는 역할을 하고 법이 할당한 한계 내에서 본능을 유지하도록 해야 한다. 하지만 이러한 제한은 여론이 이미 비열한 영혼을 지닌 것으로 판명한 시민들에게만 적용된다. 다른 제재책이 마련되지 않는다면 모든 시민이 물들 것이다."(같은 책, p. 42) 그리고 나서 그는 이렇게 쓴다. "제재가 있어야 법이 완벽해지지만, 제재만으로는 준수를 보장하기에 충분하지 않다. 자연법의 경우 제재의 효과가 확실하고 불가피할지라도 충분하지 않다는 인상을 주는 것은, 부분적으로는 제재가 느리게 적용되고 위반에 바로 뒤따르지 않기 때문이다. 사실 민법의 경우 효과가 더 신속할 수 있지만 그렇지 않으며, 무엇보다 의도적으로 회피할 수 있기 때문에 불확실하다. 따라서 우리는 법 준수를 바라면서 제재를 가하지만 무효로 돌아간다. 법을 준수하도록 보장하는 유일하고 확실한 보증책은 자신의 의무에 대한 일관성과 수치를 당할 수 있다는 두려움이다. 전자는 덕에 대한 사랑에서 비롯되고 후자는 동일한 덕에 기초하는 공적 여론에 대한 존중에서 비롯된다."(같은 책, p. 46)

사이의 중간 단계인 분별력에 관한 스미스의 강의와는 비교될 수 있었을 것이다. 제노베시에게《강의》를 완성할 몇 년이 더 있었더라면 이야기가 달라졌을 수도 있다. (Bruni, 2006)

'경제사상사' 관련 책에서 제노베시와 필란지에리의 사상은 여전히 언급되지만 드라고네티는 페라라나 루이지 코사Luigi Cossa의 경제학 서적에 언급된 이후(1875) 완전히 사라졌다. 그는 프랑코 벤투리Franco Venturi의 영향력 있는 책《18세기 개혁Settecento Riformore》(1969)에서도 언급되지 않았다. 미덕과 보상에 관한 이론은 시민경제 전통과 단절되면서 정치경제학의 주류 전통 내에서도 발전하지 못했다.

6. 드라고네티가 오늘의 우리에게 주는 가르침

비록 오늘날에는 잊혔지만 근대 사회경제 사상사를 형성하는 활발한 논쟁에 참여했던 학자를 조망하는 일은 유럽 계몽주의의 주인공을 재빌견함으로써 경제사상사를 더욱 풍부하게 한다. 드라고네티의《덕과 상》을 통해 그의 생각과 작업을 재고찰하는 일은 경제 및 사회과학 연구에서 아직 초기 단계이기는 하지만 중요한 새로운 흐름이라는 점에서 또 다른 가치를 갖는다.

특히 드라고네티의 이론에 제시된 문제는 사회과학의 두 가지 분야, 즉 처벌에 대비되는 보상에 관한 새로운 연구, 덕 윤리 및 시장경제를 둘러싼 논의에 도움과 영감을 줄 수 있다.

보상의 문제는 경제 이론과 실제 실험 모두에서 근거를 얻고 있다. 보상, 포상과 관련해서 브루노 프레이와 수전 네커만은 메달이나 학문적, 예술적, 군사적 상이라는 의미이기는 하지만, 포상에 특히 중점을 두었다. 포상의 이러한 의미는 드라고네티의 개념 중 일부만을 포착한 것으로, 드라고네티가 생각한 것은 프레이와 네커만이 탐구한 엄격한 상징주의보다 훨씬 범위가 넓었다. 드라고네티가 메달과 상징적인 상을 염두에 두었던 것은 분명하지만 상에 대한 그의 기본적인 감각은 시민 덕성과 관련이 있다. 한편 실험경제학 연구에서는 보상의 문제를 부각한다. 그러나 실험에서는 '강한 상호성' 현상에서와 같이 보상이 미미하거나 비용이 많이 들 수 있다.[27] '보상'의 사용은 어떤 식으로도 이 글에서 정의된 의미에서 드라고네티가 말하는 상의 개념을 포착하지 못한다. 상의 구체적인 개념을 고려하고 그것을 처벌과 비교해야 유망한 실험적 탐구들이 나올 수 있다.

마지막으로 드라고네티가 덕 윤리와 시장의 상호작용에 대한 현재의 논쟁에 시사하는 바가 있다. 어떤 사람들은 덕 윤리를 시장과 경제학에 대한 비판과 밀접하게 연관시킬 것이다. 매킨타이어(1981)와 마이클 샌델(Michael Sandel, 2009) 같은 공동체주의자를 포함한 대

27　검토를 보려면 Andreoni et al., 2003; Delgado et al., 2005 및 Sefton et al., 2007 참조.

부분의 덕 윤리 철학자들은 시장경제의 기풍을 비판한다. 그들은 시장이 도구적 동기에 의존하기 때문에 덕이 결여되어 있으며 삶의 다른 영역에서도 덕성을 약화한다고 주장한다. 비록 이러한 철학적 논의 자체는 다소 추상적이지만, 그로부터 파생된 태도들은 반反자본주의적, 반反세계화적 담론 속에 반영되어 공적 영역의 논쟁에서 반향을 일으킨다. 드라고네티의 관점에서 시장에 접근하면 덕 윤리라는 동일한 언어로 그러한 비판에 대응할 수 있다. 상업과 시장을 바라보는 드라고네티의 사상은 사익 추구와 같은 표준적인 시장 기제를 포기하지 않고서도 윤리와 완벽하게 일치한다. 그는 덕 윤리와 완벽하게 조화를 이루면서도 시장과 양립할 수 있는 경제도 있을 수 있다고 주장한다. 이러한 접근 방식은 지금의 경제 위기 및 윤리 위기의 시대에 유용할 수 있다.

제10장

시민경제의 정신

L'ETHOS DEL MERCATO

부富가 산업이나 농부, 장인, 상인의 땀이 아닌 정복의 열매가 되어버린 다면, 부는 분명 사람들을 타락시키고 게으름을 조장하며 국가의 파멸을 가속화할 것이다. 우리 시대의 부자는 항상 가장 애쓰고 자유로운 사람들이다. 그러므로 더 이상 부를 두려워할 이유가 없고, 오히려 갈망해야 할 것이 되었다. 부는 바람직하며, 부의 획득은 국가의 행복과 대내외적 자유를 가장 잘 뒷받침하기 때문에 입법 연구의 대상이 되어야 한다.

- 가에타노 필란지에리, 《입법과학》

1. 지금까지의 요점

이 장에서 우리는 시민경제를 출발점으로 삼아, 시장과 그 정신을 바라보는 다른 시각을 제시하고자 한다. 이 시각은 스미스와는 반대된다. 시장을 '시민적'인 우애의 공간으로 바라보는 것에서부터 논의를 시작하겠지만, 거기에서 멈추지는 않을 것이다.

18세기 나폴리 시민경제는 필리아의 개념에만 근거한 것은 아니지만 이 개념에 주로[1] 기대어 시민적이고 프란체스코적인 인본주의 윤리를 발전시켰다. 물론 이는 어느 정도 그리스도교에서 말하는 아

가페[2]의 영향을 받았다. 나폴리 전통은 아리스토텔레스부터 시작된 동일한 철학적 흐름으로 생각할 수 있다. 그것은 키케로, 살루스티우스Gaius Sallustius Crispus 및 세네카Lucius Annaeus Seneca의 로마 공화주의 사상과 함께 더욱 발전했다. 이후 토마스 아퀴나스와 프란체스코 학파가 선택하면서 이러한 철학적 흐름은 '그리스도교적인 것'이 되었고, 15세기에 시민 인본주의와 통합되었다. 르네상스와 근대 이후 처음으로 이 전통에 진정한 단절이 나타났다. 그러나 르네상스를 거쳐 근대에 이르면서, 우리는 이른바 '고전적'이라 부를 수 있는 이 전통으로부터의 첫 번째 대단절을 목격하게 된다. 이러한 단절은 루터에서 홉스로 가는 과정에서 인간을 바라보는 새로운 관점을 토대로 형성되었다. 시장 교환을 통해 필리아가 어떻게 진화하거나 퇴보했는지는 앞에서 이미 살펴보았다.

나폴리 시민경제 학파에서 중요한 중재 역할을 한 비코는 홉스의 인간관에 동의하지 않으면서도 고전적 전통을 근대와 연결한 사람이다. 그는 시장을 상호성, 신뢰, 필리아로 보는 관점을 제공함으로써 고전적 전통을 근대에 접목하려는 중요한 시도를 했다. 이 과정에서 그는 필리아를 고유한 공동체성과 동시에 그 나름의 배제 구조를 지닌 것으로 이해했다. 비코 이후에는 이러한 전통이 근대 사회과학에서 주류로 자리 잡은 적이 없다. 그렇지만 이 전통은 오늘날

---

2   이 영향의 흔적은 드라고네티의 덕 개념에서도 찾아볼 수 있다. 이 개념은 개인의 완전성을 강조하는 스토아 학파의 관점을 뛰어넘으며, 특히 모두의 선을 위한 희생이라는 개념을 추가한다.

까지 살아 있고 지질학적으로 비유하자면 땅 밑을 흐르다 지상으로 솟아나는 강물처럼 중요한 시기마다 지면 위로 모습을 드러낸다.

이 장에서 우리는 시장을 시민적 형제애로 생각할 가능성을 보게 될 것이다. 나는 영국의 경제학자이자 철학자인 로버트 서그덴Robert Sugden과 함께 이 이론을 약 10년 동안 펼쳐왔다. 서그덴은 흄, 스미스, 프리드리히 하이에크Friedrich Hayek, 제임스 뷰캐넌James Buchanan의 전통에 서 있으면서도, 제노베시와 시민경제로부터도 깊은 영감을 받아, 시장의 또 다른 정신을 모색했다.

2. 서로 돕는 시장

앞에서 우리는 제노베시의 '상호부조'라는 개념을 다루면서 이러한 방식으로 시장을 이해하는 것이 상호 이익의 측면에서뿐만 아니라 다른 면에서도 중요한 의미가 있다고 언급했다. 이제 이를 자세히 살펴보자.

우선 시장을 상호부조의 관점에서 바라보면 '보이지 않는 손'이라는 시장의 비유가 그다지 놀랍지 않게 된다. 경제 이론을 가르친 경험이 있는 사람이라면 학생들이 시장 교환의 논리를 처음 접했을 때 이 개념을 얼마나 놀라워하는지 알 것이다. 사실 사람들의 마음속에는 일종의 중상주의적 오류가 있는데, 이는 우리가 일반적으로 믿는 것, 또는 적어도 우리 경제학자들이 생각하는 것보다 더 깊이 뿌리 박혀 있는 것 같다. 이러한 오류는 다양한 표현으로 나타나며, 이는 경제 문제에 대한 상식적 이해의 배경이 된다. 첫 번째 뿌리 깊은 오류는 정치경제학을 일종의 가사 관리로 생각하는 것으로, 경제의 어원인 그리스어의 오이코스-노모스oikos-nomos의 의미에 따라 국가, 도시 등 대규모 집단의 경제를 가족 경제와 다소 비슷하게 바라보는 관점이다. 가족이 위기의 순간을 겪는 경우, 부모는 더 많이 일하고, 저축하고, 가족 내에서 부와 자원을 재분배하는 등 그 위기를 해결해야 한다. 마찬가지로 국가가 경제 위기를 겪는다면 정치가 문제를 해결할 수 있고 해결해야 하며, 예를 들어 단순히 더 부유한 사람에게서 가난한 사람에게 부를 재분배함으로써 세계 빈곤에 대한 해결책을 찾을 수 있다고 생각할 수도 있다. 이러한 생각은 국가 경제를 국내 경제로 이해하고 가장 중요한 역할을 정치와 왕에게 돌렸던 17세기 경제학자들과 같이 중상주의의 오류에 빠지는 것이다. 이런 생각을 하는 사람들은 아이작 뉴턴Isaac Newton이나 알베르트 아인슈타인Albert Einstein 이후에도 태양이 지구 주위를 돈다고 계속 믿거나 여전히 모든 것의 근원 물질인 에테르가 존재한다고 믿는 것과 비슷한 오류를 경제학에서 범하는 것이다. 그러나 오늘날 우리는 경제를 재편하고 감독하는 데 정부가 작은 역할만을 수행한다는 것을 알고 있다. 경제에 관련된 대부분의 일은 수백만 명의 개별 주체가 수행하며, 이들 각각이 가진 정보는 극히 제한적이다. 하이에크는 20세기에 이를 특히 잘 보여주었다.

두 번째 '오류'는 시장에 대한 우리의 논의와 더 직접적으로 관련되어 있다. 즉 시장을 파이가 주어지고 교환 협상을 통해 게임 참가자에게 다양한 조각이 할당되는 '제로섬 게임'으로 생각하는 것이다. 이러한 관점은 무역으로 한쪽은 풍요로워지지만 다른 쪽은 가난해진다고 본다. 예를 들어 국제 무역에서 금과 은을 얻는 쪽은 풍요로워지지만 금과 은을 잃는 쪽은 가난해진다는 것이다.

이 두 번째 오류 때문에 경제 이론에 대한 이해가 거의 없는 사람들은 시장이 존재하고 제대로 기능하면 거래에 참여하는 사람들의 상황이 더 나아질 수 있다는 것을 부인하게 된다. 물론 비대칭이 존재하기 때문에 모두의 상황이 똑같이 나아지지 않을 수는 있다. 사실 개인 이익을 기준으로 시장을 바라보면 기회주의적인 방식으로 얻는 이익은 다른 사람에게 피해가 된다고 생각할 수 있다. 우리는 시장을 반복이 일어나지 않는 죄수의 딜레마, 즉 행위자들이 서로 신뢰하더라도 누군가 그러한 신뢰를 배반할 수 있는 곳으로 이해하는 경향이 있다. 우리가 보았듯이 제노베시는 이러한 관점을 갖고 있던 사람들에게, 상호부조와 집단적 이점에 초점을 맞추어 시장, 더 넓게는 시민사회를 서로 이익을 얻도록 이끌 상업적 기회가 있는 넓은 공간으로 보아야 한다고 말했다. 상호 이익은 시장이 봉건 사

회를 대체할 수 있게 만드는 가장 중요한 요소였다.[3]

시장을 제노베시의 방식으로 이해하면 상호 이익과 공동선 사이의 연결 고리를 이해하기가 더 쉬워진다. 이 경우 행위자의 의도는 시장에서 상호작용하는 상대의 이익을 향하기 때문이다. 따라서 여기에서는 스미스의 '보이지 않는 손' 이론과 달리 행위자의 **의도**와 그의 행동의 **효과** 사이에 직접적인 연결이 생성된다. 우정friendship이나 **시민적 형제애**civil fraternity가 시장을 이끄는 패러다임이 될 가능성도 이러한 접근 방식에서 생겨난다. 시장에는 특유의 도덕적 요소가 있고, 이때 도덕성은 직접적 의도를 뜻한다. 잘 기능하는 사회라면 이러한 도덕적 감각을 육성하고 분명하게 나타내야 한다. 이 책은 시장 관계의 '도덕적' 성격을 더 잘 이해하려는 시도로 볼 수 있다. 여기서 도덕이란 특정 사회와 문화에서 인간의 행동을 인정하거나 거부하는, 혹은 좋음과 나쁨에 대한 판단을 하게 하는 일련의 일반 원칙을 의미한다.

시민경제적 관점에서 시장이 도덕적이고 우애적인 태도를 갖는다고 해서 사람들이 꼭 교환에서 상대의 이익을 위해 자신의 물질적 이득을 포기하는 행동, 즉 윅스티드(Wicksteed, 1933[1910])가 '너-중심주의tuistic'라고 명명한 행동을 한다는 것은 아니다. 제노베시는 반

---

3   제노베시가 가난한 사람들에 대한 단순한 지원을 비판했음은 잘 알려져 있으며 이러한 사실은 《강의》에서도 찾아볼 수 있다. 그가 말하는 정치는 가난한 사람들이 일할 수 있는 기회를 만들어 모든 사람이 후원자와 수혜자라는 봉건적 논리를 극복할 수 있도록 하는 것이었다.

드시 이타적이지 않더라도 시장 교환에 참여하는 다른 주체에게 형제적 태도를 가질 수 있다고 말한다. 제노베시의 사상에서 말하는 형제애 또는 우애의 개념은, 예를 들어 이타주의 같은 특정한 행동 양식이나 타자 지향적 선호와 같은 특정 선호 유형을 의미하지 않는다. 오히려 그것은 시장을 하나의 '공동 행위'로 인식하고 이해하는 태도, 즉 시장을 '함께 협력하는 하나의 팀team'으로 바라보는 인식적 관점을 가리킨다.

이러한 이유로 시민경제의 관점은 오늘날 일반적으로 시장 관계를 이해하는 방식과 근본적으로 다르다. 이 차이는 두 가지 측면에서 뚜렷하게 드러나며, 모두 중요한 의미를 지닌다. 첫 번째 측면은 애덤 스미스의 이른바 '푸줏간 주인, 제빵사, 양조업자'의 예시에서도 명확히 드러난다. 즉 시장 교환의 참여자들이 서로에 대해 무관심하다는 생각이다. 철학자 데이비드 고티에(David Gauthier, 1986, p. 84)의 표현을 빌리자면 경쟁적 시장은 '도덕적으로 자유로운 영역morally free zone,' 곧 도덕적 제약이 존재하지 않는 공간으로 이해된다. 우리가 '스미스적 접근smithiano'이라고 부르는 이러한 접근 방식에서는 시장 활동이 발전과 부를 가져오는 긍정적 결과를 낳더라도, 비의도적 결과에 불과하다고 본다. 그런 의미에서 시장 관계는 본질적인 의미에서 '사회적 관계'로 간주되지 않는다.

이 개념을 앞에서 사용한 용어로 표현하자면, 진정 사회적인 인간관계의 영역이 있다면 그 영역은 시장 외부에 존재하며, 시장의 상호작용 안에서는 찾아볼 수 없는 형태라는 생각이 일반적이라는 것이다. 사실 과거부터 오늘날까지 주류 경제학자들은, 일반적으로 '진정한' 사회적 관계 영역은 주로 가정생활, 우정, 혹은 시민적 참여의 다양한 형태 속에 존재하지만, 경제적 삶의 영역과는 관련이 전혀 없거나 적다고 생각해왔다. 이것이 바로 시민경제가 영미의 주류 경제학 전통과 다른 점이다.

3. 경제 이론에서 사회성 분석

'상호 무관심mutual indifference' 말고도 전통적인 시장 개념의 특징이면서 시장의 정신ethos을 논의하는 데 중요한 두 번째 차원이 있다. 이 차원은 스미스의 생각에서 나왔다기보다는 최근 수십 년간 스미스 이후의 경제학이 발전한 데 따른 산물이다. 타인에 대한 개인의 관심이나 무관심은 **개인의 선호** 문제이다. A라는 사람이 B에게 관심이 있다는 것은 A가 B의 소비나 복지가 더 향상되기를 바라고 있으며, 따라서 A가 B의 상황을 개선하기 위해 자신의 소비나 소득의 일부를 기꺼이 희생한다는 뜻이다.[4]

이러한 관점은 오늘날 타인과의 관계 속에서 이루어지는 비非이

4   스미스가 말하는 상호 무관심은 게임 이론에서는 '친사회적' 성향 또는 '타인에 관한' 선호가 없는 상태를 말한다.

기적 행동을 연구하는 경제학에서 많이 나타난다. 이러한 관점에서는 '타인을 우선하는' 선택, 즉 다른 사람의 이익을 위해 자신의 이익 중 일부를 기꺼이 희생하는 것이 진정한 사회성이라고 본다.

근대 경제 이론에서 타인을 더 배려하는 사회적 선택은 일반적으로 어느 정도의 이타주의 가설, 즉 다른 사람의 소비나 복지에 개인이 긍정적인 관심을 갖고 있다고 가정하는 것으로 볼 수 있다.

최근에는 더 구체적인 모형이 발전했으며, 그중 대다수는 실험을 기반으로 한다. 예를 들어 볼튼과 오켄펠스(Bolton and Ockenfels, 2000)는 적어도 어떤 사람들은 자신의 소득과 다른 사람의 소득 차이에 민감하게 반응할 것이다, 즉 '불평등을 회피한다'는 가설을 바탕으로 실험을 했다. 라빈(Rabin, 1993)은 순차 게임의 경우 피험자들이 자신에게 친절한 사람에게는 보상을 하고, 상호작용의 이전 단계에서 친절하지 않았던 사람을 처벌하도록 제안하는 '상호성'을 선호한다고 주장했다.

이러한 이론들은 공통적으로, 개인이 다른 사람에 대한 보상이나 처벌을 위해 자신의 이익을 희생하려는 의지의 정도를 보면 개인의 선호가 '사회적'인지의 정도를 알 수 있다고 본다. 이러한 모형은 경제학 이론에서 중요한 혁신이며, 경제 및 사회과학의 인류학적 기초를 풍성하게 해주기에 충분하다. 대부분 실험이나 이론으로 다루어지는 이러한 모형은 소위 '신뢰 게임'[5]을 기본으로 한다. 이 게임을 가장 기본적인 구조로 축소하면 다음과 같이 설명할 수 있다:

표준 이론인 합리적 선택 이론에서는 A가 B를 합리적으로 신뢰할 수 있다는 가능성을 배제한다. A가 B를 신뢰하기로 T를 선택하면 B는 신뢰하지 않는 경우 얻을 수 있는 보수 2와 신뢰할 경우의 보수 1을 비교하여 결국 A의 신뢰에 보답하지 않기로 결정하고, A는 결국 -1, 즉 현상 유지를 의미하는 0보다 적게 얻게 될 것을 알기 때문이다.[6] 따라서 반복되지 않는 상황에서 게임의 유일한 균형은 (0, 0)이 된다. A는 첫 번째 이동(N) 후에 게임을 끝낸다.

사회적 선호 이론은 A가 B에게 사회적 선호가 있다고 믿는 경우, 즉 B가 두 번째 게임을 수행할 때 자신의 이익을 포기하면서 A의 초기 친절에 보답할 것이라고 믿는다면, A가 B를 신뢰하는 것이 합리

---

5 상호성과 공정성을 분석하는 실험에서 일반적으로 활용하는 게임에서는 두 명의 참여자 A와 B가 순차 게임 안에서 상호작용한다. A는 B를 신뢰하거나 신뢰하지 않는 두 가지 중 하나를 선택할 수 있고, 신뢰하지 않기로 선택하면 게임은 즉시 끝난다. 이 경우, 초기 설정 금액(endowment)을 예를 들어 총 10유로에서 각각 5유로씩 둘로 나눌 수 있다. 만약 A가 B를 신뢰하기로 결정하면 다음 2단계 게임으로 넘어가고, B가 완전한 통제권을 갖는다. B는 기존 금액의 3배를 갖게 된다. 예를 들어 기존 금액이 10유로였다면, 2단계 게임의 초기 실정 금엑은 그 3배인 30유로가 된다. B는 이 돈을 자신이 모두 가질지, 즉 A로부터 받은 신뢰에 보답하지 않을지, 아니면 A에게 일부를 나눠줄지 결정한다. 덧붙이자면 이 실험의 연구 결과가 기본적으로 표준적인 경제학 이론의 예측과 모순된다는 점이 주목할 만하다. 이 '신뢰 게임'과 비슷하거나 변형된 게임으로는 소위 '투자 게임'과 '선물 교환 게임'이 있다. '투자 게임'에서 A는 10유로를 받고, A가 B를 신뢰하지 않는 경우 B는 아무것도 얻지 못하고 A는 계속 10유로를 갖는다. '선물 교환 게임'에서 A와 B는 같은 액수를 받고 동시에 서로를 신뢰할지 여부를 결정해야 한다.

6 이 표현에서 보수(0, 1, -1, 2)는 다른 게임에서도 필요한 가정으로 효용이나 선호 만족도가 아니라 금전적이거나 물질적인 보상의 관점임을 유의해야 한다.

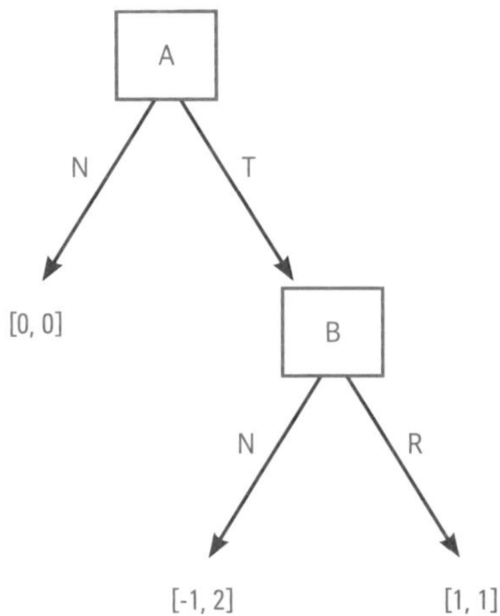

그림 10.1. 신뢰 게임

적이라고 본다. B가 자신의 사회적 선호를 고려하여 상호성인 'r'을 수행하여 **두 행위자가 현상 유지**(0, 0)**보다 더 나은 상태인 균형**(1, 1)에 도달할 것으로 기대하면, A는 다음 수행 시 B를 신뢰하는 't'를 선택할 수 있다는 가정에 기초하여 A가 B를 합리적으로 신뢰할 수 있다는 것이다.

이 이론은 확실히 제노베시가 이해하는 경제의 모습과 일치하는 것처럼 보이지만 중요한 차이점이 있다. 라빈의 이론을 포함하여 '강한 상호성'이라는 이름 아래 묶이는 모든 이론 가운데 죄수의 딜레마와 기본 논리가 비슷한 신뢰 게임에서 협력의 결과가 도출될 수 있는 것은[7] 이들 이론이 이러한 사회적 선호를 이론에 포함하고 있고 그에 따라 게임의 보상 구조에도 사회적 선호에 대한 보상이 포함되기 때문이다.[8]

제노베시의 이론과 비교하면 이 이론이 어떤 차이점이 있는가? **사회적 선호** 이론을 고려하면 **실제** 행위자 간의 관계가 상호 이익을 낳기는 한다. 그러나 관계의 내용적 의도를 보면, 상호 이익이 아니라 오히려 내 자신의 선호에 따라 상대방을 처벌 또는 보상하는 것이다. 그리고 이것이 요점이다. 이러한 모형과 게임에는 '공동 행동' 또는 '상호 이익'에 대한 개념이 없다. 참여자들은 여전히 개별적이고 독립적인 개인이다.

이와 달리 제노베시의 이론에서 영감을 얻어 신뢰 게임, 그리고

---

[7]   사실 이러한 연구에서 쓰는 '신뢰 게임'이나 '최후통첩 게임' 같은 순차 게임 모형은 상대의 선택에 대한 자신의 기대만을 바탕으로 동시에 선택이 이루어지는 죄수의 딜레마와 약간 다르다. 하지만 상호작용의 관계적 논리는 기본적으로 같다.

[8]   목적함수 또는 효용함수는 행위자 개인의 선호를 나타내기 때문에, 이 게임에서의 효용함수는 표준 이론에서 사용하는 것보다 더 복잡하다. 예를 들어 전통적인 신고전파 이론에 따르면 A의 효용함수는 $U_a=If(I)$이다. 여기서 I는 게임에서 얻는 수입 또는 물질적 보수이며 행위자 효용함수의 **유일한** 변수이다. 즉 여기에서는 소비, 또는 일반적으로 물질적 보수를 의미하는 I 외에 다른 동기나 변수가 없다. 게임의 균형은 이 함수와 보싱은 **많을수록 좋다**는 표준적인 불포만(non-satiation) 가정에 기초하여 결국 (0,0)으로 달성된다. 대신 우리가 라빈이나 다른 사회적 선호 연구자들처럼 행위자가 소득 분배 불평등에 대한 회피나 친절과 같은 게임 상대방의 동기도 고려한다고 가정하면 게임에 따른 보수를 계산하는 데 더 복잡한 효용함수를 채택해야 할 것이다. 이러한 함수에는 $U_a=f(I)$ 외에 다른 변수도 포함되고, 따라서 행위자의 선호에 이러한 다른 차원을 포함할 수 있게 된다. 예를 들어 심리적 요소를 반영하는 매우 기본적인 형태의 함수로 $U_a=f(I+\alpha)$를 생각할 수 있다. 여기서 α는 행위자의 선호에서 이러한 다른 구성 요소, 즉 비물질적 측면을 반영하는 것으로, 이는 행위자에 동기를 부여하고 효용에 영향을 미친다. 사실 이 모형에서 α는 불평등에 대한 반감, 상호성 등 다양한 측면을 포함하는 여러 다른 매개변수를 나타낸다.

일반적인 신뢰 현상을 다른 방법으로 묘사할 수도 있다. 제노베시는 기본적으로 스미스의 이론이나 표준 이론, 사회적 선호 이론에서도 유사하게 나타나는 '나'에 기반한 이론에서 '우리'에 기반한 이론으로 관점을 이동할 것을 제안한다. 그리고 다음과 같이 질문한다. "우리는 무엇을 할 것인가?" 우리에게 가장 적합한 행동 방침은 무엇인가? '우리를 중심으로 생각하는' 관점에서 신뢰 게임을 읽는 방법은 무엇인가?

신뢰 게임의 표현으로 돌아가보자. 이 그림에서 나는 (0, 0)과 (1, 1)의 두 가지 결과를 강조했다.

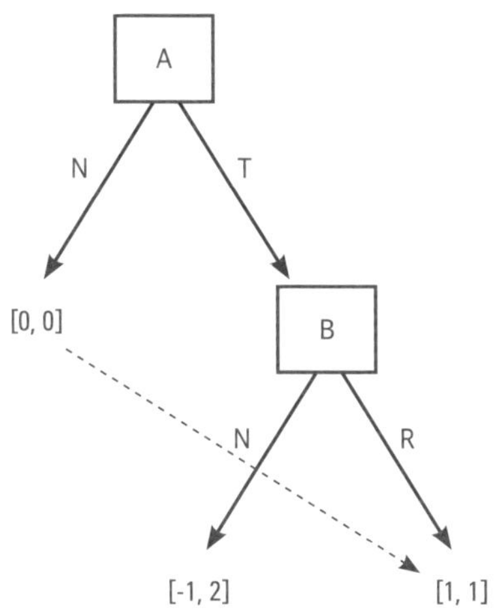

그림 10.2. 제노베시의 신뢰 게임

시민경제에 대한 '제노베시적' 관점은 다음과 같은 제안으로 이어진다. 그림에서 점선으로 표시된 대로 참여자가 올바르고 시민적으로 바람직한 방식으로 이 게임을 하려면 우리가 앞에서 '게임으로서의 문화'를 고려할 때 살펴본 것처럼 (0, 0)과 (1, 1)을 비교해야 한다. 참여자들은 (0, 0), (-1, 2) 그리고 (1, 1) 사이의 선택에서 '사회적 효용함수'를 극대화하려고 한다. 이 경우에는 각 보상을 합친 결괏값이 가장 높기 때문에 두 사람 다 마치 단일 행위자처럼 확실히 (1, 1)을 선택한다.(2>1) 사회가 작동하려면 시장을 포함한 시민 게임이 비협력적 현상 유지를 벗어나 게임의 두 번째 단계에서 기회주의에 초점을 맞추지 않고 상호 이익을 얻는 상태가 되어야 한다. 왜냐하면 개인주의적 고려가 지배적이라면 두려움은 일종의 홉스적 자연 상태에서 행위자를 (0, 0)의 상태에 갇혀 있게 만들 것이기 때문이다.

라빈의 이론과 마찬가지로 이 이론에서도 의도가 중심적인 역할을 한다. 그러나 이때 의도는 '개인'이 아닌 '집단'으로서의 의도이다. 만약 우리가 A는 '신뢰,' B는 '상호성'을 선택하는 조합이 '우리에게 가장 좋다'(A=T, B=R)는 것을 안다면, 두 사람이 같은 생각을 한다는 가정하에 이 게임은 그들이 일종의 '팀team'으로서의 공통의 결과를 달성하는 공동 행동이 된다. 이는 누군가의 희생이 아니라, 기회주의를 선택하면 두 참여자가 현상 유지에 갇힐 것이라는 일반적인 인식을 바탕으로 기회주의를 포기하는 것이다. B가 상호성을 선택하는 것은 A의 친절에 대한 보상이라기보다는 상호 이익이 되는 일을 함께 하려는 A의 의도에 화답하는 선택일 뿐이다. 물론 각자 상대방이 기회주의자가 아니고, 제노베시가 말하는 '약삭빠르고 교활한 사람'이 되기를 원하지 않을 것이라고 믿을 만한 타당한 이유가 있는 것이 중요하다. 이러한 믿음 없이는 시민경제 전체를 건설하기 어렵고, 경제와 시민성의 발전을 이룰 수도 없기 때문이다. 불행히도 제노베시가 있던 나폴리 왕국에서도 그랬고, 이런 일은 역사적으로도 종종 일어났다.

제노베시의 이론과 **사회적 선호** 이론의 차이는 별로 중요하지 않아 보일 수도 있지만, 실제로는 가장 일반적인 시장 관계를 분석할 때도 이 차이는 매우 중요하다. 각자의 행위자는 시장에 참여함으로써 '객관적으로' 이익을 얻는다. 그러나 라빈의 이론과 '강력한 상호성' 이론에서 말하는 도덕성과 사회성의 개념에 따르면, 예를 들어 제빵사가 빵을 사기를 원하는 사람에게 빵을 팔지 않을 수도 있는데 빵을 팔았다고 해서 그 사람이 '사회적'이거나 도덕적이라고 할 수는 없다. 그는 이 선택을 하는 데 별다른 '희생'을 하지 않았기 때문이다. 마찬가지로 고객이 빵을 샀다고 해서 '도덕적'이라고 할 수도 없다. 오늘날 경제학에 도덕적 내용을 부여하려는 사람들에게 점점 더 인기를 얻고 있는 사회적 선호 이론에서는 누군가가 희생하지 않는 한 '정상적인' 시장 거래에서 진정한 도덕적 상호성은 설 자리가 없다. '시민적인' 제빵사로는 충분하지 않다. 우리에게는 비용을 감수하면서 고객에게 보상하고 처벌하는 제빵사가 필요하다. 이런 의미에서 우리가 일반적으로 말하는 시장 이론은 진정한 사회 관계를 경험할 수 없는 도덕적 중립 지대에 항상 머무르고 있다. 우리가 살펴본 바와 같이 시민경제는 경제를 다르게 보아왔고 지금도 그렇다. 우호적이면서도 기회주의적이지 않은 태도로 교류를 하려고 만나는 것 자체가 이미 도덕적이라고 보기 때문이다.[9]

시장의 사회성을 바라보는 제노베시의 접근 방식과 사회적 선호 이론을 구별하는 것은 시장의 기능이 신뢰에 따라 다르게 나타나는 사례들을 분석하는 데 중요하다. 계약이 이행될 수 없는 상황이 되어서 상대방이 기회주의적으로 행동할 동기가 생겨도 자신의 역할을 수행하도록 보장할 만한 제도나 평판상의 효과가 없는 상황을 가정해보자. 반복되지 않는 경우를 포함해서 한쪽이 상대방보다 먼저 행동해야 하는 모든 순차 게임을 떠올려볼 수 있다. 상품 대금을 받기 전에 배송이 되어야 하는 상황처럼 말이다. 표준 경제 이론의 예측과 달리 이러한 거래가 자주 발생하는 것을 어떻게 설명할 수 있을까? 사회적 선호 이론은 일종의 신뢰 게임에서와 같이 B가 A에게 이익이 되도록 자기 이익의 일부를 포기함으로써 첫 번째 시행에서 A가 보여준 친절에 보상하는 것이라고 설명할 것이다.

이 경우 교환이 발생한다는 점에서 관계가 서로에게 유리하더라

---

9 예를 들어 드라고네티의 덕 윤리는 '집단 합리성'의 논리에서 벗어나 개인에 초점을 맞추고 있지만 여전히 개인을 중심으로 하는 공동선의 관점과 연결된 현실로서의 사회 비전을 담고 있다.

도 B는 A를 위해 자기 이익의 일부를 희생해야 한다. B가 불평등을 회피하려는 의도가 충분히 높거나, A의 동기에 충분히 민감하게 반응하거나, 혹은 둘 다인 경우에도 마찬가지이다.[10] 이 이론은 이행이 가능한 계약을 통해 발생하는 경제적 교환과, 계약을 이행할 수 없는 경우에 이루어지는 교환을 근본적으로 구분한다. 전자에서는 단순한 이기심이 작용하고 후자에서는 이타주의와 희생이 작용한다고 보는 것이다. 나는 이러한 구분이 두 가지를 지나치게 구별하고 있으며, 무엇보다도 본질적으로 비도덕적인 시장 질서는 그대로 둔 채, 시장의 '도덕성'을 작은 틈새를 메우는 정도로 축소하게 만든다고 본다.

요약을 해보자. 시장 관계를 이해하는 전통적인 방식은 오늘날 경제 이론 및 사회 이론 안에서 시장 대 사회, 이기심 대 이타심이라는 두 가지 주요 대조되는 입장을 특징으로 한다.[11] 근대부터 현대까지 이어지는 경제 이론의 개념 틀로는 개인들 사이의 관계를 온전히 이해할 방법이 없다. 이 관계를 온전히 이해하려면 개인들 사이의

10　B가 불평등을 얼마나 싫어하는지에 따라 상호성을 발휘하는 정도가 달라질 수 있다. 페르 등(Fehr et al.)이 주장했듯이, 이 경우는 A의 동기와 상관없이 작동한다. 또한 라빈(1993)의 주장처럼, A가 B를 신뢰하여 위험을 감수한 동기에 보상하려는 B의 욕구가 얼마나 큰지에 따라 B의 상호성이 달라질 수도 있다. 최근의 모형에서는 이 두 설명을 결합한다. B의 행동과 A의 동기 간의 관계를 더 알아보기 위해 이루어졌던 실험들의 결과를 요약한 스탄카, 브루니, 코라치니(Stanca, Bruni and Corazzini, 2009)의 공동 논문에는 더 다양한 연구 결과가 있다.

11　이러한 대조는 완벽하게 겹치지 않는다. 예를 들어 일부 시장 분석에서는 행위자가 사회적 선호에 따라 행동하는 것처럼 보이지만, 가장 친밀한 관계조차도 자기 이익의 극대화라는 측면에서 설명하는 일부 환원주의(reductionist) 이론도 있다.

관계가 서로 이타적 행동을 하거나 자신의 경제적 이익의 일부를 포기하지 않으려는 상황에서도 양쪽의 상호이익이 실현되는 교환이자, **동시에** 사회적 의미에 따라 도덕적 가치가 결정되는 순수한 사회적 상호작용이라는 특성 둘 다를 고려해야 한다. 이 두 가지 특성을 모두 고려해야만 시장과 일반적인 인간관계 **모두**를 충분히 이해할 수 있다.

사실상 현대 경제 이론에 머물러서는 시장 관계를 상호 이익을 목표로 하는 진정한 상호성의 형태로 설명할 수 없다. 진정한 사회성은 순전히 시장 관계를 벗어나는 지점에서 시작되며 시장과 세상이 점점 더 비인간화되고 있다는 주장을 옹호하려고 얼마나 많은 철학자와 경제학자들이 글을 써왔던가? 다른 한편, 동전의 뒷면으로서 경제 이론이나, 어떤 의미에서는 전체 사회 이론은 친구나 가족 사이에 일어나는 비시장적 관계에서의 상호 이익도 표현할 수 없다. 기존 이론의 틀을 따라가면 친구 사이의 교환에서 서로 이익을 얻게 되면 그 관계는 즉시 도덕적으로 훨씬 덜 고상한 것으로 바뀌고 단순한 계약, 즉 앞서 드라고네티가 말했던 '용병'적인 관계가 되어버린다.

이 책은 결국, 이렇듯 기존 경제학 이론의 이원론적인 관점을 넘어서려는 시도이다. 기존 이론의 이러한 관점은 시장에 별 도움이 되지 않았다. 지금까지 사람들이 시장을 비도덕적이라 여기는 사이에 시장은 정말 점점 더 그렇게 되어가고 있다. 그렇다고 해서 그 바깥의 세계를 이해하는 데도 별 도움이 되지 않았다. 가족과 우정을 순수한 무상성과 연결하는 습관은 권력 관계와 각종 병리 현상을 은 폐하는 경우가 많았다. 전통적인 공동체에서 젠더를 다루던 방식은 이러한 위험을 잘 보여주는 예이다.

4. 상호부조와 상호 이익

시민경제에 대한 우리의 논의를 오늘날 시장을 읽는 패러다임으로 계속 발전시키려면, 반대 의견도 다루어야 한다. 이러한 반대 의견을 제대로 다루지 않으면 치명적일 수 있다. 우리는 제노베시가 기본적으로, 행위자들이 '서로 도움이 된다'는 것 때문에 시장에 참여한다는 메시지를 전하고 있음을 주장해왔다. 시장경제에 참여하는 개인들은 항상 서로에게 도움이 되는 방식으로 행동한다. 그렇지 않으면 교환이 이루어지지 않을 것이다. 그렇다면 시장을 바라보는 제노베시의 접근법이 갖는 큰 차별점과 참신함은 무엇인가? 단지 표현만 다른 것일까? 시장이 움직이고 확장할 수 있는 것이 각자 다른 사람들에게 도움이 되려고 노력하며 동료 시민의 '자비'가 아닌 서로의 효용에 의존하기 때문이라는 것은 스미스도 책에 쓸 만큼 잘 알고 있었다.

서로 도움이 되려고 노력하는 다양한 시장 행위자들의 행동을 조율하는 기제는 **가격 체계**이다. 가격 체계와 가격에 포함된 희소성의 신호는 행위자들이 다른 행위자에게 도움이 되는 방향의 행동을 하도록 유도한다. 이러한 '효용Utility'은 제공되는 재화와 용역에 대해 기꺼이 값을 지불할 의지로 측정된다. 1948년에 프리드리히 하이에크가 훌륭하게 설명했듯이, 이것이 시장 체계의 본질적인 특징이다. 이 특징은 시장경제에서 스미스의 '노동의 분업' 못지않게 중요하고 필수적인 '지식의 분업'을 가능하게 한다. 대규모 경제에서는 각 시민이 재화의 가격을 '구성하는incorporate' 모든 정보를 수집할 수 없으며, 따라서 자신의 활동 가치도 알기 어렵다. 시장이 완벽하게 작동할 때만 가격 체계가 이러한 정보를 전달할 수 있다. 하이에크를 비롯한 모든 현대 경제 이론에서 주장했듯이, 이러한 정보 문제 때문에 시장경제에서 다른 사람들에게 진정 도움이 될 수 있는 유일한 방법은 가격 신호를 효율적으로 읽어내면서 자신이 가진 자원을 최적으로 활용하려고 노력하는 것 정도이다. 그렇다면 제노베시가 말한 대로 서로에게 도움이 되려는 의도로 행동한다는 것은 무엇을 의미하는가?

《국부론》을 예로 들어보자. 스미스(1976[1776], pp. 121-122)는 광부의 급여가 다른 노동자의 급여보다 높은 것은 숙련된 기술의 정도가 같아도 일하는 분야가 다르기 때문임을 짚는다. 스미스는 근무 환경이 열악한 경우 급여가 더 높은 것이 보상의 한 형태라고 주장한다. 18세기 뉴캐슬의 노동자 입장에서, 런던 시민의 석탄 수요를 충족시킬 만큼 수많은 사람이 적절한 보상도 없이 '다른 사람들에게 도움이 되고자' 목수라는 직업을 버리고 작업 환경도 열악한 광부를 선택하기를 기대하는 것은 순진한 생각이라는 뜻이다. 이렇게 보면 오늘날 단지 '서로에게 도움이 되는 일'이라는 이유로 비영리 부문의 노동자에게 영리 부문보다 더 낮은 급여를 받아들이라고 요구하는 것 역시 순진한 생각이다.[12]

이 점에서 스미스는 자연스럽게 한 가지 결론을 내린다. 자유로운 사회와 시장경제의 기능이 양립하려면 시장에 관한 도덕적이거나 사회적인 차원의 논의가 개인이 가격 신호에 반응하여 경제 활동을 선택한다는 원칙과도 양립할 수 있어야 한다는 것이다. 그렇다면 이런 질문을 하게 된다. 상호부조로서의 시장 개념과 시장경제의 기본 원칙을 어떻게 조화시킬 수 있는가? 이 질문에 답을 하지 못한다면 제노베시의 시민경제는 작은 전근대 공동체나 근대 시장경제의 변두리에서만 가능하다고 말하는 셈이 될 것이다. 하지만 사실 그렇지가 않다.

나와 서그덴은 시장에서의 상호작용, 즉 '계약'을 당사자들이 계약을 통해 특정 공동 행위를 함께 하는 행위자가 되는 것으로 볼 수도 있다고 주장해왔다. 이러한 관점은 시민경제에서 바라보는 시장을 법적으로 해석한 것이다. 계약의 주체는 계약을 통해 공동 목표

---

12   물론 이 노동자들이 실제 오늘날 다른 이유들로 낮은 임금을 강요받고 있다는 증거가 있음은 다른 문제이다.

를 달성하는 과정에서 자신의 역할을 수행한다. 이때 목표는 실제 계약의 효력이 미치는 거래에서 발생하는 공동 이익이다. 시장 참가자는 각자의 역할을 수행할 때 전체 '팀'에 이익이 되려는 의도로 움직인다. 따라서 빵을 살 수도 있는 사람이 제빵사에게 간다면 그 사람은 다음과 같은 제안을 하려는 것으로 볼 수 있다. "나는 우리 둘다에게 이익이 될 공동 행동을 제안합니다. 당신은 빵이 필요한 내가 필요를 충족하도록 돕고, 나는 돈을 벌어야 하는 당신의 필요를 충족하도록 돕겠습니다. 우리 함께 이 공동 행동을 수행하는 임시 팀이 됩시다."

둘 사이에 합의가 이루어지면 고객은 자신만이 아니라 제빵사에게도 교환이 이익이 되기를 원할 것이다.[13] 즉 참여자는 의식적으로 '서로에게 도움이 되려는' 의도를 갖고 있다. **거래 자체가 상호 이익이 되기 때문에 상업적 계약에서 거래의 내용만 중요한 것은 아니다.**

이는 제노베시의 '상호부조'의 개념을 시장경제에 적용할 수 있는 한 방법이다. 다만 이러한 관점에서는 서로에게 도움이 되는 공동 행위가 계약의 이행 과정 **중에** 발생함을 유의해야 한다. 다시 말해 사전에 '서로 돕는다'는 관점에서 계약을 **맺으려는** 농기를 갖게 되지는 않는다는 것이다. 자신의 필요를 충족하기 위해 계약을 선택하는 시점에서는 자신의 선호도와 가격 신호에 따라 상대를 자유롭게 고

---

13   시장에 대한 이러한 접근법은 경제적 상호 관계를 장기적 관점에서 바라볼 때 잘 작동한다. 기업 계약을 생각해보라.

른다. 지금까지 내가 설명한 논리대로라면 예를 들어 어느 제빵사가 경제적으로 힘든 시기를 겪고 있기 때문에 고객이 그 제빵사를 돕기 위해 그와 거래를 할 가능성이 들어올 자리가 없다.

서로에게 이익이 되려는 공동의 목표를 달성하려는 고객의 약속 은 계약이 체결될 때만 실제로 시작된다. 예를 들어 제노베시가 기 업가에게 "A라는 부품 공급자가 현재 힘든 시기를 겪고 있으니 가 격이 B 공급업체보다 높더라도 A를 선택하세요."라고 조언하지는 않을 것이다. 우리도 마찬가지이다. 시장이 잘 작동하는 경우라면 기업가가 가격 신호를 따라 선택을 할 수 있고, 어떤 면에서는 그래 야만 한다. 그가 거래하는 상대방과 한 팀처럼 행동하는 것은 자유 롭게 공급자를 선택한 이후의 일이다. 이를 받아들여야 시장 신호 의 역할을 염두에 두면서도 상호부조로서 교환 분석을 진행할 수 있 다.[14]

그렇다면 시장을 이렇게 보는 관점은 어떤 차이를 만들어내는가? 스미스를 따르는 기존의 관점과 비교하여 어떤 부가가치가 있는가?

우선 관련된 경제 주체가 시장 거래 중 겪는 관계와 전반적인 인

14　제노베시와 같은 관점을 갖는다고 해서 '친구'들 사이에 있을 법한 비공식 경제로 이어지지는 않는 다. '우정'에 이끌려 거래 상대를 고른다면 경제적으로 지속가능하지 않을 것이다. 모두를 위한 경제 (Economy of Communion), 공정무역, 윤리금융 등 사회적 경제 접근의 과제는 진정한 형제애의 정신 과 가격 신호를 함께 유지하는 것이라고 나는 믿는다. 오히려 이 두 가지를 구별하지 못하고 '친구' 이거나 '프로젝트의 일부'라는 이유로 공급자를 고른다면 위험한 선택일 수 있다. 시장을 시민의 영 역으로 만들기 위해 반드시 이러한 선택을 해야 하는 것은 아니다. 왜곡을 바로잡고 더욱 시민적으 로 만들기 위해 무언가 더 하려는 의지를 발휘하고자 할수록 그 의지는 더욱 엄밀해야 한다.

간적 경험을 어떻게 인식하는지 살펴보아야 한다. 계약을 단순히 의무나 부담의 면제immunitas나 상호 무관심mutual indifference으로서가 아닌 공동 행위로 해석하면 관계의 '정서적 어조'가 달라진다. 시장 관계에도 우정과 자비의 감정이 연결될 수 있다면, 스미스(1984[1759], pp.13-23)가 말하는 감정의 일치도 이룰 수 있다. 이는 행복의 큰 원천 중 하나이다. 반면 상호 무관심이나 더 나쁘게는 기회주의적인 시각으로 시장을 경험한다면 경제 생활은 장기적으로 슬프고 살아남기 어려워질 것이다.

그러나 당사자들의 수입이나 협상력 등이 객관적으로 경제적 불평등의 상황에 놓여 있을 때 형제애가 있는 시장 관계를 만들 수 있을까? 누군가는 그렇지 않다고 생각할지도 모른다. 답을 찾기 위해 스미스가 말한 고객과 제빵사의 사례로 돌아가보자. 예를 들어 제빵사는 교외 어느 작은 빵집에서 일하고 있고 고객은 부유한 도시의 은행가라면, 그들의 관계를 '형제적'이라고 할 수 있을까? 아니면 반대로, 크고 부유한 제과점 체인에서 일하는 제빵사에게 가난한 학생 고객이 온다면?[15] 이 질문에 첫째로 '그러면 안 되나?' 하는 질문으

---

15 '강한 상호주의'와 같은 사회적 선호에 기초한 이론에 존재하는 이타적 처벌의 논리에 대한 흥미로운 논의가 여기에서 시작된다. 예를 들어 최후통첩 게임 등의 모델과 실험에서 피실험자들은 자신의 비용을 들여서라도 부당하다고 생각하는 제안을 거절한다. 예를 들어 A가 B에게 10개 중 2개를 주고 자신이 8개를 가지려고 하는 경우, B는 자신이 이 결과를 받아들이지 않으면 둘 다 아무것도 받지 못한다는 것을 알면서도 A를 처벌하기 위해 이 제안을 거절하는 경우가 많다. 내 나름대로는 행위자들이 이러한 거절이 일어나지 않도록 할 것이라고 본다. 누구나 갖고 있는 불평등에 대한 거부감을 부채질하는 경우 상호 이득이 될 교환의 기회 자체를 놓치게 되기 때문이다.

로 답을 할 수도 있을 것이다. 한편으로 형제애와 우정이 경제적, 사회적, 심지어는 나이 면에서 평등한 사람들 사이에서 더 쉽게 형성된다는 점에는 의심의 여지가 없다. 그러나 시민사회가 우정과 상호 부조의 감정을 발전시키고자 한다면, 구성원들이 경제적인 특성을 포함하여 다양한 측면에서 서로 다른 사람들에게도 우호적인 성향을 갖도록 장려해야 한다. 주어진 사회와 경제 체제에 매우 비판적인 판단을 한다 하더라도, 우리가 지금 여기에서 형제로서 특정한 경제적 만남을 경험하는 일을 누가 해라 마라 할 수는 없다.

보다 형제애에 기반한 경제와 세계를 건설하려고 노력하면서도 동시에 지금 여기에서의 경제관계 안에서 형제애를 발휘하며 살아갈 수 있을까? 예를 들어 공정무역에 종사하면서도 우리를 브라질로 데려다주는 항공사와 긍정적인 관계로 살아가는 일이 가능할까? 항공사의 탄소배출량이 적다면 더 좋겠지만 말이다.

'계약에서 상대방을 형제처럼 대하겠다는 약속이 어디까지 **확장되는가?**'라는 다른 질문을 해볼 수도 있다. 계약을 이행할 수 없는 불완전한 계약은 매우 자주 일어난다. 특히 이런 불완전한 계약의 경우나, 평판에 영향을 미치지 않는 일회성 계약의 경우에도 이런 약속을 확장할 수 있을까? 예를 들어 프란체스카Francesca라는 사람이 거울용 타이어를 사러 타이어 판매점에 간다고 생각해보자. 프란체스카는 TV에서 본 듯한 특정 브랜드를 요구할 것이고, 판매자인 줄리오Giulio는 품질은 같은데 가격은 더 싼 다른 브랜드가 있다는 것을 알고 있다. 정보의 비대칭 상황인 것이다. 스미스의 접근 방식대로라면 줄리오는 상호 무관심 및 개인주의 이론에 따른 반가부장주의적 접근을 바탕으로 프란체스카가 원하는 타이어를 그저 팔아야 한다. 시민경제의 관점에서는 이 경우를 어떻게 설명할까? 제노베시가 보기에 줄리오는 판매자로서 의무가 있는가? 있다면 그 의무는 무엇인가? 시장을 서로 돕는 곳으로 분석하면 이러한 주제를 평가할 틀이 생긴다. 하지만 오늘날 우리가 알고 있는 기존 경제학의 틀 내에서는 이러한 분석이 의미가 없어진다. 사실 프란체스카와 줄리오의 선택이 시장에서 우리 시간의 대부분을 차지하는 선택이라는 점을 고려하면 이미 그 자체로 어떤 의미가 있다. 다만 상호부조의 관점에서 보면 프란체스카가 줄리오에게 자신이 모은 돈을 맡기면서 재정적인 자문을 구하는 것이라 생각해볼 수도 있다.

시장을 서로 돕는 행위로 바라보는 관점에 따르면, 프란체스카와 줄리오는 시장에서 계약을 맺으면서 특정 영역에서 공동의 이익을 달성하려는 의도를 가진 한 팀의 일원이 된 셈이다. 따라서 이러한 관점에서 보면 적어도 줄리오가 의도적으로 프란체스카의 무지를 악용할 것이란 의심은 하지 않게 된다. 하지만 이러한 생각을 이디까지 확장할 수 있을까? 답은 우리가 '서로 도움'과 공통 의도를 어떻게 이해하는가에 달려 있다. 우리는 두 극단 사이를 오가게 된다. 가장 야박하게는 집합적 의도가 **계약 당시 각 당사자들의 선호, 정보 및 신념에 따라** 상호 이익을 달성하려는 것이라고 생각할 수 있다. 서로 도움에 대한 이러한 제한적인 해석은 주의 깊게 보면 매수인 책임원칙 caveat emptor이라는 오래된 상업 윤리보다 별로 더 나을 것이 없다. 매수인 책임원칙이란 '살 사람이 알아서 조심하라.'라는 의미의 라틴어로, 상법에서 계약상 명백한 보증이 없는 경우 매수인이 위험을 감수하고 매수를 진행해야 한다는 원칙이다. 정반대로 계약 당사자가 웰빙이라는 공통 개념의 관점에서 공동의 이익을 정의해야 한다고 주장할 수도 있다. 예를 들어 바텐더는 이미 잔뜩 취한 고객에게 열 번째 잔술을 팔아야 할지, 또는 디스코텍에서 밤새 놀다가 차를 몰고 집에 가려는 청년에게 술을 팔아야 할지 고민할 수 있다. 실제로 시장 관계가 서로 도움을 목적으로 하는 경우 당사자는 서로 계약에서 규정하는 것을 넘어서서 온정적 간섭주의paternalism에 가까운 도덕적 책임을 질 수 있다.

장기간에 걸쳐 발생하는 경제관계에 관해서도 이와 유사하고 훨씬 더 엄격한 문제를 제기할 수 있다.

또 다른 예로 집주인인 알바Alba가 자신의 집에 추가로 다락방을 짓기 위해 건축업자인 프랑코Franco에게 작업을 요청한다고 해보자. 작업이 시작된 후 알바는 이미 합의된 프로젝트에 프랑코에게 추가 비용을 주지 않아도 될 정도의 사소한 변경을 하고 싶다는 생각이 든다. 이 시점에서 프랑코는 자신이 독점적 지위에 있음을 발견한다. 그렇다면 그가 이 지위를 이용해 알바가 추가 비용을 지불하지 않는 한 합의한 원래 계획을 수정하기를 거부할 수 있다. 하지만 그 계약이 '팀'의 관점, 즉 상생의 관점에서 성사되었다면 프랑코의 기회주의적 태도는 당연히 이러한 상생의 관점과 맞지 않아 보인다. 그런 의미에서 시민경제는 경제적 행동의 '도덕성'을 평가하는 규범적인 접근 방식이 된다.

5. 교환의 재분배 효과

한 가지 질문을 더 해보자. 계약 **이전**의 협상 과정에 대해 우리의 관점에서 무엇을 말할 수 있을까? 교환으로 인해 생겨난 부가가치의 '거래 이익'을 나누는 것은 어떤 역할을 하는가? 교환 이후 각 당사자가 갖게 될 잉여분의 '조각'만 과도하게 강조하면 서로 도우려는 시장에서 나타나는 관계의 '정서적 어조'와 우정의 감정이 손상되지는 않을까?

어려운 질문이지만 답은 해볼 수 있다. 우선 교환 이익을 분배할 때 자신의 이익을 극대화하려는 노력이 시장경제를 원활히 운영하기 위한 필요 조건이 아니라는 점에 주목해야 한다. 서로 돕는 시장경제가 움직이려면 당사자들 사이에 나중에 분배를 어떻게 하든 일단은 교환이 부가가치를 창출해야 한다. 회사의 목적이 이익 극대화여야 한다고 이론화하는 사람들은 종종 이 사실을 잊어버린다. 정말로 필요한 것은 시장 참여자들이 교환을 통해서 함께 부를 창출하는 것이다. 그런 점에서 '서로에게 도움이 되려고 노력하라.'라는 제노베시의 말은 분명 타당하다. 더 나아가 교환에 참가하는 사람들, 예를 들면 경제학도들에게 집단적으로 이렇게 말할 수도 있을 것이다. "경제 활동을 통해 부가가치를 창출할 수 있는 기회를 발견했다면 그 이익을 어떻게 분배할지 결정하는 데 너무 많은 노력을 기울이지 마십시오. 가장 명확하고 직관적인 분배 방식을 대략적인 원칙으로 설정하되, 공동 이익을 창출하는 데 노력을 쏟으십시오." 이러한 제안은 잠재적인 참여자 **전체**를 향하는 것임에 유의해야 한다.

그렇다고 해서 '팀' 관점에서 생각하지 않는 다른 사람과 거래할 때 수익 분배를 일방적으로 무시하라는 것은 아니다. 실제로 그렇게 되면 다른 사람들이 이익을 가로채거나 기회주의적인 행동을 할 수 있다. 이 권고는 어느 정도 상호적이다. "같은 시장 문화를 공유하는 사람들하고만 이렇게 행동하라."는 것이다. 즉 소득 분배에 관한 제노베시의 금언은 다음과 같이 요약할 수 있다. "함께 거래를 해야 한다면, 특히 오래갈 거래를 하고 싶다면, 만들어지는 '케이크 조각' 중 당신 몫이 얼마나 될지는 너무 걱정하지 말라. 그저 케이크를 키울 생각을 하라. 당신이 기회주의적이거나 부정직한 행동을 한 게 아니라면, 재분배의 기준은 시간이 갈수록 공정하게 수렴할 것이다."[16]

---

16 실제로 제노베시의 모든 시민 담론에는 상호 혜택과 상호 이익을 법과 선을 지향하는 테두리 안에서 추구해야 한다는 가정이 깔려 있다. 이 생각은 시장을 바라보는 제노베시의 관점 전체의 기초가 된다. 이러한 암묵적인 가정이 없다면 마피아나 악당의 거래조차도 '형제애(fraternal)'로 보일 수 있

예를 들어 이러한 조언은 특히 젊은 사람들이 함께 모여 사업을 해야 할 때 매우 효과적이다. 거래 및 계약 비용을 크게 줄이고 상호 신뢰감을 강화하기 때문이다. 기업가는 궁극적으로 혁신 능력을 갖춘 '케이크 제작자-파티세patissier' 라는 점도 기억해야 한다.

또 다른 효과도 있다. 미래의 이익이 공정한 기준에 따라 나누어질 것이고, 그래서 분배의 세부 사항을 정의하는 데 너무 많은 시간을 허비할 필요가 없다는 인식이 있으면 사람들이 심리적으로 더 쉽게 뭔가를 함께 구성할 수 있다. 미래의 이익을 공정하게 분배하면 향후 관계에서 기회주의를 줄일 수 있다. 이 가설적 제안은 잠재적 협력자들에게도 확장될 수 있다. "시장 문화에 대한 생각을 공유하는 사람들과 함께하면서 미래 수익을 간단하고 기본적으로 공정하게 분배할 방법을 찾으라." 하지만 우리 스스로에게 물어보자. 이러한 조언이 개인의 관점에서도 좋을까? 이 조언을 따르는 사람은 이익 분배에 좀 더 엄격하고 신중한 태도를 취했을 때 얻을 수 있는 몫보다 더 적게 받을 수 있다. 반면 그는 시간과 에너지를 덜 들이면서도 종종 계약, 비즈니스 및 회사를 마비시킬 수도 있는 동료와의 분쟁을 일으킬 가능성을 낮출 수 있다. 장기적으로 그의 삶은 더 평화로울 것이고, 더 많은 기회를 갖게 될 것이며, 아마 재정적으로도 그다지 나쁘지 않을 것이다. 결국 여기에도 제도의 역할이 있다. 제도

다. 이 사람들을 서로 묶는 우정과 명예의 깊은 유대를 아는 사람이라면 누구나 잘 알 것이다.

가 형성되는 방식은 상호 이익 추구를 위한 인센티브를 창출할 수 있고, 우리가 앞으로 논의할 개인적 기회주의를 만들 수도 있다. 마지막으로 여기에도 제도의 역할이 있다. 제도가 어떻게 형성되는가에 따라 상호 이익 추구에 대한 인센티브를 창출할 수도 있고, 앞으로 논의하겠지만 개인의 기회주의를 조장할 수도 있다.

이 시점에서 우리는 제노베시가 그의 제자들, 당시 나폴리인들과 이탈리아인들에게 전하려고 했던 '시민경제의 인본주의'를 더 잘 이해할 수 있을 것이다. 시장 안에서도 형제애에 기반한 서로 도움을 이룰 수 있다는 것이다. 그의 학생들은 시장경제의 작동 원리를 가르치는 수업을 들었다. 제노베시는 여전히 상당히 봉건적이었던 나폴리 왕국에 시장경제를 확립하기를 원했다. 제노베시는 모두가 '서로에게 도움이 될 방법을 강구'하기 위해 최선을 다해야 한다는 교훈을 근본적으로 배워야 한다고 말했다. 나는 그의 문장의 의미가 다음과 같이 요약될 수 있음을 보여주려고 노력했다. "시민경제는 상호 이익이 되는 관계의 네트워크이다." 이것이 첫 번째 통찰이었다. 시장을 영리한 사람들의 문제나, 죄수의 딜레마 유형의 게임이나, 많은 기업이 생겨나기도 전에 죽이는 태도인 '제로섬' 게임으로 보는 것이 아니라, 재분배를 크게 걱정하지 않고 위험하기는 하지만 모든 참여자에게 이익이 되는 집단 행동으로 읽는 것이다.

이 시장 네트워크에 참여하는 사람은 자신과 상대방 모두에게 이익이 된다. 따라서 밀도 높은 네트워크와 많은 시장을 만든다는 것은 사람들을 공동 활동으로 묶어서 모두가 다른 사람과 함께 성장하고 다른 사람 덕분에 성장한다는 것을 의미한다. 이것이 시민경제이다.

'사회 자본'을 연구하는 사회학자들 덕분에, 오늘날 우리는 정신적 가치관mental mindset이 문화적 후진성의 주요 요인임을 알게 되었다.(Gambetta, 1993; Putnam, 1993) 우리는 시민생활뿐 아니라 시장을 이해할 때도 이 개념을 사용한다. 처음에는 소득 분배 측면에서 불균형한 방식에서 시작하더라도, 경제적 관계와 시민적 관계가 상호 이익이 된다고 생각하는 사회는 성장한다. 그러나 시민적 관계에 대한 고려 없이 타인을 착취해야 할 대상으로 보고 방어적인 태도를 가진 사람들로 구성된 사회는 빈곤에 갇힌 채로 남아 있게 된다.

나는 제노베시의 교훈이 시민적, 경제적 타당성을 아직도 잃지 않았다고 확신한다.

6. 돌봄시장에서의 적용

이제는 지금까지 추상적인 용어로 논의했던 내용을 특정 서비스 산업에 적용하여 설명해보고자 한다. 이제 시민생활과 경제 모두에서 점점 더 중요해지는 경제-사회 영역인 돌봄 서비스를 시민경제의 관점에서 살펴보면서 논의의 타당성을 시험해보자. 사실 '도덕성,' '정서'와 자신의 이해타산을 넘어서는 태도로서 비기회주의 같은 문제는 부모, 자녀, 우리 자신과 우리가 사랑하는 사람들의 건강을 돌보는 것과 같이 정서적으로 민감한 영역에서 특히 중요하다.

실제로 윤리적·관계적·동기적 차원에서 매우 섬세하고 논쟁적인 영역에 시장 기제가 침투하고 있다는 데 대한 전반적인 우려가 크다. 나는 시민경제의 관점에서 경제와 시장을 해석하면, 지속적으로 확장되며 우리의 삶 깊숙이 스며드는 시장의 요구와 관계재와 돌봄의 고유한 요구를 조화롭게 결합할 방법에 관해 새로운 희망의 가능성이 있다고 믿는다.

이러한 관점에서 볼 때 현재 상황은 스미스와 제노베시가 이론을 집필하던 당시의 상황과 별반 다르지 않다. 18세기 유럽에서도 사람들은 상업이 발달하면 덕의 윤리와 그리스도교 도덕이 뿌리부터 위태로워질 수 있다는 우려를 안고 살았다. 사치를 둘러싼 당시 논쟁을 보면, 시장이 가족과 공동체 대신 돌봄과 친밀성을 제공하게 되는 방식을 생각할 때 오늘날 우리도 직면하는 문제가 이미 담겨 있다. 당시에도 오늘날과 마찬가지로 이러한 '대체'의 잠재력이 컸다. 시장이 돌봄과 그에 해당하는 관계를 대체하면서 과거에는 불평등했던 사회가 더 자유롭고 평등하게 바뀌었고, 자신이 선택하지 않은 돌봄의 의무로부터 오늘날 많은 사람들, 특히 여성들이 해방되었다.

사실 한때 가정, 공동체, 교회가 맡았던 많은 봉사를 오늘날에는 점차 시장과 유급 노동자가 제공하고 있다. 동시에 사람들은 전통

사회에서의 '소명vocation'과 결부해서, 이러한 교육 및 의료 분야의 노동자들이 단지 금전적이지만은 않은 인센티브와 동기에 따라 움직이기를 기대해왔다. 여성에게는 특히 그렇다. 오늘날에는 이와 반대로 의사와 콜센터 직원, 대학교수와 광부 모두를 인센티브에 따라 움직이는 합리적 개인으로 취급한다. 그러면서도 '관계에 민감한' 직업에 종사하는 사람들을 대할 때는 '무엇인가 더' 기대한다. 사실 시간이 갈수록 그러한 기대에 더 실망하고 냉소적이 되면서도, 그들이 일하는 목적에 그저 급여 이상의 어떤 것이 있기를 믿거나 믿고 싶어 하는 것이다.

최근 경제 이론은 시장과 '소명'이라는 두 차원을 어떻게 함께 유지할 수 있을지 설명하려고 했다. 앞으로 살펴보겠지만, 사회적 선호 이론의 흐름 안에서 이루어진 이러한 시도가 완전히 설득적이지는 않으나, 충분히 논의하고 살펴볼 가치가 있다.

이 경제학적 연구에서는 '소명'을 가진 노동자가 기존 이론이 가정하는 것처럼 급여나 물질적 인센티브에만 관심이 있는 것이 아니리 자신이 맡은 일에 내재적 가치를 부여한다고 가정한다. 노동의 내재적 가치는 그가 업무에서 얻는 만족이나 효용에서 온다.[17]

---

17   보다 공식적인 용어로 말하면, 지원자의 선호를 $L = \alpha W + (1-\alpha)M$과 같은 효용함수로 나타낼 수 있다. 여기서 W는 급여이고, M은 활동에서 파생되는 내재적 보상(intrinsic reward)이다. α가 급여에 대한 가중치라면, $(1-\alpha)$는 내재적 동기에 기인하는 가중치이다. 급여와 내재적 보상은 반비례한다고 가정한다. 이 모형에서 노동자에게 소명이 없다고 말하는 것은 $\alpha=1$인 것과 같다. Bruni and Smerilli, 2011을 참고하라.

다시 말해 소명은 노동자가 어떤 일을 수행함으로써 얻는 **비금전적이거나** 비물질적인 내재적 보상으로 해석된다. 따라서 노동자에게는 내재적 동기인 소명과 도구적 동기인 급여라는 두 가지 동기가 모두 있으며 그는 둘의 가중치를 각기 다르게 매긴다. 소명이 있는 노동자는 내재적 가치에 0보다 큰 가치를 부여한다. 즉 소명이 있다면, 급여의 크기만이 근로자가 직업을 선택하는 유일한 요인이 아니라는 뜻이다.

헤이즈(Heyes, 2005, p. 564)는 '소명'을 노동자가 내재적 가치와 보상이 된다고 생각하는 활동을 수행하려는 욕구라고 본다. 이렇게 보면 고용주가 주는 급여(W^*)가 시장 급여(W)보다 낮은데도 노동자가 이 낮은 수준의 급여를 수락한다는 것은 수락하는 행동만으로도 이미 그 사람이 직업적 또는 내재적 보상을 긍정적인 수준으로 보고 있음을 의미한다. 왜냐하면 시장에서 얻을 수 있는 급여와 그가 수용한 급여($W^* < W$) 사이의 복리 차이가 그 직업으로부터 얻는 내재적 만족으로 보상된다는 뜻이기 때문이다. '보상 격차'는 '원하는 직업'에 종사하는 행복으로 채워진다. 예를 들어 자원봉사자의 경우처럼 누군가 무급으로 일할 의사가 있다면, 주어진 일에서 그 사람이 얻는 복리는 자신의 '소명'에 대한 내재적 보상에서 비롯된다고 볼 수 있다.

비영리 부문의 관리자 선정을 다룬 카츠와 핸디(Katz and Handy, 1998)의 연구나 영국 보건 부문의 수가 정책에 관한 헤이즈(Heyes,

2005)의 연구와 같이 기본적으로 "적게 받아도 얻는 것이 더 많다getting more by paying less"라는 슬로건을 공유하는 모형에서 주로 이러한 결론을 내린다. 앤서니 헤이즈Anthony Heyes의 연구는 특히 최고의 간호사들이 보수를 적게 받는다는 사실에 주목했다.[18]

동기의 진실성과 물질적 이익, 즉 급여를 기꺼이 희생하려는 의지가 정비례 관계라는 것이 이러한 이론적 모형의 주요 가정이다. 그러나 낮은 급여를 받아들인다는 것이 개인의 내재적 동기나 소명을 가늠하는 정말 올바른 방법이라고 할 수 있을지는 되물어볼 만하다. 이 이론에 반대되는 첫 번째 의견은 '역선택adverse selection'이라는 주류 경제학 이론이다. 시장 급여보다 낮은 급여를 제안했을 때 단순히 더 높은 급여를 받을 수 없기 때문에 낮은 급여를 받아들일 수밖에 없는 미숙련 노동자를 걸러낼 수 있을지 아무도 보장할 수 없다. 이런 사람들은 의욕이 거의, 어쩌면 전혀 없을 수 있다. 물론 기술 시험으로 1차로 후보자를 선발하고, 이후에 '소명을 지향하는' 후보자를 가려낼 도구로 낮은 급여를 제시한다고 가정함으로써 이러한 근본적인

---

18 호주의 경제학자 브레넌(Brennan, 1996)은 약간 다른 모형을 제시한다. 그는 급여를 덜 줄 것이 아니라, 소명을 가진 사람들에게 상대적으로 더 매력적으로 보이도록 연봉을 구성하라고 제안했다. 그는 자신의 연구 대상이었던 대학 연구자들을 예로 들어, 후보자 스스로 어떤 일을 선택하도록 유도하려면 급여 수준을 시장 급여보다 낮게 책정하더라도, 동시에 연구비 등 학문적 소명을 가진 후보자가 인정할 만한 선택적인 **부가 혜택**의 형태로 그 공백을 메워야 한다는 것을 알아챘다. 핸디와 카츠(Handy and Katz,1998)도 특히 '소명' 의식을 덜 가진 사람에 비해 연구 지향적인 교수들은 연구비를 더 중요하게 여긴다는 점에서 특히 학술 영역에서는 "돈을 덜 받는 것"만이 아니라 이러한 자기 선택 기제가 있어야 한다고(p. 258) 제안했다.

반론에 반박할 수도 있다. 그러나 이 두 번째 해법도 그다지 설득력 있게 들리지는 않는다.

이 문제에 대한 제노베시의 해석을 제시하기 전에, 나는 이 이론에 대한 일부 여성 경제학자들의 비판을 언급하고자 한다. (Nelson, 2005; Folbre and Nelson, 2000) 이들은 진정성과 희생을 동등하게 여겨왔기 때문에 오랫동안 가족 내에서 여성에게 이루어져온 편파적 착취가 은폐되었다고 주장한다. 기존 경제학 이론이 일과 경제의 영역과 가정을 명확하게 가르고 가정 안에서 여성의 역할을 아내, 어머니, 자매, 사랑하는 딸로 이상화함으로써, 사실 객관적으로 보면 여성에 대한 착취에 해당하는 요소들을 수용하게 만들고 여성이 불평등을 받아들이는 것을 여성적인 미덕으로 묘사해왔다. 또한 기회와 자유 측면에서 비대칭을 보상하기 위해 여성이 사랑에서는 우선권을 갖는 것처럼 묘사해왔다.

줄리 넬슨Julie Nelson은 우리가 보아온 돌봄 부문의 인력 선정 모형이 고대의 폐쇄주의chauvinist적인 발상을 이론 담론으로 바꾸는 효과를 발휘하면서 오늘날에도 여전히 여성이 대다수인 돌봄 서비스 직종의 낮은 임금을 합법화한다고 주장한다. 이 비판에 따르면, 비영리 부문과 재가 간병 서비스 부문의 낮은 임금은 (임금 때문에) 경제적으로 자립할 수 있거나 남편이 경제력이 있는 여성만이 이 직업에 종사할 수 있게 하고, 경제적 어려움이 더 큰 여성은 돈을 더 많이 주는 다른 직업을 받아들이게 강요하게 된다는 것이다. 여성주의 비판의 시각에서 이러한 오류는 사람이 특정 행동을 수행하는 이유가 '사랑' 또는 '돈' 중 하나일 뿐, 두 가지 이유가 동시에 고려되지는 않는다고 생각하기 때문에 나타난다.

이러한 여성주의적 사고방식은 시민경제적 사고와 같은 방향을 향하는 것처럼 보인다. 그렇기는 하지만 딱 겹치지는 않는다. 그 이유를 살펴보자.

넬슨은 스미스가 말한 두 가지 형태의 동기와 비교하며 세 번째 형태인 내재적 동기를 소개한다. 내재적 동기는 이기적 동기나 이타적 동기 사이의 대립과는 무관하지만, 넬슨은 이것도 시장 관계 안에서 '지켜야' 할 본질적인 동기라고 본다. 넬슨과 낸시 폴브레Nancy Folbre에게 사랑과 돈을 **동시에** 추구하며 일한다는 것은 무엇을 의미할까? 이들은 사람들의 내재적 동기가 다른 사람들과 관계에서 '진실성genuine'과 진정성authentic quality으로 나타난다고 해석한다.

폴브레와 넬슨(Folbre and Nelson, 2000)은 브루노 프레이(Frey, 1997, pp. 88-102)의 연구를 이어받아 '내재적 동기'를 개인의 정체성과 진정성의 문제로 해석한다. 개인은 외적 결과에 도달하기 위한 수단으로서보다는 행위 그 자체가 목적이 되는 행동에 내재적 동기를 갖는다. 프레이는 에드워드 데시와 리처드 라이언(Edward Deci and Richard Ryan, 1985)의 심리학 이론에 깊은 영향을 받았다.

라이언과 데시(Ryan and Deci, 2000, p. 56)는 내재적 동기를 이렇게 정의한다. "내재적 동기는 행동 자체와 분리할 수 있는 결과가 아닌 행동으로 인한 만족을 의미한다. 내재적 동기로 움직이는 사람은 외부 자극, 압력이나 보상 때문이 아니라 그 행위에 따르는 재미나 도전을 위해 움직인다.”

따라서 '적게 받아도 얻는 것이 더 많다.'라는 생각과 달리 폴브레와 넬슨, 그리고 프레이는 금전적 이득이 개인의 직업job을 **통제**하는 수단이 아니라 근로자의 헌신에 대한 인정으로 인식된다면 내재적 동기를 강화할 수 있다고 본다.

이러한 주장은 한나 아렌트Hannah Arendt가 말한 것처럼 '일work'이 단순한 '노동labor'이 될 때, 즉 돌봄을 주고받는 관계를 '순수하게' 시장 관계로 인식하게 되면 진정한 돌봄의 관계가 훼손된다는 뜻이다. (Folbre and Nelson, 2000, p.133)

따라서 돌봄을 유료로 제공하게 되면 돌봄의 관계는 감자나 냉장고 같은 다른 상품의 판매자와 구매자 사이의 관계와 똑같아질 것이다.

이렇듯 '특정 서비스에 돈을 내는' 형태의 교환 관계와 내재적 동기로만 움직일 수 있다고 여겨지는 '관계적 연결망을 구축하는' 관계재를 구별하려다 보면 결국 스미스가 말한 시장의 사회성과 진정한 사회성의 구별 방식으로 돌아가게 된다. 이러한 구별 방식의 매력과 흥미는 떨어지지만 말이다.[19] 특히 광업부터 돌봄까지 어떤 분야

---

19 우리의 접근 방식과 넬슨의 접근 방식을 비교하는 보다 자세한 논의는 브루니와 서그덴(Bruni and Sugden, 2008, 특히 마지막 부분), 넬슨(Nelson, 2009)과 구이(Gui, 2009)의 답변, 그리고 브루니와 서

에서든 생계를 꾸리면서 가족의 존엄을 지키며 부양하려는 것은 노동자들의 진실하고 진정한 동기로 인식되지 않는다. 이러한 이유만으로 행동하는 것은 왜 도덕적 관점에서 '진정'하고 완전히 인간적인 동기로 여겨지지 않는가? 이러한 '경제적' 동기도 진정성이 있을 수 있음을 부정한다면, 결국 우리 사회 대다수의 여성과 남성의 존재를 구성하는 엄청난 범위의 활동을 배제하게 된다.[20]

넬슨과 폴브레의 접근 방식은 이기주의와 이타주의의 이분법은 피할지 몰라도 내재적 동기와 외재적 동기라는 다른 이분법을 낳는다. 앞에서 이미 드라고네티의 입장에 따라 이 차이를 명확하게 극복했음을 기억할 것이다. 보상에 덕이 더해지면 물질적인 방식으로 보상이 이루어진다 하더라도 보상을 받는 사람을 '용병'으로 만들지 않으며, '외적' 혹은 외재적 보상도 덕을 갖추고 이루어져야 한다.

실제로 내재적 동기를 지닌 행위가 도구적 행동에 반대된다면, 시장에서 어느 정도의 도구성이 필수불가결할 때 덕을 갖춘 시장 상호작용을 어떻게 상상할 수 있는가? 실제로 가격은 시장의 주체가 다른 사람과 교환을 통해 자신이 받을 몫에 대한 동기에 따라 행동

그덴(Bruni and Sugden, 2009)의 재답변에 나와 있다.

20　최근에는 가난한 국가의 여성들이 더 부유한 국가로 이주하여 노인과 환자를 돌보거나 가사 노동을 하고 있다. 이 사람들이 "돈을 벌려고" 이런 일을 해서 자신의 가족을 부양하겠다고 생각하는 것이 왜 도덕적이거나 진정성 있지 않다는 것일까? 라트비아에서 온 간병인조차 노인을 돌보는 일에 "소명"을 가져야 한다고 기대하는가? 이 사람이 정직하고 정확하다면, 일단 계약을 체결한 뒤, 특히 정규 계약이라면 더더욱 자신의 업무를 정확하고 충실히 수행할 것이다.

할 때만 각 주체가 다른 사람에게 더 유용할 수 있는 활동을 선택할 신호 역할을 할 수 있다. 이것이 바로 데시와 라이언이 말하는 '분리할 수 있는 결과'이다. 그들은 내재적 동기에 따른 활동에서는 이러한 분리가 이루어질 수 없다고 보았다.

그렇다면 진정한 돌봄과 도덕적 사회를 내재적 동기의 관점에서만 이해한다면, 계속해서 시장과 이러한 '소명' 세계를 극단적인 반대편에 놓는 결과를 가져오게 될 것이다. 그렇지 않으면 많은 공동체주의 문헌에서처럼 선물 교환의 비공식 경제가 시장과 별개로 움직인다고 봐야 한다. 하지만 이것이 정말로 우리 시대의 구체적인 제안이 될 수 있을까?

돌봄에 관한 여성 경제학자들의 이론에서는 아무리 옳은 의도를 담더라도 시장 관계 **자체가** 진정성 있고 순전히 사회적이고 도덕적이 될 수는 없다고 본다. 시민경제의 전통에서 바라보는 시장도 크게 다르지 않지만, 형제애는 표현**할 수 있다!** 드라고네티는 상호부조의 관점에서 올바로 의도한다면 상업과 시장이 '덕virtues'이 될 수 있음을 상기시켰다. 이러한 관점에서 출발하는 것이 더 현명할 수도 있다.

시민경제의 관점에서는 돌봄시장을 어떻게 표현할 수 있을까?

다음 상황을 가정해보자. 알베르토는 조금 허약하지만 연금을 받고 있는 늙은 홀아비이다. 그는 간호사 또는 '방문요양사'의 정기적인 방문을 받으며 집에서 혼자 살 수 있다. 어린 딸이 있는 미혼 여성인 바바라는 방문요양사로 생계를 꾸리고 있다. 그녀는 일을 잘하고 친절하고 상냥하지만 특별히 금전적 보상 없이 일하려는 '내재적 동기'를 느끼지는 않는다.

그러므로 알베르토는 바바라에게 일에 대한 보상을 줌으로써 '도움이 될' 수 있고 바바라는 알베르토를 돌봄으로써 그에게 도움이 될 수 있다. 이것은 제노베시의 가르침과 완벽히 부합한다. 바바라는 돈을 벌며 잘 살 수 있고 알베르토에게 도움이 된다고 느끼기 때문에 만족한다. 알베르토도 자신이 보살핌을 받고 있고 바바라가 가족을 부양하는 데도 도움이 됨을 알고 있기 때문에 행복하다. 이 관계는 진정 사회적인 관계가 아닌가? 이 관계를 전적으로 도덕적이라고 보려면 더 채워야 할 부분이 있는가?

상황을 반대로 가정해보자. 알베르토는 바바라가 돈을 벌려고 이 일을 하는 것이 불만이고, 자신이 '진정한' 보살핌을 받지 못한다고 불평한다. 알베르토는 한 사람이 자신을 돌보아주는 것만으로는 충분하다고 느끼지 않는다. 그는 누군가가 소명으로만 자신을 돌보아주기 원한다. 그리고 바바라는 생계 때문에 일해야 하는 것이 불만이다. 그녀는 그림 그리기 등 자신의 마음에 더 드는 활동으로는 생계를 꾸릴 수 없기 때문에, 자신이 정체성을 실현할 수 없다고 불평하고 있다. 시장을 '상호부조'라는 관점으로 볼 때, 이런 종류의 불만은 궁극적으로 다른 사람들과 존엄하고 평등한 수준의 자유로운 사회에서의 삶을 받아들이기를 어린애처럼 거부하는 것이다.

제노베시와 드라고네티는 아마도 이러한 항의에 다음과 같이 대답할 것이다. "다른 사람의 소명으로는 당신의 요구를 만족시킬 수 없다. 다른 사람의 희생으로 당신의 진정성을 만족시켜달라고 요구해서는 안 된다. 당신은 물이 바다를 향해 흐르고 시민생활이 상호성의 규범에 따라 구조화되는 이 세상에서 살아가는 법을 스스로 배워야 한다."

7. 한 걸음 더 나아가기

이 장의 논의가 시장 관계, 특히 돌봄 서비스의 시장 내외부 모두에서 희생과 내재적 동기가 필요하지 않다는 단언으로 이어져서는 안 된다. 오히려 나는 그 반대라고 굳게 믿고 있다. 이 글과 다른 글에서도 이 점을 여러 번 강조했다. 소명을 가진 vocational 노동자는 중요하고 어떤 경우에는 필수적이며, 그러한 사람들과 함께할 때 시장 안팎의 모든 주체가 이익을 얻는다. 내재적 동기를 가지고 일하고 계약을 넘어서 다른 사람을 위해 자신을 희생하는 것은 인간의 가장 흥미로운 경험이며, 이는 종종 소명을 지닌 사람과 모든 사람을 위해 보다 인간적이고 살기 좋은 작업 환경을 조성하기도 한다.

이 장에서 내가 하려던 말은 이와 비슷하면서도 약간 다르다. 물론 나는 시장관계를 진정한 소명과 희생의 자리로 경험하는 사람이 많아지길 바란다. 하지만 누군가에게는 이러한 차원이 존재하지 않거나 위기에 처하거나 그런 경험의 순간이 많지 않다 하더라도 여전히 시장을 완전히 도덕적이고 진정한 장소, 시민적이고 시민을 길러내는 장소로 생각할 수 있다고 믿는다. 우리는 시장에 함께 참여하는 사람들에게서 '더 많은' 동기를 발견할 때 확실히 더 행복해진다. 그러나 동시에, 타인과 함께 올바르고 비기회주의적으로 행동하며 서로 우정의 감정을 발전시키는 공동의 행위로서 시장경제에 참여하면서도 우리는 제노베시가 말한 '형제애'의 경험을 충분히 실현할 수 있다.

따라서 내가 암묵적으로 시민경제의 전통에 매우 가깝다고 생각하는 저자인 존 스튜어트 밀이 생각하던 '시장'과 '사회' 사이에 본질적 대립은 없다. 그는 아름다운 에세이 〈여성의 종속The Subjection of Women〉에서, '인간 사회의 관습화된 일반적 통념에 적용되는 도덕률이 가족 안에서도 동일하게' 실천되는 사회야말로 진정한 시민사회라고 주장했다. (pp. 45-47)

일하는 삶을 희생이자 소명으로 생각하는 것과 일과 시장을 상호 별개의 것으로 이해하는 방식 사이에는 세 번째 가능성이 있다. 시민 경제의 관점에서 제시하는 세 번째 방식은 사회성의 요소를 시장에 '도입'하는 것이 아니라 시장을 다른 삶의 순간과 마찬가지로 이해하고 경험하는 것이다. 제노베시에게 시장은 우리가 상상하는 방식에 따라, 그리고 우리의 의도, 감정, 행동에 따라 살아가는 방식에

따라 시민적이든 비문명적이든 일상적인 삶의 한 부분이다. 다양한
형태의 상호성Reciprocity은 시장의 법칙이다. 시장이 곧 시민사회이
기 때문이다.

제11장

진보, 덕, 상, 필리아 그리고 그 너머

L'ETHOS DEL MERCATO

그 가운데에서 으뜸은 사랑입니다.

- 바오로, 〈코린토 신자들에게 보낸 첫째 서간〉 13장 13절

1. 나폴리와 글래스고

지금까지 우리의 여정에는 특징적인 분석적 요소들이 있었다. 이제 여정을 마무리하면서 이 요소들의 해석을 제안하고자 한다. 이와 함께 애덤 스미스의 정치경제학과 시민경제 체계를 비교해보자. 우리가 살펴본 것처럼 스코틀랜드 계몽주의자들과 스미스는 각자 나름대로 봉건 제도에 반대하는 논의를 펼쳤다. 스미스는 또한 시장 기제를 도입하면 시장의 인센티브 구조가 진화하면서 시장을 더욱 단단하게 만들어줄 것이라고 생각했다. 제노베시와 드라고네티도 덕과 이기심이 상충한다고 보지 않았다는 점에서는 스미스와 비슷하다. 하지만 스미스가 개인이 사적 이익을 추구하다 보면 의도하지 않았을지언정 **직접적으로** 모두에게 덕이 되고 공동선을 창출할 수 있다고 본 것과 달리, 시민경제의 저자들은 공동선을 추구하는 것 자체가 덕이라고 보았다. 그렇다고 해서 이들이 사익과 공동선이 대립한다고 가정하지는 않았다.

그래서 드라고네티와 제노베시는 상업이 시민성 함양에 긍정적 효과를 내려면 한 가지 요소가 더 필요하다고 보았다. 그 요소는 바로 스미스의 체계, 그리고 그 뒤를 잇는 정치경제학에서는 나타나지 않지만 고전적 그리스도교 전통에 더 부합하는 요소, 즉 시민의 덕과 그에 따른 보상이다.

시민경제의 에토스에서 **덕에 대한 보상**은 두 가지로 구성된다.

a) 첫째는 드라고네티가 그의 이론에서 정의했던 의미의 '상award'이다. 이는 덕과 직접 연결된 요소이다. 이는 모두의 선을 추구할 의도로 수행한 덕 있는 활동에 주어지는 내재적 보상과 외재적 보상을 말한다. 우리는 이 구성 요소를 δ로 표시하고 협력하는 사람의 효용함수에 포함해야 한다.[1]

b) 공동선을 이루려고 일부러 움직이는 시민을 위해 시민사회가 따로 준비해둔 시민적 혹은 **제도적** 요소이다. 처벌만으로는 나폴리 사회를 봉건적 구조와 문화에서 벗어나게 할 수 없기 때문에, 드라고네티의 이론 틀 안에서 보상의 차원은 필수적이

---

1 분석적으로 보면 δ를 내재적 보상을 의미하는 δ'와 보통 말하는 보상을 의미하는 δ''의 두 요소로 추가로 구분할 수도 있다. 여기서는 분석이 너무 복잡해지지 않도록 이러한 구분은 생략하기로 한다.

었다. 게임 이론에서는 이 요소를 일반적인 분배pay-offs로 표현
하며, 구체적으로는 a라는 변수로 표시한다.

앞에서 우리는 협력의 딜레마에 관해 홉스와 로크 이후 전통적으
로 제기된 계약론적 해법과, 협력을 할수록 그쪽을 선택하게 될 것
이라는 스미스와 흄의 진화론적 접근 방식을 살펴보았다.

초기 보수pay-off 값(4, 3, 2, 0)이 주어졌을 때 스미스와 흄의 해법에

A/B	사슴	토끼
사슴	a, a	0, b
토끼	b, 0	b, b

그림 11.1. 스미스식의 사슴 사냥 게임

A/B	사슴	토끼
사슴	a+δ, a+δ	+δ, b
토끼	b, +δ	b, b

그림 11.2. 드라고네티식의 사슴 사냥 게임

따르는 경우 사슴 사냥 유형의 게임에서 협력이 나타나려면[2] 더 높은 임계값($P_c > \frac{2}{3}$)이 필요했음을 아마 기억할 것이다. 스미스의 경제관으로 볼 때 게임을 반복할수록 협력할 가능성이 더 높아진다. 이미 많은 협력이 이루어지는 사회에서 사람들이 점차 더 많이 협력하기를 선택하게 된다는 것이다. 따라서 협력이 대세가 되려면 애초에 협동하려는 사람이 많은 시민적 문화가 갖춰져 있어야 한다. 이는 죄수의 딜레마보다 덜 까다로운 사슴 사냥과 같은 게임에도 적용된다.[3]

스미스적 경제관은 순수한 이기심을 전제하므로, 이 모델은 상대방이 배신할까 봐 두려워하는 정도(b)를 협력으로 얻을 수 있는 이득(a)으로 나누어, 협력을 선택하기 위한 최소한의 높은 확률을 계산하게 된다. 이처럼 이기적인 관점은 Pc를 높게 설정하여 협력의 출현을 어렵게 만든다.

$$\text{임계값 } P_c = \frac{\text{배신으로 얻는 이득}}{\text{협력 성공으로 얻는 이득}} = \frac{b}{a}$$

이제 멈췄던 부분으로 돌아가 숫자로 된 보수pay-off 행렬을 문자로 '바꿔서' 생각해보자.[4]

이러한 보상을 특징으로 하는 스미스의 경제관에서 보면, 협력이 시간이 갈수록 확실하게 우세해지는 임계값은 b/a가 된다.[5]

---

2   계몽운동 당시에 북부와 남부 유럽에서 지배적이던 관점에서는 시장을 거의 협동기업의 확장판으로 여겼다.

3   이에 비해 죄수의 딜레마 같은 게임에서는 임계값이 1이다. 최소한 협력하거나 협력하지 않거나 하는 양극단의 전략만 있는 게임에서 모든 참여자는 시작부터 협동해야 한다.

4   이 버전에서는 협력하지 않는 사람의 보상에는 차이가 없다고 가정한다. 이전 장에서는 한 명만 협력하는 경우의 보상이 3, 두 참여자 모두 협력하지 않는 경우의 보상이 2였던 데 비해, 비협력자의 보상은 항상 b이다. 사슴 사냥 게임에서는 반드시 a>b>0이어야 한다.

5   그 증거로, 새로운 보상을 적용하여 예상 효용을 다시 계산해보라. $P_c > b/a$ 일 때, $U_c = P_c a + (1-P_c)0$ 이고 $U_n = P_c b + (1-P_c)b$ 이다.

드라고네티와 제노베시의 영향을 받는 세상, 즉 시민경제의 사고를 하는 세상에서는 결과가 어떻게 달라질까?

위 게임의 보수(a, b, 0)에 덕 있는 행동, δ를 추가하여 시민경제의 인본주의를 표현할 수 있다. 이는 시민경제의 핵심 원리이다. 사람들이 협력 행동을 선택하는 것은, 예를 들어 사슴 사냥 게임에서 내가 행동하는 대로 상대가 행동하지 않을 위험을 감수하면서도 신뢰를 보내는 것은 물질적 보상만이 아니라 행동 자체가 상징적인 보상이 되기 때문이다. 이 보상은 다른 사람의 선택에 따라 달라지는 결과로서의 전략적인 보수와는 다르다. 우리는 이러한 변형을 드라고네티식의 사슴 사냥 게임이라고 부를 수 있다.

드라고네티와 마찬가지로 우리는 물질적 인센티브와 내재적 인센티브가 충분히 양립할 수 있다고 생각한다. 즉 보통의 경제학에서 말하는 보상이 내재적 보상을 줄이거나, 내재적 보상이 있다는 이유로 물질적 보상이 줄어드는 구축 효과가 나타날 가능성은 없다고 본다. 그렇게 보면 이 가치들을 단순하게 더할 수도 있다. 이런 식으로 참여자들이 협력을 선택하면, 그 사람은 물질적 보상과 함께 내재적 보상도 받는다.[6] 반대로 토끼 사냥의 경우처럼 참여자가 협력하지 않기로 선택한다면, 상대방의 결정에 상관없이 그 사람은 항상 b를 얻게 된다.

---

6   게임이 협력형의 사슴 사냥 게임으로 남으려면 b>δ이어야 한다.

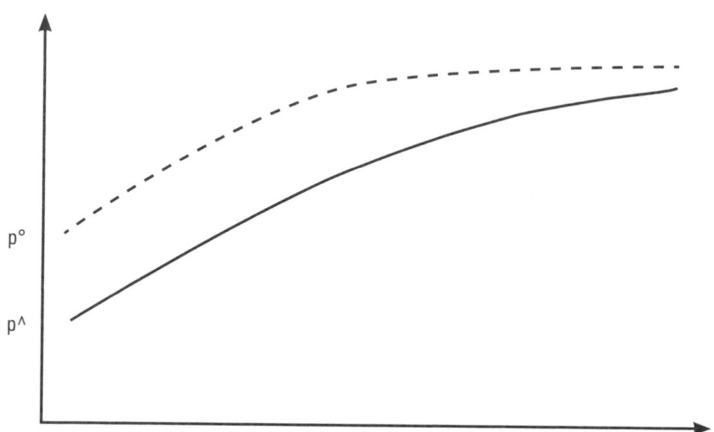

$\rho^0 = b/a$ 는 스미스식의 세상에서 나타나는 ρ 의 임계값이다. $\rho^\wedge = (b - \delta)/a$는 시민경제 맥락에서 임계값이다. δ 를 추가함으로써 협력이 더 쉽게 나타남에 주목하라.

그림 11.3. 드라고네티의 사례

우리는 이제 참여자의 기대 효용을 계산할 수 있다. 이 함수를 통해 어느 전략이 더 성공적인지 측정할 수 있으며 앞서 보았듯 대체로 포물선의 형태를 취한다. 우리는 이렇게 흄과 스미스의 스코틀랜드식 관점에서 제노베시와 드라고네티의 나폴리식 관점으로 이동했다. 나폴리식의 인본주의적 세계에서 P_c 가 임계값인 $(b-\delta)/a$보다 크면 협력하게 된다.[7]

---

7   이 정리의 증명은 다음과 같다. $U_c = P_c(a + \delta) + (1 - P_c)\delta > U_n = p_c b + (1 - P_c)b$이면 협력하게 된다. 즉 $P_c > b/a - \delta/a$ 이면 $U_c > U_n$이다.

스미스의 경우($P_c >$ b/a)에 비해,[8] 드라고네티식의 세상에서는 협력할 가능성이 높아진다. 내재적인 보상이 협력의 임계값을 낮추는 효과가 있기 때문이다. 이 내재적 요소의 존재로 인해 협력을 달성하기가 더 수월해진다. δ의 효과는 그래프에 잘 나타난다.

임계값 P_c (a, b, δ,0)에 영향을 주는 인자들을 살펴보자.

첫째로 새로운 임계값은 P_c와 b 사이의 직접적인 관계를 드러낸다. b는 일종의 '비협력 프리미엄'을 보여주는 보수이기도 하다. 이 게임에서 b는 항상 협력하지 않는 사람이 가져가는 보상이다. 사슴사냥 게임에서 협력을 하기로 선택하는 경우에는 결코 b를 받을 수 없다.

그렇다면 보수 b의 의미는 매우 간단해진다. 시민적 삶의 게임에서 비시민적 행위는 보상을 받고, 시민적 미덕이 장려받지 못하는 경우이다. 우리 모형에서 이 경우 b 값은 증가한다.

a) P_c와 a 사이에는 역관계가 존재한다. a가 증가하면 협력이 나타나는 임계값이 줄어든다. 이것은 무슨 의미인가? 변수 a는 협력에 대한 시민적 포상으로 볼 수도 있다. 이 게임에서는 협력하는 사람들만 보수 a를 얻을 수 있다. 그러므로 a의 의미도 명확하다. a는 협력적 행위에 대한 사회적 인정의 수준, 즉

---

8   임계값을 수치적 보수로 다시 표현하면 $P_c >$1/2 가 b/a와 정확히 같음을 알 수 있다.

사회적, 제도적, 공공적 미덕에 대한 보상을 나타내는 변수이다. 다시 말해 법과 제도를 통해서도 협력을 장려하고 미덕이 인정받는 사회라면 초기에 협력하려는 사람의 수가 더 적어도 그들의 협력이 사회 전반으로 확산되는 시민적 발전을 이끌 수 있다.

b) 마지막으로 P_c와 δ는 역관계이다. 만약 협력에 상$_{prize}$이 주어진다면, 그 집단에서는 협력의 선순환이 시작되는 데 필요한 조건이 더 낮기 때문에 초기 협력자들이 더 적더라도 협력을 이끌어낼 수 있다. 동시에 P_c 값이 높을 경우 내재적 보상은 낮을 수 있다.

c) 만약 $\delta=0$이면 이 모형은 스미스식의 설정을 따른다. 스미스식의 관점은 드라고네티의 관점에서 하나의 특이한 사례로 볼 수 있다는 뜻이다.

협력의 임계값을 표현하는 공식에서 δ를 고정해두고 다른 요소들을 추가로 분석해볼 수도 있다. P_c 대신에 δ를 고정해보면, $\delta > b - P_c a$일 때 시간이 지남에 따라 협력이 나타남을 확인할 수 있다.

임계값의 이러한 표현은 매우 흥미롭고 통찰을 주는 부분이 있다. 이는 내재적 보상의 가치와 보상의 객관적 요소(a, b) 사이 관계의 다른 면을 강조한다.

- 만약 b가 높은 상태에서 협력을 활성화하려면 협력의 보상이 반드시 더 커야 한다. 다시 말해 기회주의와 비협력적 행위의 보수가 이미 더 높다면, 협력에 대한 보상이 더 효과적이어야 한다는 것이다. 아니면 최소한 개인의 효용함수 내에서 협력의 보상이 상대적으로 더 중요해야 한다.

- a의 값이 상대적으로 높으면 δ는 더 낮을 수 있다. δ와 a는 대체 가능한 관계이다.[9] 만약 사회가 시민적 미덕에 따른 행동을 법, 바른 제도, 정의에 관한 규칙 등으로 **객관적으로** 우대한다면, 미덕에 대한 보상이나 상이 매우 크지 않더라도 협력이 제때 나타날 수 있다. 방금 논의했듯, 반대 경우도 마찬가지이다. 다시 한 번 우리는 시민적 덕성에 관한 다양한 보상 사이에 연관성이 있음을 발견하게 된다. 두 종류의 보상 모두 실제 **시민경제**, 그리고 협력의 논리를 더 쉽게, 또는 최소한 덜 어렵게 도입하고 장기적으로 통합하는 데 동일한 방식으로 작동한다.

요약하면 나폴리 개혁가들에게 영감을 준 인본주의는 여러 요소 사이의 시너지 효과를 가져왔다.

- 좋은 법, 좋은 제도, 봉건적 특권에 대한 반대(매개변수 a, b의 역할)

---

9   효용함수를 완전대체재에 전형적으로 쓰는 방식인 덧셈함수로 표기하기로 선택한 데에는 이러한 가정이 내재되어 있다.

- 보상 δ의 존재.[10] 이것이 효과적이고 지속 가능하려면 미덕과 보상에 기반을 둔 인본주의의 필수적인 차원인 시민적, 제도적 조치가 수반되어야 한다.[11]

이 모든 것은 제노베시가 쓴 아름다운 편지에서도 나온다. 그는 베카리아의 《범죄와 형벌》에 대해 다음과 같이 말했다.

나는 형벌과 범죄에 관한 탐구를 간략하게 살펴보았을 뿐, 끝까지 다 읽지는 못했다. 그러나 내가 읽은 짧은 부분만 봐도 사려 깊고 솔직하며 인간의 선을 진심으로 사랑하는 한 사상가의 모습이 분명히 드러나 있었다. 다만 그가 선을 실현하려는 방식은 내가 보기에는 가장 안전한 길은 아닌 듯했다. 나 또한 지나친 엄벌이 큰 유익을 가져올 것이라고는 생각하지 않는다. 나는 현명하고 진지한 교육을 받게 하는 편이 낫다고 생각한다.

10　어떤 사람들은 예를 들어 협력처럼 시간이 지남에 따라 다른 것보다 우세해지는 행동을 정당화하는 매개 변수에 왜 이러한 상징적 형태의 보상이 포함되어야 하는지 물을 수 있다. 이전 연구(Bruni, 2008; Bruni and Smerilli, 2011)에서 나는 이 문제를 비판적으로 논의하면서 문화적 진화가 전적으로 물질적 보상(a와 b)에 대한 대응으로 이루어진 선택의 결과여야만 한다는 가정을 바탕으로 논거를 제시한 바 있다. 이 방법론적 선택은 경제학적이고 신중하다는 이점이 있지만, 오늘날의 나는 이 선택에 이전보다 확신이 덜해졌다. 문화적 진화에서 모방 기제의 중심적인 역할을 고려할 때 모방 현상의 상징적 효과를 사전에 배제할 수는 없다고 생각한다. 우리가 시민생활이라는 게임에서 더 행복한 사람을 따라 한다면, 문화가 진화하는 데 상징적이거나 명예로운 보상도 일정한 역할을 수행한다고 볼 수 있다. 이에 관해서는 이 글 끝부분에서 더 명확히 다루겠다.

11　우리는 강탈과 무뢰배에게 저항하려는 사람들에게 단순히 도덕적이기를 요구할 수 없다. 시민 사회와 국가는 상과 벌이 충분히 비례적이고 신뢰할 수 있는 수준으로 이루어지도록 노력해야 한다.

하지만 오랫동안 부패하고 방탕한 이 나라에서 좋은 교육을 어느 세월에 어떻게 도입하겠는가?(Genovesi, 1962[1765], pp. 179-180)

고려해야 할 질문이 한 가지 더 있다. 지금까지 제시된 고려 사항과 분석이 보상과 포상 및 덕에 관한 고려 사항들을 잘 표현한다고 믿어도 되겠는가?

어떤 면에서 볼 때 우리가 도달한 결과는 현대 사회와 적어도 어느 정도 관련이 있다. 그러나 우리의 주장에 특히 한 부분이 아직 빠져 있다는 것도 분명하다. 한편으로 보수 a와 b의 상대적 가치로 표현되는 제도 차원의 표현이 어느 정도 일관되게 나타난다면, 게임의 정기적인 보수에 추가한 보수 b의 관점에서 덕을 보상한다는 개념은 그보다 덜 확실하다.

경제 이론에 어느 정도 익숙해지면 보상과 일반적인 제재, 혹은 처벌 사이에 별 차이가 없음을 충분히 이해할 수 있다. '범죄와 형벌'에 기반한 모든 이론의 고전적인 해법과 매우 유사한 기술적 방법대로, 비협조자들에게는 함수에 음(-)의 보수를 추가해도 같은 분석 결과를 얻을 수 있을 것이다. 실제로 노르베르토 보비오가 말했던 법의 교육적이고 '장려적인' 가치를 생각해보면 몇 가지 차이점을 찾아볼 수 있다. 범죄에 대한 처벌과 미덕에 대한 보상은 그저 같은 일을 두 가지 정반대 버전으로 하는 것이 아니다. 두 도구가 시민에 미치는 영향은 여러 고대 연구자들과 드라고네티, 오늘날에는 프레이도

강조했듯 현저하게 다르다.[12]

흄(Hume, 1739)이 이미 지적했듯이, 불량 시민이라는 가설하에 설계된 법률과 헌법은 시간이 지날수록 불량 시민을 양산할 것이다. 법, 처벌, 보상은 사회 통제의 도구일 뿐만 아니라 상징적 신호이기도 하다.

최근 몇 년 동안 수전 네커만, 브루노 프레이 등이 경제학 연구에서 보상이라는 주제를 다시 제기하기 시작했다. 이들은 1990년대 후반에 프레이가 처음 개발한 이래 내재적 동기가 있는 활동에서 인센티브 및 성과를 다루어온 **구축**crowding out 이론과 이 주제를 결합했다. 프레이는 연구를 통해 보상을 도입하고 시민적 미덕을 장려하기 위해 보상을 강화하면 시민생활에 긍정적 영향을 미칠 수 있음을 보여준 바 있다. 특히 프레이와 네커만은 보상이 금전적 인센티브에 비해 사회적 이점이 있음을 보여주었다.

이들은 다음과 같이 이야기한다.

[…] 벽에 걸 인증서나 작은 트로피의 재료비는 그것을 주는 사람 입장에서는 일반적으로 얼마 안 되지만 받는 사람에게 그 가치는 매우 높을 수

---

12 협력을 장려하기 위해 보상과 처벌을 사용하는 것은 매우 타당하다. 인간 공동체는 분명히 두 가지 모두를 필요로 하지만, 보상과 관련된 비용은 일반적으로 처벌 비용보다 분명 낮다. 최소한 협력자가 상대적으로 적은 한은 그럴 것이다. 또한 시간이 갈수록 보상의 상징적 효과는 사회 안에서 더 많은 시민적 미덕을 형성하고 확산시키는 경향이 있다.

있다. … 상은 모호하고 성과 평가가 사후에 이루어지기 때문에, 받을 사람이 어떤 좋은 일을 할지가 사전에는 확실하지 않은 경우라면 상을 주는 것이 돈을 주는 것보다 더 적절한 인센티브 수단이 된다.(Neckermann and Frey, 2009, p. 4)

이 모든 것은 제재뿐만 아니라 보상도 시간이 지남에 따라 협력 행동의 성공적인 안착을 뒷받침할 수 있음을 시사한다. 이러한 결과는 많은 시민사회에도 해당된다. 예를 들어 기업의 사회적 책임 Corporate Social Responsibility, CSR이라는 주제를 생각해보자.[13] CSR이 본질적으로 자발적이고 이런 맥락에서 비시민적 행위에 대한 처벌이 제한적일 수 있다는 점을 고려하면 CSR은 모범 사례에 주어지는 제도적이고 '미시적인' 수준의 보상에 필연적으로 비례하여 성장한다.

2. 덕 있는 시민과 시민적 제도

앞에서 우리는 사회 개혁 프로젝트와 나폴리 시민경제의 인본주의적 접근이 한편으로는 미시적, 다른 면에서는 제도적인 수준의 두 부분으로 나타났음을 보았다.

---

13 CSR을 바라보는 시민경제의 접근 방식이 기존의 영미식과 어떻게 다른지는 브루니(2012)를 참조하라.

첫 번째 수준인 미시적이고 주관적이며, 윤리적이고 개인적인 수준은 두 개의 하위 수준 1a 및 1b로 더 나눌 수 있다.

1a) 한 개인의 미시적 수준의 첫 번째 차원은 순전히 교육적이고 문화적이다. '개혁가,' 즉 시민경제학자는 시장이 '뻔뻔한' 사람이 보상을 받는 장소가 아님을 자신의 대화 상대인 학생과 정책 입안자에게 보여주어야 한다. 우리의 논의에 따르면 제노베시는 시장이 죄수의 딜레마가 아니라 사슴 사냥 게임이라고 주장할 것이다.

1b) 두 번째 미시적 수준은 시민적 덕목에 부가된 프리미엄, 우리가 δ로 표시한 부분과 연결된다.

또한 거시적이고 제도적인 부분도 있다. 사실 미시적이고 개인적이며 문화적인 측면만으로는 봉건 세계와 저개발의 정체기를 극복하기에 부족하다. 경제와 사회가 시민적이려면 기회주의적 행동을 장려하기보다는 억제하면서 시민의 미덕을 보상하는 제도가 필요하다. 앞의 장에서 제노베시의 정신에 따라 지금의 시장을 읽어보았던 것처럼, 전적으로 또는 주로 내재적 동기에서 나오는 행동에 따라 움직이는 사회는 바람직하지 않다. 우선 시민경제의 접근 방식은 사람들이 상호적인 관계로 묶여 있다고 보고 덕을 '서로에게 도움이 되는' 초대로 본다. 그렇지 않고 만일 개인의 내재적 보상만을 목표로 한다면 구성원 모두 자기 나름의 소명을 함양하면서 내재적 동기를 따라 움직이는데 아마도 다른 사람이 보기에는 쓸모없다고 여기는 활동을 각자 하고 있는 공동체로 끝나버릴 수도 있다. 시민사회는 사람들이 서로의 필요를 충족시키는 관계망이다. 내재적 동기만으로는 선한 행동을 하고 공동선을 만들어내기에 충분하지 않다.[14]

시민 인본주의는 이렇듯 **많은 차원**을 갖는다. 시민 인본주의는 제노베시가 말하는 '윤리적 믿음,' 개인 차원, 시민사회 내에서 시민들 간의 수평적 관계가 매우 중요하고 심지어 일종의 우선순위가 있다고 생각한다. 그러면서도 제도, 국가, 법학과 법률의 역할이 함께 확장해간다는 점을 잊거나 빼놓지 않는다.[15] 그러므로 시민생활에 대한 이러한 견해는 아리스토텔레스나 키케로의 윤리와 통하기는 하지만 덕 윤리로 온전히 환원할 수는 없다. 더욱이 공공의 행복, 개인의 효용과 이익에 관한 부분이 있기는 하지만 시민경제의 철학을 공리주의와 같다고 볼 수는 없다. 공리주의는 오히려 베카리아 사상의 핵심이다. 시민경제는 시민 협약과 국가의 역할을 인정하지만 계약주의나 홉스주의적 시민사회 이론은 아니다.

나폴리의 시민경제와 로마인에서 시민 인본주의자에 이르기까지 시민경제가 구현하는 시민적 전통은 이렇듯 자체적인 비전과 공

---

14 이 주제는 Bruni, 2008에서 탐구한 바 있다.

15 다른 곳에서 우리는 시민경제 사고의 인본주의적 관점이 어떻게 시장, 시민사회, 국가라는 세 차원을 갖는 것으로 보일 수 있는지 언급했다.(Bruni and Zamagni, 2007 참조)

통된 삶의 이론을 담고 있다. 이는 18세기나 오늘날 유행하는 다른 이론의 관점으로 단순히 환원하여 이해할 수 있는 것이 아니다.[16]

3. 필리아 그 이상의 것

앞 절까지로 이 책을 끝낼 수도 있겠지만 나는 그렇게 하지 않고 과감히 큰 논의를 하나 더 보태고자 한다. 이제부터 과거와 오늘날의 경제 및 사회 이론이 아직 탐구하지 않은 영역까지 우리 논의를 밀어붙여볼 참이다.

아리스토텔레스와 로마 공화주의자, 시민 인본주의자들에게 필리아philia는 폴리스polis의 전체 역동성을 확립하는 기초이다. 필리아는 유럽 역사의 모든 전성기를 지배해온 특징이다. 고대 그리스, 중

---

16 예를 들어 '미덕에 대한 보상'이라는 드라고네티의 철학을 진지하게 고려한다는 것은, 무엇보다도 우리가 간략하게 살펴본 시민 기업가뿐만 아니라 가정을 꾸리고 책임감 있게 보살피는 사람들도 가치 있게 여기고 보상한다는 의미이다. 이것은 그저 출산 '인센티브'의 문제가 아니며, 다른 동거의 형태를 '처벌'하는 문제도 아니다. 대신, 다른 시민을 잘 성상시키는 등의 공동선을 위해 예를 들어 전문 경력 등 자기 개인 이익의 특정 차원을 희생하기로 자발적으로 선택한 사람들이 제도적으로도 보상을 받아야 마땅한 어떤 선량한 행동을 수행하고 있음을 인정해줘야 한다는 것이다. 이탈리아에서는 정반대 일이 일어나고 있다. 가족이 보상을 받지 못하는 것은 물론, 경제적인 면을 포함한 여러 측면에서 장려되지 않거나 불이익을 받기까지 한다. 드라고네티라면 그렇다고 주장했을지도 모르지만 자녀를 갖는 것은 '사회적 계약'의 일부가 아니므로 사회가 이를 강제할 수 없다. 그런데도 오늘날 자발적으로 이러한 고결한 행동을 하는 사람들에게는 보상이 주어져야 한다. 이러한 보상은 가족에 더 많은 보상이 돌아가는 재정 시스템과 적합한 보육, 그리고 자녀가 있는 사람들에게 맞춘 더 유연한 근로 계약으로 구성될 수 있다.

세 그리스도교, 시민 인본주의 또는 계몽주의 시대의 나폴리에 이르기까지 필리아는 근본적인 사회적 유대를 상징했다. 필리아는 에로스보다 강력하지는 않지만 에로스 이상으로 공동체와 도시의 삶과 발전의 중심이 되는, 느슨하지만 필수적인 유대감을 형성할 수 있었다.

이 책의 첫 장에서 우리는 공동체의 삶이 갖는 양면성과 주요 해결책 또는 이를 위한 시도를 보여주면서 이 책의 두 번째 부분에서 전개한 토론의 토대를 마련했다. 특히 우리는 종교 공동체, 필리아, 법과 권리, 그리고 무엇보다도 스미스 전통을 따르는 근대 경제학의 위대한 '에로스적' 해결책을 접했다. 그리고 나서 우리는 시민 경제가 본질적으로 필리아와 시민 미덕 전통의 연속임을 보여주었다. 즉 그것은 결코 사라지지 않았으며 오늘날에도 다양한 형태의 사회 및 시민경제에서 여전히 살아 있는 전통이다. 에로스는 무상$_{\text{gratuitousness}}$이 아니라 욕망과 필요에 따라 움직인다. 필리아는 배타적이며 선택적이지만, 무상에 더 열려 있다. 그러나 필리아는 상호성이 없으면 지속될 수 없다. 미덕에 매개변수 δ로 표시되는 내재적 보상이 주어진다고 해서 우리가 말하는 게임에서 '사슴'을 선택하는 협력적 행동이 지배적이거나 무조건적으로 나타나지는 않는다. 즉 아리스토텔레스가 말한 필리아가 생겨나지는 않는다. 친구가 우리에게 우호적인 성향을 유지하고, 예를 들어 행동 등 어떤 방식으로든 이를 보여주는 한 우리도 그 사람을 사랑하게 된다. (Sugden,

2004; Bruni, 2006 참조) 필리아에는 기꺼이 용서하고 다시 시작하려는 의지가 있지만 이것이 무제한은 아니다. 다시 말해서 필리아는 **조건부 상호성**conditional reciprocity의 한 형태이지만, 그 '조건부'가 계약이나 에로스와는 다르고 덜 급진적이다. (Marion, 2006)[17]

시민생활과 경제생활의 대부분은 에로스와 필리아의 얽힘, 즉 기업가를 이끄는 열정, 협동조합 내부의 상호성, 조직 내부의 역동성, 필요와 소비로 설명될 수 있다.

그러나 그리스인의 필리아와 에로스가 인간관계의 모든 차원을 표현하기에 충분했다면 인류는 아가페라는 개념을 '생각해내지' 않았을 것이다. 아가페라는 개념을 '생각해냈다'는 사실은 그것이 언제나 인간 안에 존재해왔음을 의미한다. 그렇기에 우리는 아가페를 무시할 수 없다. 경제에서도 마찬가지이다. 왜냐하면 경제도 삶의 일부이기 때문이다. 인간의 내면에는 이미 일반적인 에로스와 필리아보다 더 큰 것, 자아, 부부, 우정, 공동체의 한계를 뛰어넘는 무언가에 대한 필요와 욕구가 있다. 그것은 우리가 자신과 다른 사람에게 더 많은 것을 청할 때 갑자기 생기는 욕망이다. 우리가 마음속 깊은 곳에서 이 욕망을 깨닫고 답하려고 할 때 우리 내면에서 아가페의 시간이 시작된다.

사실 인간에게는 연약하면서도 강력한 행동의 차원이 존재한다.

17 　나는 이 두 가지 상호성 형태의 특징, 유사점과 차이점을 개괄적으로 설명한 바 있다.(Bruni, 2008)

우리 자신이나 우리의 행동에 **상대** 행위자가 어떻게 보답할지 계산하지 않고 조건 없는 행동이나 선택을 할 때마다 우리는 이 차원을 마주하게 된다. 실제로 강한 내재적, 윤리적 동기를 바탕으로 전략적으로 생각하지 않고 특정 선택을 하고 다른 사람이 뭐라고 하든 어떤 행동이나 주어진 문화를 기꺼이 이어가려는 사람들이 있다.[18] 이것은 또한 환경, 법, 인권, 그리고 예술, 과학, 사회 및 시민경제의 많은 부분에서 지속적으로 일어나는 일이고, 보다 일반적으로는 사람들이 혼자 있거나 상호성이 없는 곳에서도 일관되게 인내를 가질 수 있는 '윤리적으로 민감한' 모든 선택에서도 일어난다.

동시에 이러한 모든 무조건적인 행동에서 행위자들은 또한 상호성을 강하게 열망한다. 상호성 없이는 무상의 경험이 오래 지속될 수도 없고 풍요롭게 만개할 수도 없기 때문이다. 이상적이거나 가치에 기반한 조직을 만들거나, (Bruni and Smerilli, 2011) 사회와 시민의 혁신을 이끌어낸 운동을 시작한 사람들, '인류' 역사상 새로운 가능성을 열어온 사람들은 많은 경우 혼자서라도 뚜벅뚜벅 걸어나간다. 하지만 조건 없는 행동을 단념하게 할 만큼 깊지는 않더라도, 그 사람들도 동료의 무반응에 상처를 받는다. 이것이 이들 행위의 요점이자, 이러한 행동을 이해하는 열쇠이기도 하다. 이러한 경험은 이 중

---

18 오늘날 사회과학에서도 이러한 아가페의 차원을 밀접하게 떠올리게 하는 단어가 '무상성'이다.(Bruni, 2012) 무상성은 어떤 행동이 행동 외적인 목표 관점에서가 아니라 내재적 동기에서 이루어질 때를 뜻한다.

요한 역설의 한가운데 끊임없이 살아남아, 진정한 인간적 발전을 이끌고 궁극적으로는 삶 자체를 풍요롭게 만든다.

예술, 과학, 인권과 환경권에 대한 투쟁을 진정으로 이해하려면 다른 사람들의 지지, 존경이나 반응이 없더라도 우리가 앞으로 나아갈 수 있고 이상적이고 상징적인, 더 정확히는 소명에 가까운 일을 하게 만드는 차원을 고려해야 한다. '소명'을 다룰 때 에로스와 필리아가 있어야 사람들과 공동체의 삶을 설명할 수 있기는 하지만 그것만으로는 충분하지 않다.

그렇기 때문에 우리가 소명적 행동의 차원을 표현하는 데 에로스와 필리아와는 다른 단어인 아가페를 사용하는 것이다. 아가페는 나머지 두 단어와도 시너지를 낸다.[19] 우리는 3장에서 이 부분을 **조건 없는 상호성**이라는 일종의 모순이나 역설로 소개하면서 간략히 다룬 바 있다. 조건 없는 상호성이란 나의 선택에는 조건이 붙지 않지만, 그 결과는 타인의 선택에 따라 달라지는 상호성을 의미한다.[20]

마지막으로 아가페적인 행동은 경청, 협력뿐 아니라 거절이나 처

19　또한 여기서 말하는 아가페의 특성, 특히 무조건적인 상호성에 대한 설명은 아가페에 대한 이론을 펼치려는 것이 아니라 아가페의 일부 차원을 빠뜨리지 않고 강조하려는 시도임을 짚어두고 싶다.

20　그렇다고 해서 내재적 보상이 아가페에만 속한다는 뜻은 아니다. 예를 들어 필리아에도 내재적 보상 개념이 있으나, 여기에서는 드라고네티의 논의에서 살펴보았듯이 아가페의 경우와 달리 내재적 동기와 보상이 중요한 역할을 하지 않을 수 있다. 나는 다른 연구(Bruni, 2008)에서 이러한 역학을 다루면서 아가페와 필리아의 차이를 내재적 보상의 '강도' 차이로 이해할 수도 있음을 보여주었다. 필리아에도 내재적 보상이 있을 수 있지만, 그 보상은 내가 주는 사랑만큼의 반응이 오랫동안 돌아오지 않는 경우에도 친구를 계속 사랑하도록 추동할 만큼 '강하지' 않다. 이러한 이유로 아가페(ε)의 내재적 동기는 필리아의 동기(δ)와 구별되어야 한다.

벌 등 다양한 형태를 취할 수 있다. 왜냐하면 아가페는 어떤 행동의 내용이라기보다는 무엇보다도 행위의 **차원**이기 때문이다.[21] 특히 아가페는 필요와 이해관계를 넘어서는 잉여, 즉 '더 많은 것'을 말하며, 이러한 이유로 과거와 마찬가지로 오늘날에도 가장 위대한 인간, 사회 및 경제 혁신의 중심에 있다.[22]

다음 단락에서 나는 감히 우리가 지금까지 발전시킨 이론 틀 안에서 이러한 행동 논리의 역학을 포착하여 새로운 지평을 열고, 새로운 질문을 던지고, 새로운 답을 제안해보려고 한다.

---

21   아가페를 에로스와 필리아와 나란히 움직이는 인간관계의 별개 형태로 상상하는 것이 더 정확할 수 있다. 니그렌(Nygren, 1990)의 고전 이론이 이런 입장이다. 니그렌의 이론은 아가페를 에로스와 필리아와 다른 인간관계의 한 형태로 보면서도, 에로스 및 필리아와 아가페를 함께 봐야 인간의 사랑이 무엇인지 완전히 이해할 수 있다고 본다. 실제로 성경이 하느님이 세상을 얼마나 사랑하시는지를 설명하는 구절(〈요한 복음서〉, 3장 16절)과 남편에게 아내를 사랑하라고 권면하는 구절(〈에페소 신자들에게 보낸 서간〉, 5장 22절)에서 동일한 동사(agapao)를 사용한다는 사실만 봐도 이를 충분히 알 수 있다. 아가페는 칸트적 의미가 아닌 중세적 의미에서 '초월적'이며, 잠재적으로 모든 형태의 인간관계를 살아가는 방식이나 양식으로 바라보는 것이 더 적절하다.

22   아가페의 논리는 무조건적이지만 '비관적'이지는 않다. 이 점을 강조해야 한다. 왜냐하면 타인의 반응이 극도로 중요하기는 하지만 심지어 반응이 없는 상황에서 고통을 받으면서도 아가페를 계속 발휘할 수 있기 때문이다. 이러한 점에서 아가페의 윤리는 칸트의 윤리와 다르지만 둘 다 무조건성이라는 개념을 공유한다는 점에서 서로 매우 닮아 있다. 내가 말하는 아가페는 아가페를 상호성의 형태와 연결하지 않는 프랑스 사회학자 뤽 볼탕스키(Luc Boltanski, 2012)의 이론과 다르다. 나는 아가페가 등가 계산은 하지 않지만, 조건이 없더라도 상호성은 포기하지 않는다고 생각한다.

4. 아가페 게임

필리아를 기반으로 하는 제노베시의 세계를 출발점으로 삼아보자. 필리아의 에토스는 두 행위자가 한 팀이라고 느끼고, 공동의 의도를 가지고 있으며, 상대방도 '나'가 아니라 '우리'로서 움직인다고 '확신'한다는 가설에 기초한다.(Sugden, 1993) 이것이 필리아를 패러다임으로 삼는 모든 관계 담론의 기본 요소라고 할 수 있다. 행위자의 선택은 상대의 행동이나 그에 대한 기대에 따라 달라진다. 협력에 내재적 보상이 예상된다 하더라도 다른 행위자도 협력할 것이라거나 '우리'로 움직인다는 '확신'이 있어야만 협력을 지속할 수 있다.(Smerilli, 2012) 보다 표준적인 경제 이론의 언어로 말하면 필리아의 논리는 협력이라는 위험한 행위로 시작해서 상호성의 반응을 얻지 못하면 나중에 협력을 중단하는 전략을 구사하는 반복 게임으로 표현할 수 있다.[23]

다음으로는 내재적 보수(δ)가 중요해져서 어느 경우든 협력 전략을 선택하게 되는 특정 임계값을 초과하면 인간 상호작용에서 어떤 일이 발생할지 살펴보자. 왜냐하면 그런 경우에는 상대방의 비협조로 물질적 보수가 낮아지는 경우에도 협력을 선호하기 때문이다. 다시 말해 이 경우 우리는 자신만 협력하고 있음을 깨달을 때에도 비

---

23   이 전략은 강한 보복(Brave Tit for Tat) 전략으로도 알려져 있다.(Bruni, 2008)

A/B	아가페	비아가페
아가페	ε+4, ε+4	ε, 2
비아가페	2, ε	2, 2

그림 11.4. 아가페 게임

협력보다 협력을 선택한다.[24] 앞에서 필리아와 연결한 논리와 아가페에 관한 이 논리를 구별하기 위해 이제 이 내재적 보수를 ε이라고 부르겠다. 그림 11.4를 참조하여 사슴 사냥 게임부터 다시 시작해 보자.

이 경우 ε이 특정 임계값(여기서는 2)보다 높으면[25] 다른 사람의 행동과 관계없이 무조건 '아가페'를 선택할 것이다.[26]

---

24 예를 들어 가족 중 아무도 협력하지 않아서 집을 방치 상태로 두기보다, 청소와 요리를 모두 스스로 떠맡음으로써 다른 구성원에게 '착취'당하는 편을 선호하는 사람의 경우를 생각해보자. 이 경우는 '아무도 안 하느니 나라도 하는 게 더 낫다.'라는 논리를 따른다. 이에 대해서는 바카라치(Bacharach, 2006)를 참고하라.

25 이 임계값은 게임의 보수와 참여자의 효용함수에 따라 달라진다. 이 책의 6장에서는 이러한 종류의 사슴 사냥 게임에서 비협력에 대한 보수가 한쪽만 협력하지 않을 때 3, 양쪽 모두 협력하지 않을 때 2였지만, 여기 11장에서는 비협력에 대한 보수가 항상 2이다.

26 아가페적 행위는 처해진 조건에 영향을 받지 않고 이루어지지만 그 결과는 조건에 따라 달라질 수 있다. 내가 '조건 없는 상호성'이라고 부르는 논리는 아가페적 행위에 완벽하게 적용된다. 다른 사람의 행동은 나의 **선택**을 결정하거나 조건을 부여하지는 않지만 내가 얻게 될 **결과**에는 영향을 미치기 때문이다. 아가페 게임에서 '협력'이라는 표현은 오해의 소지가 있을 수 있다. 왜냐하면 앞서 언급했듯이 아가페를 실천하며 산다는 것은 우리가 게임에서 일반적으로 말하는 '협력'만 의미하지는

여기서도 두 가지 결과가 있을 수 있다.

a) 상호적 아가페 게임

b) 일방적 아가페 게임 (또는 상호적이지 않은 아가페 게임)

첫 번째 경우는 모든 참여자가 '아가페 상태'에 있을 때 적용된다.(Boltanski, 2012) 참여자들은 이 지점에서 최적의 균형 상태에 도달할 수 있다.[27] 이 균형점에서 참여자는 최적의 물질적 보상에 보태어 이상적인 보상(E)도 받는다.[28]

이러한 최적 상태에서 벗어날 수 있을까? 모든 참여자의 ε이 높은 한, 즉 우리 경우에서는 2보다 큰 한, 아무도 상호적 아가페의 균형을 벗어났을 때 얻을 이득이나 이 균형을 벗어나야 할 타당한 이유가 없다. 반면 참여자에게 이상적인 보상이 없거나 어떤 시점에서 감소하기 시작하여 임계값 아래로 떨어지면, 참여자들이 '높거나' '낮은' 점 중 어떤 균형을 선택할지 예측할 수 없는 고전적인 사슴 사냥 게임으로 돌아가게 될 수 있다.

않기 때문이다.

27　후자의 결과는 기술적으로 '파레토 최적점'과 '힉스 최적점'이 된다.

28　덧붙이자면 상호적 아가페 게임에서의 ε은 일방적 아가페 게임과 같지 않다. 서로 바라는 것 없이 한 아가페적 행위에 상호성이 나타났을 때 얻는 행복은 본질적으로 혼자만 아가페를 실천할 때의 행복과 강도가 다르다. 어느 쪽이 '더 높다'고 할 수는 없겠지만, 실생활에서 두 경우의 ε은 확실히 다르다. 다만 분석은 간결할수록 좋기 때문에 여기서는 이러한 구분을 생략하고자 한다.

ε이 임계값인 2보다 작아지면 다음의 두 가지 경우가 생길 수 있다.

2a) 두 참여자 모두 ε이 똑같이 감소해서 둘 다 표준 '사슴 사냥' 게임으로 돌아간다.

2b) 참여자 중 한 명은 동기가 감소하고 다른 참여자는 계속해서 ε는 계속 높아서 무조건적으로 아가페적 행위를 선택한다.[29]

2b의 경우는 '일방적 아가페 게임'이라고 부를 만한 게임이 한 번 더 이루어질 여지가 있기 때문에 특히 흥미롭다. 여기에서도 두 가지 상황이 생길 수 있다. 우선 (1) 참가자 중 한 명이 ε이 없거나 매우 낮은 경우인데도 계속해서 더 높은 균형이 달성될 수 있다. 물질적 보수 관점에서만 보더라도 두 참여자가 서로 협력하는 것이 참여자 둘 다에게 비협력보다 유리하기 때문이다.

여기에서 새롭고 흥미로운 관점이 열린다. 예를 들어 참여자 B가 내재적 동기는 잃었지만 A의 내재적 동기는 여전히 높을 수도 있다고 믿고 있고, 따라서 A가 어떤 경우에도 아가페를 '수행'할 것이라고 믿는다면, B 개인의 관점에서는 상호적 전략을 유지하는 것이 여전히 확실히 유리하다. A가 아가페적 문화를 갖고 있음을 드러내면 다른 참여자는 협동적 균형을 선택할 수 있게 되어 위험 혹은 보상

---

29 ε은 주관적인 값이기 때문에 각 참여자의 ε 수준은 각기 다르다. 우리 논의에서는 복잡해지지 않도록 모든 참여자의 ε이 같다고 가정했다.

딜레마를 극복할 수 있다.

(1) 협력이 나타나는 일방적 아가페 게임(그림 11.5 참고)

A/B	아가페	비아가페
아가페	4+ε, 4	
비아가페		

그림 11.5. 협력이 나타나는 일방적 아가페 게임

그러나 두 번째 시나리오, 즉 (2)도 있을 수 있다. B는 전략을 바꾸어 되갚지 않는 쪽을 선택할 수 있고, 따라서 A에게는 가능한 최악의 결과가 가는 결정을 할 수도 있다. 그리고 B도 4 대신 2를 갖는다.

실생활에서 B가 A와의 협력 관계에서 비효율이나 불편함을 느끼기 시작할 때 이런 경우가 자주 발생할 수 있다. 이러한 비효율disutility은 ('악당'이 되는) 음수 값을 갖는 매개변수 ø를 사용하여 나타낸다. 실제로 이 매개변수가 임계값(4 - ε < 2)보다 커지면 B는 상호적이지 않은 선택을 선호하기 시작하고 게임은 양쪽 모두에게 최악의 결과(ε, 2)가 된다.

(2) 협력하지 않는 일방적 아가페 게임(그림 11.6 참조)

A/B	아가페	비아가페
아가페		ε, 2
비아가페		

그림 11.6. 협력하지 않는 일방적 아가페 게임

이런 상황은 예를 들어 가치 기반 조직이나 종교 공동체, NGO, 자선 단체 등 '아가페적 공동체'에서 누군가 내재적 동기를 잃기 시작했지만 계속해서 동일한 공동체에 남아 있을 때 발생할 수 있다. 그 사람이 협력에 더 이상 공동체의 다른 구성원과 동일한 '아가페적' 의미를 부여하지 않더라도 처음에는 그저 협력이 더 나은 결과와 더 나은 삶을 낳는다는 이유만으로 계속해서 협력적인 방식으로 행동할 수 있다. 그러나 타인과의 **문화적 불협화음**이 불편함을 일으키기 시작하는 순간이 올 수 있고, 그로 인해 그 사람은 고립과 비협력을 선호하게 된다. 그리고 결국 어떤 경우에는 공동체와 '게임'을 빠져나가기도 한다. 이 경우 그 사람은 더 이상 협력의 혜택을 얻지 못한 채 스스로 상처를 입고, 공동체 역시 협력 주체와 협력의 실질적

혜택을 잃는 상처를 입게 된다.[30]

이와 달리 사회나 조직의 역학이 죄수의 딜레마로 가장 잘 설명되는 경우가 있다. 그 경우에는 다른 사람이 아가페적인 행동을 할 것이라 확신하면서 스스로는 협조하지 않으려는 기회주의적인 사람이 다른 사람의 협력을 이용할 마음을 먹을 수 있다.[31] 예를 들어 어느 기업가는 성실하게 세금을 납부하고 있는데 주변에는 그러한 협력을 이용하려는 사람들만 있을 수 있다. 아니면 가족 내에서 다른 가족 구성원들을 섬기며 돌보는 사람을 떠올려보자. 어쩌면 그들이 이 상황에서 내재적인 보상을 끌어낼 수 있을지도 모르지만, '섬김을 받는' 사람들은 이러한 동기를 가진 다른 사람의 내재적 보상을 이용하며 이 상황을 누리고 있는 셈이다.

실제로 시나리오 2b에서 나타나듯 일방적인 아가페도 균형을 이룬다는 점은 주목할 만한 흥미로운 부분이다. 건강, 시간, 소득 등 A의 물질적 자원은 감소하는 반면 B는 풍요로워진다는 객관적인 자료가 있어도 A는 '아가페'를 선택하고 B는 '아가페'적이지 않은 선택을 한다.

---

30 따라서 아가페를 기반으로 하는 공동체나 관계로서는 다양성과 일부 주체들의 위기에 긍정적으로 공존하는 방법을 이해하여, 내재적 동기를 일시적으로라도 상실했을 수 있는 사람들을 포함한 타인들 사이의 협력과 상호성을 경험할 수 있게 하는 것이 중요하다. 그렇지 않으면 문화적 관용을 잃고 관련된 모든 사람의 행복을 상실하게 된다.

31 죄수의 딜레마 게임에서는 사슴 사냥 게임과 달리 협력하지 않는 사람, 즉 무임승차자에게 가장 높은 보상(4,1)이 돌아간다는 것을 기억할 것이다.

강력한 내재적 보상에서 나오는 조건 없는 행동은 근본적으로 모호하다는 것을 항상 염두에 둘 필요가 있다. 이는 혁신과 인류 진보를 이끄는 비범한 요소이지만, 우리가 자주 언급했듯이 심각한 개인 및 집단 병리의 핵심이 될 수도 있다. 즉 물질적 보상이 낮거나 전혀 없는 상황에서 이상적 보상이 대신 주어지고, 개인이 다른 사람이나 향후에 미치게 될 결과를 중요하게 여기지 않고 이상적 보상만을 따르는 선택을 내리는 경우에는, 기업이 파산하고 사람들에게 상처를 입히는 나쁜 선택지가 사회적으로 계속 유지될 위험이 있다. 나와 남에게 잠재력만큼이나 위험도 무척 높은 차원인 무조건성을 신중하게 다루어야 하는 이유가 바로 여기에 있다.[32]

아가페와 관련된 이러한 양면성과 역설은 우리가 앞에서 살펴봤던 고전적인 형태처럼, 아가페가 다양한 형태로 진화하거나 때로는 쇠퇴했던 이유가 될 수 있다.

a) **선택적 필리아와 공동체주의**: 이 경우에는 신뢰를 얻은 사람들이 아닌 기회주의자가 공동체에서 추방된다. 우리 게임의 언어로 말하면 '아가페적' 상호성의 균형을 지키기 위해 공동체

---

[32] 무조건성과 내재적 보상이 아가페의 한 차원일 뿐임을 다시 한번 강조하고 싶다. 그렇기 때문에 내가 이전 연구(Bruni, 2008)에서 보였듯 같은 사람이 무조건성의 정도만 달리하는 다양한 레퍼토리나 행동 전략을 보일 수 있고, 협력을 강화하는 데 관심이 있는 사람은 누구나 특정 게임에서 무조건성을 사용할지 여부와 그 정도를 결정해야 한다.

중 아가페적으로 살아가는 사람들의 비율을 100%로 만드는 것이다. 오늘날 아가페는 그 보편적이고 포용적인 본성을 잃고 다른 것으로 변화했다. 필리아에서는 선택이 관용의 여지 없이 완벽해야 한다. 특히 죄수의 딜레마와 같은 상황이 생겼을 때는 한 구성원의 이탈이나 문화의 변화가 비상호성이 상호성을 압도하도록 만들기에 충분하기 때문이다.

b) 위계-리바이어던: 아가페의 어려움과 상처에 직면하게 되면 위계 공동체로 후퇴하고 자유에 대한 제재와 제한을 도입할 수도 있다. 함께 있을 수는 있지만 아가페의 전형인 자유가 없다면 공동체의 삶과 사회생활은 그저 공동의 삶을 살기 위한 '무상성 없는' 계약과 규칙의 네트워크일 뿐, 더 이상 아가페가 아니다. 이 단계에서는 필리아도 이룰 수 없다. 무조건성과 형제애의 초기 단계를 거친 이후에 한 걸음 퇴보해 결국 완전히 위계적이고 형식에 사로잡힌 현실이 되어버린 공동체의 경험은 역사적으로 많이 있다.

그렇다면 역사가 보여주는 아가페적 **공동체**의 경험이 일시적이고 기본적으로 불안정한 현상으로 보이는 상황에서, 역사적 전개를 통해 알 수 있는 아가페의 의의나 의미가 있을까? 나는 이 장의 결론을 전적으로 이 질문에 할애하고자 한다.

5. 인류 발전의 근본 법칙

아가페적 행동은 바로 '타인의 상처'에 대한 해결책이 되지는 못하므로 역사의 시간 속에서 하루 중 정오에도 못 미치는 찰나처럼 보이는, 일반적으로 일시적인 특성을 가진다.

그러나 나는 아가페가 정말로 시간이 지남에 따라 덜 비극적인 다른 논리로 진화할 운명이었다 하더라도, 인류 문제에서 근본적인 역할을 했으며, 하고 있고, 앞으로도 계속 수행할 것이라고 믿는다. 실제로 아가페가 있어서 인간의 경험은 역사를 가로지르면서 풍요롭고 깊어지며 한계를 넘어설 수 있었다. 그리고 역사에서 발견한 이 추이를 결코 벗어나지 않았다. 이러한 여정은 단 몇십 년, 몇 년 또는 며칠만 지속되어도 역사에 흔적을 남긴다. 왜냐하면 아가페를 만날 때마다 필리아와 위계 구조는 더 이상 이전의 상태로 남아 있지 못하기 때문이다. 따라서 사도들이 활동하던 시기의 초대 교회의 계층적 공동체는 그 이전의 고대 신성 공동체와 완전히 달랐다. 두 공동체는 여전히 몇 가지 특성을 공유하지만 아가페의 경험은 신성한 공동체를 영원히 물들이며 변형시켰다. 프란치스코의 아가페적 형제회 이후의 시장은 후기 로마제국의 시장과도 달라졌고, 아리스토텔레스와 페리클레스Perikles가 살던 시대의 아테네 아고라와도 달라졌다. 빈첸조 데 파올리Vincenzo de' Paoli, 돈 보스코Don Bosco, 프란체스카 카브리니Francesca Cabrini의 무상성gratuitousness을 경험한 이후에 병자, 젊은이, 이방인을 돌보는 일은 더 이상 예전과 같지 않았다. 모한다스 간디Mohandas Gandhi 이전과 이후의 인도는 다르며, 넬슨 만델라Nelson Mandela 이후의 남아프리카 공화국도 마찬가지였다. 우리의 도시조차도 소외된 자들을 위한 협동조합 설립자, 진정한 예술가, 조건 없이 진리를 사랑하는 사람들의 손길이 닿으면 영원히 변한다. 역사에서 아가페는 새로운 가능성을 열고 자유를 향상시키며 역사를 영원히 변화시켰다.

인간의 역사는 특히 아가페적 경험이 전달된 덕분에 지속되어왔다. 그리스도교가 없었다면 프란치스코가 없었을 것이고, 프란치스코가 없었다면 우리는 근대에 '가난에 대한 배려'라는 많은 은혜를 갖지 못했을 것이다.[33] 신용협동조합과 저축은행이 없었다면 오늘날의 윤리적 은행도 없었을 것이고, 협동조합 운동이 없었다면 사회적 협력도 몰랐을 것이다. 이런 예는 더 많다. 아가페로부터 유래한 모든 경험은 아가페의 씨앗을 흡수했고, 여러 이유로 형태는 바뀌었을 수 있지만 그 씨앗은 오늘날 이 땅을 풍요롭게 만들었다. 이제 아가페의 DNA는 역사를 흐르는 이 중요한 단계에 맞춰 아가페를 또

---

33   예를 들어 프란치스코와 같은 위대한 카리스마는 계속해서 새로워지면서 예언적 뿌리를 재발견할 수 있다. 이러한 위대한 카리스마는 어제도, 오늘도 계속해서 멋진 아가페적 경험을 불러일으켰고, 앞으로도 그럴 것이다. 그러면서도 프란치스코의 추종자들과 교단은 프란치스코의 '아가페적 상태'를 처음부터 너무 거침없다고 여겼다. 프란치스코의 예언적이고 은혜에 가까운 차원 중 일정 부분의 잠재력은 아마도 이로 인해 충만하게 발현되지 못했을 수 있다. 이에 관해서는 볼탕스키(2012)를 참조하라.

다른 모습으로 변화시킬 다른 사람들에게 전해질 것이다. 가장 익명
적인 시장에서조차 프란치스코회의 형제애와 이를 탄생시킨 아가
페의 울림을 느낄 수 있는 것은 바로 이 때문이다. 우리가 이러한 경
험의 근본적이고 근원적인 뿌리를 발견할 때 이 경험은 진정 인간적
인 것이 된다.

　시간이 가면 지속되지 않을 수도 있고, 초기에 급진적인 힘으로
만 반짝할 뿐 오래가지 못할 운명이라는 두려움 때문에 무상성, 즉
아가페에서 나오는 예언적이고 이상적인 경험이 생겨나지 못하게
막는 것은 안타까운 일이다. 그것은 정말 인간적인 혁신이라고 할
수 있는 시민적 진보를 막는 일이고, 따라서 역사를 가로막는 일이
다. 역사 속에서 아가페적 경험은 금방 다른 것으로 계속 바뀌는 것
같지만 사실은 아가페적 경험이 사라지는 과정들이 쌓이면서 우리
를 더욱 인간적으로 만든다. 자신의 자리에서부터 무상성에 따라 무
언가를 하는 사람들은 그렇게 함으로써 '인간성의 초석'를 쌓아 올린
다. 그럼 내일 다시 새로운 무상성의 경험으로 등반을 시작하려는
사람들은 몇 미터, 어쩌면 몇 센티미터라도 더 높은 곳에서 출발할
수 있을 것이다. 진짜 시민적이고 인간적인 혁신은 아가페 안에서
이루어진다. 왜냐하면 이러한 '넘침'에서 바로 진정한 혁신과 새로운
창조가 이루어지기 때문이다.

　세계 어느 곳, 어떤 상황에서든 시장 안팎에서 사람들이 아가페
를 경험하면, 슬픔이나 착취에 직면해도 포기하지 않는다. 그런 사

람들은 오히려 목숨을 걸고서라도 죽음과 협박의 논리를 벗어나
고 이기주의와 소비주의가 지배하는 상황에서도 감히 무상의 경
제economy of gratuitousness를 도입할 것이다. 그러면 시민사회와 **시장의
아가페적 에토스**가 역사가 될 것이다.

결론

L'ETHOS DEL MERCATO

다른 사람들도 나와 같이 느낀다는 것을 아는 것만큼 기쁜 일은 없다.
또한 그렇지 않다는 것을 아는 것만큼 충격적인 일도 없다.

애덤 스미스

시장 사회는 공동체의 삶에서 겪는 고통스러운 양면성을 해결할 수 있는 가장 급진적인 해결책이다. 시민들은 건강에서 교육, 정치에서 가족에 이르기까지 모든 인간관계를 관계 소거의 문화the culture of immunity에 따라 규율할 계약 네트워크를 만들 수 있는 날이 오기를 점점 더 고대하고 있다. 이렇게 하면 대인 관계의 취약점을 없앨 수 있을 것이다.

이 책에서 우리가 전개한 이야기는 무엇보다도 인류학에서 말하는 인간관계의 잠재력과 숨은 함정들을 경제학의 관점에서 관찰하는 여정이었다. 사회적 삶은 사회적 동물인 인간이 번성하며 잘 살 수 있는 유일한 부분이지만, 타인이 친구를 찾아 나에게 내미는 손은 한편으로는 나에게 상처를 입힐 수 있는 손이기도 하다. 인간관계의 이러한 양면성이 아마도 우리가 이 여정에서 만난 문제의 핵심 범주였을 것이다. 왜냐하면 그것이 경제를 포함한 사회생활을 탐구한 위대한 저자들의 주요 메시지이기도 하기 때문이다. 이 책은 이러한 급진적인 양면성을 해소하려는 일부 시도를 비판적으로 분석해보려고 했고, 동시에 감히 경제와 사회에 관한 논의를 심화할 몇 가지 실험을 제안했다.

이 과정의 끝에서 오늘날 시장이 제도를 훨씬 넘어서는 이유를 조금 더 잘 이해해야 한다. 시장은 자원을 할당할 수 있는 아마도 가장 효율적인 경제 체계 중 하나일 것이다. 시장에 대한 가장 고전적인 정의만 봐도 그렇다. 시장은 그저 단순한 가치 체계가 아니라 오늘, 그리고 내일 훨씬 더 성장할 삶의 영역에 공통적으로 퍼져 있는 문화이다. 시장은 사회적 관계를 변화시키고, 서로에 대한 무관계성의 확산을 특징으로 하면서, 다른 사람들과 함께 세상을 살아가는 새로운 방식을 결정하는 원리이다.

공동체의 삶이 지니는 양면성에 대해 우리가 본 다양한 해법들은 대인 관계의 고통을 관리하고 통제하며 줄이는 것이 목적이었다. 이러한 관점에서 시장은 시장을 통해 추구하는 가치를 통해 가장 급진적인 해결책을 보여주었다. 시장은 인위적으로 만든 사회 체계로 타인을 대체해버림으로써 사람들이 더 이상 서로 만나지 않으면서도 시장의 매개 속에서 함께 살아갈 수 있도록 하는 최종적인 해결책을 시도했다. 이렇게 굳어진 근대성을 그대로 담고 있는 오늘날 경제에서 '타인의 상처'라는 서사는 얼핏 관심을 끌기는 해도 환영받거나 받아들여지지 않았다. 이러한 이유로 오늘날 시장의 본질은 무엇보다 피와 살을 가진 타인과의 대면 없이도 살 수 있다는 새로운 인간형에 대한 약속이며, 어쩌면 그것이 핵심일 수도 있다. 이것은 예를 들어 우리 사회에서 실재성이 사라지는 것과도 관련이 있다. 왜냐하면 진짜 다양성과 상처는 가상의 커뮤니티가 아니라 몸과 몸이 부딪치는 구체적인 만남에서 드러나기 때문이다. 빈곤층, 이민자, 정신 질환자들에 대해 관심을 갖지 않으려는 무관계성의 문화가 번져나가는 것도 마찬가지로 걱정스러운 일이다.

그러나 이러한 인간형은 이제 그 취약성을 모두 드러내고 있으며, 그렇기 때문에 우리가 지나는 이 어둠은 경제적이거나 재정적인 차원보다 한층 더 깊다. 개인 및 공동체 생활에서 다른 사람들과의 일상적인 만남에서 나타날 수 있는 소소한 취약성을 받아들이지 못한다면, 거대한 위기가 닥쳤을 때 우리는 큰 위험 앞에서 매우 취약해진다. 오늘날 서구 자본주의는 이를 비극적으로 보여준다.

이 글에서 우리는 시장의 본질과 기원을 논의하면서, 시장의 논리가 경제적 영역을 훨씬 뛰어넘어 사회생활 전반의 작동 원리가 되고 있음을 보았다. 그래서 경제생활을 성찰하려던 이야기가 각 장의 논의가 진행될수록 근대와 탈근대 시장 사회에서 공동체의 삶이 갖는 본질에 대한 이야기가 되었다.

동시에 우리는 시장에 다양한 작동 원리가 있음을 보았다. 예를 들면 오늘날에도 여전히 지배적인 스미스적인 작동 원리도 있고, 필리아를 기반으로 하는 시민경제의 원리도 있다. 그리고 이 책의 말미에는 아가페의 원리를 제시하고자 했다. 아가페적 시장의 원리를 실현하는 일은 상처받기도 쉽고 고통스럽지만, 언제든 할 수 있는 형태로 우리 앞에 서 있다.

나는 하나가 다른 모든 것을 지배하는 제국주의가 아니라 사회 안에 다양한 원리로 작동하는 시장이 공존할 수 있을 때 시장이 문명의 수단이자 장소로서 적절하게 작동할 것이라고 믿는다. 시민적 삶은 항상 다양성과 교차 결합을 통해 성장한다. 다수의 정당이 있어야 민주주의를 보장할 수 있는 것처럼, 시장 또한 아가페의 원리를 비롯한 다양한 원리들이 공동선을 달성하기 위해 민주적으로 함께 작동해야 한다. 많은 것을 하나로 귀결시키는 환원주의는 민주주의와 자유의 질을 크게 저하시킨다.

협동조합, 가족 기업, 가치 기반 조직, 자선 단체 및 기업이 서로를 동료로 보는 시장의 형태와 원리의 이러한 다원주의를 옹호하는 것은 시장경제가 있었기에 가능했던 문명의 성취를 가장 높이 평가하는 나 같은 사람들이 해야 할 일이다. 사실 비록 우리가 자본주의 시장 원리의 몇 가지 문제적 측면을 부각하기는 했지만, 이 책에 담긴 분석의 논조와 정신은 우리 모두가 기대어 살아가는 일상적인 경제 거래를 진정성이 없다고 여기는 공동체주의 철학과는 거리가 멀다. 시장을 이렇게 바라보는 공동체주의 철학의 태도는 루소가 말했던 시장 이전의 경제적 순수 시대를 향한 낭만적 갈망이나 현실로부

터의 불안한 소외에 불과하다. (Bruni and Sugden, 2011)

이 책의 논지는, 진정한 도덕적 행동과 일상적인 시장 관계 사이에 이렇게 대립각을 세우면 특히 경제 및 금융 위기의 시기에 일부 여론의 지지를 얻을 수는 있을지 몰라도 이러한 문화적 태도는 유치하고 위험하다는 것이다. 모든 경제 체계와 시민사회는 서로의 필요를 충족시키기 위해 교환에 의존하기 때문이다. 나는 시장을 상호작용의 영역으로 보는 또 다른 방법, 즉 경제적 상호작용이 도덕적인 **동시에** 상호 이익이 된다고 생각하는 시민경제의 접근 방식이 있음을 주장했다. 여기서 사회성과 도덕성은 특정한 종류의 동기가 아니라 공동의 의도와 행동을 말한다.

이 접근법은 시장을 바라볼 성숙한 사고방식을 요구한다. 보통의 경제 거래에서 필요한 것은 탐욕, 경쟁, 사리사욕이 아니라 상호 이익과 시민적 형제애이다.

형제애는 사실 서구 사회에서 잊힌 근대성의 원칙이다. 근대를 세운 사람들은 새로운 세계의 새로운 원칙인 자유Liberté, 평등Égalité, 형제애Fraternité를 발표하면서 중요한 말을 했다. 개인의 자유와 사회적 평등만으로는 구체제 이후 새로운 사회를 건설하기에 충분하지 않다. 왜냐하면 자유와 평등은 인간 **사이의** 관계인 '결속'을 말하지 않기 때문이다. 시장 사회는 사회의 새로운 결속인 금전적 연계를 만들려고 노력했다. 하지만 행복의 역설과 지난 몇 년간의 구조적인 경제 위기는 이 연계가 너무 허물어져 새로운 형태의 시민적 형제애로 강화해야 함을 보여준다. 그러나 이때 말하는 형제애는 가족이나 씨족 관계에서 공유하는 혈통을 나타내는 형제애와는 다르며, 폐쇄적이고 차별적인 공동체에서 자주 사용하는 형제애를 말하는 것도 아니다. 오히려 그것은 자유와 평등이 결합된 시민적 형제애를 말한다. 공동체 구성원이 느끼는 이러한 형제애 또는 시민적 우애는 공동 운명의 일부임을 느낀다는 뜻이다. 이때의 연결 고리는 친밀한 우정보다는 덜 배타적이고 덜 선택적이면서도 서로 동감을 불러일으킬 수 있고, 일상적인 시장 거래에서 표현될 수 있으며 더 나아가 표현되어야 한다.

오늘날 시장은 건강, 돌봄, 자녀 등 가장 친밀한 관계에도 침투하여 우리 삶에 점점 더 많이 스며들고 있다. 자기 변명을 하면서 이러한 전환을 필요악으로 받아들이며 살 수도 있다. 아니면 시장을 협력이자 서로 도움, 삶의 통로이자 시민경제로 해석하고 경험하게 만드는 새로운 사회 협약을 만들어 돌봄 종사자, 간호사, 교사들과 동맹을 맺을 수도 있다. 우리가 어느 길로 가야 할지, 나로서는 의심의 여지가 없다.

AA.VV. (Various Authors) (1852), *Raccolta di costituzioni italiane*, Biblioteca dei comuni italiani, Tipografia Economia, Turin.

Actis-Perinetti, L. (1960), Gli *illuministi italiani*, edited by Loescher, Turin.

Aldridge, T. (1984), *Thomas Paine's American ideology*, TUP, Toronto.

Anderson, E. (1993), *Value* in *ethics and* in *economics*, Harvard University Press, Cambridge Mass.

Andreoni J., W. Harbaugh, and L. Vesterlund. (2003), "The Carrot or the Stick: Rewards, Punishments, and Cooperation", *American Economic Review, 93*, pp. 882-893.

Anscombe, G.E.M. (1958), "Modern Moral Philosophy", *Philosophy, 33*, pp.1-19.

Argyle, M. (2001), *The Psychology of Happiness*, New York: Taylor & Francis.

Aristotle. (1988), *Politics*, Edited by Stephen Everson, Cambridge University Press, Cambridge.

————— (2009), *The Nicomachean Ethics*, Oxford World's Classics, Oxford.

————— (2011), *The Eudemian Ethics*, Oxford World's Classics, Oxford.

Bacharach, M. (2006), *Beyond Individual Choice: Teams and Frames* in *Game Theory*, Princeton University Press, Princeton.

Baggio, A.M. (2007), *Il principio dimenticato*, a cura di, Citta Nuova, Roma.

Banfield, E. C. (1958), *The Moral Basis of a Backward Society*, The Free Press, Glencoe IL.

Bargellini, P. (1980)[1930], *San Bernardino da Siena*, Morcelliana, Brescia.

Beccaria, C. (1995)[1764], *On crimes and punishments, and other writings*, Cambridge University Press 1995. First Italian edition, *De I delitti e delle pene*, Livorno.

Becker, G. (1996), *"Accounting for tastes"*, Harvard University Press, Cambridge, Mass.

Bellamy, R. (1987), "'Da meta fico a mercatante': Antonio Genovesi and the development of a new language of commerce in eighteenth-century Naples." In Pagden (1987).

Bentham, J.(1998) [1789], *Introduzione ai principi della morale e della legislazione*, Utet, Milano.

Benveniste, E. (1971), *Problems* in *general linguistics*, University of Miami Press, Miami.

————— (1976), *Il vocabolario delle istituzioni indoeuropee*, 2 vols, Einaudi, Turin.

Bianchini, L. (1855), Principi della *scienza del ben viveresociale, e dell'economia pubblica e degli stati*, Stamperia Reale, Naples.

Binmore, K. (1994), *Playing Fair. Volume* 1 *di Game Theory and Social Contract*, 2vols, Cambridge Mass, MIT Press.

————— (2005), *Natural Justice*, OUP, Oxford.

Bobbio, N. (1993), *Thomas Hobbes and the natural law tradition*, University of Chicago Press, Chicago.

Boltanski, L. (2012), *Love and justice as competences*, Wiley and Sons, San Francisco.

Bolton G., and A. Ockenfels (2000), "ERC: A theory of equity, reciprocity, and competition", *American Economic Review*, 90, pp. 66-93.

Brennan, G. (1996), "Selection and the currency of reward", in Robert Goodin(ed.) *The Theory of In stitllti anal Design,* Cambridge University Press, Cambridge, pp. 256-275.

Bruni, L. (2002), *Vilfredo Pareto and the birth of the modem microeconomics,* Elgar, Cheltenham.

————— (2006), *Civil Happiness,* Routledge, London.

————— (2008), *Reciprocity, altruism and civil society,* Routledge, London.

————— (2010), "Su Delle virtu e de' Premi di Giacinto Dragonetti (e una polemica di Benedetto Croce)", *Il pensiero economico italiano,* 1-2010, pp. 33-49.

————— (2011), "On Virtues and awards. Giacinto Dragonetti's interrupted path of Civil Economy", *Journal of History o(Economic Thought,* in press.

————— (2012), *The wound and the blessing,* New City, New York.

Bruni, L., F. Comim, and M. Pugno (2008), *Capabilities and Happiness,* edited by OUP, Oxford.

Bruni, L., and P.L. Porta. (2003), "Economia civile andPubblica felicita in the Italian Enlightenment", *History of Political Economy,* Supplement n. 35 pp. 361-385.

————— (2005), *Economics and Happiness:* Framing~ *of Analysis,* edited by Oxford University Press, Oxford.

Bruni, L., and R. Sugden. (2000), "Trust and Social Capital in the Work of Smith, Hume and Genovesi", *Economics and Philosophy,* 16, pp. 21-45.

————— (2008), "Fraternity. Why the market need not to be a morally free zone", *Economics and Philosophy,* 24, pp. 15-64.

————— (2009), "Fraternity, intrinsic motivation and sacrifice: a reply to Gui and Nelson", *Economics and Philosophy,* 25, pp. 195-198.

————— (2011), "Why should the devil have all the best tunes? Reclaiming virtue ethics for economics," paper presented at the conference "Market and Happiness", Milan, 8-9 June 2011.

Bruni, L., and L. Stanca. (2008), "Watching alone: relational goods, television and happiness", *Journal of economic behavior and organization,* 65, pp. 506-528.

Bruni, L., and A. Smerilli. (2010), "The value of vocation. The Crucial Role of Intrinsically Motivated People in Values-based Organizations," *Review o{Social Economy,* 67, pp. 271-288.

————— (2011), "The emergence of the cooperation in a heterogeneous world", *Homo Oeconomicus,* in press.

Bruni, L., and S. Zamagni. (2007), *Civil Economy,* Peter Lang, Oxford.

————— (2009), *Dizionario di Economia Civile,* edited by Citta Nuova, Rome.

Carlyle, T. (1898)[1850], *Letter-Day Pamphlets,* London: Chapman and Hall.

Cassani, A. (2002), *Diritto, antropologia e storia. Studi su Henry Summer Maine,* Clueb Bologna.

Cavalli, Sforza L., and M. Feldman. (1981), *Cultural Transmission and Evolution: A Quantitative Approach,* Princeton University Press, Princeton.

Chiodi, G. (2006), "La rivalita tra fratelli come paradigma della conflittualita politica", in *Politiche di Caino. Il paradigma con{littuale del potere,* edited by D.

Mazzu, Transeuropa, Ancona-Massa, pp. 3-50.

Coda, P. (1994), *"L'agape come grazie e liberta. Alla radice della teologia e prassi dei cristiani",* Citta Nuova,

Rome.

Corning, P. (2005), *The new evolutionary synthesis,* Oxford University Press, Oxford.

Cossa, L. (1875), *Introduzione allo studio delf'economia politica,* Hoepli, Milan.

Cotta, G. (2002), *La nascita dell'individualismo moderno. Lutero e la politica della modernita,* Il Mulino, Bologna.

Croce, B. (1959)[1947]' "Illibro 'Delle virtU. e dei premi' del Dragonetti", in *Nuove pagine sparse,* vol. 2, Ricciardi, Naples, pp. 235-237.

De Tiberiis, G. (2010), "L'illuminista oscurato. Oltre le pene per una normative premiale delle virtU. e de' premi di Giacinto Dragonetti", *Frontiera d'Europa,* XVI, n. 1, pp. 183-270.

Deci, R. M., and E.L. Ryan. (2001), "On Happiness And Human Potentials: A Review of Research on Hedonic and Eudaimonic Well-Being", *Annu. Rev.Psychol.,* 52, pp. 141-66.

Delgado, M. R., R.H. Frank, and E.A. Phelps. (2005), "Perceptions of moral character modulate the moral system of rewards during the trust game," *Nature neuroscience,* 8/11, 1611-1618.

Dionigi, Areopagita. (1981). *Tutte le opere. Gerarchia celeste - Gerarchia ecclesiastica - Nomi divini - Teologia mistica - Lettere,* edited by P. Scazzoso, introduzione e apparati di Enza Bellini, Rusconi, Milan.

Doria, M. P. (1710), *Della Vita Civile, s./.,* Napoli.

Dragonetti, A. (1847), *Le vite degli aquilani illustri,* Perchiazzi, L'Aquila.

Dragonetti, G. (1769) [1766], *A treatise on virtues and rewards,* Johnson and Payne, London. First Italian edition *[Delle virtl~ e de' Premi],* Naples.

————— (1788), *Del/'origine dei feudi ne' regni* di *Napoli e di Sicilia,* Stamperia Reale, Naples.

Dumont, L. (1980), "Homo Hierarchicus. The Caste System and Its Implications", Chicago, Chicago University Press.

Edgeworth, F.Y. (1881), *Mathematical Psychics,* Kegan & Co, London.

Eliade, M. (1961), *The Sacred and the Profane: The Nature of Religion* (trans. Willard R. Trask), Harper Torchbooks, New York.

Esposito, R. (2002), *Immunitas. Protezione e negazione della vita,* Einaudi, Turin.

————— (2007), *Terza persona,* Einaudi, Turin.

————— (2009), *Communitas: the origin and destiny of community,* Stanford University Press, Stanford. Italian edition 1998.

Fehr, E., and S. Gachter. (2000), "Fairness and retaliation: The economics of reciprocity", *JEP,* 14, pp. 159-181.

Ferrara, F. (1852), *Biblioteca dell'economista,* vol. 3, a cura di, prima seria, F.lli Pomba, Turin.

Filangieri, G. (1806)[1780], *The Science of Legislation, Vols.* 1,2 (trans. Sir Robert Clayton), Emery and Adams, Bristol.

Folbre, N., and J. A. Nelson. (2000), 'For love or money - or both?', *Journal of Economic Perspectives* 14, pp. 123-140.

Fontaine, L. (2008), *L'economie morale. Pauvrete, credit et confiance dans l'Europe preindustrielle,* Gallimard, Paris.

Foot, P. (1978), *Virtues and vices,* OUP (2002 ed.).

Foscesato, M. (2009), Francesco da Empoli e Pietro Strozzi: un dibattito su usura e speculazione nella Firenze del Trecento, Tesi di Laurea Magistrale in Scienze

Economiche, Universita di Siena.

Frey, B. (1997), *Not just for the money,* Edward Elgar, Cheltenham.

Freud, S. (19B), *Totem alld Taboo. Resemblances Between the Mental Lives of Savages and Neurotics,* Moffat, Yard and Co, New York (first English edition 1918).

Gambetta, D. (1993), *The Sicilian Mafia: The Business of Private Protection,* Cambridge, Mass., Harvard University Press.

Gauthier, D. (1986), *"Morals by agreement",* Clarendon press, Oxford.

Genovesi, A. (1765-67), *Lezioni di commercia a sia eli Economia civile,* critical edition edited by M.L. Perna, [stituto Italiano per gli studi filosofici, Naples, 2005.

——— (1777), *Spirito delle leggi del Signore di Montesquieu, con le note dell'Abbate Antonio Genovesi,* Torno Secondo, Domenico Terres Libraio, :--Japles.

——— (1962), *Autobiografia e lettere,* Feltrinelli, Milan.

Gioja, M. (1848)[18181, *Del merito e delle ricompense,* Tipografia della Svizzera italiana, Lugano.

Girard, R. (1977), *The violence and the sacred,* John Hopkins University Press, Baltimore.

Greif, A. (2006), *Institutions and the path to the modern economy. Lesson from medieval trade,* CUP, Cambridge.

Grotius, H. (1957)[1625], *Prolegomena to the Law of war and peace,* Bobbs-Merrill, New York.

Gui, B. (2009), "On mutual benefit and sacrifice: A comment on Bruni and Sugden's Fraternity", *Economics and Philosophy,* 25, pp. 179-85.

Gui, B., and R. Sugden. (2005), *Economics and Social interactions,* edited by Cambridge University Press, Cambridge.

Gurevich, A. (1995), *The Origins of European Individualism* (Making of Europe), Wiley Blackwell.

Hayek, F. (1948), *Individualism and Economic Order,* University of Chicago Press, Chicago.

Herreros, F. (2008), "The State and the Creation of an Environment for the Growing of Trust", *Rationality and Society,* 20, pp. 497-521.

Heyes, A. (2005), "The economics of vocation, or 'Why is a badly-paid nurse a good nurse?", *Journal of Health Economics,* 24, pp. 561-569.

Hirschman, A.O. (1977), *The Passions and The Interests. Political Arguments for Capitalism before Its Triumph,* Princeton University Press.

Hobbes, T. (1994)[1651]' *Leviathan,* Hackett Classics, Indianapolis.

——— (1998)[1642], *On the citizen,* Cambridge University Press, Cambridge.

Hollis, M. (1998), *Trust within reason,* CUP.

Hume, D. (1978)[1740], *A Treatise of Human Nature,* Oxford University Press.

Hutcheson, F.(1998)[1725], *Inquiry into the Originals of our Ideas of Beauty and Virtue,* London.

Katz, E., and F. Handy. (1998), "The wage differential between non-profit institutions and corporations:

Getting more by paying lesse?", *Journal of Comparative Economics,* 26, pp. 246-261.

Locke, J. (1988)[1690], *Two Treatises of Govern men I,* Cambridge University Press, Cambridge.

Luhmann, N. (1990), *I sistemi socia li. Fondamcnti di una teoria generale,* Il Mulino, Bologna.

Luther, Martin. (1962), *Selections from his writings,* edited by John Dillenberg, Quadrangle Books, Chicago.

————— (2008), *The Essential Martin Luther,* Wilder Publications.

MacIntyre, A. (1981), *After Virtue,* Notre Dame University Press, Notre Dame, IN.

Mancini, I. (1990), *L'ethos dell'Occidente,* Marietti, Genova.

Marion, J.L. (2006), *The erotic phenomenon,* Chicago University Press, Chicago.

Mauss, M. (1950)[1923-24], *Essai sur le don,* Presses Universitaires de France, Paris.

McCloskey, D. (2006), *The Bourgeois Virtues: Ethics for an age of commerce,* Chicago University Press, Chicago.

McIntyre, A. (1981), *After virtue,* Notre Dame University Press, IWotre Dame.

Mill, J.S. (1988)[1869], *The Subjection of Women,* Hackett, Indianapolis.

————— (1920)[1848], *Principles of political economy,* Macmillan, London.

Morineau,J. (2010), *L'esprit de la mediation,* Eres, Toulouse.

Natoli, S. (2003), *La felicita. Saggio di teoria degli affetti,* Feltrinelli, Milan.

Neckermann, S., and B. Frey. (2008), "Awards as Incentives." Working Paper Series ISSN 1424-0459, University of Zurich.

Neckermann, S., R. Cueni, and B. Frey. (2009), "What is an award worth? An Econometric Assessment of the Impact of Awards on Employee Performance", CESifo Working Paper No. 2657.

Nelson, J.A. (2005), 'Interpersonal relations and economics: comments from a feminist perspective', in Benedetto Gui and Robert Sugden (eds), *Economics and Social Interaction: Accounting for Interpersonal Relations,* Cambridge University Press, pp. 250-261.

————— (2009), "A response to Bruni and Sugden", *Economics and Philosophy,* 25, pp. 187-93.

Nussbaum, M. (1996)[1986], "The fragility of goodness: Luck and Ethics in Greek tragedy and Philosophy", Cambridge, CUP.

————— (2005), "Mill between Aristotle and Bentham", in Bruni and Porta (2005), pp. 170-183.

Nygren, A. (1990), *Eros e agape. La nozione cristiana de/l'amore e le sue trasformazioni,* EDB, Bologna.

Pagden, A. (1987), *The Language of Political Theory in Early Modern Europe,* edited by A. Padgen, Cambridge: Cambridge University Press.

Paine, T. (1792), *Letter addressed to the addressers to the late proclamation,* Symonds, London.

————— (1797), "Agrarian reform," in *Rights of Man, Common Sense, and Other Political Writings,* edited by Mark Philip, Oxford, UK: Oxford University Press, 1995.

————— (1923)[1776], "Common Sense", in *Selection of the works of Thomas Paine,* Harcourt, New York.

Palmieri, G. (1788), *Riflessioni sulla pubblica felicita relativamente al Regno di Napoli,* Pirotta e Maspero, Milan.

Pantaleoni, M. (1898), "Esame critico dei principi teorici della cooperazione", ripubblicato in Pantaleoni M., *Erotemi di economia,* Laterza, Bari, 1925.

Pareto, V. (1906), *Manuale di Economia Politica,* Critical Edition, edited by Montesano A., Zanni A., and Bruni 1., EGEA, Milan. The English edition is forthcoming in 2012 (Oxford University Press).

Pelligra, V. (2007), *I paradossi della fiducia,* Il Mulino, Bologna.

Penna, R. (2007), *Il DNA del cristianesimo,* San Paolo, Cinisello Balsamo.

————— (1998), *Paul the Apostle: a Theological and Exegetical Study in Two Volumes,* (trans. Thomas P. Wahl), Collegville, MN.

Peretti, A. (2009), voce "Eudaimonia", in *Dizionario* di *Economia* Civile, a cura di L. Bruni e S. Zamagni, Citta Nuova, R.oma.

Polanyi, K. (1957), "Aristotle Discovers the Economy", in *Primitive, Archaic and Modern Economies: Essays of Karl Polanyi,* edited by G. Dalton, Boston, 1971, pp.78-115.

————— (1977), *The Livelihood of man,* Academic Press, New York.

Pseudo-Dionysus. (1981), *De coelesti hierarchia, in* (1981) *Tuttc le opere. Gerarchia celeste – Gerarchia ecclesiastica – Nomi divini – Teologia mistica – Lettere,* edited by P. Scazzoso, Rusconi, Vlilan.

Rabin, M. (1993), "Incor[Jorating fairness into game theory and economics", *American Economic Review,* 83, pp. 1281-1302.

Ravasi, G. (1999), *Genesis. The words of creation,* edited by Allemandi, London.

Rawls, J. (1971), *A theory of justice,* Harvard University Press, Harvard.

Reinert, S.A. (2005), "Republican mercantilism out of the context: on the Italian reception of John Cary's essay on the State of England". Paper presented at the Conference for the 250th anniversary of the "Cattedra of Commercio e Meccanica, Istituto per gJi studi filosofici", Naples, 6 May 2005.

Ries, J. (1982), [[*sacro nella storia religiosa dell'umanitii,* Jaca Book, Milan.

Robbins, L. (1932), *"The nature and the significance of economic science",* Macmillan, London.

Robertson, J. (2005), *The Case for the Enlightenment: Scotland and Naples, 1680-*1760, Cambridge University Press, Cambridge.

Rousseau, J.J. (2009)[1755], *Discourse on the origin of inequality,* Oxford University Press, Oxford.

Sahlins, M. D. (1972), *Stone Age Economics,* Aldine, Chicago.

Saint Thomas Aquinas. (2000), *An Aquinas reader,* Wary T. Clark, Fordham University Press, New York.

————— (2002), *Political Writings,* edited by R. W. Dyson, Cambridge University Press, Cambridge.

Sandel, M. (2009), *Justice: What's the right thing to do?* Penguin.

Schiavone, A. (2012), *The invention of law* in *the West,* Harvard University Press, Cambridge, Mass.

Sefton, M., R. Shupp, andJ. M. Walker. *(200n* "The Effect of Rewards and Sanctions in Provision of Public Goods," *Economic Enquires,* 45/4, pp. 671-690.

Sen, A. (1999), *Development as Freedom,* New York, OUP.

Sidgwick, H. (1901[18741], *The methods of ethics,* Macmillan, London.

Silver, A. (1990), *Friendship* in *commercial society. Eighteenth century social theory and modern sociology,* «*American journal of sociology)),* 95, pp. 1474-1504.

Skinner, Q. (1978), *The Foundation of Modern Political Thought,* Cambridge University Press, Cambridge.

Skyrms, B. (2004), *The Stag Hunt and the Evolution of Social Structure,* Cambridge University Press,

Cambridge.

Smerilli, A. (2012), "We thinking and Vacillation between frames", *Theory and Decision,* (in press).

Smith, A. (1976)[1776], *"The wealth of nations ",* edited by R.H. Campbell and A.S. Skinner, Oxford University Press, Oxford.

———— (1978)[1763], *Lectures on Jurisprudence,* edited by R.L. Meek, D.D. Raphael, P.G. Stein, Oxford University Press, Oxford.

———— (1984)[1759]. *The Theory of Moral Sentiments,* edited by D.D. Raphael and A.L. Macfie, Oxford University Press, Oxford.

Smith, M.J. (1995), *Games, memes and Minds,* Review of Books, vol 42, New York.

Spencer, H. (1893), *Principles of sociology,* 2 vols, Williams and Norgate, London.

Stanca, L., L. Bruni, and L. Corazzini. (2009), "Testing theory of reciprocity", *Journal of economic behavior and organization,* 71, pp. 233-245.

Sugden, R. (1993), "Thinking as a team: toward an explanation of nonselfish behavior", *Social Philosophy and Policy,* vol. 10, pp. 69-89.

———— (2001), *The evolutionary turn* in *game theory,* JEM, 8, pp. 113-130.

———— (2004), *The Economics of Rights, Co-Operation and Welfare,* Palgrave Macmillan, London. First edition 1986.

———— (2005), "Fellow-feeling", in *Economics and Social Interaction: Accounting for Interpersonal Relations,* edited byB. Gui and R. Sugden, Cambridge University Press, Cambridge, pp. 52-75.

Summer, Maine H. (1875)[1861], *Ancient Law its connection with the early history of society, and its relation to modern ideas,* Henry Holt & Co., New York.

Supiot, A. (2007), *Homo Juridicus: On the Anthropological Function of the Law,* Verso Books, London.

Strauss, L. (1967), *Jerusalem and Athens: some preliminary reflections,* New York City College, New York.

Taylor, Ch. (1985), *Philosophical papers,* Cambridge University Press, Cambridge.

———— (1988), *Sources of the self: the making of the modern identity,* Cambridge University Press, Cambridge.

Todeschini, G. (2007), *Visibilmente crudeli. Malviventi, persone sospette e gente qualunque dal Medioevo all'eta moderna,* Il Mulino, Bologna.

———— (2009), *Franciscan Wealth, From voluntary poverty to market society,* Franciscan Institute, Saint Bonaventure University.

Todorov, T. (2001)[1995], *Life* in *common: an essay in general anthropology,* University of Nebraska Press.

Tönnies, F. (1887), *Gemeinschaft und Gesellschaft,* English translation *Community and Society,* East Lansing, Michigan State University Press, 1957.

Truni, F. (2008), *La pace di Tommaso d'Aquino,* Citt11 Nuova, Rome.

Tuomela, R. (1995), *The Importance of Us,* Stanford University Press, Stanford.

Venturi, F. (1969), *Settecento riformatore.* Volume primo, "Dal Muratori al Beccaria", Einaudi, Turin.

———— (1972), *Italy and the Enlightenment,* Longman, London.

Vico, G. (1984)[1744], *The New Science of Giambattista Vico: Unabridged Translation of the Third Edition,*

Revised translation of the third edition by Thomas Goddard Bergin and Max Harold Fisch, Cornell University Press, Ithaca NY.

Walzer, M. (1983), *Spheres ofjustice. A defence of pluralism and equality,* Basic Books.

Weber, M. (1978)[1922], *Economy and Society,* University of California Press.

Wenham, J. G. (1998), *New Biblical Commentary. Chapters* 1-15, Word Books, Waco (Texas).

Wicksteed, P.H. (1933)[1910], *The Common Sense of Political Economy* (edited by Lionel Robbins), London, Macmillan.

Wootton, D. (1994), *Republicanism, liberty, and commercial society, 1649-1776,* Stanford University Press.

——— D. (2000), "Helvetius: From Radical Enlightenment to Revolution", *Political Theory,* Vol. 28, pp. 307-336.

Zanghi, G. M. (2008), *Gesu abbandollato maestro di pensiero,* Citta Nuova, Rome.

가린, 에우제니오 Garin, Eugenio 158

간디, 모한다스 Gandhi, Mohandas 390

갈리아니, 첼레스티노 Galiani, Celestino 252

갈릴레이, 갈릴레오 Galilei, Galileo 252

계약 111~113

고티에, 데이비드 Gauthier, David 317

공동체 41, 55~57, 201, 395~397, 400

관계재 relational goods 94

구레비치, 애런 Gurevich, Aaron 58

국부론 221

그라비에 Gravier 304

그로티우스, 후고 Grotius, Hugo 170, 172, 183~184, 204~205

그리스도 판토크라토르 pantocrator 59

길슨, 에티엔 Gilson, Étienne 115

네커만, 수전 Neckerman, Susanne 291, 307

넬슨, 줄리 Nelson, Julie 347~350

노아Noah의 홍수 76

녹스, 존 Knox, John 181

누스바움, 마사 Nussbaum, Martha 86, 92~94, 121

뉴턴, 아이작 Newton, Isaac 314

니체, 프리드리히 빌헬름 Nietzsche, Friedrich Wilhelm 40

다 빈치, 레오나르도 da Vinci, Leonardo 173

다이몬 daimon 86~87, 89, 95

단테 알리기에리 Dante Alighieri 173

데 파올리, 빈첸조 de' Paoli, Vincenzo 389

데리다, 자크 Derrida, Jacques 44

데시, 에드워드 Deci, Edward 348~349, 351

델라 마르카, 자코모 della Marca, Giacomo 158

도리아, 파올로 마티아 Doria, Paolo Mattia 255

도미니코회 the Dominican order 149

돈 보스코 Don Bosco 389

둔스 스코투스 Duns Scotus 143

뒤르켐, 에밀 Durkheim, Émile 49

뒤몽, 루이 Dumont, Louis 51~54, 304

드라고네티, 자친토 Dragonetti, Giacinto 33, 261, 279~308, 328, 350~366

디오게네스 Diogenes 140

라멕 Lamek 75, 108~109

라빈 Rabin 319, 321, 324~325

라이모 투오멜라 Raimo Toumela 269

라이언, 리처드 Ryan, Richard 348~349, 351

라파엘로 Raffaello 93

란츠베르크, 헤라트 폰 Landsberg, Herrad von 58

렉스 사크로룸 rex sacrorum 48

로크, 존 Locke, John 183, 200, 202~207, 286

롤스, 존 Rawls, John 214, 183

루만, 니클라스 Luhmann, Niklas 119~120

루소, 장 자크 Rousseau, Jean Jacques 183, 192~194, 196, 198, 279, 398

루터, 마르틴 Luther, Martin 160, 169, 172~177, 181~184, 202, 209, 217, 223, 312

리바이어던 Leviathan 65, 109~110, 169, 181~188, 199~202, 212~213, 222, 242, 244

리스, 쥘리엥 Ries, Julien 49

마르실리오 (파도바의) Marsilio da Padova 170

마리온, J. L. Marion, J. L. 44

마셜, 앨프리드 Marshall, Alfred 28

마키아벨리, 니콜로 Machiavelli, Niccoló 173, 260

만델라, 넬슨 Mandela, Nelson 390

만치니, 이탈로 Mancini, Italo 114~115

말리노프스키 Malinowski 46

매킨타이어, 알래스데어 McIntyre, Alasdair 124, 301, 307

맨더빌, 버나드 Mandeville, Bernard 228, 288

메인, 헨리 섬너 Maine, Henry Sumner 57, 61~64, 79

모세 Moses 50, 105, 108~109

모스, 마르셀 Mauss, Marcel 43, 45, 51

M.A.U.S.S. 운동 44

몬티 디 피에타 Monti di Pietà 124, 143

몽테스키외, 샤를 루이 드 세콩다 Montesquieu, Charles Louis de Secondat 62, 260~263, 297

무누스 munus 43~44, 47, 55~56, 101~102, 131, 225, 236

무라토리, 루도비코 안토니오 Muratori, Ludovico Antonio 252

무상성 無償性, gratuitousness 31, 45, 229, 389, 391

미란돌라, 피코 델라 Mirandola, Pico della 173

밀, 존 스튜어트 Mill, John Stuart 31, 32, 33, 63, 302, 354

바론, 한스 Baron, Hans 158

바오로, 성 St. Paul 129, 140~142, 174, 176

바카라치, 마이클 Bacharach, Michael 269

베르나르디노 (시에나의) Bernardino of Siena 146, 156, 158, 185

베리, 피에트로 Verri, Pietro 230, 279, 303

베버, 막스 Weber, Max 63, 101

베유, 시몬 Weil, Simone 119

베카리아, 체사레 Beccaria, Cesare 279~281, 283~286, 303~304

벤담, 제러미 Bentham, Jeremy 85

벤베니스테, 에밀 Benveniste, Émile 33, 151

벤투리, 프랑코 Venturi, Franco 306

보댕, 장 Bodin, Jean 170

보비오, 노르베르토 Bobbio, Norberto 170~171, 208

보상 284~285, 291~292, 298, 363, 365~367

본도네, 조토 디 Bondone, Giotto di 159, 173

볼튼 Bolton 319

부처, 마르틴 Butzer, Martin 181

뷰캐넌, 제임스 Buchanan, James 313

브라촐리니, 포조 Bracciolini, Poggio 158

브루니, 레오나르도 Bruni, Leonardo 159

비사교적 사교성 sociable unsociability 60

비안키니, 루도비코 Bianchini, Ludovico 216, 262

비코, 잠바티스타 Vico, Giambattista 62, 170, 221, 252, 300, 312

빈모어, 켄 Binmore, Ken 242

사슴 사냥 게임 194~197, 206, 237, 271, 273~275, 362~363

사회 계약 201~206, 246

사회적 선호 이론 320~326

살라스, 라몬 Salas, Ramon 304

살루스티우스, 가이우스 Sallustius Crispus, Gaius 312

삼위일체 167~168

샌델, 마이클 Sandel, Michael 307

섀프츠베리 Shaftesbury 254

서그덴, 로버트 Sugden, Robert 36, 199~200, 238, 242, 268~269, 313, 331

선물 44~45, 55~56

세네카, 루키우스 아나이우스 Seneca, Lucius Annaeus 312

소크라테스 Socrates 64, 87~88, 94~95

수도원주의 Monasticism 96

수피오, 알랭 Supiot, Alain 114

술탄 148

슘페터, 조지프 Schmpeter, Joseph 150

스메릴리, 알레산드라 Smerilli, Alessandra 36, 269

스미스, 애덤 Smith, Adam 36, 46, 220~239, 244~251, 256, 267, 270, 272, 279, 303, 306, 311~318, 323, 329~336, 343, 348~349, 359~366, 394, 397

스키아보네, 알도 Schiavone, Aldo 47, 110~111

스트라우스, 레오 Strauss, Leo 76

시즈윅, 헨리 Sidgwick, Henry 86

신뢰 게임 320~321, 323, 326

실버, 앨런 Silver, Allan 232

아가페 agape 31, 126, 128~135, 142, 144, 149,
    154, 157, 159, 167, 169, 174, 230, 245, 311,
    388~391
아담 Adam 70~72
아렌트, 한나 Arendt, Hannah 349
아리스토텔레스 Aristoteles 62, 80~96, 116~117,
    120~124, 150, 167, 170~171, 180, 186, 204,
    227, 256, 267, 286~287, 312, 389
아리스토텔레스-토마스주의 183, 207, 251, 253
아벨 68, 74~75
아브라함 Abraham 106, 109, 133
아우구스티누스 Augustinus 168~169, 180
아인슈타인, 알베르트 Einstein, Albert 314
아퀴나스, 토마스 Aquinas, Thomas 62, 115~117,
    143, 167~170, 180, 184, 186, 227, 267, 286,
    312
안젤리코, 베아토 Angelico, Beato 173
알투시우스, 요하네스 Althusius, Johannes 170,
    184, 205
앤더슨, 엘리자베스 Anderson, Elizabeth 301
야곱 Jacob 69, 74, 79, 106
야훼 Yahweh 66, 107
언약 The Covenant 105~109, 112~113
에로스 Eros 95, 128~129, 135, 174, 219, 245~246
에사우 Esau 75, 79
에스포지토, 로베르토 Esposito, Roberto 45, 55,
    57, 99~101, 119, 187
에우다이모니아 eudaimonia 82, 83~90, 92, 95,
    121
에이나우디, 루이지 Einaudi, Luigi 231
에제르 케네도 ezer kenegdo 70
에치오니, 아미타이 Etzioni, Amitai 124
에클레시아 ekklesia 113, 177
에토스 ethos 28, 29, 104, 160
에피쿠로스 Epicurus 91
엘리아데, 미르체아 Eliade, Mircea 47~48
엘베시우스, 클로드 아드리앵 Helvétius, Claude
    Adrien 282

예수 그리스도 Jesus Christ 64, 126~129, 131,
    133, 140, 146, 174~175, 208
오웬, 로버트 Owen, Robert 125
오이코스 Oikos 123
오켄펠스 Ockenfels 319
오토, 루돌프 Otto, Rudolf 47
올리비, 피에르 드 장 Olivi, Pierre de Jean 143,
    146
왈처, 마이클 Walzer, Michael 301
요셉 Joseph 75
요시야 Josiah 106~107
우턴, 데이비드 Wootton, David 282
위계 52~57
위-디오니시우스 Pseudo-Dionysius 51
윅스티드, 필립 Wicksteed, Philip 231, 316
윌리엄 (오컴의) William of Ockham 143, 169
유스타리 Iustari 117~118
육화 Incarnation 133
율법 Law 107~110, 126, 133~134
이사악 Isaac 106
이샤(여성) isha 72
이쉬(남성) ish 72
인센티브 244, 280, 291~294, 341, 344, 359, 363,
    370~371
인티에리, 바르톨로메오 Intieri, Bartolomeo 252
임무니타스 immunitas 43, 55, 99, 102, 104, 120,
    157, 188
장기, 주세페 마리아 Zanghì, Giuseppe Maria 127
제노베시, 안토니오 Genovesi, Antonio 33, 170,
    182, 218, 223, 230, 247, 251~273, 279, 281,
    284, 286, 297~298, 303~307, 313~317,
    321~364
조야, 멜키오레 Gioja, Melchiorre 278, 304
조약 111~113
죄수의 딜레마 196, 206, 271~275, 315, 321, 341,
    362, 388
중세의 가을 217
중재 mediation 48~50

증여 44~46
지라르, 르네 Girard, René 49
진보의 법칙 63
진화 게임 239
카네티, 엘리아스 Canetti, Elias 65
카라바조 Caravaggio 59
카리스마 charisma 142
카브리니, 프란체스카 Cabrini, Francesca 389
카스트 caste 54
카이예, 알랭 Caille, Alain 44
카인 68, 74~75, 107, 109
카츠 Katz 345
칸트, 이마누엘 Kant, Immanuel 60
칼라일, 토머스 Carlyle, Thomas 64
칼뱅, 장 Calvin, Jean 181, 217
케네, 프랑수아 Quesnay, François 147
코이노니아 Koinonia 66
코사, 루이지 Cossa, Luigi 306
코트루글리, 베네데토 Cotrugli, Benedetto 159
콘스탄티누스 Constantinus 140
콤무니타스 communitas 41~43, 47, 55~57,
    65~66, 75~79, 96~103, 139
콩스탕, 뱅자맹 Constant, Benjamin 57
쿰 - 모에니아 cum-moenia 123~124, 157
쿰 - 무누스 cum-munus 64~65, 123~124
쿰 - 무니타스 cum-munitas 124
키오디, 줄리오 Chiodi, Giulio 78
키위타스 civitas 94
키케로 Cicero, Marcus Tullius 286, 312
테일러, 찰스 Taylor, Charles 81
토데스키니, 자코모 Todeschini, Giacomo 144,
    148~149, 159, 164~165
토도로프, 츠베탕 Todorov, Tzvetan 211
토라 Torah 77, 107~108, 110
토리첼리, 에반젤리스타 Torricelli, Evangelista
    173
퇴니에스, 페르디난트 율리우스 Tönnies,
    Ferdinand Julius 63, 138

튀르고, 안 로베르 자크 Turgot, Anne Robert
    Jacques 303
파레토 우위 Pareto superior 198
파레토, 빌프레도 Pareto, Vilfredo 119, 303
파레토적 향상 201
파스칼, 블레즈 Pascal, Blaise 98
파치올리, 루카 Pacioli, Luca 159
판탈레오니, 마페오 Pantaleoni, Maffeo 124~125,
    303
팔미에리, 주세페 Palmieri, Giuseppe 262, 305
페라라, 프란체스코 Ferrara, Francesco 303, 306
페리클레스 Perikles 389
페인, 토머스 Paine, Thomas 281~282, 301~302
펠리치타스 felicitas 88
포상 291~298
포세사토, 마티아 Foscesato, Mattia 149
폴라니, 칼 Polanyi, Karl 45~46, 63
폴리스 65, 66, 78, 122~123, 157, 165
폴브레, 낸시 Folbre, Nancy 348~350
프란치스코 제3회 the tertiary Franciscan order
    155
프란치스코 (아시시의) Francis of Assisi 143~146,
    148, 157, 186, 267, 389~390
프란치스코회 143~151, 154~156, 159, 165
프레이, 브루노 Frey, Bruno 291, 307, 348~349
플라톤 Platon 81~82, 87~96
플로티누스 Plotinus 52, 91
플루타르코스 Ploutarchos 286
피데스 fides 112, 151~154, 165, 171, 217, 218,
    246, 257, 259
필란지에리, 가에타노 Filangieri, Gaetano 258,
    262, 297, 306, 310
필리아 philia 31, 65, 78, 84, 95, 96, 116, 121~135,
    149~152, 157~159, 164~165, 174, 181, 217,
    245~247, 251, 253, 264, 266, 311~312, 388,
    397~398
하와 Hawwāh 70~71
하위징아, 요한 Huizinga, Johan 217

하이에크, 프리드리히 Hayek, Friedrich 313~314,
    330
핸디 Handy 345
허시먼, 앨버트 Hirschman, Albert 300
헤겔, 게오르크 빌헬름 프리드리히 Hegel, Georg
    Wilhelm Friedrich 186
헤이즈, 앤서니 Heyes, Anthony 345~346
형제애 57, 74, 102~103, 113, 131~157, 165, 177,
    213, 231, 236, 247, 256, 313~317, 350, 354,
    391, 399~400
호메로스 Homeros 86
홀리스, 마틴 Hollis, Martin 269
홉스, 토머스 Hobbes, Thomas 60, 65, 103, 109,
    116~119, 162, 171~172, 182~187, 193,
    197~213, 220~225, 228, 230, 235~237, 242,
    246, 260, 312
흄, 데이비드 Hume, David 200, 221~225,
    237~239, 242, 244~245, 279, 313, 361, 364

EoC(Economy of Communion, 모두를 위한 경제) 연구 모임의 이름으로 루이지노 브루니 교수의 두 번째 번역서라는 결실을 맺게 되었다. '모두를 위한 경제'와 시민경제학은 한국 사회에서 아직 생소한 주제이다. 이 책은 한국에서 EoC를 연구해온 연구자들이 모여 루이지노 브루니라는 한 사상가의 저서를 수년에 걸쳐 공동으로 번역하고, 그의 후속 저서까지 연속적으로 공동 연구하듯 번역한 결과물이다.

이번 공동 번역의 씨앗은 전작 《콤무니타스 이코노미》의 한국어판 출간 즈음, 현 성공회대학교 모두를위한경제EoC연구소장 강영선 박사님의 제안에서 시작되었다. 대다수의 역자가 다시 뜻을 모아 번역에 뛰어든 덕분에, 2년여의 긴 여정을 거쳐 마침내 독자들 앞에 이 책을 내놓게 되었다. 긴 시간을 들여 꼼꼼하게 교정과 재검토를 거친 시간은 단순히 언어를 옮기는 과정을 넘어, 이 책이 담고 있는 사유를 충실히 이해하고 반영하며 한국어로 충분히 숙성되도록 기다리는 소중한 시간이기도 했다.

전작 《콤무니타스 이코노미》가 콤무니타스와 임무니타스, 무상성, 상호성 등 시민경제학의 핵심 개념들을 선명하게 제시했다면, 이 책은 시장의 탄생과 본질이 무엇인지를 시민경제학의 관점에서 질문한다. 이 책을 《콤무니타스 이코노미》와 함께 읽는다면 전작에서 나오는 개념의 사상적 전개 과정을 체계적으로 따라가면서 이해의 지평을 넓혀나가는 데 큰 도움이 될 것이다.

이 책에서는 철학, 신학, 역사학, 인류학, 경제학, 사회학 등 방대한 학문적 전통을 가로지르며, 시민경제학의 주요 개념들이 형성되어온 사상적 토대를 심층적으로 다룬다. 오늘날 경제학에서는 시장을 비인격적인 계약과 에로스적 교환의 장으로 축소해서 바라보지만, 사실 시장은 '신의'와 '시민적 우애'를 토대로 서로의 필요를 채우며 공동체를 형성하는 '만남의 장'일 수 있다는 것이다.

저자는 제노베시와 드라고네티 같은 이탈리아 시민경제학자들의 전통을 복원하며, 시장이 어떻게 공공선Common Good과 연결될 수 있는지 그 경로를 치밀하게 보여준다. 시장 관계 속에서도 '무상성'과 '상호성'이 공존할 수 있으며, 그것이 오히려 경제적 교환을 가능하게 만드는 근본적인 힘이라는 통찰은 독자들에게 깊은 울림을 줄 것이다.

　이 책의 번역은 영문판인 《The Genesis and Ethos of the Market》을 기본 원전으로 삼되, 이탈리아어판인 《L'ethos del mercato》를 함께 대조하여 저자가 전달하고자 했던 본래의 뉘앙스를 최대한 살리고자 했다. 비영어권 저자의 저작물은 보통 모국어판이 있고 영어판 역자가 따로 있는 경우가 많은데, 이 책은 영문판도 루이지노 브루니 교수가 직접 집필했다. 두 판본의 내용상 차이가 거의 없는데, 일부 차이가 있는 경우에는 비교적 최근에 출간된 영문판을 기준으로 번역했다. 성서 인용과 관련된 번역어는 이탈리아 시민경제학을 중심으로 하는 저서의 문화적 배경과 저자의 가톨릭적 배경을 고려하여 2005년에 발행된 '한국천주교주교회의 공용 번역본'을 따랐다.

　개념어 번역은 매 순간이 도전이었다. 고대 철학과 신학, 역사, 사회, 경제를 아우르는 논의 속에서 하나의 개념은 역사와 사회의 맥락에 따라 다양한 의미를 지닌다. 전작 《콤무니타스 이코노미》에서는 낯섦을 감수하고서라도 '콤무니타스'와 '임무니타스'를 음역 그대로 유지했으나, 이 책에서는 한국 독자들이 이해할 수 있도록 내용을 최대한 풀어 쓰려고 노력했다. 다만 개념의 고유성이 중요한 경우에는 원어 표기를 유지했다.

　표제에 포함된 '에토스 Ethos' 역시 문맥에 따라 '본질', '정신'으로 풀어 쓰려고 했지만 경우에 따라서는 에토스라는 음역을 그대로 쓰기도 했다. 필리아, 에로스, 아가페, 그리고 단순한 신용을 넘어 공동의 신의, 신앙적 유대를 나타내는 피데스fides와 같은 개념어도 동일한 원칙에 따라 처리했다. 이는 단어 간의 1:1 대응보다는 개념이 형성되고 변형되는 역사성을 문맥을 살려 한국어로 전달하는 데 초점을 둔 선택이다.

이 과정은 공동체의 삶이 갖는 경험의 변화가 영어 단어에 그대로 녹아 있음을 보여주는 것이기도 했다. 일례로 '피데스'는 신뢰와 신용, 신의와 신뢰감 사이의 미묘한 결을 지닌 단어이자, 동시에 시장에서 경제적 교환을 할지 말지 여부를 결정하는 실질적인 기준으로 작용했다. 이런 식으로 콤무니타스와 임무니타스, 아가페와 필리아, 에로스가 어떻게 흔히 말하는 '경제학적 용어'로도 읽힐 수 있는지를 따라가면서, 우리의 삶 속에도 공동의 경험이 숨 쉬고 있는데, 오늘날의 경제적 상식으로 전달되는 용어들이 더 풍부해진다면 좋겠다는 아쉬움이 들기도 했다.

현역에서 활동 중인 한 저자의 저작을, 그것도 두 권이나 연달아 동시대 연구자들이 수년에 걸쳐 공역하는 일은 흔치 않다. 역자들은 실제 zoom 회의, 또는 오프라인에서 브루니 교수를 만나기도 했고, 번역을 하다가 막히는 부분에서는 직접 저자에게 이메일을 보내 질문을 하며 소통하기도 했다.

브루니 교수의 책을 두 권에 걸쳐 공동으로 번역하는 과정에서, 역자들은 마치 원저자와 한 자리에 앉아 있는 듯 그의 논증 방식과 개념 전개를 계속해서 검토하고 논의하면서 주장과 호흡, 행간을 함게 따라가게 되었다. 장기간에 걸쳐 분업보다는 '공동 강독'에 가까운 방식으로 의견을 나누고 적확한 번역어를 찾고, 한국 독자들에게 어떻게 읽힐지 고민하는 과정은 EoC와 시민경제학의 사상적, 역사적, 사회적 토대가 한국 사회와 어떻게 겹치고 다른지를 확인하고 분석하는 과정이기도 했다.

이 책에 등장하는 제노베시와 드라고네티 등 시민경제 전통은 기존 고전경제학의 전제와 시장 이해를 재검토해볼 여지를 제시한다. 이 과정이 번역에 참여한 각 연구자들에게 연구의 영감을 준 것처럼, 이 책을 통해 전달되는 브루니 교수의 통찰이 시장의 본질을 고민하고 시장에서 상호성과 관계, 가치와 덕의 실현, 그에 대한 보상을 고민하는 많은 사람들에게 풍부한 영감의 원천이 되기를 바란다. 그리하여 '시민적 우애에 바탕을 둔 협력'이 시장 관계의 근본적인 기초일 수 있으며, 오늘날 시장에서도 이를 회복하고 강화할 수 있다는 자신감이 한국에서도 힘을 얻었으면 좋겠다.

어려운 시기에 출판을 결단해주신 협동조합 북돋움coop 출판사의 조합원들께 깊은 감사를 드린다. 특히 기획부터 출간까지 모든 과정을 함께하며 원고를 검토하고 조율하며 단정하게 다듬어주신 상현숙 이사장님께 무한한 신뢰와 감사를 보낸다. 이사장님은 언제나 중용의 미덕을 실천하는 지지자이자, 기꺼이 예리하고도 좋은 질문을 던지는 최고의 첫 독자였다.

각자의 연구와 활동으로 바쁜 중에도 마음을 모았던 공동 역자들의 진심 어린 노력이 이 책을 읽는 독자들에게 온전히 닿기를 바란다. 이 책이 우리 사회에서 시장의 본질과 상호성의 의미를 다시 살피는 소중한 마중물로 쓰일 수 있기를 기대한다.

2026년 4월 역자를 대표하여,

이가람

시장은 원래 차갑지 않았다
필리아에서 아가페까지 시장의 인문학

초판 1쇄   2026년 4월 20일

지은이   루이지노 브루니
기획   모두를 위한 경제 EoC 연구소
옮긴이   이가람, 강영선, 손현주, 이은주, 이준범, 천세학, 최석균

펴낸곳   북돋움coop(북돋움출판협동조합)
펴낸이   상현숙
디자인   레드코플러스

신고   2020년 7월 30일 제2022-000059호
주소   서울시 금천구 가산디지털2로 166, 511호
전화   02-6369-0715
팩스   0303-3447-0715
블로그   http://blog.naver.com/bookddcoop
이메일   bookddcoop@naver.com

ISBN   979-11-991600-2-6 03320

• 이 책은 저작권법에 의해 보호받는 저작물이므로 무단 전재와 무단 복제를 금합니다.

• 책값은 뒤표지에 있습니다.
• 파본이나 잘못된 책은 구입한 서점에서 바꿔드립니다.